ビジネス法体系 》》》

知的
財産法 改訂版

INTELLECTUAL PROPERTY LAW

ビジネス法体系研究会 [編集]

[著者]

田中浩之
松井佑樹

第一法規

『ビジネス法体系』の刊行にあたって

　企業や企業活動と法との関係は、きわめて広く、多様かつ複雑である。

　企業が取引主体として活動できるのも、多様な取引関係も、その組織・内部関係も、法がベースとなっており、また、企業活動は、自由競争経済秩序の維持のほか、様々な公共的な目的のため、法によって規律されている。すなわち、法は、企業や企業活動にかかわる制度、ルール、規制などを定め、ビジネスの基盤となっているのである。

　もっとも、経済的合理性や契約自由が基本となる通常の企業活動において、法というものが意識されることはそれほど多くはない。また、企業活動にとって、コンプライアンスが重要であることはいまや常識とはいえ、コンプライアンスの確立・維持ということがその主たる目的となることはない。しかし、ひとたび問題が起これば、法は大きな存在として立ち現れることになるのであり、企業の社会的責任（CSR）が強調されるようになる中で、リスク管理、とりわけリーガルリスクの予防・縮減のための取組・対応は、企業経営にとっても重要な課題となっているということができる。

　その属する部門・地位・職務などによって内容・程度は異なるものの、法務だけでなく、広く企業の経営・活動において、法的なセンスや素養が必要とされ、また、法と上手に向き合っていくことが求められるようになっているのである。

　この点、商法（会社法・商行為法等）、経済法（競争法・知的財産法等）、消費者法、労働法をはじめ、その主な法分野や法律について、入門的なものから専門的なものまで、様々な解説書が刊行されており、また、企業法、企業法務などといった点から、それにかかわる主な法律や重要事項を

解説する書籍もある。しかしながら、その全体像について、実務に役立つ形で解説しているものは、あまりないといってよいだろう。

　このようなことを踏まえ、企業や企業活動にかかわる法の全体像を体系的に解説する書籍をつくれないかというレクシスネクシス・ジャパン社からの相談を受けて、「ビジネス法体系研究会」を立ち上げたのが2014年3月のことであった。研究会は、ビジネス法の全体像・体系を検討するだけでなく、ビジネスの現場で役に立つ成果物を目指すということから、ビジネス法の第一線で活躍する弁護士のほか、研究者その他の法律専門家など多彩なメンバーによって構成し、さらに検討の進展にあわせてメンバーを拡充しつつ、回を重ねてきた。そこでは、ビジネス法の全体像について、様々な観点から分析・検討を行い、それをどのような体系によって整理をして示すのがよいのか、それぞれの分野をどのように構成し解説するのがよいのかなど、議論を積み重ねるとともに、主要な法分野の研究者、企業法務関係者などをゲストに招いて、アドバイスや意見などもいただいたところである。

　そして、その最初の成果として世に送り出すのが、「ビジネス法概論」、「企業組織法」、「企業取引法」、「労働法」、「競争法／独禁法」、「知的財産法」、「国際ビジネス法」の7冊によって構成する『ビジネス法体系』である。

　本シリーズは、広く企業や企業活動にかかわる法を「ビジネス法」と捉え、その全体像・体系と主要な分野について、分かりやすく解説を行うものである。もとより、社会の多様化、情報化、グローバル化等に伴い企業活動は拡大・変化し続け、それにかかわる法も、広範かつ膨大なものとなるとともに、多様化・多元化・多層化してきており、そのすべてについて網羅的に取り上げることは困難である。また、ビジネス法とはいっても、そこに一貫した理念・原則や理論があるわけではなく、そこで示した体系・分野も、理論的というよりは、ビジネス法を把握・理解しやすくするための実用的・便宜的・相対的なものとなっているところがある。

　しかし、本シリーズは、これまでにないビジネス法の本格的な体系書となっているだけでなく、主要6分野の法の解説を行うほか、「ビジネス法

概論」などにおいて分野横断的・横串的な解説も行っており、それらを通じて、ビジネス法の全体像・体系や主要な法制度、判例、さらには法の考え方などを立体的に理解し、その知識を、ビジネスの様々な場面においていろいろな形で、役立てていただけるものと確信している。

　『ビジネス法体系』が、ビジネスの現場における多様なニーズに応え、広く活用されることで、合理的・公正で活力ある企業活動にいささかなりとも貢献することにつながるならば、研究会一同にとって望外の喜びである。

　　　2017年12月

　　　　　　　　　　　　　　ビジネス法体系研究会代表
　　　　　　　　　　　　　　　　川﨑　政司

改訂版はしがき

　本書は、知的財産法全体について解説する体系書の改訂版である。改訂版では、基本的なコンセプトや体系は初版を踏襲しているが、前回執筆時点から約7年以上を経ていることを踏まえて、その間の多くの法改正や重要裁判例の追記を行ったほか、この間に登場した、AIやメタバースの技術を踏まえた知的財産法上の問題についてのコラムを追加した。

　改訂版では、森・濱田松本法律事務所外国法共同事業の新進気鋭の弁護士である、松井佑樹弁護士に共著をしてもらうこととした。

　また、改訂版では、第一法規の下村聡美氏にご尽力いただき、商標法のパートについて、森・濱田松本法律事務所外国法共同事業のパートナーの田中尚文弁理士から貴重なご示唆をいただいた。ここに記して感謝申し上げたい。

　なお、本書に反映された研究は、JSTムーンショット型研究開発事業JPMJMS2215の支援を受けたものである。

　改訂された本書が、知的財産法の学習や実務の入口として少しでも役に立てば、望外の喜びである。

　　2025年1月吉日

弁護士　田中　浩之

はしがき（初版）

　本書は、知的財産法全体について解説する体系書である。ビジネスに必要な法律について解説するという本シリーズのコンセプトに従い、基本的には、実務上一般的な見解に従い論述しており、実務上も重要なものを除き学説の対立には踏み込んでいない。また、実務上重要な点とそうでない点について、できるだけメリハリをつけて書いたつもりである。コラムにおいては、本書のような知的財産法全般を対象とした体系書（入門書）では通常取り上げられないようなものも含めて、実務上重要なポイントを中心に解説した。

　知的財産法の学習をするにあたっては、単純に法律ごとに学習を進めるということがオーソドックスであるが、実務上は、目的や保護対象ごとに使える権利・法律を探すことになり、同じ事案で、複数の知的財産権が問題になることも珍しくない。そこで、本書では、単純に法律ごとに順番に解説していくのではなく、目的・保護対象ごとのアプローチで体系立てて説明することとする。そのため、同じ法律がさまざまな章において複数回登場することがある。

　また、一般的には、知的財産法の学習は、特許法から始められることが多く、大学の講義等でも、まずは特許法から教えている例がほとんどではないかと思われる。

　それは、商標法や意匠法といった特許法以外の産業財産権法は、特許法の規定を準用している例が多く、まず特許法を知っておくことが他の産業財産権法の理解にもつながるためであり、理に適っている。もっとも、特許は対象としてとっつきにくいという印象を持つ読者がいるのも事実であり、知的財産に関する概説書が特許法の説明から始まっていることから挫折をしてしまう可能性がある。そこで、本書では、あえて、ブランド保護から説明を始めている。

　なお、保護対象のとっつきやすさで考えれば、著作権法から解説を始めることも選択肢になり得る。しかし、著作権法は、保護対象としてはとっつきやすいのに比して、産業財産権法とは異なる特色を持っており、難解な部分があり、知的財産法の学習の入口としては必ずしも適切ではないと思われることから、本書では、まず、産業財産権法から説明を始めており、著作権法について

は最後に解説することとしている。

　もっとも、オーソドックスに、特許法・著作権法から学習を始めたい方は、まず、第1編の総論を読んでいただいた後、第2編のブランドに関する章は飛ばして、第3編の技術の保護に関する章に進み、第4編のデザインに関する章も飛ばして、第5編の著作権に関する章に進んでいただいてもよい。各編においては、前の編ですでに述べていることは詳述を避けているが、前にどこで詳細を解説したかについては、原則リファレンスをつけているため、適宜該当箇所を参照していただければ、どの部分から読み進めていただいても理解ができるようにしたつもりである。

　実務上重要な判例についてはできるだけ取り上げており、特にリーディングケースや話題になった最新判例についてはできる限り取り上げたつもりであるが、知的財産法全般を1冊の本にしているという制約上、網羅的ではないことについてはご容赦いただきたい。また、取り上げた裁判例の中には、必ずしもリーディングケースではないが、イメージをつかむために有用であるものも含まれている。

　筆者は、これまで知的財産法について多くの先生方から教えを受けたが、特に、慶應義塾大学法学部教授の君嶋祐子先生および慶應義塾大学大学院法務研究科教授の小泉直樹先生には、学生時代から多大なご学恩を賜っている。また、本書刊行にあたっては、漆﨑貴之氏および若林和也氏にご尽力をいただき、校正にあたっては、嶋村直登弁護士、友人の弁護士、先輩弁護士にご協力いただいた。ここに記して感謝申し上げたい。

　もとより、本書に含まれ得る誤りはすべて筆者の責任によるものである。

　本書がこれまで知的財産法に触れたことのない方の知的財産法学習の入口として、あるいはこれまで知的財産法の実務に一部従事されていたが、体系的には知的財産法全般を学習したことはない方のために少しでもお役に立てば筆者としては望外の喜びである。

　　　2017年3月吉日

　　　　　　　　　　　　　　　　　　　　　　　弁護士　　田中　　浩之

CONTENTS

『ビジネス法体系』の刊行にあたって ································ iii

はしがき ································ vii

第1編
ビジネスと知的財産法総論 ································ 1

第1章　知的財産（権）とは ································ 3

第2章　知的財産の保護の目的と体系 ································ 7

I　知的財産の保護の目的 ································ 7

II　知的財産法の体系 ································ 8

1 はじめに ································ 8

2 ブランド保護法の概要 ································ 8

3 創作保護法の概要 ································ 10

4 その他（パブリシティ権およびその他の不正競争行為） ················ 14

5 国際的側面 ································ 14

**III　経済法としての知的財産法
（保護と利用のバランス）** ································ 15

第3章　ビジネスと知的財産の関わり ································ 17

目次　xi

第4章 知的財産に関係する主な機関、専門職等 21

Ⅰ 特許庁 21
Ⅱ 裁判所 21
1 侵害訴訟に関する地方裁判所の管轄 21
2 知的財産高等裁判所（知財高裁） 22
Ⅲ 弁理士・弁護士 23

第2編

ブランドの保護 25

第1章 ブランド保護総論 27

第2章 商標法による商標権の保護 29
Ⅰ 商標権の効力（専用権と禁止権）・存続期間 29
1 商標権の効力 29
2 防護標章 31
3 商標権の存続期間と更新 33
Ⅱ 商標法の保護対象 34
1 商標の意義 34
2「商品」・「役務」について 36
【1】指定商品・指定役務 36
【2】「商品」・「役務」の意義 37
【3】「使用」の意義 38
Ⅲ 商標の機能 40
Ⅳ 登録要件 41
1 使用の意思 41

2 使用主義と登録主義／先使用主義と先願主義 41

3 自他識別力 42

【1】商標の積極的登録要件としての自他識別力
（商標3条1項）............ 42

【2】普通名称（1号）・慣用商標（2号）............ 43

【3】商品の産地、販売地、品質その他の特徴等の表示または
役務の提供の場所、質その他の特徴等の表示（3号）............ 45

【4】ありふれた氏・名称等（4号）、極めて簡単で、かつ、
ありふれた商標（5号）............ 47

【5】その他識別力のない商標（6号）............ 48

【6】使用による識別力の取得（3条2項）............ 49

【7】立体商標 51

【8】新しいタイプの商標 54

4 消極的登録要件 57

【1】公益的不登録事由 57

(a) 概要 57

(b) 7号 59

(c) 16号 61

(d) 18号 61

【2】私益的不登録事由 62

(a) 概要 62

(b) 11号 64

(c) 10号 65

(d) 15号 66

(e) 19号 69

(f) 8号 70

Ⅴ 商標および商品・役務の類似の判断 71

1 商標の類似の判断 71

【1】適用場面 71

【2】離隔的観察 71

【3】登録可否を判断する段階での判断基準 71

【4】侵害訴訟での判断 75

【5】結合商標（全体観察と要部観察）............ 77

【6】立体商標・新しい商標について 79

2 商品・役務の類似の判断	80
【1】特許庁における判断	80
【2】裁判所における判断基準	83

Ⅵ 商標権取得手続 86

1 商標権取得手続概要 86

2 商標登録出願の効果 88

3 優先権主張を伴う出願、マドリッド・プロトコルによる国際出願 88

Ⅶ 商標権侵害の救済手段 90

1 商標権侵害時の商標権者による対応 90

2 差止請求 90

3 損害賠償請求 92

【1】要件と立証の容易化	92
【2】損害額の算定に関する特則	93

4 不当利得返還請求 97

5 信用回復請求 98

6 関税法に基づく水際措置 98

7 刑事罰 98

Ⅷ 商標権侵害に基づく請求への対応（商標の効力の制限、審判を含む） 99

1 請求を受けた場合の対応 99

2 商標法26条による商標権の効力の制限 100

【1】商標法26条1項1号～5号	100
【2】商標的使用（商標法26条1項6号）	103

3 消尽・商標機能論 109

4 先使用権 110

5 中用権等 111

6 自己の登録商標の専用権の範囲内であるとの反論 112

7 他人の知的財産権との抵触 112

8 権利濫用・禁反言 112

9 登録異議の申立て、無効審判、無効の抗弁 114

【1】総論	114

【2】登録異議の申立て ……………………………………… 114

【3】無効審判 ……………………………………………… 115

【4】無効の抗弁 …………………………………………… 116

🔟 商標不使用取消審判、不正使用取消審判 …………… 117

【1】不使用取消審判 …………………………………… 117

【2】不正使用取消審判 ………………………………… 118

【3】権利濫用の抗弁 …………………………………… 119

🔢 審決取消訴訟 ……………………………………………… 119

第3章　不正競争防止法による著名・周知商品等表示の保護 …… 121

Ⅰ　総論 ……………………………………………………………… 121

Ⅱ　周知商品等表示冒用行為 ……………………………………… 122

❶ 商品等表示 ………………………………………………………… 122

❷ 周知性 ……………………………………………………………… 122

❸ 商品等表示としての使用 ………………………………………… 124

❹ 類似性要件 ………………………………………………………… 124

❺ 混同要件 …………………………………………………………… 125

❻ 請求権者 …………………………………………………………… 125

Ⅲ　著名商品等表示冒用行為 ……………………………………… 126

Ⅳ　適用除外 …………………………………………………………… 129

Ⅴ　不正競争防止法違反の効果 …………………………………… 129

❶ 民事的救済 ………………………………………………………… 129

❷ 刑事罰 ……………………………………………………………… 130

第4章　会社法・商法による商号の保護 ……………… 131

第5章　地域ブランドの保護 ……………………………… 133

目次　xv

| Ⅰ | 地域団体商標 | 133 |
| Ⅱ | 地理的表示（GI） | 134 |

第6章　ブランドの自己使用以外の活用 ... 137

Ⅰ　ブランドライセンス ... 137
❶ 総論 ... 137
❷ ブランドライセンスの種類と効力 ... 137
❸ ライセンス契約における規定内容のポイント ... 139

Ⅱ　移転、担保化、共有 ... 142

第3編

技術の保護 ... 143

第1章　技術の保護総論 ... 145

第2章　特許法による特許権の保護 ... 147

Ⅰ　特許権の効力と存続期間 ... 147
❶ 特許権の効力 ... 147
　【1】総論（商標権との相違） ... 147
　【2】「業として」 ... 148
　【3】「実施」 ... 148
　【4】特許請求の範囲 ... 149
❷ 存続期間 ... 150
❸ 特許権の基本〜特許公報を用いて〜 ... 152

Ⅱ　特許権の保護対象 ... 157
❶「発明」 ... 157
❷ 自然法則の利用 ... 157
　【1】総論 ... 157

【2】ソフトウエア関連発明 158

【3】ビジネスモデル特許 159

3 技術的思想 160

4 創作 160

5 高度 161

III 特許要件および記載要件 161

1 産業上の利用可能性 161

2 新規性・進歩性 162

【1】新規性・進歩性総論 162

【2】新規性 164

〔a〕公知・公用 164

〔b〕刊行物記載等 165

〔c〕新規性喪失の例外 167

【3】進歩性 168

〔a〕動機付け 169

〔b〕当業者が適宜採用し得る設計的事項等 170

〔c〕先行技術の単なる寄せ集め 171

〔d〕阻害要因 171

〔e〕引用発明と比較した顕著な効果 172

3 先願と拡大先願 175

【1】先願 175

【2】拡大先願 175

4 不特許事由 177

5 記載要件 177

【1】総論 177

【2】実施可能要件（発明の詳細な説明に関する記載要件） 178

【3】サポート要件（特許請求の範囲に関する記載要件） 178

【4】明確性要件（特許請求の範囲に関する記載要件） 179

6 発明の単一性 180

IV 特許を受ける権利・発明者・職務発明 181

1 特許を受ける権利 181

2 発明者の認定 181

3 共同発明 183

4 冒認出願および共同出願違反に対する救済 ································· 184

5 職務発明制度 ··· 185

【1】職務発明制度総論 ·· 185

【2】職務発明とは ··· 186

【3】使用者等の無償の法定通常実施権 ·· 186

【4】特許を受ける権利および特許権の帰属 ····································· 187

【5】相当の利益 ·· 188

Ⅴ 特許権取得手続 ··· 193

1 特許権取得手続概要 ·· 193

2 出願と審査請求 ··· 195

3 国際・国内優先権主張を伴う出願、PCT 国際出願 ··················· 195

【1】国際優先権（パリ条約による優先権）主張を伴う出願、
PCT 国際出願 ·· 195

【2】国内優先権主張を伴う出願 ·· 196

4 出願公開と補償金請求 ··· 197

5 補正 ··· 200

【1】新規事項を追加する補正の禁止 ··· 200

【2】シフト補正の禁止 ··· 201

【3】目的外補正の禁止 ··· 202

6 出願の分割・変更 ··· 202

【1】出願の分割 ·· 202

【2】出願の変更 ·· 203

Ⅵ 特許権侵害 ··· 203

1 総論 ··· 203

2 侵害の成否の基本 ··· 204

【1】判断の要素 ·· 204

〔a〕特許請求の範囲、明細書、図面 ·· 204

〔b〕出願経過の参酌（包袋禁反言の原則）······························· 206

〔c〕公知技術の参酌 ··· 207

【2】具体例（切り餅事件を例にとって）··· 208

3 均等侵害 ·· 214

【1】総論 ·· 214

【2】第 1 要件（非本質的部分）··· 216

xviii 　　目 次

【3】第2要件（置換可能性） ……………………………………… 217
【4】第3要件（置換容易性） ……………………………………… 217
【5】第4要件（対象製品等の非容易推考性） ……………… 217
【6】第5要件（特段の事情） …………………………………… 218
【7】具体例 ………………………………………………………… 219

4 間接侵害・みなし侵害 …………………………………………… 221
【1】専用品による間接侵害 ……………………………………… 221
【2】非専用品による間接侵害 …………………………………… 222
【3】間接侵害の成立は直接侵害が前提か？（独立説と従属説）… 223
【4】「所持」によるみなし侵害 ………………………………… 223

VII 特許権侵害に対する救済 …………………………………… 225

1 特許権侵害時の特許権者による対応 …………………………… 225
2 立証の容易化 ……………………………………………………… 225
3 差止請求 …………………………………………………………… 227
4 損害賠償請求 ……………………………………………………… 228
【1】要件と立証の容易化 ………………………………………… 228
【2】損害の算定に関する特則 …………………………………… 229
　　⒜ 特許法102条1項 ……………………………………… 229
　　⒝ 特許法102条2項 ……………………………………… 232
　　⒞ 特許法102条3項 ……………………………………… 233
5 その他の民事上の救済手段 …………………………………… 233
6 刑事罰 ……………………………………………………………… 233

VIII 特許侵害に対する対抗措置 ……………………………… 234

1 請求を受けた場合の対応 ………………………………………… 234
2 特許権の効力が及ばない範囲 ………………………………… 236
【1】消尽 …………………………………………………………… 236
【2】試験・研究のための実施 …………………………………… 237
【3】その他 ………………………………………………………… 238
3 実施権があるとの反論 ………………………………………… 238
【1】総論 …………………………………………………………… 238
【2】先使用権 ……………………………………………………… 239
【3】その他の法定実施権・裁定実施権 ………………………… 240
4 特許異議の申立て、無効審判、無効の抗弁 ……………… 240

目 次　xix

【1】総論 240
【2】特許異議の申立て 241
【3】無効審判 242
【4】無効の抗弁 245
【5】訂正の再抗弁 245

IX 特許の活用 246

1 特許ライセンス 246
【1】専用実施権、通常実施権 246
【2】当然対抗制度 248
【3】包括ライセンス、クロスライセンス、パテントプール 250
【4】ライセンスに関するオープンクローズ戦略 251
【5】特許ライセンス契約における規定内容のポイント 253

2 特許権の移転・担保化・共有 255
【1】移転・担保化 255
【2】共有 255

第3章 実用新案法による実用新案権の保護 257

第4章 営業秘密の保護 259

I はじめに 259

II 不正競争防止法上の営業秘密の保護 259

1 総論 259

2「営業秘密」の意義 259
【1】秘密管理性 260
【2】有用性 264
【3】非公知性 264
【4】営業秘密漏洩防止のための具体的な対策 265

3 民事的救済 267
【1】行為類型 267
【2】適用除外 269
【3】救済手段 269

4 刑事罰 ·· 270

Ⅲ 契約上の守秘義務（秘密保持義務）・競業避止義務・ノウハウのライセンス ······ 273

1 契約上の守秘義務と不正競争防止法上の
営業秘密保護の違い ··· 273

2 競業避止義務条項の意義と有効性 ··· 275

3 ノウハウのライセンス ··· 276

第5章　限定提供データの保護 ································ 281

Ⅰ 総論 ··· 281

Ⅱ 限定提供データの要件 ······································· 282

1 限定提供性 ··· 282

2 相当蓄積性 ··· 282

3 電磁的管理性 ··· 283

Ⅲ 限定提供データに係る不正競争行為 ········ 284

第6章　種苗法による育成者権の保護 ················ 287

第7章　半導体集積回路法による
回路配置利用権の保護 ························ 291

第4編

デザインの保護 ·· 293

第1章　意匠法による意匠権の保護 ···················· 295

Ⅰ 意匠権の効力 ··· 295

Ⅱ 意匠権の保護対象と登録要件 ··· 297

目　次　xxi

1 意匠の意義 ··· 297
　【1】「意匠」とは ··· 297
　【2】「物品の形状」とは ··· 297
　【3】建築物の意匠 ·· 298
　【4】画像意匠 ··· 299
　【5】「視覚を通じて美感を起こさせるもの」 ··············· 300
2 登録要件 ·· 303
　【1】総論 ·· 303
　【2】工業上の利用可能性 ·· 303
　【3】新規性 ··· 304
　【4】創作非容易性 ·· 305
　【5】先願意匠の全部または一部と同一または類似でないこと ····· 305
　【6】不登録事由に該当しないこと ································ 306
3 意匠登録出願手続・一意匠一出願主義 ···················· 308

III 意匠権の侵害 ·· 309
1 意匠権侵害総論 ··· 309
2 意匠権侵害の判断基準 ··· 310
3 意匠権侵害の救済手段 ··· 312
4 意匠権侵害の主張を受けた場合の対抗手段 ················· 312

IV 特殊な意匠保護の制度 ·· 313
1 部分意匠 ··· 313
2 組物の意匠 ·· 314
3 関連意匠 ··· 316
4 秘密意匠 ··· 317

V 意匠の活用 ·· 318

第2章　意匠権以外によるデザインの保護 ········ 321

I 商品形態模倣（不正競争防止法） ····················· 321
1 総論 ··· 321
2 商品の形態 ·· 322
3 模倣 ··· 324

Ⅱ	登録商標（商標法）	327
Ⅲ	商品等表示（不正競争防止法）	327
Ⅳ	著作権（著作権法）	331
Ⅴ	デッドコピー（民法上の不法行為）	331

第5編
著作権法による表現の保護 ————— 333

第1章 著作権法による著作権・著作者人格権・著作隣接権の保護 ————— 335

Ⅰ 著作権法の概要 ————— 335
1 著作権法で保護される権利の内容 ————— 335
2 無方式主義、相対的権利 ————— 337

Ⅱ 著作権法の保護対象 ————— 339
1 著作物 ————— 339
　【1】著作物 ————— 339
　【2】思想または感情を表現したもの ————— 339
　【3】創作性 ————— 339
　【4】文芸、学術、美術または音楽の範囲に属するもの ————— 343
2 保護を受ける著作物 ————— 346
3 権利の目的とならない著作物 ————— 347

Ⅲ 著作権（著作財産権）の内容 ————— 347
1 総論 ————— 347
2 複製権 ————— 347
3 上演権・演奏権・口述権 ————— 351
4 上映権 ————— 352
5 公衆送信権等 ————— 352
6 展示権 ————— 353
7 頒布権・譲渡権・貸与権 ————— 353

目次　xxiii

8 翻案権等 355

Ⅳ 著作物の例 360

1 総論 360

2 言語の著作物（1号） 361

3 音楽の著作物（2号） 362

4 舞踏または無言劇の著作物（3号） 362

5 美術の著作物（4号） 363

【1】総論 363

【2】応用美術 363

【3】キャラクター 369

【4】タイプフェイス 371

6 建築の著作物（5号） 372

7 図形の著作物（6号） 372

8 映画の著作物（7号） 373

9 写真の著作物（8号） 374

10 プログラムの著作物（9号） 375

Ⅴ 二次的著作物・編集著作物・ データベースの著作物 376

1 二次的著作物 376

2 編集著作物 378

3 データベースの著作物 380

Ⅵ 著作者 381

1 著作者の認定 381

2 共同著作物と著作権の共有 383

【1】著作権の共有 383

【2】共同著作物の著作者 384

3 職務著作 385

4 映画の著作物の著作者等 387

【1】映画の著作物の著作者 387

【2】映画の著作物の著作権 388

Ⅶ 著作者人格権の内容 389

1 総論 ··· 389

2 公表権 ··· 389

3 氏名表示権 ··· 391

4 同一性保持権 ··· 392

5 「名誉又は声望を害する」行為 ··· 395

6 著作者人格権の処分、著作者の死亡後の処理 ···················· 396

　【1】著作者人格権の処分 ·· 396

　【2】著作者の死亡後の処理 ·· 396

Ⅷ　著作隣接権の内容 ··· 398

Ⅸ　著作権の保護期間 ··· 402

Ⅹ　著作権の権利制限規定 ··· 405

1 権利制限規定総論 ··· 405

2 私的複製 ··· 406

3 付随対象著作物の利用 ·· 411

4 検討の過程における利用 ·· 412

5 非享受目的利用 ··· 413

6 図書館等における複製等 ·· 420

7 引用等 ··· 421

　【1】引用 ··· 421

　【2】転載 ··· 427

8 教育関係の制限規定 ··· 427

9 障害者関係の制限規定 ·· 427

10 営利を目的としない上演等 ·· 427

11 報道関係の制限規定 ··· 429

12 国家活動関係の制限規定 ·· 429

13 放送事業者による一時的固定 ··· 430

14 所有権との調整のための制限規定 ·· 430

　【1】美術の著作物関係 ·· 430

　【2】プログラムの著作物の複製物の所有者による複製等 ··········· 436

15 電子計算機における著作物の利用に付随する利用等 ··········· 436

16 電子計算機による情報処理およびその結果の提供に付随する

軽微利用等 ·· 437

17 翻案等による利用 ·· 440

18 複製権の制限により作成された複製物の譲渡、
複製物の目的外使用等 ·· 441

XI 著作権侵害 ·· 441

1 侵害成立の要件 ·· 441

2 みなし侵害 ·· 441

3 民事的救済 ·· 443

【1】差止請求 ··· 443

〔a〕差止請求一般 ·· 443

〔b〕規範的侵害主体論 ··· 444

【2】損害賠償請求 ·· 449

【3】名誉回復措置 ·· 449

【4】刑事罰 ··· 450

4 一般不法行為に基づく損害賠償請求 ························· 451

第2章 著作権の活用 ··· 455

I ライセンス ··· 455

II 著作権の移転・担保化 ······························· 457

III 出版権設定 ·· 458

第6編

その他の不正競争行為等および
パブリシティ権 ·· 459

第1章 商品等表示、商品形態模倣、
営業秘密以外の不正競争行為等 ········· 461

I 不正競争行為 ··· 461

xxvi　目次

1 技術的制限手段に対する不正競争行為 461

2 ドメイン名に関する不正競争行為 463

3 原産地、品質等誤認表示行為 463

4 信用毀損行為 464

5 代理人等の商標冒用行為 466

II 国際約束に基づく禁止行為
（不正競争防止法16条〜18条） 466

第2章 パブリシティ権 469

第7編

知的財産の国際的側面 ... 477

第1章 総論 479

第2章 国際的ライセンス 483

第3章 並行輸入 485

I 総論 485

II 特許権、実用新案権、意匠権の場合 486

III 商標権の場合 487

IV 著作権の場合 488

第4章 国際裁判管轄・準拠法 489

I 総論 489

II 国際裁判管轄 489

目次　xxvii

1 知的財産権の登録に関する訴訟についての管轄 ———— 489

2 存否・有効性に関する訴訟についての管轄 ———— 489

3 侵害訴訟についての管轄 ———— 490

4 知的財産権の譲渡・ライセンスについての管轄 ———— 490

Ⅲ **準拠法** ———— 490

1 特許権侵害についての準拠法 ———— 490

2 著作権侵害に関する準拠法 ———— 491

3 知的財産権の譲渡・ライセンスに関する準拠法 ———— 491

4 職務発明・職務著作に関する準拠法 ———— 492

事項索引 ———— 493

判例索引 ———— 499

ビジネス法体系研究会メンバー一覧 ———— 511

執筆者紹介 ———— 513

凡 例

Ⅰ 法令等

　主な法令等の名称は、本文において、括弧内で引用する場合は以下の**略語①**を、その他は原則として正式名称、または以下の略語②を用いる。**略語①**について、施行規則は**則**、施行令は**令**と略す。

略語①	正式名称 (略語②)
意匠	意匠法
意匠則	意匠法施行規則
会社	会社法
関税	関税法
行訴	行政事件訴訟法
刑	刑法
経済安保	経済施策を一体的に講ずることによる安全保障の確保の推進に関する法律 (経済安全保障推進法)
種苗	種苗法
商	商法
商則	商法施行規則
商標	商標法
商標則	商標法施行規則
商標令	商標法施行令
新案	実用新案法
知財基	知的財産基本法
知財高裁	知的財産高等裁判所設置法
著作則	著作権法施行規則
著作令	著作権法施行令
著作	著作権法
地理的表示	特定農林水産物等の名称の保護に関する法律 (地理的表示法)
特許	特許法
特許則	特許法施行規則
特許令	特許法施行令
破	破産法
半導体	半導体集積回路の回路配置に関する法律 (半導体集積回路法)
不正競争	不正競争防止法

弁理士	弁理士法
法適用	法の適用に関する通則法
民	民法
民訴	民事訴訟法

II 裁判例

例）最判昭和51年3月19日民集30巻2号128頁

　　＝最高裁判所昭和51年3月19日判決、最高裁判所民事判例集30巻2号128頁

最大判（決）	最高裁判所大法廷判決（決定）
最判（決）	最高裁判所判決（決定）
大判（決）	大審院判決（決定）
高判（決）	高等裁判所判決（決定）
知財高大判（決）	知的財産高等裁判所大合議判決（決定）
知財高判（決）	知的財産高等裁判所判決（決定）
地判（決）	地方裁判所判決（決定）

III 文献

1　判例集・雑誌等

刑集	最高裁判所刑事判例集民集（大審院または最高裁判所）民事判例集
集民	最高裁判所裁判集民事
東高民時報	東京高等裁判所判決時報民事
行集	行政事件裁判例集
金判	金融・商事判例
最判解	最高裁判所判例解説
知的裁集	知的財産権関係民事・行政裁判例集
無体裁集	無体財産権関係民事・行政裁判例集
判時	判例時報
判タ	判例タイムズ
労判	労働判例
ジュリ	ジュリスト
法教	法学教室

2 書籍・ウェブサイト

飯村＝設樂	飯村敏明＝設樂隆一編『知的財産関係訴訟（リーガル・プログレッシブ・シリーズ3）』（青林書院、2008年）
大阪弁護士会	大阪弁護士会知的財産法実務研究会編『特許審決取消判決の分析〜事例からみる知財高裁の実務〜』（別冊NBL No.148）（商事法務、2015年）
岡村	岡村久道『著作権法』（民事法研究会、第6版、2024年）
小野	小野昌延編『新・注解不正競争防止法』（上下巻、青林書院、2012年）
小野＝松村	小野昌延＝松村信夫『新・不正競争防止法概説』（上下巻、青林書院、第3版、2020年）
小野＝三山	小野昌延＝三山峻司『新・商標法概説』（青林書院、第3版、2021年）
加戸	加戸守行『著作権法逐条講義』（著作権情報センター、7訂新版、2021年）
考え方	文化審議会著作権分科会法制度小委員会「AIと著作権に関する考え方について」（2024年3月15日）
経産省・逐条解説	経済産業省知的財産政策室「逐条解説不正競争防止法－令和6年4月1日施行版－」（https://www.meti.go.jp/policy/economy/chizai/chiteki/pdf/Chikujo.pdf）
小泉	小泉直樹『特許法・著作権法』（有斐閣、第4版、2024年）
小谷	小谷武『新・商標教室』（弁護士会館ブックセンター出版部LABO、2013年）
作花	作花文雄『詳解著作権法』（ぎょうせい、第6版、2022年）
佐藤ら・一問一答	佐藤達文＝小林康彦編著『一問一答　平成23年民事訴訟法等改正』（商事法務、2012年）
島並ら・著作権	島並良＝上野達弘＝横山久芳『著作権法入門』（有斐閣、第4版、2024年）
島並ら・特許	島並良＝上野達弘＝横山久芳『特許法入門』（有斐閣、第2版、2021年）
高田	高田忠『意匠』（有斐閣、1969年）
高林・著作権	高林龍『標準著作権法』（有斐閣、第5版、2022年）
高林・特許	高林龍『標準特許法』（有斐閣、第8版、2023年）
髙部・商標	髙部眞規子『実務詳説商標関係訴訟』（きんざい、第2版、2023年）
髙部・著作権	髙部眞規子『実務詳説著作権訴訟』（きんざい、2012年）
髙部・特許	髙部眞規子『実務詳説特許関係訴訟』（きんざい、第4版、2022年）
髙部ら編・知財法の未来	髙部眞規子＝森義之編集代表『切り拓く知財法の未来（三村量一先生古稀記念論集）』（日本評論社、2024年）

凡例　xxxi

田村・商標	田村善之『商標法概説』(弘文堂、第2版、2000年)
田村・知財	田村善之『知的財産法』(有斐閣、第5版、2010年)
田村・不競法	田村善之『不正競争防止法概説』(有斐閣、第2版、2003年)
茶園・意匠	茶園成樹編『意匠法』(有斐閣、第2版、2020年)
茶園・商標	茶園成樹編『商標法』(有斐閣、第2版、2018年)
茶園・特許	茶園成樹編『特許法』(有斐閣、第2版、2017年)
茶園・不競法	茶園成樹編『不正競争防止法』(有斐閣、第2版、2019年)
特許庁・逐条解説	特許庁編『工業所有権法(産業財産権法)逐条解説』(発明推進協会、第22版、2022年)
中山・著作権	中山信弘『著作権法』(有斐閣、第4版、2023年)
中山・特許	中山信弘『特許法』(弘文堂、第5版、2023年)
平尾	平尾正樹『商標法』(学陽書房、第3次改訂版、2022年)
牧野＝飯村ら編・理論と実務	牧野利秋＝飯村敏明＝三村量一＝末吉亙＝大野聖二編『知的財産法の理論と実務 第4巻 著作権法・意匠法』(新日本法規、2007年)
山本	山本庸幸『要説 不正競争防止法』(発明協会、第4版、2006年)

第1編

ビジネスと
知的財産法総論

第1編

第1章 知的財産（権）とは

　知的財産基本法2条1項では、「知的財産」とは、①発明、考案、植物の新品種、意匠、著作物その他の人間の創造的活動により生み出されるもの、②商標、商号その他事業活動に用いられる商品または役務を表示するものおよび③営業秘密その他の事業活動に有用な技術上または営業上の情報を指すと定義されている。

　また、「知的財産権」とは、特許権、実用新案権、育成者権、意匠権、著作権、商標権その他の知的財産に関して法令により定められた権利または法律上保護される利益に係る権利を指すと定義されている（知財基2条2項）。

　知的財産（権／法）の概念は、上記の知的財産基本法に定められたものよりも、より広いものであるととらえることもできるが、本書でもまずは上記の定義を出発点とする。

　知的財産権の保護の本質は、第三者は、権利者の許諾なくして自由に利用等ができず、無断で利用等をすれば、差止め請求や損害賠償請求を受けるということにある。

　この中には、特許権、実用新案権、意匠権、商標権等のように、第三者が、その発明、考案、意匠、商標等の存在を知らないで、独自に創作等した場合にも、権利行使ができるものと、著作権や営業秘密のように、第三者が、その著作物、営業秘密等の存在を知らないで、独自に創作等した場合には、権利行使ができないものがある。著作権や営業秘密は登録不要で、その権利の存在と内容を調査するのは困難であるのに対して、特許権、実用新案権、意匠権、商標権等は特許庁への登録等によって権利の内容が公示されており、第三者がその権利の存在と内容を調べることが容易であるから、このように強力な権利が与えられていると理解しておけばよい。

　独立行政法人工業所有権情報・研修館が、インターネット上で、「特許情報

第1章　知的財産（権）とは　　3

プラットフォーム（J-PlatPat）」という無料のデータベースを提供している[1]。当該データベースを利用することにより、誰でも、特許権、実用新案権、意匠権、商標権についての権利の存在・内容を調べることができ、便利である。

> **コラム　J-PlatPatの活用**
>
> 　J-PlatPatにより権利内容の確認をしたい場合には、トップページから、「特許・実用新案」「意匠」「商標」の各メニューをクリックすると、それぞれの詳細なメニューが表示される。例えば、番号（登録番号、出願番号、公開番号等）、キーワード、商標の称呼等により、それぞれ検索が可能になっている。
>
> 　また、トップページに表示されている「簡易検索」のフォームからキーワードを入力して特許・実用新案、意匠、商標の簡易検索をすることも可能である。
>
> 　検索結果はリストで一覧表示される。各項目をクリックすると、公報の内容が確認できる。表示された各公報は文献単位でPDFでダウンロードすることもできる。また、それぞれ、経過情報を参照して、登録内容や審査の経過等を参照することができる。さらに、審査に関する書類等も表示することができる。
>
> 　その他、トップページの審判のメニューからは、特許庁で行われた審判についての審決公報・審決速報や判決公報の検索が可能である。
>
> 　詳細については、独立行政法人工業所有権情報・研修館が作成している、「操作マニュアル」[2]を参照されたい。

　知的財産権のうち、特許権、実用新案権、育成者権、意匠権、商標権等については、特許庁（育成者権については農林水産省）に対して出願をして、審査を経て、登録を受けないと保護が与えられない。これに対して、著作権と営業秘

---

1)　　　　独立行政法人工業所有権情報・研修館「特許情報プラットフォーム（J-PlatPat）」
　　　　https://www.j-platpat.inpit.go.jp/。

2)　　　　https://www.inpit.go.jp/j-platpat_info/reference/index.html。

4　　第1編　ビジネスと知的財産法総論

密については出願・審査・登録という手続を経ることなく保護が与えられる。

　知的財産権と同義の概念として、無体財産権、知的所有権という用語もある。知的財産権は、無体物に対する権利であることから、無体財産権という用語が使われることがある。所有権は、民法上、有体物のみを対象としているため、知的所有権というのは用語として必ずしも正確でないということもあり、近時は、知的財産権という用語を使うのが一般的である。

　なお、知的財産権のうち、特許庁が所管している特許権、実用新案権、意匠権、商標権を「産業財産権」と呼ぶことがある（古くは、「工業所有権」と呼ばれていた）。その意味で、産業財産権は、知的財産権よりは狭い概念であり、著作権はこれには含まれない。

第 1 章　知的財産（権）とは　　5

第1編

第2章　知的財産の保護の目的と体系

I　知的財産の保護の目的

　知的財産の保護の目的（趣旨）を考えるには、第1章の①発明、考案、植物の新品種、意匠、著作物その他の人間の創造的活動により生み出されるもの、②商標、商号その他事業活動に用いられる商品または役務を表示するものおよび③営業秘密・限定提供データその他の事業活動に有用な技術上または営業上の情報のうち、①・③と②とを分けて考えると理解しやすい。

　上記の「知的財産」のうち、①・③については、いままでになかった創作を保護するものであり、人々の創作意欲を促進することを目的としている。これらの知的財産が法律上保護されず、誰でも自由に利用等することができるとすれば、苦労して創作した努力が無駄になり、人々はこれらの知的財産を生み出そうとしなくなる。そこで、これらの知的財産を法律上保護して、他人が自由に利用等することはできないようにすることにより、創作へのインセンティブを高めようとしているのである（創作保護法）。

　また、上記の「知的財産」のうち、②については、いわゆる「ブランド」と言い換えることができる。これらは創作ではなく、ブランドに対する信用の保護を目的としている。人々は、当該ブランドを信用し、当該ブランドの商品やサービスであれば、あの会社の商品・サービスなのだから、一定の品質が保証されているはずだと信じて購入をしている。仮に、このブランドを誰でも自由に使うことができるとすれば、別の者が、品質の低い商品・サービスにも同じブランドを付けることが可能になり、人々はブランドによって、商品やサービスを選ぶことができなくなり、ブランド保有者は、築き上げたブランドに対する信用が維持できなくなる。そこで、ブランドを法律上保護して、他人が無断で使用できないようにすることにより、信用の維持ができるようにしているのである（ブランド保護法）。

　ブランドは長く使い育てていくほど価値が上がる。したがって、例えば、商

標権については、登録から10年間が保護期間であるが、何度でも更新可能で永続的な保護を得られるようになっている。

これに対して、創作（特に技術）については、期間が経っていけば次第に陳腐化していき、自由な利用等を制限することによるデメリットの方が保護を認めるメリットよりも大きくなっていくことから、保護期間は有限である（ただし、後記 **II** **3** で述べるとおり、営業秘密・限定提供データについては、営業秘密・限定提供データとしての要件が充足されている限り、保護期間に限定はない）。

II 知的財産法の体系

1 はじめに

前記のとおり、知的財産の保護の目的は、大きく、創作保護とブランド保護で分けると分かりやすい。このうち、創作保護については、本書では、保護対象ごとに、さらに、技術・ノウハウの保護、デザインの保護、表現の保護として分けて説明することとする。

以下では、本書の体系に従って、ブランド保護法と創作保護法について、表を用いて整理する。前記のとおり、同じ法律が複数回登場したり、独特な専門用語も出てくるため、以下の整理を最初に一読した際には、理解が難しく感じられるかもしれないが、最初はだいたいのイメージをもっていただければよく、該当箇所を読んだ後にこの表に立ち戻っていただければ頭の整理になるであろう。

2 ブランド保護法の概要

ブランド保護法の概要は、後記 ［**図表1**］ のとおりに整理できる。

8 第1編 ビジネスと知的財産法総論

［図表1］ ブランド保護法の概要

保護対象	権利の名称	法律	概要・典型例	保護期間	登録要否	本書における解説箇所
商標	商標権	商標法	商品・サービスに関する登録商標（ブランド）を保護	登録から10年（更新可）	○	第2編第2章
商品等表示	―	不正競争防止法2条1項1号、2号	著名または周知な商品・サービスのブランドを登録の有無を問わずに保護	―	×	第2編第3章
商号	―	会社法・商法	商号（会社名や個人商人の屋号等）を保護	―	△³⁾	第2編第4章
地域団体商標	商標権	商標法	周知な地域ブランドのうち、地域名＋商品の普通名称を保護	登録から10年（更新可）	○	第2編第5章
地理的表示	―	地理的表示法⁴⁾	農林水産物・食品等の名称（地域ブランド）を保護	―	○	第2編第5章

　最も一般的なブランド保護の方法は、商標権の取得である。特許庁への登録が必要であるが、登録にあたり、周知性・著名性は不要であり、新ブランドの保護に最適である。

　不正競争防止法による商品等表示の保護は、特許庁への登録は不要であるが、保護されるためには、著名性または周知性および混同の要件が必要である。

　会社法・商法による商号の保護は、会社名や個人商人の屋号等に限られる。

---

3)　　会社の商号は登記されなければならない（会社911条3項2号等）が、会社でない商人については、商号を登記するかは任意である（商11条1項、2項）。

4)　　特定農林水産物等の名称の保護に関する法律。農林水産省所管。

第2章　知的財産の保護の目的と体系　　9

また、他人による使用をやめるには、他人に「不正の目的」があることが必要となる。

地域ブランドの保護には、地域団体商標と地理的表示が活用されている。

❸ 創作保護法の概要

本書では、創作保護法は、保護対象ごとに、①技術・ノウハウの保護、②デザインの保護、③表現の保護として分けて説明することとする。これらの概要は、後記［図表2］［図表3］［図表4］のとおりに整理できる。

［図表2］技術・ノウハウの保護

保護対象	権利の名称	法律	概要・典型例	保護期間	登録要否	本書における解説箇所
発明	特許権	特許法	新しい発明（物の発明、方法の発明、物の生産方法の発明）を保護	出願から20年	○	第3編第2章
考案	実用新案権	実用新案法	新しい考案（物品の形状・構造等）を保護	出願から10年	○	第3編第3章
植物の品種	育成者権	種苗法	植物（野菜、果物、花等）の新品種を保護	登録から25年または30年	○	第3編第6章
半導体集積回路の回路配置	回路配置利用権	半導体集積回路法[5]	半導体集積回路の回路配置の模倣行為を禁止	登録から10年	○	第3編第7章
営業秘密	—	不正競争防止法／民法（契約上の保護）	ノウハウ等の営業秘密を保護	—	×	第3編第4章

---

5)　　半導体集積回路の回路配置に関する法律。

| 限定提供データ | ― | 不正競争防止法／民法（契約上の保護） | 企業間で複数者に提供や共有されることで、新たな事業の創出につながったり、サービスや製品の付加価値を高めるなど、その利活用が期待されているデータを保護 | ― | × | 第3編第5章 |

技術の保護の典型的な方法は、特許法による特許権の保護である。特許権の保護は期間が有限であり、発明の内容は明細書により公開されるが、その特許の存在を知らずに独自に発明をした者に対しても権利行使ができる点で強力な権利である。なお、物品の形状・構造等については、より簡易なものとして、実用新案権がある。

また、植物の品種には、種苗法上の育成者権が、半導体集積回路の回路配置には、半導体集積回路法上の回路配置利用権の保護がある。

営業秘密は、不正競争防止法により保護されており、実務上、秘密保持契約等による契約上の保護もされている。保護期間の限定がなく、秘密として守っている限りは永久の保護が可能であり、公開も必要がないが、独自に同じ技術・ノウハウを開発した者に対しては権利行使ができない。

限定提供データは、不正競争防止法により保護されており、実務上、データの提供者と受領者間の契約上の保護もされている。限定提供データは、営業秘密制度では保護されないような、企業間で複数者に提供や共有されることで、新たな事業の創出につながったり、サービスや製品の付加価値を高めるなど、その利活用が期待されているデータ等の保護を想定した制度であり、平成30年不正競争防止法改正で導入された。

技術の保護にあたっては、特許化という戦略を採るか、営業秘密としての秘匿（ブラックボックス化）という戦略を採るかの選択が極めて重要であるが、この点は、第3編 第1章で後述する。

第2章　知的財産の保護の目的と体系　11

[図表3] デザインの保護

保護対象	権利の名称	法律	概要・典型例	保護期間	登録要否	本書における解説箇所
意匠	意匠権	意匠法	物品の新しいデザインを保護	出願から25年	○	第4編第1章
商品形態	―	不正競争防止法2条1項3号	新しい商品形態を保護	最初の販売から3年	×	第4編第2章 I
商標	商標権	商標法	商品の形態を立体商標として保護	登録から10年（更新可）	○	第4編第2章 II
商品等表示	―	不正競争防止法2条1項1号、2号	商品形態自体が、著名または周知な商品・サービスのブランドに当たるとして、登録の有無を問わずに保護	―	×	第4編第2章 III
著作物（応用美術）	著作権	著作権法	創作的な表現たる応用美術を一定要件で保護	著作者の死後70年（原則）	×	第4編第2章 IV
デッドコピー	―	民法	悪質な商品デザインのデッドコピー（完全にそのままのコピー）を禁止	―	×	第4編第2章 V 第5編第1章 XI

　デザインの保護の典型的な方法として、意匠法による意匠権の保護がある。特許庁での登録が必要であり、保護期間は有限である。

　登録不要で、商品形態模倣へ対応できる有効な手段として、不正競争防止法2条1項3号がある。しかし、保護期間が、最初の販売から3年に限られており（不正競争19条1項6号イ）、新商品にしか使えない。

　商品デザインが、商標法上の商標として登録されれば、更新を繰り返すこと

により永続的な保護が受けられる。もっとも、商品デザインを立体商標として登録することのハードルは高い。永続的な保護を安易に認めると、意匠権や不正競争防止法で期間制限をしていることと均衡を失するためである。

また、商品デザインが、不正競争防止法2条1項1号、2号の商品等表示に該当すれば、同様に、永続的な保護が可能である。しかし、商品デザインが商品等表示として保護されるためのハードルも、立体商標と同様に高い。

また、商品のデザインは、後述する著作権法により、保護される可能性もある。いわゆる応用美術の保護という論点であり、意匠権に比べて著作権の保護期間が長いことから、典型的な著作物（芸術作品等）よりも保護のハードルが上がるような厳しい基準で応用美術の著作物性を判断すべきかが議論されている。このように知的財産権による保護は、多重的であるが、制度間の均衡が調整されている。

さらに、以上の保護が認められなくても、悪質なデザインのデッドコピーについては、不法行為（民709条）を構成する可能性がある。

［図表4］表現の保護

保護対象	権利の名称	法律	概要・典型例	保護期間	登録要否	本書における解説箇所
著作物	著作権	著作権法	創作的な表現を保護	著作者の死後70年（原則）	×	第5編
デッドコピー	—	民法	創作性がない表現についても、悪質なデッドコピー（完全にそのままのコピー）を禁止	—	×	第4編 第2章 V 第5編 第1章 XI

著作権は、著作物（思想または感情を創作的に表現したものであって、文芸、学術、美術または音楽の範囲に属するもの）を保護する。著作権の保護期間は産業財産権に比べると長期である。

第2章　知的財産の保護の目的と体系　13

また、著作物性を充足しないような表現であっても、悪質なデッドコピーが行われた場合には、不法行為（民709条）を構成する可能性がある。

４ その他（パブリシティ権およびその他の不正競争行為）

その他、以下のものも、広義の知的財産法の領域に含まれるものとして扱われている。

パブリシティ権は、有名人の氏名や肖像の顧客吸引力を保護するものであり、判例により認められている権利であり、**第6編** 第2章で取り上げる。

不正競争防止法は、さまざまな不正競争行為を列挙した法律である。前記のブランド保護法のうち、商品等表示の保護は、不正競争防止法2条1項1号、2号によるものである。また、創作保護法のうち、営業秘密の保護は、不正競争防止法2条1項4号〜10号によるものであり、商品形態の保護は、不正競争防止法2条1項3号によるものである。これらについてはそれぞれ該当の章で取り上げるが、これら以外の不正競争行為については、**第6編** 第1章 **Ⅰ** において、その概要のみを整理する。

５ 国際的側面

各国の知的財産権の効果が及ぶ範囲は、各国に限られるのが原則である（属地主義）。そのため、各国で知的財産権の保護を得たい場合には各国それぞれで保護の要件を充足する必要があるのが原則である。

国際的な調和の観点からさまざまな工夫がなされており、知的財産権に関する国際条約は多数にのぼる。代表的なものとして、パリ条約[6]、TRIPS協定[7]、PCT[8]、マドリッド・プロトコル[9]、ベルヌ条約[10]等がある。

---

6)　　　工業所有権の保護に関するパリ条約。
7)　　　知的所有権の貿易関連の側面に関する協定（Agreement on Trade-Related Aspects of Intellectual Property Rights）。
8)　　　特許協力条約（Patent Cooperation Treaty）。
9)　　　標章の国際登録に関するマドリッド協定の1989年6月27日にマドリッドで採択された議定書（マドリッド協定議定書）。
10)　　　文学的及び美術的著作物の保護に関するベルヌ条約。

知的財産権の国際的側面については、本書において適宜必要な箇所で解説する（例えば、商標のマドリッド・プロトコルによる出願につき、**第2編** 第2章 **VI** **3**、特許のPCT出願につき、**第3編** 第2章 **V** **3**など）が、**第7編** で、特に並行輸入や国際裁判管轄・準拠法の問題に力点をおいてまとめて論じる。

III 経済法としての知的財産法（保護と利用のバランス）

ブランドの保護は、当該ブランドを用いたビジネスの保護につながり、創作の保護は、当該創作を用いたビジネスの保護につながる。その意味で、知的財産法は、ビジネスと密接に関連する経済法の一種であると理解することができる。ほとんどの知的財産は特許庁（経済産業省の外局）または経済産業省により所管されていることからもそのことは明らかである。ただし、知的財産のうち、著作権については、文化庁が所管しており[11]、著作権法1条において、文化の発展に寄与することが究極目的であるとされている。著作権法においては、著作者人格権の強力な保護も認められており、経済法的な側面のみから理解することはできない。そこで、その学習にあたっては、文化の発展という究極目的を頭に入れておくことが必要である。

この点、一方的に保護を強めれば、経済活動が発展するとは限らない。知的財産を過度に保護することは、他人による自由な利用等を阻害することになり、当該知的財産を何らかの形で利用等する新たなビジネスの芽を摘むことにもなりかねない。そこで、各知的財産法では、保護期間を限定したり、保護の要件を厳しくし（登録を要する権利については、当該要件を充たしていない場合に、後で取り消したり無効にできるようにし）たり、許諾を得ずに利用等できる例外規定を法律上認めたりすることにより、保護が過剰になり過ぎないようにバランスを図っている。

経済活動の発展のために、最適な保護と利用のバランスがどこにあるのかは

---

11)　　育成者権および地域団体商標は、農林水産省が所管し、商号は法務省が所管している。

難問であり、このバランスは法改正を通じて調整され続けている。また、日本においても、実質的な法形成は裁判所の判決によってなされることになるから、時代の潮流を踏まえてなされる裁判所の判断によっても、このバランスは調整され続けているといえる。

　特許についての保護を広く認めるプロ・パテント政策と保護を限定するアンチ・パテント政策の対立は、上記のバランス調整の典型例であると理解することができる。どこまでがプロ・パテントでどこからがアンチ・パテントなのかという明確な線を引くこと自体は難しく、一概に評価することはできないが、例えば、先進国・発展途上国の比較で見た場合には、先進国は、発展途上国から安価な製品が流入することを防止するため、プロ・パテント政策を採用する傾向にあり、発展途上国は、先進国の品質の高い製品・サービスにより自国産業が圧迫されないようにするために、アンチ・パテント政策を採用する傾向にあるということができる。また、裁判所等の判断の傾向という文脈でとらえれば、比較的広範に侵害を認め、損害額も高額のものを認め、特許を無効にすることに謙抑的である場合には、プロ・パテントであるといわれ、逆に、侵害を認めることに慎重で、損害額の認定も慎重で、特許を無効にすることにも積極的である場合には、アンチ・パテントであるといわれる。

　知的財産法を学習するにあたって、上記のとおり、保護と利用のバランスの調整という視点があるということを頭に入れておくと理解がしやすいだろう。

16　　第1編　ビジネスと知的財産法総論

> 第1編

第3章　ビジネスと知的財産の関わり

　企業活動にはさまざまな知的財産が関係し、第三者の知的財産権を侵害しないようにするための守りの活動を行うとともに、自社で知的財産権を取得し、それを積極活用する（他社の利用行為等の差止め・損害賠償やライセンス契約によりライセンス料を得る等）ための攻めの活動を行っている。

　守りの活動としては、メーカーを例に取ると、以下のようなものが挙げられる。

　メーカーの作る製品およびそれを構成する各部品に関する技術やデザインについては、第三者の特許権、意匠権が成立している可能性がある。そこで、メーカーは、製品化を行う前に、第三者の権利を侵害するおそれがないかの調査を行い、侵害のおそれがある場合には、当該特許権や意匠権の侵害とならないように仕様を変更したり、他社からライセンスを受けて適法に利用できるようにしたりする。ライセンスには、個別の技術についてライセンスを受けるというもの以外にも、当該製品分野で使用され得る技術について、包括的にライセンスを受けるというような包括ライセンス、これを両者間で行う包括クロスライセンスなどといった形態がある。

　仕様変更やライセンスによらずに、自由に当該技術等を利用するために、特許権や意匠権（出願中のものを含む）をつぶすということも行われる。出願中の権利については、特許庁に対して、権利の成立を妨げるような情報提供をして、権利が成立しないようにしたり、権利成立後は、特許庁への異議申立てや無効審判請求等により、当該権利を無効にしたりする。

　各企業は、商品やサービスの名称について、他社の商標と類似のものにならないよう商標の調査を行い、商品名・サービス名を決定する。

　また、例えば、商品のコマーシャルに使うために、既存の漫画のキャラクターを利用する場合には、著作権についてライセンスを受けることが必要になる。さらに、有名人をコマーシャルに起用すれば、パブリシティ権についてライセンスを受けることが必要になる。

また、攻めの活動の例としては、以下のようなものがあり得る。

まず、権利の取得について、自社で生まれた技術については、それぞれ、特許出願を行うか営業秘密としての保護を得るかの選択が行われている。出願が必要と判断したものについては、出願を行う。その会社にとって重要な技術分野については、自社で実際に実施するもののみならず、他社の参入を防ぐ目的で幅広く出願が行われる傾向にある。製品を販売する際に使用する企業名としての商号や商標、商品・サービスの名称についてはそれぞれ商標登録出願が行われる。

そして、権利の活用として、他社が自社の知的財産権を侵害していないかの調査・分析を行い、侵害のおそれがあれば、侵害の警告や他社に対するライセンス契約の交渉等を行う。和解により解決しない場合は、当該知的財産権の侵害訴訟を提起して、侵害行為の差止めや損害賠償を求めることがある。また、刑事告訴を行う場合もある。

さらに、自社では、事業戦略上、不要になった知的財産権を、個別の譲渡、事業譲渡、M&Aにより、他社に譲渡・承継して対価を得たり、知的財産権を担保にして金を借りるなどということもあり得る。

AIとメタバースについてのコラム
生成AI・メタバースと知的財産法（総論）

　生成AI・メタバースといった新しいテクノロジーは、一時のブームから社会に根差したサービスになりつつある。本書では、生成AIやメタバースと知的財産権に関するコラムを複数入れているが、まず前提として、生成AIとメタバースの概要を紹介しておく。

　「生成AI」とは、大量に学習させたデータをもとに情報・コンテンツを自動的に生成することができる人工知能（AI）を指し、画像を生成する拡散モデル（diffusion model）や自然言語を扱う大規模言語モデル（large language model：LLM）などが、「高度な対話型生成AI」としてこれに含まれる[12]。

---

12)　　AI戦略会議「AIに関する暫定的な論点整理」（2023年）4頁。

生成AIは、専門的な知識がない一般人でも指示（「プロンプト」とも呼ばれる）を入力するだけで、多様な成果物を生み出す点が画期的であるが、著作権法をはじめとして、知的財産法との関係で様々な論点が生じる。

　「メタバース」とは、「ネットワークを通じてアクセスでき、ユーザー間のコミュニケーションが可能な仮想空間のうち、特に、自己投射性・没入感、リアルタイム性、オープン性（誰もが参加できること）等の特徴を備えるものや、これに類するもの」である[13]。

　メタバースの仮想空間には、現実世界を題材としたものと、仮想空間に創造された架空の世界を題材とするものが存在する。このうち、前者のような、仮想空間上に現実世界を再現しようとする類型（デジタルツインと呼ばれることもある）では、現実世界に存在する建物や構造物、看板・ポスターなどが、仮想空間上に再現されることになり、知的財産法との関係で問題が生じる。また、メタバース上でのアバターやデジタルオブジェクトの流通等についても、知的財産法との関係で問題が生じる。

---

13)　　メタバース上のコンテンツ等をめぐる新たな法的課題への対応に関する官民連携会議「メタバース上のコンテンツ等をめぐる新たな法的課題等に関する論点の整理」（2023年）2頁。

第3章　ビジネスと知的財産の関わり　　19

第1編

第4章　知的財産に関係する主な機関、専門職等

Ⅰ　特許庁

　特許庁は、所管している特許権、実用新案権、意匠権、商標権に関する審査、登録、審判等を行っている。特許庁において、審査を担当するのが審査官であり、審判を担当するのが審判官である。

　審判には、①出願後、審査を経て、拒絶査定を受けた出願人が起こす拒絶査定不服審判等特許庁を相手に起こす審判で、いわば、審査の延長のようなものである査定系審判と②第三者が権利者を相手として提起する無効審判、不使用取消審判等の当事者系審判がある。

Ⅱ　裁判所

❶侵害訴訟に関する地方裁判所の管轄

　知的財産権の侵害訴訟に関する地方裁判所の管轄には、他の事件と異なる特殊な定めがある。

　まず、特許権、実用新案権、回路配置利用権またはプログラムの著作物についての著作者の権利に関する訴え（以下、「特許権等に関する訴え」という。）については、東京地方裁判所[14]または大阪地方裁判所[15]が専属管轄を有しており、他の裁判所は管轄を有しない（民訴6条1項）。これらの技術的な色彩の強い知的財産権に関する事件については、裁判官に高い専門性が要求されるため、知的財産部（知財部）を置いている東京地方裁判所（民事29部・40部・46

---

[14]　　東京高等裁判所、名古屋高等裁判所、仙台高等裁判所または札幌高等裁判所の管轄区域内に所在する地方裁判所の事件を担当。

[15]　　大阪高等裁判所、広島高等裁判所、福岡高等裁判所または高松高等裁判所の管轄区域内に所在する地方裁判所の事件を担当。

部・47部）と大阪地方裁判所（第21民事部・第26民事部）のみに事件を担当させることとしている。東京地裁の知的財産部は、2022年10月から、東京地裁の霞が関の本庁舎ではなく、東京地方裁判所中目黒庁舎（ビジネス・コート）に移転した。

　また、意匠権、商標権、著作者の権利（プログラムの著作物についての著作者の権利を除く）、出版権、著作隣接権もしくは育成者権に関する訴えまたは不正競争による営業上の利益の侵害に係る訴え（以下、「意匠権等に関する訴え」という。）については、各地裁も管轄を有するが、あわせて、東京地方裁判所または大阪地方裁判所も管轄を有するものとされている（民訴6条の2）。そして、実際にもこれらの事件の多くは、東京地方裁判所または大阪地方裁判所に集中しており、上記の知的財産部が担当している。

❷ 知的財産高等裁判所（知財高裁）

　知的財産高等裁判所（知財高裁）は、知的財産高等裁判所設置法により、知的財産事件を専門に扱うために設立されたものであり、知的財産関係事件を扱う東京高等裁判所の特別の支部と位置づけられている（知財高裁2条）。知財高裁も、2022年10月から、中目黒庁舎（ビジネス・コート）に移転した。

　知財高裁は、次の事件を扱う。

　①審決取消訴訟（特許庁が行った審決に対する不服申立て）：知財高裁が専属管轄を有する（特許178条1項等、知財高裁2条2号）。

　②侵害訴訟等の民事事件の控訴審：特許権等に関する訴え（前記❶参照）についても、知財高裁が専属管轄を有する（民訴6条3項、知財高裁2条1号）。意匠権等に関する訴え（前記❶参照）については、東京高等裁判所の管轄に属する事件を知財高裁が取り扱う（知財高裁2条1号）。

　③その他の事件：東京高等裁判所の管轄に属する民事事件および行政事件のうち、主要な争点の審理につき知的財産に関する専門的な知見を要する事件（知財高裁2条3号）を知財高裁が扱う。

Ⅲ 弁理士・弁護士

　典型的な弁理士の業務は、主として出願や審判（特許庁絡みの手続）の代理業務や調査・鑑定業務等である。特許関係を主に取り扱う弁理士は理系のバックグラウンドを持っている者が多く、一定の分野（例えば、化学・バイオ・機械・電気・IT等）の技術的な専門知識を持ち、当該分野に関する出願を主に取り扱っていることが多い。意匠や商標を主な取扱分野とする弁理士もいる。弁理士は、審決取消訴訟の代理人も務める。また、侵害訴訟においても、補佐人あるいは、特定侵害訴訟代理業務試験に合格し付記を受けたときは、弁護士と共同する場合に限り、訴訟代理人となることもできる[16]。

　知的財産法を主な取扱分野とする弁護士の典型的な業務内容は、知的財産に関する各種契約や法律問題に関する相談業務、各種紛争や裁判（侵害訴訟、特許庁における審判、審決取消訴訟等）の代理業務等である。

　以上のとおり、両者の職域は重なるところがあるが、典型的には、弁理士は出願や特許庁絡みの手続に強く、弁護士は契約関係や紛争に強いといえる。知的財産に関する紛争・裁判においては、弁理士と弁護士がそれぞれの強みを生かし、共同で案件の対応にあたることも多い。

---

16)　　以上につき弁理士法4条〜6条の2参照。

第2編

ブランドの保護

第2編

第1章 ブランド保護総論

ブランドには、以下の三つの階層があるとされている[1]。

① ハウスマーク等

「企業グループブランド、コーポレートブランドといった、その企業体らしさあるいは企業らしさを体現したもの」

② ファミリーマーク等

「事業ブランド、カテゴリーブランドで、特定の事業群や製品群を体現したもの」

③ ペットマーク等

「個別製品ブランド、サービスブランドであり、個々の企業の製品やサービスを体現したもの」

例えば、トヨタ自動車では、「トヨタ」や「TOYOTA」が①に当たり、「クラウン」が②に当たり、「クラウンセダン」、「クラウンマジェスタ」、「クラウンロイヤル」が③に当たる。

これらのブランドの保護には、いくつか方法がある。

最も一般的なブランド保護の方法は、商標権の取得である。特許庁への登録が必要であるが、登録にあたり、周知性・著名性は不要であり、新しいブランドの保護に最も適する。そこで、新しいビジネスを立ち上げたり、新製品・新サービスの販売・提供等を始めたりするにあたっては、まず、商標登録出願による商標権の取得を検討することになる。

不正競争防止法による商品等表示の保護は、特許庁への登録は不要である

---

1)　　①～③のかぎ括弧内の説明は、特許庁「平成23年度 商標出願動向調査報告書（概要）企業のブランド構築に着目した商標の出願・活用に関する状況調査」（平成24年4月）15頁のものである。https://warp.ndl.go.jp/info:ndljp/pid/10358553/www.jpo.go.jp/shiryou/pdf/isyou_syouhyou-houkoku/23brand_chousa.pdf、(2024.11.05)。

第1章　ブランド保護総論　　27

が、保護されるためには、著名性または周知性および混同の要件が必要である。登録商標では、登録する商品・サービスを指定する必要があり、当該商品・サービスと同一・類似の商品・サービスに対してしか権利行使ができないが、不正競争防止法による商品等表示の保護ではそのような制約がない。そこで、そもそもまったく商標登録をしていなかった場合のみならず、登録商標で指定していた商品・サービスの範囲を超える場合にも活用されている。

　会社法・商法による商号の保護の対象は、会社名や個人商人の屋号等に限られている。そこで、前記の②ファミリーマーク等や③ペットマーク等の保護には使えない。保護のために周知性・著名性は不要であるが、他人による使用を止めるには、他人に「不正の目的」があることが必要となる。

　地域ブランドの保護には、地域団体商標と地理的表示が活用される。

　本書でも、商標法による商標権の保護から解説を始めることとする。

第2編

第2章 商標法による商標権の保護

Ⅰ 商標権の効力（専用権と禁止権）・存続期間

❶商標権の効力

　商標権者は、指定商品または指定役務（＝サービス）について登録商標の使用（使用概念については、後記 Ⅱ ❷【3】で解説する。使用概念について理解がないとこのパートの理解は難しいと思われるため、使用概念について学んだ後に改めて戻って理解を深めていただきたい）をする権利を専有する（商標25条）。このように登録商標の使用を独占する権利を専用権（積極的効力）と呼ぶ。すなわち、登録商標と同一の商標を同一の指定商品・役務について使用することについて専用権がある。

　また、①登録商標と同一の商標を類似の指定商品・役務に使用すること、②登録商標と類似の商標を同一の指定商品・役務に使用すること、および③登録商標と類似の商標を類似の指定商品・役務に使用することについては、商標法37条1号により、商標権を侵害する行為とみなされ、第三者による商標の使用を禁止することができる。このように、第三者による商標の使用を禁止することができる権利を禁止権（消極的効力）と呼ぶ[2]。

　禁止権は、第三者に対して商標権侵害を主張可能な権利という意味で、いわば剣となる権利である。

　他方、専用権は、第三者に対して商標権侵害を主張可能であるという意味で剣となるのみならず、第三者の禁止権が及ぶ範囲でも、商標権侵害とならない点で、盾としても機能する権利であり、禁止権に比べて強力である（禁止権では、第三者の禁止権と抵触する使用をすれば、その使用は、商標権侵害となる点で、

---

[2]　　　なお、特許権の場合には、専用権と禁止権を区別する実益がないことは、第3編 第2章 Ⅰ ❶で後述する。

第2章　商標法による商標権の保護　　29

専用権に比べて弱い権利である[3]）。

　登録商標と同一の商標を同一の指定商品・役務について使用することにしか効力が及ばないとすると、商標権の効力が狭きに失することになる。他方で、すべての類似範囲まで専用権を与えてしまうと、今度は強力になりすぎて弊害があることになる。そこで、登録商標と同一の商標を同一の指定商品・役務に使用することについては専用権とし、前記の①～③の場合には、禁止権としてバランスを取っている。

　前記の専用権と禁止権の関係を商標と指定商品・役務の同一・類似のマトリックスで整理すると後記［図表1］のとおりとなる。

　なお、著名な登録商標と同一の商標については、例外的に、登録商標の指定商品・役務と非類似の商品・役務について使用した場合にも、禁止権が拡大する防護標章登録（後記❷参照）の対象となる。

［図表1］ 商標権の効力（専用権と禁止権）

商品・役務／商標	同一	類似	非類似
同一	専用権	禁止権（上記①）	防護標章登録制度による禁止権拡大
類似	禁止権（上記②）	禁止権（上記③）	—
非類似	—	—	

　また、商標法37条2号から8号は、商標権侵害の予備的行為を商標権侵害行為とみなしている。例えば、2号では、指定商品と同一・類似の商品の包装に登録商標と同一・類似の商標を付したものを譲渡、引渡しまたは輸出のために所持する行為を侵害行為とみなしている。指定商品と同一・類似の商品の包装に登録商標と同一・類似の商標を付する行為自体は、商標権侵害に該当する

---

3)　　このように、禁止権が重なり合う範囲では、お互いに商標権侵害が成立してしまう結果、どちらも互いに許諾を得なければ、使用できなくなってしまうことを「蹴り合い現象」と呼ぶ。

（同2条3項1号、25条、37条1号）。また、指定商品と同一・類似の商品の包装に登録商標と同一・類似の商標を付したものを譲渡、引渡しまたは輸出する行為自体も商標権侵害に該当する（同2条3項1号、25条、37条1号）。しかし、他人が指定商品と同一・類似の商品の包装に登録商標と同一・類似の商標を付したものを譲渡、引渡しまたは輸出のために所持する行為については、商標法25条および37条1号によっては商標権侵害を構成しない。そこで、2号は、本来的な商標権侵害を予防するために、このような行為を予備的行為として商標権侵害とみなしているのである。

❷ 防護標章

　商標権者は、登録商標が自己の業務に係る指定商品・役務を表示するものとして、著名である[4]場合において、その登録商標に係る指定商品・役務と非類似の商品・役務について他人が登録商標の使用をすることによって、その商品または役務と自己の業務に係る指定商品とが混同を生ずるおそれがあるときは、そのおそれがある商品または役務について、その登録商標と同一の標章についての防護標章登録を受けることができる（商標64条）。

　防護標章に基づく権利は、当該商標権または基礎となった商標権に付随するものであるため、登録商標が消滅した場合には消滅し、登録商標が移転した場合は、登録商標に従って移転する（商標66条）。防護標章登録を受けた場合には、防護標章登録の指定商品・役務についての登録防護標章の使用にまで禁止権が拡大する（同67条）。他方で、これを超えた類似の範囲までは禁止権は拡大しない。防護標章には、専用権はないが、不使用取消審判（同51条。**後記** ▮▮▮▮**Ⅷ** ❿【1】参照）の対象外であり不使用であっても、取り消されない。

　例えば、トヨタ自動車は、トヨタの商標についてさまざまな商品・役務で防

---

4)　　条文の文言は、「需要者の間に広く認識されている」であるが、知財高判平成22年2月25日裁判所ウェブサイト（平成21年（行ケ）10189号）〔JOURNAL STANDARD 事件〕は、「当該登録商標が広く認識されているだけでは十分ではなく、商品や役務が類似していない場合であっても、なお商品役務の出所の混同を来す程の強い識別力を備えていること、すなわち、そのような程度に至るまでの著名性を有していることを指すものと解すべきである」としている。

第2章　商標法による商標権の保護　　31

護標章登録を行っている。J-PlatPatの商標のコーナーにある「日本国周知・著名商標検索」では、防護標章として登録されている商標および異議決定・審判・判決において周知・著名な商標として認定された登録商標の検索が可能であり、一覧表示も可能である。一覧表示をすると約1,200件の商標が出てくる。一覧から商標を選択したとき、「この商標は、防護標章として登録されています」との表示が出るものが防護標章登録をされているものであり、どの商品・役務について防護標章登録がされているかは、さらに、経過情報から、登録情報へと進み、防護標章登録記事を確認することで分かる。

コラム 商標を剥がす・消す行為は商標権侵害か？（逆パッシング・オフ[5]）

　商標権侵害は、前記のとおり、他人の商標と同一または類似の商標を無断で使用する行為について成立する。自分の商品に他人のブランドを付けて販売すれば、そのブランドと間違えて買う者が現れることから、これを規制しなければならない。

　それでは、他人が商標を付けた商品の商標を無断で剥がしたり、消したりする行為（例えば、他人のブランドの付いた商品を購入してきて、これを消して自分のブランドを付けて販売するような行為）については商標権侵害が成立するだろうか。

　通常の商標権侵害のような事例をパッシング・オフ（Passing Off：詐称通用）と呼ぶとすると、上記の商標を剥がしたり、消したりする行為は、これとは逆の行為なので、逆パッシング・オフ（Reverse Passing Off：リバースパッシング・オフ）と呼ばれる。

　商標法は、文言上商標の「使用」行為を規制しているのであり、商標を剥がしたり消したりする行為は、このような「使用」行為（後記 **Ⅱ** **❷**【3】で詳述）には当たらない以上、商標権侵害には当たらないと解するのが文言には素直であり、学説上も文言に素直な解釈を採

---

5)　この逆パッシング・オフの論点については、発展的な議論ではあるが、商標法、ひいては知的財産法の保護の本質とは何かという問いにつながる興味深い問題であるため、ここで取り上げた。

32　　第2編　ブランドの保護

用する見解がある[6]。裁判例においても、大阪高判令和4年5月13日〔車輪付き杖事件〕では、登録商標の剥離抹消行為等が、それ自体で商標権侵害を構成するとは認められないと判断されている。他方、これらの行為も、実質的には商標の機能を害していることになることに変わりがない（すなわち本来の出所とは異なる出所が示されていると言い得る）から、商標権侵害と解すべきであるとの見解[7]がある。なお、このように逆パッシング・オフは、商標権侵害には当たらないとした場合でも、態様次第では、一般不法行為（民709条）が成立することはあり得る[8]。

❸ 商標権の存続期間と更新

商標権の存続期間は、設定登録の日から10年である（商標19条1項）。もっとも、特許権、実用新案権、意匠権等とは異なり、更新登録の申請により更新することが可能であり（同条2項）、更新回数に制限もないため、永続的な保護を得ることが可能である。

特許権、実用新案権、意匠権等については、創作保護法であり、一定期間の保護を与える引き替えに、期限経過後については、第三者による自由利用を認めることにより、保護と利用のバランスを図っている。したがって、更新による永続的な保護を認めてしまえば、保護が強力になりすぎ、弊害が大きくなるため、更新は認められていない。

これに対して、商標法はブランド保護法であり、商標は、自他識別機能、出所表示機能、品質保証機能、宣伝広告機能等を有しているのであって、信用が長年蓄積されていくことにより、その価値が高まっていくことになるから、更新による永続的な保護を認めるのが、むしろその目的にも適うことになる。逆に更新が認められず、一定期間経過後に第三者が自由に当該商標を利用できてしまえば、商標の機能が害されてしまうことになり商標法の趣旨に反する。

---

6)　田村・商標150頁、平尾321頁。
7)　網野誠『商標』（有斐閣、第6版、2002）846頁、小野＝三山309〜310頁等。
8)　田村・商標150頁、平尾321頁も不法行為の成立の可能性に言及している。

そうであれば、なぜ最初から当然に永続的な保護を認めないのかといえば、10年ごとに商標登録の維持の要否を判断させ、商標権者が不要と考える商標登録については更新しないことにより消滅させ（商標20条4項）、第三者に利用を認めるためである。必要とされる商標には永続的な保護を認めるべきであるが、本来不要な商標についてまで永続的な保護を認めて第三者による商標選択の可能性を制限するのは不合理であるから、更新制となっているのである。

なお、従前は、商標法旧4条1項13号により、消滅後1年間は第三者による登録は認められていなかったが、平成23年改正でこの規定は廃止された。ただし、権利消滅後の出所の混同を招くおそれがある場合については、混同防止を目的とする他の不登録事由（同4条1項15号等）の運用により登録が認められないことがある[9]。

Ⅱ 商標法の保護対象

1 商標の意義

「商標」とは、「標章」であり、①業として「商品」を生産し、証明し、または譲渡する者がその「商品」について「使用」をするもの、または②業として「役務」（＝サービス）を提供し、または証明する者がその「役務」について「使用」をするものを指す（商標2条1項）。

①が商品商標、②が役務商標（サービスマーク）と呼ばれる。

そして、「標章」とは、人の知覚によって認識することができるもののうち、文字、図形、記号、立体的形状もしくは色彩またはこれらの結合、音その他政令で定めるものを指す（同条1項柱書）。

かかる「標章」の定義からすると、商標には以下のようなものがある。

文字商標は、文字のみで構成される最も基本的な商標である。例えば、「SONY」の文字商標（商標登録第512083号）がその例である。

---

9)　　特許庁工業所有権制度改正審議室編『平成23年 特許法等の一部改正 産業財産権法の解説』（発明協会、2011）203頁。

図形商標は、図形のみで構成される商標である。例えば、クロネコヤマトの猫の親子の図による商標（商標登録第3085606号）などがその例である。

　記号商標は、記号のみで構成される商標である。例えば、武田薬品工業の丸の中に三角が入った記号の商標（商標登録第54111号）などがその例である。

　立体商標は、立体的形状で構成される商標である。例えば、不二家のペコちゃん人形（商標登録第4157614号）などがその例である。

　結合商標は、これらの文字、図形、記号、立体的形状または色彩を二つ以上組み合わせた商標であり、文字と図形の組み合わせ、記号と色彩の組み合わせなどのさまざまなバリエーションがあり得る。例えば、「NIKE」という文字と翼をモチーフにした図形を組み合わせた、ナイキの商標（商標登録第1517131号）がその例である。

　また、平成27年4月1日から導入された新しい商標として以下がある（商標則4条の7、4条の8）[10]。

　色彩のみからなる商標は、「単色又は複数の色彩の組合せからなる商標（これまでの図形等と色彩が結合したものではない商標）」である。初めて登録を認める旨の判断がされた色彩のみからなる商標として、セブン-イレブン・ジャパンの白色、オレンジ色、緑色、赤色の色彩の組合せのみからなる商標（商標登録第5933289号）等がある。

　音商標は、「音楽、音声、自然音等からなる商標であり、聴覚で認識される商標」である。久光製薬のコマーシャルで最後に流れる「HISAMITSU」の歌（商標登録第5804299号）がその例である。

　動き商標は、「文字や図形等が時間の経過に伴って変化する商標」である。菊正宗酒造の酒瓶を包んでいた風呂敷が広がり酒瓶が現れる動きに関する商標（商標登録第5804568号）やエステーのひよこが飛ぶ動きに関する商標（商標登録第5804313号）がその例である。

　位置商標は、「文字や図形等の標章を商品等に付す位置が特定される商標」

---

10)　　　以下の括弧内の定義は、特許庁ウェブサイト「新しいタイプの商標の保護制度について」記載のものである。https://www.jpo.go.jp/system/trademark/gaiyo/newtype/index.html（2024.11.05）。

である。エドウインのジーンズのポケット横の「EDWIN」とのタグの位置に関する商標（商標登録第5807881号）がその例である。

ホログラム商標は、「文字や図形等がホログラフィーその他の方法により変化する商標」であり、三井住友カードのプラスチック型ギフトカードであるプレミアムギフトカードに使用されているホログラムの商標（商標登録第5804315号）がその例である。

② 「商品」・「役務」について

【1】指定商品・指定役務

商標は、商品・役務を指定して登録される。このように、登録商標について指定されている商品・役務のことを指定商品・指定役務と呼ぶ。前記のとおり、商標権侵害は、同一または類似の商標を同一または類似の商品・役務に使用していないと成立しない。

したがって、いかなる商品・役務を指定商品・指定役務とするかは商標登録出願にあたり重要になる。本項目の内容については、実務上重要である。

商標登録出願は、ニース協定[11] 1条で定められた国際分類に即して、第1類から第45類までの商品・役務の区分に従って行う必要がある（商標6条2項、商標令2条、商標則6条、別表）。第1類から第34類までが「商品」であり、第35類から第45類が「役務」である。例えば、第25類は、「被服、ガーター、靴下止め、ズボンつり、バンド、ベルト、履物、仮装用衣服、運動用特殊衣服、運動用特殊靴」であり、第38類は、「電気通信（放送を除く）、放送、報道をする者に対するニュースの供給、電話機・ファクシミリその他の通信機器の貸与」である。

例えば、UNIQLOのロゴの商標（商標登録第4433063号）は、上記の第25類の「被服、ガーター、靴下止め、ズボンつり、バンド、ベルト、履物、仮装用衣服、運動用特殊衣服、運動用特殊靴」等を指定商品としている。

ここで注意すべきは、上記の第1類から第45類までの、商品および役務の

---

11)　　標章の登録のための商品及びサービスの国際分類に関するニース協定。

36　　第2編　ブランドの保護

区分は、商品または役務の類似の範囲を定めるものではないということである（商標6条3項）が、この点については、**後記【2】**以下で詳述する。

【2】「商品」・「役務」の意義

「商品」とは、①有体物であり、②流通性・代替性があり、③独立の商取引の対象となり得るものを指す[12]。以下のような点が問題になる。

①について、無体物は「商品」には含まれないと解されるが、無体物の多くは、「役務」でカバーされることになる。なお、ダウンロード可能な電子計算機用プログラムと電子出版物は、無体物であるが、例外的に「商品」に該当するものと扱われている[13]。

②の流通性・代替性の要件の関係では、持ち帰りの飲食物が問題になる。店頭で業として継続的または反復的に販売されているテイクアウトの飲食物は、流通性・代替性があるので「商品」に該当する。他方、飲食店で店舗において飲食した顧客から、特に注文された場合に例外的に持ち帰り用に有償で提供される折詰料理であり、店頭で業として継続的または反復的に販売されてはいないものや宴会料理の残り物を入れた折詰（ドギーバッグ）には、流通性がないため、「商品」には該当しないとされる[14]。

また、不動産が「商品」に当たるかについても、争いがある。この論点は、ヴィラージュ事件で問題になった。第一審[15]は、不動産にも流通性・代替性があるとしてこれを肯定した。他方、控訴審[16]は、この点については判断を行わず、「建物の売買」という役務についての使用に該当するとの判断を行った。

③の商取引の対象となり得るとの要件の関係では、いわゆる販促品（ノベルティグッズ）が「商品」に該当するかが問題になる。この点について、BOSS事件[17]は、指定商品を被服とする「BOSS」の商標の商標権者が、楽器の購入

---

12)　茶園・商標27頁以下、田村・商標251頁以下。
13)　商標法施行規則別表商品分類第9類参照。
14)　東京高判昭和63年3月29日判時1276号124頁〔天一事件〕。
15)　東京地判平成11年10月21日判時1701号152頁〔ヴィラージュ事件（第一審）〕。
16)　東京高判平成12年9月28日判タ1056号275頁〔ヴィラージュ事件（控訴審）〕。
17)　大阪地判昭和62年8月26日判時1251号129頁〔BOSS事件〕。

者に対して、販促品として、「BOSS」という商標を付したトレーナーを配布したという事案で、販促品は、独立の商取引の目的物とならず、「商品」に該当しないと判断した。

「役務」とは、他人のために提供する労務または便益であり、独立して商取引の対象となり得るものを指す[18]。

「小売の業務において行われる顧客に対する便益の提供」（小売役務）も役務に含まれる（商標2条2項）。

小売役務には、デパートやスーパー等の総合小売等役務と専門店等の特定小売等役務がある。

【3】「使用」の意義

商標の「使用」とは、下記 [図表2] に挙げるものを指す（商標2条3項）。また、これらの条文の要件を充足するのみならず、当該商標が、商標として使用されていること（商標的使用。商標26条1項6号参照）に該当することも必要であるが、この点は、後記 VIII 2 [2] で解説する。

[図表2] 商標の「使用」の概念

	条文	具体例
1号	商品又は商品の包装に標章を付する行為	家電や家電の外箱に商標を付ける行為
2号	商品又は商品の包装に標章を付したものを譲渡し、引き渡し、譲渡若しくは引渡しのために展示し、輸出し、輸入（輸入には、外国にある者が外国から日本国内に他人をして持ち込ませる行為が含まれる[19]）し、又は電気通信回線を通じて提供する行為	商標を付けた家電を販売する行為

---

18)　茶園・商標30頁以下。
19)　商標2条7項。令和3年商標法改正で追加。

38　　第2編　ブランドの保護

	条文	具体例
3号	役務の提供に当たりその提供を受ける者の利用に供する物（譲渡し、又は貸し渡す物を含む。以下同じ。）に標章を付する行為	カフェで客が使うカップにカフェの商標を付ける行為
4号	役務の提供に当たりその提供を受ける者の利用に供する物に標章を付したものを用いて役務を提供する行為	カフェの商標を付けたカップを用いてコーヒーを提供する行為
5号	役務の提供の用に供する物（役務の提供に当たりその提供を受ける者の利用に供する物を含む。以下同じ。）に標章を付したものを役務の提供のために展示する行為	カフェのエスプレッソマシーンにカフェの商標を付けて設置している行為
6号	役務の提供に当たりその提供を受ける者の当該役務の提供に係る物に標章を付する行為	クリーニング店がクリーニング済みの客の衣類にクリーニング店の商標が入ったタグを付ける行為
7号	電磁的方法（電子的方法、磁気的方法その他人の知覚によって認識することができない方法をいう。次号において同じ。）により行う映像面を介した役務の提供に当たりその映像面に標章を表示して役務を提供する行為	オンラインゲームで、携帯電話の画面上に、オンラインゲームの商標を表示してオンラインゲームサービスを提供する行為
8号	商品若しくは役務に関する広告、価格表若しくは取引書類に標章を付して展示し、若しくは頒布し、又はこれらを内容とする情報に標章を付して電磁的方法により提供する行為	カタログに商品やサービスの商標を付けて紙媒体やインターネットで提供する行為
9号	音の標章にあつては、前各号に掲げるもののほか、商品の譲渡若しくは引渡し又は役務の提供のために音の標章を発する行為	商品の譲渡やサービスの提供のために実際に音商標を再生する行為
10号	前各号に掲げるもののほか、政令で定める行為	※現時点では該当なし

第2章　商標法による商標権の保護　　39

Ⅲ 商標の機能

商標は、自己の商品・サービスを他者の商品・サービスと区別できるように
するために付されるものである。このような機能を、商標の自他識別機能とい
う。この自他識別機能が商標の基本的な機能であり、**後記 Ⅳ 3** で述べると
おり、このような自他識別機能のない商標は商標として保護されないし、**後記
Ⅷ 2【2】** で述べるとおり、自他識別機能のないような態様で用いられる商
標は、商標としての使用ではないと考えられ、商標権侵害が成立しない。

このような商標の基本的機能から派生する商標の機能として、以下の三つが
あるとされる[20]。最も重要なのは、上記の自他識別機能であるが、商標の果た
す機能についての理解をより深めるためには、以下の各機能についても知って
おくことは有益である。

① 出所表示機能：商標は自他識別機能を有しているゆえに、商品・サービ
　スの出所を表示する。当該商標が付いていることにより、仮にその会社
　の名前自体は覚えていなかったとしても、当該商標に接すれば、あの会
　社の商品・サービスだと分かる。
② 品質保証機能：同じ商標が付された商品・サービスであれば、同じ一定
　の品質が備わっていることが保証される。これにより、個別に商品の品
　質を毎回吟味しなくとも、当該商標だけを頼りに、自らが望む品質の商
　品・サービスの購入が可能になる。
③ 宣伝広告機能：当該ブランドのブランド力が高まることにより、仮に、
　同じ品質の商品であったとしても、当該ブランドが付いていることによ
　り、人々が購入したくなるような宣伝広告効果を持つ場合もある。

---

20)　　小野＝三山46頁以下、茶園・商標4頁。

40　　第2編　ブランドの保護

Ⅳ 登録要件

1 使用の意思

　商標法3条1項は、「自己の業務に係る商品又は役務について使用をする商標」について、商標登録を受けることができると定めている。ここで、「使用をする」には、現在使用しているもののみならず、現在使用していないが、将来使用する意思があるものが含まれる。将来使用する意思には使用の蓋然性が求められる[21]。

　このように、使用の意思は商標登録の要件であるが、審査実務上は、すべての場合に使用意思の確認が行われているわけではなく、類型的にみて商標の使用または使用の意思があることに疑義がある一定の場合に限り、出願人は、商標の使用に関する証明書類等を提出することが必要とされている[22]。

2 使用主義と登録主義／先使用主義と先願主義

　登録商標に関しての使用主義と登録主義については多義的であり、紛らわしい概念である。①商標権の成立について使用の事実に基づいて決める（使用主義）か、登録の事実に基づいて決める（登録主義）かというのが一つの使われ方である。登録主義では、登録の事実に基づき商標権が成立するので、登録に「設権的効果」が与えられていると説明される[23]。同じ商標について複数の者が自己に権利が帰属すると主張した場合、使用主義では、先使用主義が採用され、最先の使用者に帰属することになる。登録主義では、先願主義が採用され、最先の出願人に帰属することになる[24]。先願主義のほうが時点がはっきり

---

21)　小野＝三山106頁、茶園・商標41頁。知財高判平成24年5月31日判時2170号107頁〔アールシータバーン事件〕参照。

22)　後記 Ⅴ 2 の一区分内において、23以上の類似群コードにわたる商品または役務を指定している場合や、小売等役務の類似群を有する指定役務が複数ある場合がこれに当たる（商標審査便覧41.100.03）。

23)　小野昌延＝小松陽一郎＝三山峻司『商標の法律相談Ⅰ』（青林書院、2017）4頁。

24)　小野昌延＝小松陽一郎＝三山峻司『商標の法律相談Ⅰ』（青林書院、2017）7頁。

しており、判断が容易であるというメリットがある。②商標の出願・登録手続にあたり、現に商標を使用していることが必要である（使用主義）か、不要であるか（登録主義）という使われ方もある[25]。

①・②いずれの分類でも、日本の登録商標は、登録主義であるといえる。①の先願主義については、商標法8条に規定されており、②について、**前記❶**のとおり、使用意思の確認が一定の場合に行われているにすぎず、全件について出願段階で使用事実の確認は行われていない。もっとも、登録主義を形式的に徹底させると、①他人が使用している未登録商標でも先に商標登録出願さえしてしまえば常にその出願人のものになってしまうことになり、また、②いったん商標登録出願して登録さえしてしまえば、使用しなくても永久に権利が維持できてしまったりすることになり、不都合である。そこで、商標法では、登録主義を形式的に徹底することのデメリットを避けるべく、登録主義を柔軟に修正している。

①については、**後記 Ⅳ 4**のさまざまな不登録事由を設けており、②については、継続して3年以上不使用の商標について、**後記 Ⅷ 10【1】**の不使用取消審判（商標50条）の対象としている。

❸ 自他識別力

【1】商標の積極的登録要件としての自他識別力（商標3条1項）

商標が自他識別力を有していることは、商標の登録要件である。商標法3条1項各号は、商標登録を受けられない場合を列挙しており、同6号は、「前各号に掲げるもののほか、需要者が何人かの業務に係る商品又は役務であることを認識することができない商標」との文言になっており、同1〜5号が自他識別力を欠く場合を具体的に列挙したものであり、同6号がバスケット条項として、それ以外に自他識別力を欠く場合をカバーしている。

商標法3条1項各号該当性の判断基準時は、登録査定（審決）時であり、登録査定（審決）後に該当事由が生じても、無効とはならない（商標46条1項1号お

---

25)　特許庁・逐条解説1273〜1274頁。

よび6号参照）。また、出願時に該当事由が生じている必要はない。

【2】普通名称（1号）・慣用商標（2号）

「その商品又は役務の普通名称を普通に用いられる方法で表示する標章のみからなる商標」は自他識別力を欠くものとして、商標登録できない（商標3条1項1号）。

「普通名称」とは、「取引者においてその商品または役務の一般的な名称（略称・俗称を含む）であると認識されるに至っている」ものを指し[26]、例えば、商品「電子計算機」について、商標「コンピュータ」、商品「スマートフォン」について、商標「スマホ」といった商標等である。裁判例においては、普通名称該当性の肯定例として、「カンショウ乳酸」が乳酸に乳酸ナトリウムを配合して緩衝性を持たせたpH調整剤の普通名称であると認定された事例[27]がある。

否定例としては、商標法26条関係の判断であるが、「花粉のど飴」の語が、「花粉症に効くのど飴」ないし「花粉症対策用のど飴」を意味する語として、一般的に認識され、使用されているとまでは認めることができないとした事例[28]がある。

「普通に用いられる方法で表示する」は、意匠法3条1項1号、3号、4号共通の要件である。当該商品・役務に関する取引の実情を考慮して、書体や全体の構成が特殊な態様である場合には、「普通に用いられる方法で表示する」には該当しない[29]。

意匠法3条1項3号に関する事例であるが、例えば、「いか入りしゅうまい」を指定商品として「いかしゅうまい」との商標を毛筆で書いた文字商標（後記**【図表3】**）について、「各種の平仮名書体に比較して、顕著に一般の書体と異なって識別されるものと認めることはできず、他に（中略）字体に特別顕著性

---

26) 特許庁「商標審査基準」https://www.jpo.go.jp/system/laws/rule/guideline/trademark/kijun/index.html、（2024.11.05）。第1の三の1.参照。

27) 東京高判平成13年10月31日裁判所ウェブサイト（平成13年（行ケ）258号）〔カンショウ乳酸事件〕。

28) 東京地判平成15年6月27日判時1840号92頁〔花粉のど飴事件〕。

29) 特許庁「商標審査基準」第1の三の2.。

を認めるべきことを裏付ける証拠はない」として、「普通に用いられる方法で表示する」に当たるとされた事例がある[30]。

[図表３] いかしゅうまい商標

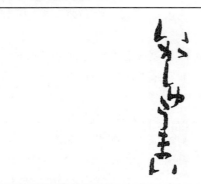

「その商品又は役務について慣用されている商標」は自他識別力を欠くものとして、商標登録できない（商標3条1項2号）。

慣用商標は、「同業者間において一般的に使用されるに至った結果、自己の商品又は役務と他人の商品又は役務とを識別することができなくなった商標」である[31]。「同業者」間において慣用されているかが判断のポイントになる。例えば、「宿泊施設の提供」について、商標「観光ホテル」、屋台における中華そばの提供について、音商標である「夜鳴きそばのチャルメラの音」などがこれらの例である[32]。

前記【1】のとおり、普通名称・慣用商標該当性の判断基準時は、登録査定時である。したがって、登録査定時において普通名称・慣用商標化している場合にのみ、無効審判（商標46条1項1号。後記 VIII 9 【3】参照）により、無効になるが、登録査定後に普通名称・慣用商標化した場合には、無効とはならない。

---

30) 東京高判平成12年4月13日裁判所ウェブサイト（平成11年（行ケ）101号）〔いかしゅうまい事件〕（画像の出所：同判決別紙(1)）。
31) 特許庁「商標審査基準」第1の四の1.。
32) 特許庁「商標審査基準」第1の四の1.。

もっとも、使用時点において、普通名称・慣用商標化していれば、いずれにせよ、商標法26条1項2号、3号（普通名称）、4号（慣用商標）により、商標権の効力は及ばず、商標権侵害が成立しないことになる（後記 **Ⅷ** **2**【1】参照）。そこで、商標権者にとっては、普通名称・慣用商標化を防ぐことが重要になる（後記 **Ⅷ** **2**【1】**コラム** 参照）。

【3】商品の産地、販売地、品質その他の特徴等の表示または役務の提供の場所、質その他の特徴等の表示（3号）

「その商品の産地、販売地、品質、原材料、効能、用途、形状（包装の形状を含む。）、生産若しくは使用の方法若しくは時期その他の特徴、数量若しくは価格又はその役務の提供の場所、質、提供の用に供する物、効能、用途、態様、提供の方法若しくは時期その他の特徴、数量若しくは価格を普通に用いられる方法で表示する標章のみからなる商標」については登録できない（商標3条1項3号）。

「産地、販売地」「役務の提供の場所」については、その地理的名称の表示する土地において、必ずしも現実に指定商品が生産されもしくは販売されていることまたは指定役務が提供されていることを要せず、需要者または取引者によって、その地理的名称の表示する土地において、指定商品が生産されもしくは販売されまたは指定役務が提供されているであろうと一般に認識される場合には、商品の産地もしくは販売地または役務の提供の場所を表すものとして、本号の規定に該当するものとされる。実際にその地で生産等されているかではなく、あくまで、需要者・取引者の認識がポイントとなる。ジョージア事件[33]では、コカ・コーラ社のコーヒー飲料等を指定商品とした「GEORGIA」との商標について、需要者または取引者は、その指定商品であるコーヒー、コーヒー飲料等がアメリカ合衆国のジョージアなる地において生産されているものであろうと一般に認識するものと認められるとして、上記基準に基づいて本号該当性が肯定された。

商品の「品質、原材料」については、指定商品を「レモンを加味した清涼飲

---

33)　　最判昭和61年1月23日判時1186号131頁〔ジョージア事件〕。

第2章　商標法による商標権の保護　　45

料、レモンを加味した果実飲料」とする「ほっとレモン」との文字およびそれを囲む輪郭部分の組合せからなる商標（後記［図表4］）について、本号該当性が認定された事例[34]がある。また、指定商品を「黒糖を使用した棒状形のドーナツ菓子」とする「黒糖ドーナツ棒」との文字を手書き風の文字で2列に縦書きしてなる登録商標（後記［図表5］）について、本号該当性を肯定した事例や、指定商品を「あずきを加味してなる菓子」とする「あずきバー」という標準文字からなる登録商標について、本号該当性を肯定した事例がある[35]。

［図表4］ほっとレモン商標

［図表5］黒糖ドーナツ棒商標

---

34)　知財高判平成25年8月28日裁判所ウェブサイト（平成24年（行ケ）10352号）〔ほっとレモン事件〕（画像の出所：同判決別紙商標目録1）。
35)　知財高判平成23年3月24日判時2121号127頁〔黒糖ドーナツ棒事件〕（画像の出所：同判決本文第2の1）および知財高判平成25年1月24日判時2177号114頁〔あずきバー事件〕。もっとも、いずれの事件においても、商標法3条2項の使用による識別力取得が肯定された。

「書籍」を指定商品とした商標が、需要者に題号として認識され、かつ、当該題号が特定の内容を認識させるものと認められる場合には、商品等の内容を認識させるものとして、商品の「品質」を表示するものと判断される。もっとも、新聞、雑誌等の「定期刊行物」については、商標が、需要者に題号として広く認識されていても、当該題号は特定の内容を認識させないため、本号には該当しないと判断される[36]。

　商品の容器や形状そのものの立体商標についても、本号該当性が肯定されるのが原則であるが、この点については、**後記【7】**で詳述する。

【4】ありふれた氏・名称等（4号）、極めて簡単で、かつ、ありふれた商標（5号）

　「ありふれた氏又は名称を普通に用いられる方法で表示する標章のみからなる商標」については登録できない（商標3条1項4号）。「ありふれた氏又は名称」とは、原則として、同種のものが多数存在するものをいう。著名な地理的名称、ありふれた氏、業種名等やこれらを結合したものに、商号や屋号に慣用的に付される文字や会社等の種類名を表す文字等を結合したものは、原則として、「ありふれた名称」に該当すると判断される。ただし、国家名または行政区画名に業種名が結合したものに、さらに会社の種類名を表す文字を結合してなるものについては、他に同一のものが現存しないと認められるときは、この限りでないものとされる[37]。「日本生命保険相互会社」（商標登録第3042173号）などがこの基準に従い登録が認められる例である。

　「極めて簡単で、かつ、ありふれた標章のみからなる商標」については登録できない（同条1項5号）。例えば、仮名文字1字、1本の直線、波線、輪郭として普通に用いられる△、□、○、◇、または球、立方体、直方体、円柱、三角柱の立体的形状等がこれに当たるものとされる[38]。

---

36)　　特許庁「商標審査基準」第1の五の3.(1)。

37)　　特許庁「商標審査基準」第1の六の1.(2)。

38)　　特許庁「商標審査基準」第1の七の3.。

【5】その他識別力のない商標（6号）

　以上の商標法3条1項1号から5号には該当しないものの、識別力のない商標をカバーするバスケット条項が6号である。

　本号の関係でよく問題になるものとして、いわゆる標語・キャッチフレーズがある。例えば、新しいタイプの居酒屋事件[39]では、指定役務を「飲食物の提供」とする「新しいタイプの居酒屋」との商標について、「新しいタイプの居酒屋」との語は、一般に居酒屋が、メニューやサービスの内容、店舗の内装等において、既存の居酒屋と異なる新しいタイプを採用しているという役務の特徴を表した宣伝文句と理解され、本願商標はいわばキャッチフレーズとしてのみ機能するといわざるを得ないのであるから、それ自体に独立して自他識別力があるということはできないとして、本号該当性が肯定された。また、「お客様第一主義の」事件[40]では、「お客様第一主義の」という標準文字商標を指定役務に使用する場合、これに接する需要者は、顧客を大切にするとの基本理念や姿勢等を表した語であり、場合によっては、宣伝・広告的な意図をも含んだ語であると認識するものと認められ、これを超えて、何人かの業務に係る役務表示であると認識することはないとして、本号該当性が肯定された。

　スプレー式の薬剤事件[41]では、指定商品を「スプレー式の薬剤」とする右手にスプレーを持ち、首筋から背中にかけてスプレーを噴霧して、薬剤を使用している人物の様子を表した図形商標（後記［図表6］）について、スプレー式の薬剤および薬剤と需要者の共通性が高い化粧品や衛生用品等の分野において、その商品の用途や使用方法等を説明するために、商品の包装用箱等に、商品を身体の特定の部位に使用している人物を示す図を用いることは、広く一般的に行われていること等により、需要者は、商品がスプレー式であることや、スプレーを噴霧する身体の部位等を示すための図の一種であると認識するにとどま

---

39)　　知財高判平成19年11月22日裁判所ウェブサイト（平成19年（行ケ）10127号）〔新しいタイプの居酒屋事件〕。

40)　　知財高判平成25年11月27日裁判所ウェブサイト（平成25年（行ケ）10254号）〔「お客様第一主義の」事件〕。

41)　　知財高判平成25年1月10日判時2189号115頁〔スプレー式の薬剤事件〕（画像の出所：同判決別紙）。

り、何人かの業務に係る商品であるか認識することができないとして、本号該当性が肯定された。

[図表6] スプレー式の薬剤図形商標

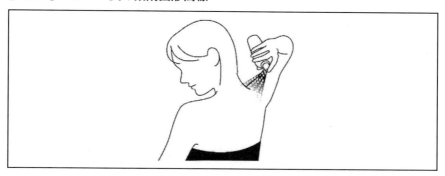

　そのほかにも、例えば、商標が、模様的に連続反復する図形等により構成されているため、単なる地模様として認識される場合には、本号に該当すると判断される[42]。また、商標が、指定役務において店名として多数使用されていることが明らかな場合は、本号に該当すると判断される（例：指定役務「茶又はコーヒーを主とする飲食物の提供」について、商標「オリーブ」、「フレンド」、「ひまわり」、「たんぽぽ」等）[43]。さらに、近時の裁判例では、色彩のみからなる単色の商標が、商標法3条1項6号に該当するとされた事例[44]がある。

【6】使用による識別力の取得（3条2項）

　商標法3条1項3号から5号までに該当する商標（普通名称：1号および慣用商標：2号は含まれない）であっても、「使用をされた結果需要者が何人かの業務に係る商品又は役務であることを認識することができるもの」は自他識別力があるものとして、商標登録を受けることができる（商標3条2項）。
　「需要者が何人かの業務に係る商品又は役務であることを認識することがで

---

42)　特許庁「商標審査基準」第1の八の7.。
43)　特許庁「商標審査基準」第1の八の9.。
44)　知財高判令和2年3月11日金判1597号44頁〔LIFULL HOME'S事件〕。

きるもの」とは、何人かの出所表示として、その商品または役務の需要者の間で全国的に認識されているものをいう[45]。

　ある標章が商標法3条2項所定の「使用をされた結果需要者が何人かの業務に係る商品であることを認識することができるもの」に該当するか否かは、出願に係る商標と外観において同一とみられる標章が指定商品とされる商品に使用されたことを前提として、その使用開始時期、使用期間、使用地域、使用態様、当該商品の販売数量または売上高等、当該商品またはこれに類似した商品に関する当該標章に類似した他の標章の存否などの事情を総合考慮して判断されるべきである[46]。

　また、使用による識別力の取得の立証にあたっては、しばしば、需要者に対するアンケート（ブランド調査）も活用されている[47]。

　商標の「使用」については、出願商標と使用商標の同一性が問題となる。出願商標と使用商標とが外観において異なる場合は、出願商標を使用しているとは認められないが、同一性の判断は、取引の実情を考慮して行われるため、厳密な完全一致でなくても、同一性が認められる場合がある[48]。特許庁の審査基準では、出願商標の指定商品または指定役務と使用商標の使用する商品または役務とが異なる場合には、指定商品または指定役務について出願商標を使用しているとは認められないとされている[49]が、裁判例（Kawasaki事件[50]）では、この場合について、当該商標が指定商品または指定役務について使用されてもな

---

45)　　特許庁「商標審査基準」第2の2.（1）。

46)　　知財高判平成23年3月24日判時2121号127頁〔黒糖ドーナツ棒事件〕および知財高判平成25年1月24日判時2177号114頁〔あずきバー事件〕は、かかる基準を用いて、商標法3条2項の使用による識別力取得を肯定した。

47)　　例えば、アンケートの活用により本項該当性が肯定された事例として、知財高判平成24年9月13日判時2166号131頁〔Kawasaki事件〕、知財高判令和6年10月30日裁判所ウェブサイト令和6年（行ケ）10047号〔シン・ゴジラ事件〕がある。他方、アンケート結果を踏まえても、本項該当性は認められないとされた事例として、知財高判平成25年8月28日裁判所ウェブサイト（平成24年（行ケ）10352号）〔ほっとレモン事件〕がある。

48)　　特許庁「商標審査基準」第2の1.（2）。

49)　　特許庁「商標審査基準」第2の1.（2）。

50)　　知財高判平成24年9月13日判時2166号131頁〔Kawasaki事件〕。

50　　　第2編　ブランドの保護

お出所表示機能を有すると認められるときは、本項該当性が認められるとされている。

また、近時の裁判例として、映画「シン・ゴジラ」に登場する怪獣「ゴジラ」の複数の形態の一つに関する立体商標について、使用による識別力の取得が争われた裁判例（シン・ゴジラ事件[51]）では、商標法3条2項の「使用」の直接の対象は「シン・ゴジラ」の立体的形状に限られるとしても、その結果「需要者が何人かの業務に係る商品であることを認識することができる」に至ったかどうかの判断に際して、「シン・ゴジラ」に連なる映画「ゴジラ」シリーズ全体が需要者の認識に及ぼす影響を考慮することは、何ら妨げられるものではなく、むしろ必要なことというべきであるとして、「シン・ゴジラ」以外のゴジラシリーズに係る需要者の認識を考慮して、本項該当性を認めた。

【7】立体商標

商品等の形状は、多くの場合、商品等に期待される機能をより効果的に発揮させたり、商品等の美観をより優れたものとするなどの目的で選択されるため、商標として、自他識別機能を果たすことは稀である。そこで、商品等の形状は、特段の事情のない限り、商品等の形状を普通に用いられる方法で使用する標章のみからなる商標として、商標法3条1項3号に該当する[52]。例外的に、チョコレート等を指定商品とする4種類の魚介類の形を表した板状のチョコレートの形状（後記[図表7]）について、商標法3条1項3号該当性を否定して自他識別性を肯定した事例があるが、稀な事例である[53]。同判決では、4種の図柄の選択・組合せおよび配列の順序並びにマーブル色の色彩が結合している点において新規であり、これと同一ないし類似した標章の存在を認めることはできず、指定商品の購入ないしは非購入を決定するうえでの標識とするに足りる程度に十分特徴的であるとされた。

---

51) 知財高判令和6年10月30日裁判所ウェブサイト令和6年（行ケ）10047号〔シン・ゴジラ事件〕。
52) 知財高判平成23年6月29日判時2122号33頁〔Ｙチェア事件〕。
53) 知財高判平成20年6月30日判時2056号133頁〔ギリアンチョコレート事件〕（画像の出所：同判決別紙）。

[図表7] ギリアンチョコレート商標

　もっとも、商品の立体的形状が、商標法3条1項3号に該当したとしても、商標法3条2項により使用による識別力を取得している場合がある。

　商標法3条1項3号該当性を肯定しつつ、商標法3条2項の使用による識別力の取得を認めた例として、懐中電灯のマグライトの形状[54]、コカ・コーラの瓶の形状[55]、ヤクルトの容器の形状[56]、椅子のYチェアの形状[57]、ランプシェードの形状[58] 後記 **[図表8]**）等がある。

---

54)　知財高判平成19年6月27日判時1984号3頁〔マグライト事件〕（画像の出所：同判決別紙）。

55)　知財高判平成20年5月29日判時2006号36頁〔コカ・コーラ事件〕（画像の出所：同判決別紙）。

56)　知財高判平成22年11月16日判時2113号135頁〔ヤクルト事件〕（画像の出所：同判決第2の2）。

57)　知財高判平成23年6月29日判時2122号33頁〔Yチェア事件〕（画像の出所：同判決別紙）。

58)　知財高判令和元年11月26日裁判所ウェブサイト令和元年（行ケ）10086号〔ランプシェード事件〕（画像の出所：同判決別紙）。

[図表8] 使用による識別力の取得が認められた立体的形状の例

【マグライト商標】

【コカ・コーラ商標】

【ヤクルト商標】

【Yチェア商標】

【ランプシェード商標】

　Yチェア事件においては、使用に係る商標ないし商品等の形状は、原則として、出願に係る商標と実質的に同一であり、指定商品に属する商品であることを要するが、商品等は、その製造、販売等を継続するにあたって、技術の進歩や社会環境、取引慣行の変化等に応じて、品質や機能を維持するために形状を変更することが通常であるから、使用に係る商標ないし商品等にごく僅かな形状の相違、材質ないし色彩の変化が存在してもなお、立体的形状が需要者の目につきやすく、強い印象を与えるものであったかなどを総合勘案したうえで、立体的形状が独立して自他識別力を獲得するに至っているか否かを判断すべきであるとの基準が採用された。そして、Yチェアの立体的形状に関する商標は、形状における特徴のゆえに、自他識別力があると解するのが相当であるか

ら、使用された木材の材質や色彩、座面の色彩にバリエーションがあったとしても、商品の出所に対する需要者の認識が大きく異なるとはいえず、本願商標に係る形状が自他識別力を獲得していると認定することの障害になると解することはできないと判断された。

　なお、上記のように、商標法3条1項3号に該当し、商標法3条2項に該当しても、商標法4条1項18号（後記 **4**【1】参照）に該当する場合には商標登録が認められない。

　立体商標について、商標が、指定商品または指定役務を取り扱う店舗または事業所の形状にすぎないと認識される場合は、商標法3条1項6号に該当すると判断するとされている[59]が、ファミリーマートの店舗外観は、第35類の「衣料品・飲食料品及び生活用品に係る各種商品を一括して取り扱う小売又は卸売の業務において行われる顧客に対する便益の提供」を指定役務として、立体商標として登録が認められている（商標登録第5272518号)[60]。

【8】新しいタイプの商標

　平成27年に新しいタイプの商標として追加された色彩のみからなる商標は、「単色又は複数の色彩の組合せからなる商標（これまでの図形等と色彩が結合したものではない商標)」とされており、色彩も、多くの場合、商品等の美観をより優れたものとするなどの目的で選択され、商標としての自他識別機能を果たすことはまれである。したがって、多くの場合、商品等の形状を普通に用いられる方法で使用する標章のみからなる商標として、商標法3条1項3号に該当すると考えられ、2025年1月時点において、単独の色彩のみからなる商標として登録されたものはなく、裁判例においても、単独の色彩のみからなる商標について商標法3条1項6号に該当するとしたものがある[61]。色彩の組合せからなる商標として、株式会社トンボ鉛筆の青色・白色・黒色が商標の縦幅を3等分しているもの（商標登録第5930334号）や、株式会社三井住友フィナンシャルグ

---

59)　　特許庁「商標審査基準」第1の八の8.。

60)　　トレードドレスについては、**第4編** **第2章** **III** **コラム** で後述する。

61)　　知財高判令和2年3月11日金判1597号44頁〔LIFULL HOME'S事件〕。

54　　　第2編　ブランドの保護

ループの緑色(上から商標の75%)と黄緑色(上から商標の25%)が組み合わさったもの(商標登録第6021307号)等の登録商標が存在している。

その他、平成27年に追加された音商標や動き商標、位置商標についても、商標としての自他識別機能を有するかが問題となり、商標法3条1項3号または同法3条1項6号該当性が問題となる場合が多いと考えられる。例えば、「目覚まし時計」について「『ピピピ』というアラーム音」などの商品が通常発する音は、商標法3条1項3号に該当して登録を受けることができないとされている[62]。位置商標については、焼肉のたれの包装容器の表面に付された連続する縦長の菱形の立体的形状(後記[図表9])について、当該形状は、焼き肉のたれの包装容器について、機能や美観に資するものとして、取引上普通に採択、使用されている立体的な装飾の一つであり、指定商品が焼き肉のたれであることからすると、その下に商品名等が記載されたラベルが貼付されることは容易に予測されるなどとして、商標法3条1項3号該当性を肯定した事例がある[63]。

[図表9] 商標法3条1項3号該当性が肯定された焼き肉のたれの立体的形状

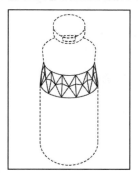

---

62) 特許庁「商標審査基準」第1の五の8.(1)。
63) 知財高判令和2年12月15日金判1613号24頁〔焼肉のたれ事件〕(画像の出所:同判決別紙)。

コラム 「商標の識別力」に基づく商標の類型化（米国判例から学ぶ）

　米国商標法の判例として、商標の識別力について類型化したAbercrombie&Fitch事件[64]が有名である。日本の商標の識別力の強弱について理解するのにも役立つのでここで紹介しておく。最も識別力が強いとされるのが、① Fanciful marks（造語商標）である。造語であるがゆえに、当該商標が他の観念を持たないため、最も識別力が強くなる。次に、識別力が強いのが② Arbitrary marks（随意商標）である。言葉自体は造語ではないが、無関係な文脈でその言葉を用いるものであり、例えば、コンピュータ関係でAppleという商標を用いるような場合がその例である（これに対してリンゴにAppleという商標を用いた場合は、⑤の普通名称になる）。次に、識別力が強いのが③ Suggestive marks（暗示的商標）であり、その語に暗示がされているような場合である。日焼けオイルで有名なCoppertone（コパトーン）は、英語で、赤みがかった銅色という意味があり、日焼けの小麦色の肌を連想させるということで、③に分類される。ここまでの商標は識別力が比較的強いものであり、原則として、商標登録が認められるべきものである。これに対して、④ Descriptive marks（記述的商標）は、当該商標が商品・役務の品質・内容等を記述的に説明するもので、原則として識別力が認められない（ただし、使用等により、secondary meaning（二次的意味）を持つに至った場合には識別力が認められる場合がある）。⑤ Generic terms（普通名称）は、識別力が最も弱く、およそ商標としては保護され得ない。

　当然ながら、識別力が強いかと商標として覚えやすいかは別問題である。造語は新しい言葉であるため、覚えにくいことも多い。むしろ、識別力が弱いもののほうが、言葉としては既になじみがあるため、覚えてもらいやすい。言葉としての覚えてもらいやすさと識別力の強さのバランスを考えて商標の選択をすることが考えられる。

---

64)　　　Abercrombie & Fitch Co. v. Hunting World 537 F.2d 4 (2nd Cir. 1976).

4 消極的登録要件

消極的登録要件は、商標法4条1項各号に規定されており、公益的不登録事由と私益的不登録事由に分類できる。

商標法4条1項各号該当性の判断基準時についてはやや複雑なルールがあるが以下のように整理できる。これらの判断時点は実務上は、いつの時点の証拠を準備するのかという観点で重要である。

まず、判断基準時が、原則として、登録査定（審決）時であるのは、商標法3条1項各号の場合（**前記3**参照）と同様である。

もっとも、例外的に、私益的不登録事由のうち、商標法4条1項8号、10号、15号、17号、19号については、登録査定（審決）時に各号該当事由があっても、出願時に各号該当事由がなければ、非該当として扱うものとされている（商標4条3項）。すなわち、これらについては、出願時および登録査定（審決）時の双方において該当性が肯定されなければ、適用されないということであり、上記の原則よりも無効となる場合が制限されている。

私益的不登録事由については、登録後に各号該当事由が生じても無効とならない。これに対して、公益的不登録事由のうち、商標法4条1項1号、2号、3号、5号、7号、16号は登録後に各号該当事由が生じた場合も無効理由とされている（商標46条1項6号。後発的無効理由）。すなわち、例えば、商標法4条1項7号の例でいえば、登録査定時において既に公序良俗違反が生じていた場合のみならず、登録査定後の現時点において、公序良俗違反が生じたような場合も無効理由となるのであり、上記の原則よりも、無効となる場合が拡大されている。これらは、公益的不登録事由であるため、商標権者の保護よりも、公益を重視すべきと考えられているからである。

【1】公益的不登録事由

[a] 概　要

公益的不登録事由には、商標法4条1項1〜6号、7号、9号、16号、18号があり、後記［**図表10**］のように整理できる。

第2章　商標法による商標権の保護　57

[図表10] 商標の公益的不登録事由[65]

条文		具体例
1号〜 6号	①国旗、菊花紋章、勲章、褒章又は外国の国旗と同一又は類似の商標 ②パリ条約の同盟国、世界貿易機関の加盟国又は商標法条約の締約国の国の紋章その他の記章であって、経済産業大臣が指定するものと同一又は類似の商標 ③国際連合その他の国際機関を表示する標章であって経済産業大臣が指定するものと同一又は類似の商標 ④赤十字の標章及び名称等と同一又は類似の商標等 ⑤政府又は地方公共団体の監督用又は証明用の印章又は記号のうち経済産業大臣が指定するものと同一又は類似の標章を有する商標 ⑥国若しくは地方公共団体若しくはこれらの機関、公益に関する団体であって営利を目的としないもの又は公益に関する事業であって営利を目的としないものを表示する標章であって著名なものと同一又は類似の商標	①アメリカ合衆国の国旗 ②鷲が翼を広げた姿のアメリカ合衆国の記章 ③国際原子力機関の標章 ④白地に赤十字の標章 ⑤コーヒーについてブラジル連邦共和国が用いる印章 ⑥大学、オリンピック、JETRO等を表示する標章
7号	「公の秩序又は善良の風俗を害するおそれがある商標」	救急車のサイレン音と類似の音商標
9号	「博覧会の賞と同一又は類似の標章を有する商標」	博覧会の賞と同じ名前の商標
16号	「商品の品質又は役務の質の誤認を生ずるおそれがある商標」	オレンジジュース以外を含む果実飲料（ジュース）を指定商品とした「○○オレンジジュース」との商標

---

65) 　　紙幅の関係上、概括的な記載としており、必ずしも条文の要件をすべて記載していないため、正確な要件は各条文の文言を参照していただきたい。

	条文	具体例
18号	「商品等」「が当然に備える」「立体的形状、色彩又は音（役務にあっては、役務の提供の用に供する物の立体的形状、色彩又は音）」[66]「のみからなる商標」	※適用場面は限定的（本文中の説明を参照）

[b] 7号

　上記のうち、商標法4条1項7号、16号、18号について、以下で若干の解説を加える。

　商標法4条1項7号（公序良俗を害するおそれがある商標）には、①その構成自体がきょう激、卑わい、差別的もしくは他人に不快な印象を与えるような文字、図形、記号、立体的形状もしくは色彩またはこれらの結合、音である場合のみならず、②商標の構成自体がそうでなくとも、指定商品または指定役務について使用することが社会公共の利益に反し、または社会の一般的道徳観念に反するような場合も含まれるものとされる[67]。また、これら以外にも、③他の法律によって、当該商標の使用等が禁止されている場合、④特定の国もしくはその国民を侮辱し、または一般に国際信義に反する場合、⑤当該商標の登録出願の経緯に社会的相当性を欠くものがあり、登録を認めることが商標法の予定する秩序に反するものとして到底容認し得ないような場合なども含まれるとされ、その適用範囲は広範である[68]。

　特許庁「商標審査便覧」[69]の「42.107第4条第1項第7号」では、より具体的な事例に基づいた基準が示されており、例えば、42.107.04では、歴史上の人物名からなる商標登録出願の取扱いについて説明されている。

---

66)　　商標法施行令1条の2。

67)　　特許庁「商標審査基準」第3の六の1。

68)　　知財高判平成18年9月20日裁判所ウェブサイト（平成17年（行ケ）10349号）〔Anne of Green Gables事件〕。

69)　　https://www.jpo.go.jp/system/laws/rule/guideline/trademark/binran/index.html（2024.11.30）。

第2章　商標法による商標権の保護　　59

前記の⑤の類型に当たる裁判例として、のらや事件[70]は、フランチャイザーが商標の更新登録申請を行わず、商標が抹消登録されたことを受けて、フランチャイジーが当該商標の出願を行い、設定登録を受けたという事例で、フランチャイジーによる当該出願の目的は、当該出願またはこれに基づく商標登録の事実をフランチャイザーとの金銭的な交渉を有利に進めるための材料として利用し不当な利益を得ることにあったと認定して、本号該当性を認めた。また、長期間にわたり、商標権者から、登録商標の付された商品の卸売りを受けて販売し、利益を上げていた原告が、当該登録商標の指定商品に当該商品が含まれない可能性を認識したにもかかわらず、これを商標権者に伝えず、自ら当該商品を指定商品とする商標の登録を行い、商標権者との取引の終了を申し入れた事例では、原告が、商標権者に対して、登録商標を付して商品を販売することを妨げてはならない信義則上の義務を負っており、原告による商標の登録出願は当該信義則上の義務に反するものであるとして、本号該当性を認められている[71]。

　実務上は、必ずしも、他の各号にぴったりと当てはまらないような場合に、この7号を根拠とした無効理由が主張されることがしばしばあるが、7号の適用範囲を拡大しすぎることには問題もある。この点について、コンマー事件[72]は、商標法は、出願人からされた商標登録出願について、当該商標について特定の権利利益を有する者との関係ごとに、類型を分けて、商標登録を受けることができない要件を、法4条各号で個別的具体的に定めているから、このことに照らすならば、当該出願が商標登録を受けるべきでない者からされたか否かについては、特段の事情がない限り、当該各号の該当性の有無によって判断されるべきであるといえるとした。そして、先願主義を採用している日本の商標法の制度趣旨や、国際調和や不正目的に基づく商標出願を排除する目的で設けられた法4条1項19号の趣旨に照らすならば、それらの趣旨から離れて、法4条1項7号を私的領域にまで拡大解釈することによって商標登録出願を排除す

---

70)　　知財高判平成27年8月3日裁判所ウェブサイト（平成27年（行ケ）10022号）〔のらや事件〕。

71)　　知財高判令和元年10月23日裁判所ウェブサイト令和元年（行ケ）10073号〔仙三七事件〕。

72)　　知財高判平成20年6月26日判時2038号97頁〔コンマー事件〕。

60　　第2編　ブランドの保護

ることは、特段の事情のある例外的な場合を除くほか、許されないというべきであるとして、7号の適用をいたずらに拡大することを避けるべきであるとの立場をとっている。

[c] 16号

商標法4条1項16号で「商品の品質又は役務の質の誤認を生ずるおそれ」とは、「商標が表す商品の品質等を有する商品の製造、販売又は役務の提供が現実に行われていることは要せず、需要者がその商品の品質等を誤認する可能性がある場合をいう」ものとされている[73]。例えば、オレンジジュース以外を含む果実飲料（ジュース）を指定商品とした「○○オレンジジュース」との商標は、オレンジジュースであると需要者に誤認される可能性があるため、本号に該当すると考えられるが、指定商品をオレンジジュースに補正すれば、拒絶理由は解消すると考えられる。

「国家名・地名等を含む商標であって、それが指定商品又は指定役務との関係上、商品の産地・販売地又は役務の内容の特質若しくは役務の提供の場所を表すものと認識されるものについては、その商標が当該国若しくは当該地以外の国若しくは地で生産・販売される商品について使用されるとき、又は当該国家又は当該地名等によって表される特質を持った内容の役務若しくは当該国・地で提供される役務以外の役務について使用されるときは、商品の品質又は役務の質の誤認を生じさせるおそれがあるものとして、本号の規定を適用する」ものとされている。もっとも、例えば、飲食物の提供に係る役務において、商標中に「フランス」の文字を含み、指定役務が「フランス料理の提供」の場合のように、「商品の品質又は役務の質の誤認を生じさせることなく適正に表示されている場合はこの限りでない」ものとされている[74]。

[d] 18号

商標法4条1項18号は、実際に適用される場面が限られた条文である。商品

---

73)　特許庁「商標審査基準」第3の十四の2.。
74)　特許庁「商標審査基準」第3の十四の2.。

第2章　商標法による商標権の保護　　61

等が当然に備える「立体的形状、色彩又は音（役務にあつては、役務の提供の用
に供する物の立体的形状、色彩又は音）」[75]のみからなる商標は、多くの場合に
は、本号の適用を待つまでもなく、商標法3条1項3号に該当して識別力がな
いものとされる。仮に、商標法3条1項3号に非該当となったとしても、商標
法4条1項18号に当たる場合は、登録ができないということになる。また、商
標法3条1項3号に該当しても、商標法3条2項の使用による識別力が認められ
ることもあるが、この場合にも、4条1項18号に当たる場合は、登録ができな
いということになる。このように18号が適用されるのは、商標法3条1項3号
非該当となる稀な場合か商標法3条1項3号該当かつ商標法3条2項該当の場合
に限られることになる。

【2】私益的不登録事由

[a] 概要

　私益的不登録事由には、商標法4条1項8号、10号、11号、12号、14号、
15号、17号、19号があり、後記 [図表11] のように整理できる。このうち、
特に、10号、11号、15号、19号については、条文を一読しただけでは、その
違いを理解することは難しいため、まず、適用場面を理解したうえで、条文を
確認すると理解がしやすい。以下では、条文番号順ではなく、典型的な適用場
面に基づいて、より理解しやすいと思われる順序に並べ替えて説明をする。

[図表11] 商標の私益的不登録事由

	条文	典型的な適用場面
11号	「当該商標登録出願の日前の商標登録出願に係る他人の登録商標又はこれに類似する商標であって、その商標登録に係る指定商品若しくは指定役務」「又はこれらに類似する商品若しくは役務について使用をするもの」	他人の登録商標と同一・類似の商標で、商品・役務も同一・類似である場合[76]

---

75)　　商標法施行令1条の2。
76)　　なお、旧13号では、従前は、商標権消滅から1年を経過していない他人の商標と同

62　　第2編　ブランドの保護

	条文	典型的な適用場面
10号	「他人の業務に係る商品若しくは役務を表示するものとして需要者の間に広く認識されている商標又はこれに類似する商標であって、その商品若しくは役務又はこれらに類似する商品若しくは役務について使用をするもの」	他人の未登録の国内で周知の商標と同一・類似の商標で、商品・役務も同一・類似である場合
15号	「他人の業務に係る商品又は役務と混同を生ずるおそれがある商標(第十号から前号までに掲げるものを除く。)」	他人の登録商標・未登録商標と同一・類似の商標で、商品・役務が非類似であるが、混同が生じるおそれがある場合
19号	「他人の業務に係る商品又は役務を表示するものとして日本国内又は外国における需要者の間に広く認識されている商標と同一又は類似の商標であって、不正の目的(不正の利益を得る目的、他人に損害を加える目的その他の不正の目的をいう。以下同じ。)をもって使用をするもの(前各号に掲げるものを除く。)」	①他人の未登録の国内で周知の商標と同一・類似の商標で、商品・役務が非類似であり、混同が生じるおそれもないが、不正の目的をもって使用するもの ②他人の未登録の海外で周知の商標と同一・類似の商標で、不正の目的をもって使用するもの[77]
8号	「他人の肖像若しくは他人の氏名(商標の使用をする商品又は役務の分野において需要者の間に広く認識されている氏名に限る。)若しくは名称若しくは著名な雅号、芸名若しくは筆名若しくはこれらの著名な略称を含む商標(その他人の承諾を得ているものを除く。)又は他人の氏名を含む商標であって、政令で定める要件に該当しないもの」	他人の承諾を得ずに、周知の他人の氏名または著名な略称を含んでいる商標

一または類似の商標も不登録事由とされていたが、旧13号は改正で削除となった。

77)　なお、他人の外国商標の日本での出願については、7号(公序良俗違反)の適用も考えられるが、前述の知財高判平成20年6月26日判時2038号97頁〔コンマー事件〕では、7号の私的領域への適用については例外的と考えるべきとされた。

	条文	典型的な適用場面
12号	「他人の登録防護標章（防護標章登録を受けている標章をいう。以下同じ。）と同一の商標であって、その防護標章登録に係る指定商品又は指定役務について使用をするもの」	他人の登録防護標章（**前記 Ⅰ 2**参照）と同一の商標
14号	「種苗法18条1項の規定による品種登録を受けた品種の名称と同一又は類似の商標であって、その品種の種苗又はこれに類似する商品若しくは役務について使用をするもの」	種苗法による品種登録を受けた品種の名称と同一・類似の商標
17号	「日本国のぶどう酒若しくは蒸留酒の産地のうち特許庁長官が指定するものを表示する標章又は世界貿易機関の加盟国のぶどう酒若しくは蒸留酒の産地を表示する標章のうち当該加盟国において当該産地以外の地域を産地とするぶどう酒若しくは蒸留酒について使用をすることが禁止されているものを有する商標であって、当該産地以外の地域を産地とするぶどう酒又は蒸留酒について使用をするもの[78]」	（例）「鹿児島県（奄美市及び大島郡を除く）」以外を産地とするしょうちゅうの商標に「薩摩」を用いる場合や「マルヌ県、エーヌ県、オーブ県、セーヌ・エ・マルヌ県内の限定地域（フランス）」以外を産地とするスパークリングワインの商標に、「シャンパーニュ」を用いる場合

　他人の登録商標との同一・類似性、商品・役務との同一・類似性については、**後記 Ⅴ** で解説することとし、これらの論点以外で、商標法4条1項11号、10号、15号、19号、8号について若干解説を加える。

[b] 11号

　商標法4条1項11号は、上記のとおり、典型的には、他人の登録商標と同一・類似の商標で、商品・役務も同一・類似である場合に適用される。先願商標が出願中で未登録であっても、先願商標が商標登録された場合には、後願商標が商標法15条1号、4条1項11号に該当することになる旨を通知し、相当の

---

78)　知的所有権の貿易関連の側面に関する協定（TRIPS協定）23条に対応する国内規定である。

64　　第2編　ブランドの保護

期間を指定して意見書を提出する機会を与えることができるものとされている（商標15条の3第1項）。

　令和5年商標法改正により、商標法4条1項11号に該当する商標であっても、その商標登録出願人が、商標登録を受けることについて同号の他人の承諾を得ており、かつ、当該商標の使用をする商品または役務と同号の他人の登録商標に係る商標権者の業務に係る商品または役務との間で混同を生ずるおそれがないものについては、同号の規定は、適用しないとされ、先行登録商標と併存する商標の登録が許容されることになった（商標4条4項）。海外では一般的であった、いわゆる「コンセント制度」を日本でも一定の要件を充足する場合に導入したものである[79]。

　商標法4条4項により併存登録された商標について、その一の登録商標に係る商標権者の指定商品または指定役務についての登録商標の使用により他の登録商標に係る商標権者の業務上の利益が害されるおそれのあるときは、当該他の登録商標に係る商標権者は、当該一の登録商標に係る商標権者に対し、当該使用について、混同防止措置を請求することができる（商標24条の4第1号）。

[c] 10号

　商標法4条1項10号は、上記のとおり、典型的には、他人の未登録の国内で周知の商標と同一・類似の商標で、商品・役務も同一・類似である場合に適用される。「需要者の間に広く認識されている」（周知）とは、全国的に認識されている商標のみならず、ある一地方で広く認識されている商標も含む[80]。この点について、DOCコーヒー事件[81]は、「全国にわたる主要商圏の同種商品取扱業者の間に相当程度認識されているか、狭くとも1県の単位にとどまらず、その隣接数県の相当範囲の地域にわたって、少なくともその同種商品取扱業者の

---

79)　コンセント制度が導入される前は、日本では、後願商標登録出願の出願人は、いったん先行登録商標の商標権者の同意を得て、自己の商標登録出願の出願名義を先行登録商標の商標権者名義とし、登録後にその商標権を移転してもらうというアサインバックという方法が実務上用いられてきた。

80)　特許庁「商標審査基準」第3の九の1.。

81)　東京高判昭和58年6月16日判時1090号164頁〔DOCコーヒー事件〕。

第2章　商標法による商標権の保護　　65

半ばに達する程度の層に認識されていることを要する」として、広島県の喫茶店において、コーヒー等の商品の取引占有率が30％程度（一般のレストランを含むとさらに低い比率）であり、隣接県である山口県や岡山県での比率は広島県に遙かに及ばなかったという事例で、同号該当性を否定した。

　また、ももいちごの里事件[82]では、福屋のいちご大福「ももいちごの里」は、徳島県の新聞やタウン情報誌等に掲載されたほか、全国で発売されているグルメ雑誌や旅行雑誌を含む雑誌等にもたびたび紹介され、テレビやラジオ放送でも取り上げられたものであるとして、徳島県のみならず少なくとも関西地方における取引者、需要者に、徳島市佐那河内村の特定の農家において生産されている「ももいちご」を使用した福屋のいちご大福を表示するものとして、広く認識されていたものということができるとして、10号該当性が肯定された。

[d] 15号

　商標法4条1項15号は、前記のとおり、典型的には、他人の登録商標・未登録商標と同一・類似の商標で、商品・役務が非類似であるが、混同が生じるおそれがある場合に適用される。ここで、「混同が生じるおそれ」については、①当該商標をその指定商品等に使用したときに、当該商品等が他人の商品等に係るものであると誤信されるおそれ（＝狭義の混同を生じるおそれ）がある商標のみならず、②「当該商品等が右他人との間にいわゆる親子会社や系列会社等の緊密な営業上の関係又は同一の表示による商品化事業を営むグループに属する関係にある営業主の業務に係る商品等であると誤信されるおそれ」（＝広義の混同を生ずるおそれ）がある商標を含むとされている[83]。

　この①狭義の混同、②広義の混同という概念は、不正競争防止法の解釈でも登場する概念であり（第3章 **Ⅱ** **5**参照）、重要である。このように、「混同」に①狭義の混同と②広義の混同の両者が含まれる理由は、15号の規定は、「周知表示または著名表示へのただ乗り（いわゆるフリーライド）および当該表示の

---

82) 　知財高判平成22年2月17日判時2088号138頁〔ももいちごの里事件〕。
83) 　最判平成12年7月11日民集54巻6号1848頁〔レールデュタン事件〕。

66　　第2編　ブランドの保護

希釈化（いわゆるダイリューション）を防止し、商標の自他識別機能を保護することによって、商標を使用する者の業務上の信用の維持を図り、需要者の利益を保護することを目的とするものであるところ、その趣旨からすれば、企業経営の多角化、同一の表示による商品化事業を通して結束する企業グループの形成、有名ブランドの成立等、企業や市場の変化に応じて、周知又は著名な商品等の表示を使用する者の正当な利益を保護するためには、広義の混同を生ずるおそれがある商標をも商標登録を受けることができないものとすべきであるからである」とされている[84]。

　また、「混同が生じるおそれ」は、「当該商標と他人の表示との類似性の程度、他人の表示の周知著名性及び独創性の程度や、当該商標の指定商品等と他人の業務に係る商品等との間の性質、用途又は目的における関連性の程度並びに商品等の取引者及び需要者の共通性その他取引の実情などに照らし、当該商標の指定商品等の取引者及び需要者において普通に払われる注意力を基準として、総合的に判断される」べきであるとされている[85]。

　裁判例では、3Mの商標を引用商標として、15号該当性が争われ、同日に知財高裁の同一の部で判決が出され、その結論が分かれた二つの事件[86]が参考になる（後記［図表12］）。

　403号事件では、引用商標である3M商標は著名であるが、対象商標は3M商標と非類似であり、出所混同を生ずるおそれがあるとは認められないと判断され、15号該当性が否定された。これに対して、404号事件では、対象商標の指定役務と3M商標が使用されている商品とは必ずしも同一ではないものの、3M商標は著名であり、対象商標は3M商標と類似しており、3Mグループが3M商標を使用して取り引きしている商品が多分野に及んでいることなどから、出所混同を生ずるおそれがあると判断され、15号該当性が肯定された。

---

84)　最判平成12年7月11日民集54巻6号1848頁〔レールデュタン事件〕。
85)　最判平成12年7月11日民集54巻6号1848頁〔レールデュタン事件〕。
86)　知財高判平成24年7月26日判タ1385号250頁〔3M事件〕（画像の出所：同判決別紙）。

第2章　商標法による商標権の保護　　67

[図表12] 3M事件の商標

【3M商標】　　　【403号事件の対象商標】　　　【404号事件の対象商標】

　また、パロディ商標に関する事件として話題になった、フランク三浦事件[87]では、以下の登録商標（後記[図表13]）について、時計ブランド「フランクミュラー」の商標を引用商標として15号該当性が問題となったが、該当性が否定された。

[図表13] フランク三浦商標

　該当性が否定された根拠としては、フランク　ミュラーとフランク三浦とでは、商品の指向性をまったく異にするものであって、高級ブランド商品を製造販売するフランク　ミュラーのグループ会社が、フランク三浦のような商品を製造販売するとはおよそ考え難いとされた。また、15号の規定は、周知表示または著名表示へのただ乗り（いわゆるフリーライド）および当該表示の希釈化（いわゆるダイリューション）を防止し、商標の自他識別機能を保護することによって、商標を使用する者の業務上の信用の維持を図り、需要者の利益を保護することを目的とするものではあるものの、あくまで同号に該当する商標の登

---

87)　知財高判平成28年4月12日判時2315号100頁〔フランク三浦事件〕（画像の出所：同判決別紙）。

録を許さないことにより、上記の目的を達するものであって、ただ乗りと評価されるような商標の登録を一般的に禁止する根拠となるものではないとされた。

[e] 19号

商標法4条1項19号は、前記のとおり、典型的には、①他人の未登録の国内で周知の商標と同一・類似の商標で、商品・役務が非類似であり、混同が生じるおそれもないが、不正の目的をもって使用するもの、②他人の未登録の海外で周知の商標と同一・類似の商標で、不正の目的をもって使用するものに適用される。

①の国内での周知性については、10号と異なり、混同のおそれもないような場合に例外的に不登録とする場合であることから、全国的な著名性を要するとする説[88]もあるが、19号は、「不正の目的」の要件が加重されていることから、周知性について、10号と区別する必要はなく、10号と同様に、一地方において周知であれば足りると解するべきだろう[89]。②の海外での周知性については、一つの国において周知なことは必要であるが、必ずしも複数の国において周知であることを要せず、日本における周知性も不要であると解するべきである[90]。

不正の目的は、不正競争の目的よりは広範であり、取引上の競争関係にある必要はなく、取引上の信義則に反するような目的（図利加害目的を含むがこれに限られない）があれば足りると解される[91]。

海外における著名商標について、19号該当性を肯定した事例として、「ANTHROPOLOGIE」のアルファベットと「アンソロポロジー」の片仮名を上下二段に横書きしてなる商標について、被告は海外ブランドの発掘を目的と

---

88)　茶園・商標78頁等。
89)　東京高判平成14年10月8日裁判所ウェブサイト（平成14年（行ケ）97号）〔ETNIES事件〕は周知性で足り、著名性は不要だとしている。その他、田村・商標75頁、平尾226頁、小谷396頁等参照。
90)　特許庁「商標審査基準」第3の十七の3.。
91)　特許庁・逐条解説1559頁。

第2章　商標法による商標権の保護　　69

して米国ニューヨーク市に事務所を設立していたのであるから、商標出願当時米国において女性用被服およびハンドバッグ等の需要者の間に広く認識されていた「ANTHROPOLOGIE」商標を知っていたと認めるのが相当であり、被告は、本件商標を自ら使用することによって不当な利益を得るため本件商標の登録出願をしたものと推認され、被告は本件商標を使用するにつき不正の目的を有していたというべきであるとした事例[92]がある。

[f] 8号

商標法4条1項8号は、前記のとおり、典型的には、他人の承諾を得ずに、周知の他人の氏名または著名な略称を含んでいる商標に適用される。

令和5年商標法改正において、他人の氏名を含む商標の登録要件が改正された。まず、①「他人の氏名」についての他人による商標登録により人格権侵害が生じる蓋然性が高い、商標の使用をする商品または役務の分野の需要者の間に広く知られている氏名のみに規制がかかることになり、従前よりも登録がしやすくなった。もっとも、②出願商標に含まれる氏名とは無関係な者による出願や不正の目的を有する出願等の濫用的なものは拒絶できるよう「商標に含まれる他人の氏名と商標登録出願人との間に相当の関連性があること」および「商標登録出願人が不正の目的で商標登録を受けようとするものでないこと」のいずれにも該当することが新たに要件とされた（商標令1条）。

会社の商号から「株式会社」の文字を除いた部分は、「他人の氏名若しくは名称」には該当せず、「他人の名称の略称」に該当するため、「著名」であるときに限って商標登録を受けることができないことになる[93]。また、「著名」性の判断は、「常に、問題とされた商標の指定商品又は指定役務の需要者のみを基準とすることは相当でなく、その略称が本人を指し示すものとして一般に受け入れられているか否かを基準として判断されるべき」であるとされている[94]。

---

92)　知財高判平成21年12月1日裁判所ウェブサイト（平成21年（行ケ）10210号）〔アンソロポロジー事件〕。

93)　最判昭和57年11月12日民集36巻11号2233頁〔月の友の会事件〕。

94)　最判平成17年7月22日判時1908号164頁〔自由学園事件〕。

Ⅴ 商標および商品・役務の類似の判断

1 商標の類似の判断

【1】適用場面

　前記のとおり、商標法4条1項11号は、例えば、他人の登録商標と同一・類似の商標で、商品・役務も同一・類似である場合を私益的不登録事由としているなど、商標の類似性は、商標登録が認められるかを特許庁で審査する段階でまず問題になる。

　また、商標権の効力は、類似の商標に及ぶので、商標権侵害の成否を判断するにあたっても、商標の類似性が問題になる。

　このように、商標の類似の判断は、登録可否を判断する段階においても、侵害の成否を判断する段階においても問題になるものであり、極めて重要な概念である。

【2】離隔的観察

　大前提として、商標の類否は、二つの商標を横に並べて対比して観察した場合（対比観察）に類似であるかではなく、離れた場所と時間で商標を比べた場合（離隔的観察）に類似であるかにより判断される。同時に隣に並べて比較すれば類似でないと分かるような商標であっても、時間と場所が異なれば、記憶もあいまいになり、出所の混同が生じてしまうことはあり得る。前に別の場所で広告を見たり買ったりした商品・役務との出所の混同が生じないようにしなければ、出所表示機能は果たせないから、これは商標の性質上当然である[95]。

【3】登録可否を判断する段階での判断基準

　商標登録の審査を行うのは特許庁であるから、まずは、基本となる特許庁の

---

95)　　小野＝三山228〜229頁参照。意匠の場合については対比観察となる（**第4編** 第1章 **Ⅲ** 参照）。

第2章　商標法による商標権の保護　　71

商標審査基準を紹介する。ここでは「商標の類否は、出願商標及び引用商標が
その外観、称呼又は観念等によって需要者に与える印象、記憶、連想等を総合
して全体的に観察し、出願商標を指定商品又は指定役務に使用した場合に引用
商標と出所混同のおそれがあるか否かにより判断する」との基準が採用されて
いる[96]。

　この①外観（見た目）、②称呼（呼び方、読み方）、③観念（イメージ）という3
要素が商標の類似性を判断する基礎となる。このうちの一つでも類似していれ
ば、類似の商標であるということが、従来いわれてきた。実際には後に述べる
とおり、そう単純ではなく、このように機械的に判断することは最高裁判例で
否定されているが、この三つの要素を基本的な判断要素とすべきであることは
異論のない点であるから、出発点としてまず押さえておくべきである。実務上
も、実際には、この三つの判断要素で類似するものがあるのかをまず判断して
いる。なお、称呼についての具体的な判断の方法については、特許庁「商標審
査基準」第3の十の3（2）が参考になる。

　また、「商標の類否は、商標が使用される指定商品又は指定役務の主たる需
要者層（例えば、専門的知識を有するか、年齢、性別等の違い）その他指定商品又
は指定役務の取引の実情（例えば、日用品と贅沢品、大衆薬と医療用医薬品などの
商品の違い）を考慮し、指定商品又は指定役務の需要者が通常有する注意力を
基準として判断する」とされている[97]。

　このように、商標の類似性は、その商品やサービスを購入・利用する者（需
要者）の判断能力を基準として判断される。商標は、需要者に対する出所表示
機能を有しているから、需要者の目線で類似の商標であれば、出所の混同が生
じないように類似と判断しなければならないためである。

　また、先ほど挙げた、①外観、②称呼、③観念の3要素に加えて、「商品又
は役務の取引の実情」が判断要素となる。もっとも、出願時においては、審査
官は、個別具体的な取引の実情は把握しておらず、判断することはできないた
め、考慮されるのは一般的な範囲にとどまることになる。出願時の判断は、裁

---

96)　　　特許庁「商標審査基準」第3の十の1。
97)　　　特許庁「商標審査基準」第3の十の1。

72　　　第2編　ブランドの保護

判所での判断に比べると形式的・機械的なものとなっている。

裁判所の審決取消訴訟（後記 **Ⅷ** **11** 参照）においては、最高裁は、しょうざん事件[98]において、以下の基準を採用しており、現在もこの基準が踏襲されている。

「商標の類否は、対比される両商標が同一または類似の商品に使用された場合に、商品の出所につき誤認混同を生ずるおそれがあるか否かによつて決すべきであるが、それには、そのような商品に使用された商標がその外観、観念、称呼等によつて取引者に与える印象、記憶、連想等を総合して全体的に考察すべく、しかもその商品の取引の実情を明らかにしうるかぎり、その具体的な取引状況に基づいて判断するのを相当とする」。

このように、裁判所においては、「商品の出所につき誤認混同を生ずるおそれがあるか否か」が究極的な判断基準とされており、商標の出所表示機能が害されるおそれがあるかどうかが判断される。また、取引の実情は具体的なものを考慮すべきとされている。さらに、同判例は、「商標の外観、観念または称呼の類似は、その商標を使用した商品につき出所の誤認混同のおそれを推測させる一応の基準にすぎず、従つて、右三点のうちその一において類似するものでも、他の二点において著しく相違することその他取引の実情等によつて、なんら商品の出所に誤認混同をきたすおそれの認めがたいものについては、これを類似商標と解すべきではない。」と判断し、3要素による機械的な判断はできないということを明言した。

本判例の事案に即して基準を理解するために本判例で問題になった本願商標と引用登録商標をここで紹介しておく（後記 [**図表14**]）。

---

98)　　最判昭和43年2月27日民集22巻2号399頁〔しょうざん事件〕（画像の出所：同判決別紙）。

[図表14] しょうざん事件の商標

【本願商標】

【引用登録商標】

　最高裁は、法律審であるため、自ら独自の事実認定を行うものではないが、原判決の認定枠組が正しいかを判断する過程で、同判決は、以下のような判断を示している。

　① 外観は、上図のとおり著しく異なる。
　③ 観念についても、「しようざん」から氷山を意味するような観念を生ずる余地はないので著しく異なる。
　② 称呼については本願商標は「ひようざんじるし」ないし「ひようざん」、引用登録商標は「しようざんじるし」ないし「しようざん」で比較的近似するともいえ得る。しかし、「ひ」と「し」の発音が明確に区別されにくい傾向のある一部地域があることその他諸般の事情を考慮しても、硝子繊維糸の現実の取引では商標の称呼のみによって商標を識別し、ひいて商品の出所を知り品質を認識するようなことはほとんど行われないという「取引の実情」のもとにおいては、外観および観念が著しく相違するうえ称呼においても右の程度に区別できる両商標をとりちがえて商品の出所の誤認混同を生ずるおそれは考えられない。

　このように、②称呼は類似と評価し得るとしても、①外観と③観念が非類似であることや取引の実情が考慮されて、商標が非類似と判断されることがあり得る。

また、前記 **Ⅳ** **4**【2】（d）で紹介したフランク三浦事件[99]では、フランク
三浦商標とフランク ミュラー商標の類似性が否定された。その理由としては、
②「フランクミウラ」の称呼と「フランク ミュラー」の称呼は、両商標を一
連に称呼するときは、全体の語感、語調が近似した紛らわしいものというべき
であり、称呼において類似するが、①フランク三浦商標は手書き風の片仮名お
よび漢字を組み合わせた構成（前記 **Ⅳ** **4**【2】（d）［図表13]）から成るのに
対し、フランク ミュラー商標は片仮名のみの構成から成るものであるから、
その外観において明確に区別し得るし、③フランク三浦商標からは、「フラン
ク三浦」との名ないしは名称を用いる日本人ないしは日本と関係を有する人物
との観念が生じるのに対し、フランク ミュラー商標からは、外国の高級ブラ
ンドである被告商品の観念が生じるから、両者は観念において大きく相違する
ことが挙げられた。

【4】侵害訴訟での判断

　侵害訴訟段階の判断基準を示した最高裁判例としては、大森林事件[100]があ
る。同判決は、**前記【3】**のしょうざん事件の類否判断基準を参照し、侵害訴
訟においてもこれが妥当することを示した。また、小僧寿し事件[101]でも、同
様に、「商標の類否は、同一又は類似の商品に使用された商標が外観、観念、
称呼等によって取引者、需要者に与える印象、記憶、連想等を総合して全体的
に考察すべきであり、かつ、その商品の取引の実情を明らかにし得る限り、そ
の具体的な取引状況に基づいて判断すべきものである。右のとおり、商標の外
観、観念又は称呼の類似は、その商標を使用した商品につき出所を誤認混同す
るおそれを推測させる一応の基準にすぎず、したがって、右三点のうち類似す
る点があるとしても、他の点において著しく相違するか、又は取引の実情等に
よって、何ら商品の出所を誤認混同するおそれが認められないものについて
は、これを類似商標と解することはできないというべきである」として、審決

---

99)　　　知財高判平成28年4月12日判時2315号100頁〔フランク三浦事件〕。
100)　　　最判平成4年9月22日判時1437号139頁〔大森林事件〕。
101)　　　最判平成9年3月11日民集51巻3号1055頁〔小僧寿し事件〕。

取消訴訟の場合と同様に、出所混同のおそれが究極の判断基準であることが示された。

　大森林事件では、上告人の商標は、「大森林」を楷書体としたもので、被上告人の商標は、「木林森」を行書体としたものであったが、①外観について、使用されている文字が「森」と「林」の二つにおいて一致しており、一致していない「大」と「木」の字は、筆運びによっては紛らわしくなるものであること、②観念について、両者は、いずれも構成する文字からして増毛効果を連想させる樹木を想起させるものであることからすると、全体的に観察して対比してみて、両者は少なくとも外観、観念において紛らわしい関係にあることが明らかであり、取引の状況によっては、需要者が両者を見誤る可能性は否定できず、ひいては両者が類似する関係にあるものと認める余地もあるものといわなければならないとして類似性を認めた。

　他方、小僧寿し事件では、具体的な取引状況が考慮されて類似性が否定された。同事件では、上告人の「小僧」という登録商標と被上告人の「小僧寿し」との文字商標等を対比すると、外観および称呼において一部共通する部分があるものの、被上告人標章から観念されるものが著名な企業グループである小僧寿しチェーンまたはその製造販売に係る本件商品であって、商品の出所そのものを指し示すものであることからすれば、被上告人標章の付された本件商品は直ちに小僧寿しチェーンの製造販売に係る商品であると認識することのできる高い識別力を有するものであって、需要者において商品の出所を誤認混同するおそれがあるとは認められないとされた。商標権侵害の事例では、通常は、原告の商標のほうが被告の商標よりも有名である。ところが、本件では、被告（被上告人）の商標のほうが原告（上告人）の商標より有名であったという点において、珍しい事例である。

> **コラム　逆混同**
>
> 　上記の小僧寿し事件のように被告の商標のほうが原告の商標よりも有名なケースでは、むしろ、需要者からは、原告の商標が被告の商標を真似たものなのではないかという誤解を与える可能性がある。このような場合にも、果たして、混同があるものとして商標権侵害を認め

るべきかという問題が、逆混同（Reverse Confusion、リバースコンフュージョン）の問題である。商標法上、明文の規定はなく、日本においては十分な議論が未だ尽くされていない先進的な論点であり、本書の性質上、ここで深入りすることは避ける。

　そもそも、逆混同による商標権侵害が認められるべきなのか、仮に認められるとしてもどのような要件で認めるべきなのかが問題となる。また、逆混同においては、原告の商標が被告の商標に比べて知名度が低ければ低いほど、逆混同のおそれが強まるという特徴がある。

【5】結合商標（全体観察と要部観察）

　複数の単語が結合したり、文字と図形が結合するなど、複数の構成部分（要素）が結合している結合商標の場合、その類否判断にあたり、全体を観察して比較すべきか（全体観察）、その重要部分（要部）を観察して比較すべきか（要部観察）が問題になる。

　この点について判断を示した最高裁判決としてつつみのおひなっこや事件[102]がある。同判決は、結合商標について、商標の構成部分の一部を抽出し、この部分だけを他人の商標と比較して商標そのものの類否を判断することは、①その部分が取引者、需要者に対し商品または役務の出所識別標識として強く支配的な印象を与えるものと認められる場合や、②それ以外の部分から出所識別標識としての称呼、観念が生じないと認められる場合などを除き、許されないとした。

　本判決では、「つつみのおひなっこや」の文字を横書きして成り、土人形等を指定商品とする本件商標と、土人形を指定商品とする「つゝみ」または「堤」の文字から成る引用商標が類似するかが争われたが、以下の理由により、本件商標と引用各商標の類否を判断するにあたっては、その構成部分全体を対比す

---

102)　最判平成20年9月8日判時2021号92頁〔つつみのおひなっこや事件〕。なお、同判決では、最判昭和38年12月5日民集17巻12号1621頁〔リラ宝塚事件判決〕および最判平成5年9月10日民集47巻7号5009頁〔SEIKO EYE事件〕が引用されている。

るのが相当であるとして、本件商標と引用商標の類似性が否定された。

①本件商標は、各文字の大きさおよび書体は同一であって、その全体が等間隔に1行でまとまりよく表されているものであるから、「つつみ」の文字部分だけが独立して見る者の注意を惹くように構成されているということはできない。堤人形は仙台市堤町で製造される堤焼の人形としてよく知られており、本件商標の構成中の「つつみ」の文字部分から地名、人名としての「堤」ないし堤人形の「堤」の観念が生じるとしても、それを超えて、上記「つつみ」の文字部分が、本件指定商品の取引者や需要者に対し引用各商標の商標権者である被上告人が本件指定商品の出所である旨を示す識別標識として強く支配的な印象を与えるものであったということはできない。

②本件商標の構成中の「おひなっこや」の文字部分については、ひな人形屋を表すものとして一般に用いられている言葉ではなく、土人形等に密接に関連する一般的・普遍的な文字であるとはいえず、自他商品を識別する機能がないということはできない。

また、REEBOK ROYAL FLAG事件[103]では、「REEBOK ROYAL FLAG」の欧文字を標準文字で表してなる商標が引用商標「ROYAL FLAG」と類似するか争われたが、結論として、「ROYAL FLAG」の文字部分だけを抽出して、引用商標と比較して類否を判断することは相当ではないものとして、本件商標と引用商標の類似性が否定された。その理由は、「ROYAL FLAG」の文字部分は、それ自体が自他商品を識別する機能がまったくないというわけではないものの、商品の出所識別標識として強く支配的な印象を与える「REEBOK」の文字部分との対比においては、取引者、需要者に対し、商品の出所識別標識として強く支配的な印象を与えるものであるということはできないためであるとされた。

上記のつつみのおひなっこや事件判決は、商標無効審判の審決取消訴訟であったが、侵害訴訟においても同判決の基準が用いられている。

例えば、「AGATHA」事件は、侵害訴訟で、上記の基準が用いられ、東京地

---

103)　知財高判平成28年1月20日裁判所ウェブサイト（平成27年（行ケ）10158号）〔REEBOK ROYAL FLAG事件〕。

裁[104]と知財高裁[105]でその当てはめにおける判断が分かれた点で興味深い事例である。身飾品等を指定商品とする「AGATHA」という欧文字6字から成る登録商標と「Agatha Naomi」という欧文字11字から成る被告各標章の類否が問題となった事例で、東京地裁は、全体において対比すべきとして類似性を否定して侵害を否定したのに対して、知財高裁は、被告標章からは、「Agatha Naomi」のみならず、「Agatha」という、少なくとも二つの称呼、観念が生じるということができるものとして、このうち、「Agatha」の部分を対比して類似性を肯定して侵害の成立を認めた。さらに、侵害訴訟である「湯～とぴあ」事件は、原告商標「湯～とぴあ」と被告標章「湯～とぴあかんなみ」の類否が争点となったが、東京地裁[106]と知財高裁[107]で結論が分かれた。東京地裁は、「湯～とぴあ」が要部であるとして要部観察をして類似性を肯定したのに対して、知財高裁は、「湯～とぴあ」の識別力が弱いとして、全体観察のみが可能であるとして類似性を否定した。

このように結合商標の全体観察と要部観察は、同じ基準を用いたとしても、当てはめ段階で結論が分かれ得る難しい問題である。

【6】立体商標・新しい商標について

立体商標や動き・ホログラム・色彩・音・位置商標といった新しい商標については、前記【1】～【5】の点に加えて、特有の考慮要素も出てくる。

これらの考慮要素については、商標審査基準第3の十の5.から11.を参照されたい。侵害訴訟の関係では、立体商標の商標権侵害の基準を示したものとして、エルメスのバッグのバーキンの立体商標に関する事例[108]がある。

---

104)　東京地判平成21年2月27日判時2034号95頁〔AGATHA事件（第一審）〕。

105)　知財高判平成21年10月13日判時2062号139頁〔AGATHA事件（控訴審）〕。

106)　東京地判平成27年2月20日裁判所ウェブサイト（平成25年（ワ）12646号）〔「湯～とぴあ」事件（第一審）〕。

107)　知財高判平成27年11月5日判時2298号81頁〔「湯～とぴあ」事件（控訴審）〕。

108)　東京地判平成26年5月21日裁判所ウェブサイト（平成25年（ワ）31446号）〔バーキン事件〕では、「立体商標においては、その全体の形状のみならず、所定方向から見たときの看者の視覚に映る外観（印象）が自他商品又は自他役務の識別標識としての機能を果たすことになるから、当該所定方向から見たときに視覚に映る姿が特定の平

❷ 商品・役務の類似の判断

【1】特許庁における判断

　商標出願においては、第1類から第45類までの商品・役務の中から指定商品・指定役務が指定される。

　ただ、ここで注意すべきは、上記の第1類から第45類までの商品および役務の区分は、商品または役務の類似の範囲を定めるものではないということである（商標6条3項）。第1類から第45類の商品および役務の区分は、あくまで、商品・役務の原材料等を基準とした分類であり、商品・役務としての類似性を基準に分類されたものではない。すなわち、同じ類に分類されていても、商品・役務として類似であると判断されるとは限らない（逆に違う類に分類されていても、商品・役務として類似になる場合がある[109]）。

　それでは、商品・役務としての類似性に基づく分類は何に基づいて行われるのかというと、特許庁は、「類似商品・役務審査基準」というものを定めている[110]。この「類似商品・役務審査基準」では、各商品・役務について、類似群に基づくコード（類似群コード）を付し、同一の類似群コードに属する商品・役務を類似の商品・役務として取り扱っている。

　類似群とは、商品の生産部門、販売部門、原材料、品質等において、それぞれ共通性を有する商品や役務の提供手段、目的もしくは提供場所等において、それぞれ共通性を有する役務をひとくくりにしたもので、このひとくくりにされた商品または役務は類似するものと「推定」して取り扱っているのである。

　例えば、書籍、新聞、鉛筆は、いずれも、第16類であるが、類似群コードは、書籍と新聞は26A01、鉛筆は、25B01であり、書籍と新聞は類似の商品と

　　　面商標と同一又は近似する場合には、原則として、当該立体商標と当該平面商標との間に外観類似の関係があるというべきであり、また、そのような所定方向が二方向以上ある場合には、（中略）いずれか一方向の所定方向から見たときに視覚に映る姿が特定の平面商標と同一又は近似していればこのような外観類似の関係がある」とされた。

109)　　このような場合を「他類間類似」と呼ぶ。「他類間類似」の一覧表は、後記の特許庁が定める「類似商品・役務審査基準」に入れられている。

110)　　特許庁「類似商品・役務審査基準」https://www.jpo.go.jp/system/laws/rule/guideline/trademark/ruiji_kijun/index.html、（2024.11.30）。

80　　　第2編　ブランドの保護

推定して取り扱われている一方で、鉛筆と書籍・新聞は非類似の商品と推定して取り扱われている。また、他類間類似の例として、宝石箱は第14類、家具は第20類と類は異なるが、類似群コードは、20A01で同一であり、類似の商品と推定して取り扱われているというものがある。

コラム 小売役務についての類似群コード

　小売役務は、第35類に分類されているが、類似群コードについての例は以下のようになっている。

　特定小売等役務については、例えば、「織物及び寝具類の小売又は卸売の業務において行われる顧客に対する便益の提供」との特定小売役務には、「35K02（16A01・17C01）」との類似群コードが付されている。

　35K02が小売役務に関する類似群コードであり、他の35K02の類似群コードを有する小売等役務と類似するものとして推定されるほか、「16A01」の類似群コードを有する商品「織物（「畳べり地」を除く。）」および「17C01」の類似群コードを有する商品「クッション、座布団、まくら、マットレス、衣服綿、ハンモック、布団袋、布団綿、かや、敷布、布団、布団カバー、布団側、まくらカバー、毛布」とも類似するものと推定される。

　他方、総合小売等役務（衣料品・飲食料品および生活用品に係る各種商品を一括して取り扱う小売または卸売の業務において行われる顧客に対する便益の提供）には、35K01の類似群コードが付されているが、特定小売等役務と異なり、個別商品との結び付きは薄いため、商品の類似群コードは付されていない。また、総合小売等役務と特定小売等役務は類似群コードが異なり、非類似とされる[111]。

---

111)　　①自然人が総合小売等役務を指定役務とした場合、②法人が総合小売等役務を指定役務とした場合であって、「自己の業務に係る商品又は役務について使用」をするものであるか否かについて職権で調査を行っても、出願人が総合小売等役務を行っているとは認められない場合、③類似の関係にない複数の小売等役務を指定してきた場合には、原則として、商標の使用の前提となる指定商品または指定役務に係る業務を出

第2章　商標法による商標権の保護　　81

上記のとおり、類似群コードによる商品・役務の類似は、あくまで、「推定」であり、特許庁の審査においても必ず類似群コードに基づいて判断されなければならないわけではない。また、特許庁が定めた基準であり、法令ではないため、裁判所に対しては、拘束力がない（裁判所における判断基準については**後記【2】**参照）。そこで、類似群コードが同一でも、非類似とされたり、類似群コードが異なっても、類似とされるということもあり得る。しかし、少なくとも特許庁の審査実務上、第一次的な基準となっていることから、実務上、商品・役務の類似性の判断は「類似商品・役務審査基準」を手がかりとしてなされており、本基準は、商標実務上、極めて重要である。

　特許庁においては、原則として、一区分内（＝一つの類）において、23以上の類似群コードにわたる商品または役務を指定している場合には、商品または役務の指定が広範な範囲に及んでおり、指定商品または指定役務について商標の使用または使用の意思があることに疑義があるものとして（商標3条1項柱書。前記 **Ⅳ** **1**参照）、出願人は、商標の使用に関する証明書類等を提出することが必要になる[112]。

> **コラム**　「類似商品・役務審査基準」に記載のない商品・役務についての積極表示
>
> 　上記の「類似商品・役務審査基準」は、必ずしもすべての商品・役務を網羅しているわけではなく、新しく登場した商品・役務等については、掲載がない場合もあり、その場合には、掲載がない商品・役務を指定商品・役務とした出願を検討することになる。このように、出願時に、「類似商品・役務審査基準」に記載のない商品・役務を指定商品・役務とすることを「積極表示」という。
>
> 　「指定商品又は指定役務の表示が不明確」である場合には、商標法

　　願人が行っているかまたは行う予定があるかについて合理的疑義があるものとして（商標3条1項柱書）、出願人は、商標の使用に関する証明書類等を提出することが必要になる（特許庁・商標審査便覧41.100.03「商標の使用又は商標の使用の意思を確認するための審査に関する運用について」1.(1)）。

[112]　　特許庁「商標審査便覧」41.100.03「商標の使用又は商標の使用の意思を確認するための審査に関する運用について」。

6条1項および2項の拒絶理由通知が発せられることになる[113]ため、積極表示を行う場合には、慎重な検討が求められる。

J-PlatPatの商品・役務名検索では、「類似商品・役務審査基準」に記載されていない、過去の審査において採用された商品・役務名を含めて、類似群コードの検索が可能であり、便利である。

例えば、J-PlatPatの商品・役務名検索で、「タブレット型携帯情報端末」を検索すると、「類似商品・役務審査基準」には掲載がないが、審査において採用された商品名として、類似群コード11B01（携帯電話機等と同じ）と11C01（ワードプロセッサ等と同じ）がヒットする。

コラム 「備考類似」

「類似商品・役務審査基準」には、「備考」欄において個別の商品・役務について類似と推定する旨を表す記載がある場合がある。これを、「備考類似」という。「備考類似」は、類似群コードが異なるが、類似商品・役務と推定される類型である。類似群コードが異なるため、審査段階では原則として審査官による職権調査の対象外であるが、情報提供（商標則19条）があった場合や**後記 Ⅷ ⑨** の登録異議の申立てや無効審判においては考慮される[114]。

このような「備考類似」は、「類似商品・役務審査基準」の末尾の6の「備考類似商品・役務一覧表」にまとめられている。

「備考類似」の例として、「電子出版物」（区分：第9類。類似群コード：26A01・26D01）と「電子出版物の提供」（区分：第41類。類似群コード：41C02）がある。

【2】裁判所における判断基準

特許庁の審査段階においては、個別具体的な事情を考慮することはできないため、「類似商品・役務審査基準」に従って比較的形式的に審査が行われてい

---

113)　特許庁「商標審査基準」第5の3。
114)　小谷172頁参照。

第2章　商標法による商標権の保護　83

る。これに対して、裁判所においては、個別具体的な事情を考慮することが可能であり、商品・役務の類似性の判断にあたっても、出所混同のおそれを基準に判断すべきものとされている。

　具体的には、最高裁判決においては、商品が通常同一営業主により製造または販売されている等の事情により、それらの商品に同一または類似の商標を使用するときは同一営業主の製造または販売にかかる商品と誤認されるおそれがあると認められる関係にある場合には、たとえ、商品自体が互いに誤認混同を生ずるおそれがないものであっても、類似の商品に該当するとされている。かかる基準に基づき、橘正宗事件[115]では、清酒と焼酎が類似の商品と判断され、三国一事件[116]では、餅と菓子・麺麭（パン）が類似の商品と判断された。

　また、第9類「脂肪計付き体重計、体組成計付き体重計、体重計」（類似群コード10C01）と第10類「体脂肪測定器、体組成計」（類似群コード10D01）が、特許庁では非類似の商品と判断されたが、知財高裁で類似だと判断された事例（Dual Scan事件[117]）がある。

AIとメタバースについてのコラム　メタバースと商品・役務

　メタバース上では、アバターが身につける衣服やアクセサリー、使用する道具などのアイテムが存在しているが、これらが現実世界に実在する衣服等を再現したものである場合がよくみられる。再現する目的はさまざまで、現実世界の衣服等の商品の広告・宣伝のため、あえて現実世界の道具を再現する場合もあれば、メタバース上に存在しているアイテムが現実世界の著名な衣服等のデザインによく似ているといった場合もある。前者の例として、インドアでのサイクリングをメタバース空間で楽しむことのできる「Zwift」では、メタバース空間において、現実世界で販売されている各社の自転車を、メタバースを利用することで貯めることのできるポイントを用いて交換し、アバ

---

115)　最判昭和36年6月27日民集15巻6号1730頁〔橘正宗事件〕。
116)　最判昭和43年11月15日民集22巻12号2559頁〔三国一事件〕。
117)　知財高判平成28年2月17日裁判所ウェブサイト（平成27年（行ケ）10134号）〔Dual Scan事件〕。

84　　第2編　ブランドの保護

ターに使用させることができる。

　メタバース上のアイテムについて、それらが現実世界の商品を再現したものであって、当該商品が登録商標として保護されていたような場合には、これをデジタルオブジェクトとしてメタバース上で再現し、流通させる行為は当該登録商標に係る商標権の侵害となる可能性がある。もっとも、上記のとおり商標権は登録商標の指定する商品・役務と同一または類似の範囲にしか及ばないため、侵害の成否を判断するにあたっては問題となる登録商標の指定商品・役務がどのようなものであるかに注意しなければならない。

　メタバースに関する商品・役務については、ニース協定による国際分類が2023年に改定され、第9類 "downloadable virtual clothing"（ダウンロード可能な仮想被服）および第35類 "online retail services for downloadable virtual clothing"（オンラインによるダウンロード可能な仮想被服の小売の業務において行われる顧客に対する便益の提供）が追加されたが、同時期に行われた「類似商品・役務審査基準」の改訂には国際分類の上記追加に対応した改訂が行われず議論があった。もっとも、近時、特許庁はメタバース空間での指定商品・指定役務に関するガイドラインを公表しており[118]、これによれば、特許庁は、メタバース空間に関する指定商品・指定役務の表示について、第9類「ダウンロード可能な仮想○○」および、第35類「オンラインによるダウンロード可能な仮想○○の小売の業務において行われる顧客に対する便益の提供」といった表示を許容するとしている[119]。上記の「○○」部分には、例えば「被服」など、類似商品・役務審査基準等に掲載されている商品（単独で指定商品の表示として採用可能な表示）が入るとされ

---

118)　　特許庁審査業務部商標課「仮想空間及び非代替性トークン（NFT）に関する指定商品・指定役務のガイドライン」https://www.jpo.go.jp/system/trademark/gaiyo/bunrui/kaso_nft_guideline.html（2024.11.30）。

119)　　このほか、本ガイドライン公表以前から実務的に行われていたダウンロードできない形で提供される役務に関する第41類や第42類等での表示も許容されるとされている。

第2章　商標法による商標権の保護　　85

ている。他方で、第9類「ダウンロード可能な仮想商品」といった概括的な表示や、「仮想〇〇」や「仮想空間用〇〇」といった上記表示と紛らわしい表示の仕方は許容されないとされている。

メタバース空間に関する指定商品・指定役務の整理については、いまだ過渡期にあり、国際的にみても実務が流動的である。もっとも、メタバース空間の普及、実用化は着実に進んでいるため、商標の効果的な保護のために、メタバース空間での使用を前提とした商標の出願・登録を実務上検討する必要がある。

VI 商標権取得手続

1 商標権取得手続概要

商標権取得手続の概要は後記［図表15］のとおりである。

[図表15] 商標権取得手続の概要図

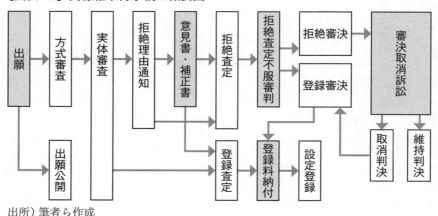

出所）筆者ら作成

図の内容について、以下説明する。

商標権を取得するためには、特許庁に対して商標登録出願を行う必要があ

る。すべての商標登録出願の内容は出願公開により公開される（商標12条の2）。まず、方式審査で書類に不備等がないかの審査が行われ、ここで不備があれば補正を行う必要があり、補正をしなければ却下となる（商標77条2項、特許17条3項および18条）。方式審査の後、商標登録の実体的要件を充足するかの判断である実体審査が行われる。ここでは、商標法15条所定の拒絶理由（主なものは、前記 **IV** で説明した登録要件の不充足）がないかが審査されることになる。

　ここで、拒絶理由が何もなければ、そのまま登録査定となる（商標16条）。

　拒絶理由が発見された場合には、審査官は、出願人に対して拒絶理由通知を送付する（同15条の2）。拒絶理由通知に対して、出願人が審査官が指定した期限内（国内居住者は40日以内、在外者は3か月以内[120]）に応答しなければ、拒絶査定が下される。出願人が拒絶理由がないことを意見書で説明したり、補正書により出願の範囲の変更を行ったことにより、拒絶理由が解消すれば登録査定となり、拒絶理由が解消しなければ、拒絶査定となる。

　登録査定となった場合には、出願人は30日以内に登録料を納付することにより商標権の設定登録がされる（商標18条2項）。

　拒絶査定となった場合には、出願人は、3か月以内に拒絶査定不服審判を特許庁に対して請求することができる（商標44条1項）。拒絶査定不服審判は、特許庁の審査官が下した拒絶査定が誤っているものとして、特許庁に審判で結論を変更することを求めるものである。

　特許庁が登録審決を下した場合には、登録査定があった場合と同様、登録料を納付することにより設定登録がなされる。

　特許庁が拒絶審決を下した場合には、出願人は、さらに知財高裁に対して、審決謄本の送達から30日以内に審決の判断が誤りであるとして、審決取消訴訟を起こすことができる（商標63条2項、特許178条3項[121]）。ここで審決が取り消されれば、再び特許庁で審理が行われ、審決をすることになる（商標63条

---

120)　　特許庁「方式審査便覧」04.10「法定期間及び指定期間の取扱い」1.（2）および2.（2）。
121)　　なお、在外者には、職権で90日の附加期間が付与される（特許178条5項。特許庁「審判便覧」25—04PUDT「期間の延長・期日の変更」4.）。

2項、特許181条2項）が、その場合には、審決取消訴訟の判決に拘束されることになる（行訴33条1項[122]）。すなわち、特許庁では、別の拒絶理由がない限り、登録審決がなされることになり、登録料を納付することにより設定登録がなされる。なお、登録後の異議申立てについては、**後記 Ⅷ 9** 【2】以下で、無効審判その他の審判については、**後記 Ⅷ 9** 【3】以下で論じる。

2 商標登録出願の効果

商標権侵害による損害賠償請求は、商標権設定登録後にしか成立しない。

もっとも、出願人が、商標登録出願をした後に、当該出願の内容を記載した書面を提示して警告をしたときは、その警告後商標権の設定の登録前に当該出願に係る指定商品または指定役務について当該出願に係る商標の使用をした者に対し、当該使用により生じた業務上の損失に相当する額の金銭の支払を請求することができる（設定登録前の金銭請求権。商標13条の2第1項）。

かかる設定登録前の金銭請求権は、商標権設定登録後にしか行使できない（商標13条の2第2項）。また、消滅時効期間は、商標権の設定登録日から3年以内となる（同13条の2第5項、民724条）。

なお、特許登録前出願公開後の補償金請求権（特許65条）との比較は、**第3編 第2章 Ⅴ 4** を参照されたい。

3 優先権主張を伴う出願、マドリッド・プロトコルによる国際出願

日本の商標権の効力は日本国内のみに及ぶ。商標権については、国内のみならず、海外での保護を得ようとする場合には、海外の特許庁または特許庁に対応する官公署にそれぞれ商標登録出願を行うという方法がある。

この場合に、複数の国で同時に商標登録出願をタイムリーに行うことは煩雑であることを踏まえて、第1国で行った最初の出願と同一の内容の出願を一定期間内（商標の場合6か月以内）に第2国で行った場合に、先願の判断時点等を第1国出願日基準で扱うように主張ができるという制度が優先権主張を伴う出願である。この優先権主張を伴う出願は、先願主義に対する例外として位置付

---

122)　最判平成4年4月28日民集46巻4号245頁〔高速旋回式バレル研磨法事件〕。

88　　第2編　ブランドの保護

けられる。

　パリ条約上、適用範囲は、パリ条約の同盟国民に限られている（パリ条約4条、商標77条4項、特許26条）が、日本の商標法上は、その適用範囲が拡大されている（商標9条の3、13条1項、特許法43の3第2項）。

　しかし、各国へ個別に出願手続をしなければならないのは煩雑である。そこで、マドリッド・プロトコル（通称「マドプロ」[123]）による出願を利用すれば、より簡単、迅速、低コストでマドプロ締約国（2024年5月30日現在115か国）で商標権の保護を受けることができる。

　日本の国内登録出願または国内商標登録を基礎として（商標68条の2以下）、マドプロ締約国の中から、登録を求める指定国を選択して、日本の特許庁を本国官庁として、英語等で国際登録出願をすることになる。国際登録出願をする商標は、基礎となる日本の商標と同一である必要がある。本国官庁から送付された国際出願は、WIPO（World Intellectual Property Organization、世界知的所有権機関）の国際事務局で国際登録簿に登録される。国際登録後は、国際事務局から、各指定国に通知がなされ、各指定国は、所定の期間内（国ごとに1年または18か月以内）に拒絶の通報を発しない場合には、各指定国で登録各指定国の官庁による登録を受けていたならば与えられたであろう保護と同一の保護が与えられることになる。

　国際登録は、国際登録日から10年間存続し、更新可能である。国際登録の更新は、各指定国を一括して行うことができ、各指定国における個別の手続は不要である。

　国際登録から5年以内に国際登録の基礎となった日本の商標が無効、取消等になった場合には、その無効、取消等の範囲内で、国際登録の全部または一部が取り消される。これをセントラルアタックと呼ぶ。救済措置として、一定の要件の下で、取り消された国際登録を各指定国の国内出願に変更することが可能になっている。

---

123)　　標章の国際登録に関するマドリッド協定の1989年6月27日にマドリッドで採択された議定書（マドリッド協定議定書）

第2章　商標法による商標権の保護　　89

VII 商標権侵害の救済手段

■1 商標権侵害時の商標権者による対応

この項目では、商標権に基づいて法的請求を行う商標権者の立場から、可能な法的請求を整理していく。逆に請求を受ける側の対抗措置については、**後記 VIII** でまとめて論じる。

商標権侵害に対する救済手段には、①侵害の差止請求（商標36条）、②損害賠償請求（民709条、商標38条）、③不当利得返還請求（民703条、704条）および④信用回復請求（商標39条、特許106条）があり、関税法に基づく水際措置や刑事罰の対象にもなっている。

そこで、商標権者が第三者による商標権侵害を発見したときには、まず、警告書を相手方に送付し、当該警告書で、自己の商標と指定商品・役務を記載し、相手方の商標と商品・役務との類似性と使用態様等を記載して商標権侵害の主張をしたうえで、上記の請求を行うことになる。具体的には、例えば、①当該商標を使用した商品・サービスの販売・提供やウェブサイトへの掲載を含む宣伝広告の中止、当該商標を使用した商品在庫等の廃棄および廃棄証明書の送付（または商標等の抹消）、②損害賠償（損害賠償の計算に必要な相手方の販売数量・利益・売上等のデータの開示の請求）、③侵害についての謝罪広告等の掲載を求めることがあり得る。また、警告書には、任意に請求に応じない場合には、裁判等の法的措置を講じると記載されるのが通常である。

■2 差止請求

商標権者は、自己の商標権を侵害する者または侵害するおそれがある者に対し、その侵害の停止または予防を請求することができる（商標36条1項）。これにより、商標権侵害に当たる各行為の差止めが可能である。損害賠償の場合と異なり、侵害者の側に故意または過失は不要である。

また、商標権者は、上記の請求をするに際し、侵害の行為を組成した物の廃棄、侵害の行為に供した設備の除却その他の侵害の予防に必要な行為を請求することができる（商標36条2項）。例えば、商標を使用した商品の廃棄等がこれ

90　　　第2編　ブランドの保護

に当たり得るが、商標の場合、商標を抹消しさえすれば商品を販売しても商標権侵害とはならないのであり、商品そのものの廃棄等を命じれば過剰差止めになるという理由で、商標の抹消の限度でのみ請求が認められることがある。

コラム 仮処分と本案訴訟

　知的財産権の侵害の差止めを行おうとする場合には、通常の裁判の他に仮処分という選択肢もある（なお、損害賠償は仮処分では請求できないため、通常訴訟による必要がある）。侵害差止の仮処分は、仮処分の中でも、断行の仮処分といわれるもので、実際に差止めの効力が認められる強力なものである。ただし、本案判決を経ていないので、一定の担保を積まなければならない。

　仮処分でも通常訴訟でも、数回の期日で双方が書面のやり取りをしたうえで裁判所が判断することになる。この期日は、通常訴訟よりも仮処分のほうがやや短めのスパンで設定される傾向にある。また、仮処分は本案訴訟と異なり、債務者（注：仮処分においては、通常訴訟の原告を債権者、被告を債務者と呼ぶ）の同意を得ることなく、取下げが可能であり（民保18条、民訴261条2項）、裁判所の非侵害という心証を踏まえて、自由に取り下げて非侵害という結論が裁判所の決定や判決として残らないようにすることができるというメリットがある。さらに、本訴については、第一審判決の仮執行宣言に基づく強制執行に対する執行停止は容易であるが、仮処分については、執行停止は容易ではなく（民訴403条1項3号、民保27条1項）、その意味でも実効性が高い。

　裁判所から侵害心証が示されれば、債務者側が差止めを避けるために、例えば、過去分の損害賠償を一定額支払い、将来分についてはライセンスを受けるという和解に応じる可能性もある（なお、仮処分における和解の範囲は、差止めだけに限られず、柔軟な内容とすることが可能である）。

　権利者は、侵害差止めの仮処分と通常訴訟（侵害差止め＋損害賠償請求）を同時に起こすことがあるが、この場合、仮処分と通常訴訟では

第2章　商標法による商標権の保護　　91

同じ期日が設定されるのが通常である。ただし、知的財産権の侵害事件については、侵害論と損害論で審理が分けられるのが一般的であり、裁判官が、侵害の心証を得た段階で、損害論に入る前に、仮処分の決定を発することもできる（侵害論についての心証の開示の段階で和解勧試が行われるのが通常であり、和解が成立しない場合には、侵害差止めの仮処分が発せられることになる）。

❸ 損害賠償請求

【1】要件と立証の容易化

　商標権侵害があった場合には、民法709条により損害賠償請求が可能である。商標権侵害、故意・過失、損害の発生と額、商標権侵害と損害の相当因果関係が要件となる。

　過失については、商標が公示されていることに基づいて推定されている（商標39条、特許103条）。推定を覆すのは容易ではなく、実務上は過失要件が問題になることは少ない。

　損害については、損害額の算定に関する特則が設けられており、実務上も広く活用されている（商標38条）。これについては、重要であるため、**後記【2】**で詳述する。

　また、これらの損害額の算定に関する特則を適用しても損害額が認定できない場合等に備えて、「損害が生じたことが認められる場合において、損害額を立証するために必要な事実を立証することが当該事実の性質上極めて困難であるときは、裁判所は、口頭弁論の全趣旨及び証拠調べの結果に基づき、相当な損害額を認定することができる」ものとされている（商標39条、特許105条の3）。

　さらに、損害の立証を容易にするため、書類提出命令（商標39条、特許105条）、損害計算のための鑑定（商標39条、特許105条の2の12）等の制度がある。

92　　　第2編　ブランドの保護

【2】損害額の算定に関する特則

①商標法38条1項

　商標法38条1項1号では、商標権者がその侵害の行為がなければ販売することができた商品の単位数量当たりの利益の額×（侵害者による商品の譲渡数量のうち、商標権者の使用の能力に応じた数量（使用相応数量）－その全部または一部に相当する数量を商標権者が販売することができないとする事情に相当する数量（特定数量））を、商標権者が受けた損害の額とすることができる。商標法38条1項1号は、商標権者の逸失利益に関する規定であり、商標権者が登録商標を使用した商品（代替品）を販売していることが前提になっている[124]。ポイントは、利益は商標権者のものを基準とするが、譲渡数量は侵害者を基準としつつ、商標権者の使用の能力に応じた数量のキャップを設けている点である。

　「その侵害の行為がなければ販売することができた」といえるためには、「侵害行為を組成した商品と商標権者の商品との間において、市場における代替関係が存在する」ことが前提となる。この代替関係については、具体的には、「商標権者が侵害行為を組成した商品と同一の商品を販売しているか否か、販売している場合、その販売の態様はどのようなものであったか、当該商標と商品の出所たる企業の営業上の信用等とどの程度結びついていたか等を総合的に勘案」して判断される。商標38条1項の令和元年改正前の事件となるが、ジェロヴィタール事件[125]は、このような判断基準が採用される理由について、以下のように説明している。

〔i〕　商標権は、商標それ自体に当然に商品価値が存在するのではなく、商品の出所である企業等の営業上の信用等と結び付くことによって初めて一定の価値が生ずるものであり、この点を抜きにして侵害行為を組成した商品と商標権者の商品との間に当然に代替関係が成立するということはできない。

〔ii〕　侵害行為を組成した商品と商標権者の商品とでは、商品自体の性能や

---

124)　　茶園・商標253頁。
125)　　東京地判平成17年10月11日判時1923号92頁〔ジェロヴィタール事件〕。

効用および販売の態様等が異なる場合もあり得るのであり、そのような場合にも、侵害行為を組成した商品が販売されていなければ、需要が商標権者の商品に向けられ、商標権者の商品が購入されたという関係が当然に成り立つということはできない。

　ジェロヴィタール事件では、原告商品と被告商品との間において、対応する商品のないセルライトクリームを除き、代替関係が存在するということができるものとされた。

　商標権者の「利益」の額は、粗利益（売上高から仕入額を控除）、純利益（売上高から全経費を控除）とする見解もあるが、多くの裁判例は、限界利益（売上高から当該商品の販売のために追加になった費用：変動経費のみを控除）であると解している[126]。限界利益では、通常の人件費や設備費等の一般管理費は控除されないため、純利益よりは高額になるが、粗利益よりは低額となる。

　「商標権者の使用の能力」は、下請や委託生産による供給能力でもよく、現に、商標権者自身が供給能力を持っている必要はない[127]。

　商標法38条1項1号は、譲渡数量に商標権者の使用の能力に応じた数量のキャップを設けるため、使用相応数量が商標権者の潜在的な使用の能力に基づく数量を含むことから、商標権者が「販売することのできないとする事情」に基づく数量（特定数量）を使用相応数量から控除することとしている。競合品の存在、営業努力、品質・価格の差異、登録商標の寄与率（売上のうち商標が影響を与えた割合）等はここで考慮される[128]。ジェロヴィタール事件では、被告が多大な広告宣伝費を費やして被告商品を販売したもので、売上げが広告宣伝に伴って伸びている[129]ことによれば、被告商品の譲渡には被告の広告宣伝等

---

126)　東京地判平成17年10月11日判時1923号92頁〔ジェロヴィタール事件〕等。商標権に基づく差止請求権不存在確認等請求本訴事件、商標権侵害差止等請求反訴事件であり、以下本訴原告（反訴被告）を被告と本訴被告（反訴原告）を原告と言う。

127)　高部・商標131〜132頁。

128)　小野＝三山353頁、高部・商標132頁。

129)　被告が原告の約7.7倍の広告宣伝費を支出し、記者発表を行って商品を大々的に売り出し、原告商品がテレビや雑誌に取り上げられたものであり、フジテレビで放映された月の月間売上げが最も多く（前月月間売上げの3倍強）、集中的に広告宣伝費を投

の営業努力に起因する部分が大きいと考えられるため、原告商品1個分の容量当たりの被告商品の譲渡数量の2分の1に相当する数量については、原告が「販売することができないとする事情」があるものとされた。

商標法38条1項2号は、同法38条1項1号において、侵害者による商品の譲渡数量のうち、使用相応数量から特定数量を控除した数量を超える部分（すなわち、同法38条1項1号における損害額算定の基礎となった数量を超える部分）について、「登録商標の使用に対し受けるべき金銭の額に相当する額」（相当使用料額）を損害額とすることができることを定める。令和元年改正により本号が追加された。同法38条1項2号の推定は、商標権者が、侵害された商標権についての専用使用権の設定や通常実施権の許諾をし得たと認められない場合には適用されない（同法38条1項2号括弧書）。

商標法38条1項では、1号に基づき算定された損害額と、2号に基づき算定された損害額の合計額が損害額として推定される。

②商標法38条2項

商標法38条2項は、侵害者が「侵害の行為により利益を受けているときは、その利益の額」を商標権者が受けた損害の額と推定する。

商標法38条2項の適用を受けるために、商標権者が登録商標を使用した商品（代替品）を販売していることが必要かについて見解は分かれており、従来はむしろ、必要説が多数説であったが、知財高裁は、商標法38条2項と同趣旨の特許法102条2項について、自己実施は要件とならず、権利者に侵害者による侵害行為がなければ利益が得られたであろうという事情が存在する場合には、同項の適用を認めるべきであると判断した[130]。

「利益」については、商標法38条1項同様、限界利益と解するのが裁判例の主流である[131]。

じて営業活動を行った期間は、直前の月の月間売上げの約1.8倍ないし約2.8倍の月間売上げを上げていることが認定されている。

130)　知財高判平成25年2月1日判時2179号36頁〔紙おむつ処理容器事件〕。商標法38条2項についても、その後の東京地判平成26年12月4日裁判所ウェブサイト（平成24年（ワ）25506号）〔極真事件〕が同様の判断をしている。

131)　東京地判平成17年12月20日判時1932号135頁〔after diamond事件〕等。

第2章　商標法による商標権の保護　　95

登録商標の寄与率は、推定を覆す事由として抗弁になり得る[132]。

③商標法38条3項

商標法38条3項は、「その登録商標の使用に対し受けるべき金銭の額に相当する額の金銭を、自己が受けた損害の額としてその賠償を請求することができる」と定める。商標法38条3項の場合、商標権者が登録商標を使用した商品（代替品）を販売していることは不要であることに争いはない。

最低限、登録商標のライセンス料相当額は「その登録商標の使用に対し受けるべき金銭の額に相当する額の金銭」（相当使用料額）になる。平成10年改正前は、「通常受けるべき金銭の額」との文言であったが、ライセンス料相当額に限定せず、より柔軟に金額を定められるように「通常」の文言は削除された。

商標法38条3項は、損害額の最低限度を法定したものである。しかし、小僧寿し事件[133]では、最高裁は損害不発生の抗弁を認めている。ただし、同事例は前述のように原告の商標に顧客吸引力がほとんどなく、被告の商標が著名で顧客吸引力を有していたという特殊な事例である。損害不発生の抗弁を認めたものとして、Cache事件[134]があるが、原告の美容室は大阪に、被告の美容室は岐阜にあり、美容室の商圏がそれほど広域には及ばず、本件商標は、被告の営業する地域においては、一般需要者の間に知名度はなかったことや被告の顧客は店舗周辺の住民が中心であり、被告の売上げは被告自身の営業活動等によるものというべきこと等が根拠となった。

相当使用料額については、ライセンスの対象となる登録商標の無効の可能性等さまざまな可能性を考慮して事前に決定される通常の使用料率を前提とするのではなく、登録商標が無効にされるべきものではないとして商標権侵害に当たるとされた場合に、商標権侵害をした者に対して事後的に定められる使用料率（侵害プレミアムの付加された使用料率）を前提に算定されるものと解されている（商標38条4項）。

---

132)　髙部・商標141頁。裁判例として、知財高判令和2年3月19日金判1597号8頁〔ブロマガ事件〕等。

133)　最判平成9年3月11日民集51巻3号1055頁〔小僧寿し事件〕。

134)　大阪地判平成25年1月24日裁判所ウェブサイト（平成24年（ワ）6892号）〔Cache事件〕。

96　　　第2編　ブランドの保護

④商標法38条5項

　環太平洋パートナーシップ協定の締結に伴う関係法律の整備に関する法律第3条による商標法の一部改正により、特許法等とは異なる法定の損害賠償として、商標法38条5項が追加された。この規定では、登録商標と社会通念上同一の商標の使用による侵害の場合には、当該登録商標の取得および維持に通常要する費用に相当する額を損害の額とすることができるとされており、商標法38条3項と同様に、最低限の損害額を保証するための規定となっている[135]。

　商標法38条6項は、同法38条3項および5項に規定する金額を超える損害の賠償の請求を妨げないとするが、この場合、侵害者に故意または重大な過失がないことを参酌することができるとしている。侵害者が善意・無重過失で多額の賠償金を支払うことが酷である場合、裁判所が裁量で賠償額の減額ができることを定めたものである。

❹ 不当利得返還請求

　商標権侵害に対しては不当利得返還請求（民703条、704条）も可能である。しかし、前記のとおり、損害賠償請求については、損害額の算定に関する特則等立証容易化のための規定が整備されている上に、過失の推定規定もあるため、通常はあえて、不当利得返還請求を行う実益はない。不法行為に基づく損害賠償請求権の消滅時効期間である損害および加害者を知った時から3年（民724条）が過ぎているときには、不当利得返還請求の消滅時効期間は債権者が権利を行使することができることを知った時から5年間である（民166条1項1号）ため、実益があることになる。

---

135)　「TPP域内における制度調和を進め、知的財産権の保護と利用のレベルが必ずしも高いとは言えないTPP域内の新興国において、権利者が賠償を得られやすい制度が整備されることにより、我が国企業等のより効果的かつ効率的な侵害対策を可能とし、更なる海外事業展開を促進する」ことがその趣旨であるとされる（特許庁「環太平洋パートナーシップ協定に伴う商標法改正の概要」）。https://www.jpo.go.jp/torikumi/kaisei/kaisei2/pdf/tpp_houritu_seibi_h281228/syohyo_gaiyo.pdf、（2017.03.14）。

5 信用回復請求

　故意または過失により商標権を侵害したことにより商標権者の業務上の信用を害した者に対しては、裁判所は、商標権者の請求により、損害の賠償に代え、または損害の賠償とともに、商標権者の業務上の信用を回復するのに必要な措置を命ずることができる（商標39条、特許106条）。商標権者の商標を使用した品質の低い商品が出回り、商標権者の業務上の信用が害されたというような場合に謝罪広告掲載等が命じられることが典型例である。

6 関税法に基づく水際措置

　これは商標法に記載されている救済措置ではなく、関税法に基づき税関で行われる措置である。日本国内に商標権を侵害する物品が入るのを水際で止める措置という意味で水際措置と通称されている。海外からの商標権を侵害する物品の流入を食い止めるために水際措置は重要な役割を果たしている。

　関税法上、商標権を侵害する物品は輸入禁制品（関税69条の11第1項9号）に該当し、税関長による没収・廃棄等の対象となっている（同69条の11第2項）。商標権者は、自己の権利を侵害すると認める貨物が輸入されようとする場合に、税関長に対し、当該貨物の輸入を差し止め、「認定手続」を執るべきことを申し立てることができる（同69条の13）。「認定手続」とは、実際に輸入された物品が、侵害物品に該当するか否かを認定するための手続である（同69条の12）[136]。

　なお、関税法上、商標権を侵害する物品は輸出禁制品（関税69条の2第1項3号）にも該当し、税関長による没収・廃棄等の対象となっている（同69条の2第2項）。これにより、海外に商標侵害品が流出することも食い止めることができる。

7 刑事罰

　故意の商標権侵害には刑事罰があり、罰則は、10年以下の懲役、1000万円

---

136)　　手続の詳細なフローについては、税関のウェブサイト「認定手続の流れ」http://www.customs.go.jp/mizugiwa/chiteki/pages/c_001.htm、(2024.11.09) を参照。

98　　第2編　ブランドの保護

以下の罰金、またはこれらの併科とされている（商標78条）。なお、みなし侵害（同37条、67条）の場合は、罰則は、5年以下の懲役、500万円以下の罰金、またはこれらの併科とされている（同78条の2）。

　また、両罰規定があり、法人の代表者や役職員が、その法人の業務に関して、商標権侵害を行った場合には、行為者に上記の罰則が科されるほか、その法人に対して3億円以下の罰金刑が科される（商標82条1項1号）。

　商標権者が商標権侵害を発見した場合には、民事的な請求を行うことのほか刑事告訴を行うことも検討に値する。特に、偽ブランド品の販売等の悪質な商標権侵害については、刑事告訴が活用されている。

VIII　商標権侵害に基づく請求への対応
（商標の効力の制限、審判を含む）

　本項目では、商標権侵害に基づく請求を受けた場合の対応について解説する。対応の流れについて説明するとともに、商標権の効力の制限に基づく反論（商標的使用や商標機能論等）や無効審判・不使用取消審判等の審判についてもここで説明する。

■1 請求を受けた場合の対応

　前記のとおり、商標権侵害に基づく請求は、警告書として送付される例が多い。警告書を受け取った場合には、その対応について検討する必要がある。実際に回答書にどの範囲の情報まで含めるかどうかについては個別の事案ごとに判断を要するが、以下では想定される検討項目について説明しておく。

　まずは、登録商標の内容を確認する必要がある。J-PlatPat（第1編 第1章 コラム 参照）の商標検索でインターネット上で登録内容が確認できる。

　そして、商標権者が主張している使用態様が事実と合致していない場合は、これに回答書で反論することになる。また、当該使用態様が、商標法上の「使用」に該当しないとの反論も考えられる。「使用」の意義については、前記 II 2【3】で前述したとおりである。

　また、商品・役務や商標の類似性について反論を行うことが考えられる。こ

第2章　商標法による商標権の保護　　99

の場合の判断基準については、前記　V　で前述したとおりである。

　金額を明示した損害賠償請求がされている場合は、損害論についても併せて反論を行うことも考えられるが、警告書段階では、商標権者も販売数量や利益額については把握していないのが通常であり、具体的な金額までは明示されていないことが多い。

　また、以上のほか、①商標権の効力が及ばない範囲に該当するとの反論（後記**2**参照）、②消尽・商標機能論（後記**3**参照）、③先使用権があるとの反論（後記**4**参照）、⑤中用権等があるとの反論（後記**5**で後述）、⑥自己の登録商標の専用権の範囲内であるとの反論（後記**6**参照）、⑦他人の知的財産権と抵触するとの反論（後記**7**参照）、⑧権利濫用・禁反言にあたるとの反論（後記**8**参照）、⑨商標に無効理由等があるとの反論（後記**9**参照）、⑩不使用・不正使用等により取消事由があるとの反論（後記**10**参照）もあり得る。

　⑨、⑩については、無効審判、異議申立て、不使用取消審判、不正使用取消審判等を提起するかについても検討を要するが、無効理由や取消事由がある旨を回答書に記載して、商標権者がこれ以上の請求をやめるのであれば、審判は提起しないという対応も考えられる。

　以上について検討した結果、特段反論がない場合には、使用中止を表明するか、ライセンス料を支払って、ライセンスを受けることを申し入れる方向で提訴されるのを避けるということもあり得る。その後、解決方法を交渉して、最終的に和解契約等を締結することもある。和解契約では、例えば、使用中止の約束、在庫廃棄を行う場合はその約束（廃棄証明の提出の約束をすることもある）、金銭支払いの有無・金額、プレスリリースを行う場合の内容、清算条項等が定められることが考えられる。

2 商標法26条による商標権の効力の制限

[1] 商標法26条1項1号〜5号

　商標法26条1項1号〜5号は、商標権の効力が及ばない場合を定めている。これらは、不登録事由としても想定されているものではあるが、過誤登録された場合にも、無効審判等を起こさなくても、また、無効審判提起の期限が過ぎ

ていても、当然に商標権の効力が及ばないものとしている。また、登録後に事後的にこれらの事由が生じた場合でも、商標権の効力が及ばないものとしている。

①商標法26条1項1号

商標権の効力は、「自己の肖像又は自己の氏名若しくは名称若しくは著名な雅号、芸名若しくは筆名若しくはこれらの著名な略称を普通に用いられる方法で表示する商標」には及ばない（商標26条1項1号）。他人が商標登録をすることにより、自分の氏名等が普通に使用できなくなってしまうのは不都合であるから、このような効力制限がされている。

会社の「名称」は、「株式会社○○」という「株式会社」まで含んだものなので、「株式会社」を省略したものは、「略称」になり、「著名」性がない限り商標法26条1項1号の適用対象外となる。

また、「普通に用いられる方法で表示する」との要件があるため、特殊な書体やロゴ等にした場合には商標法26条1項1号の適用対象外となる。

②商標法26条1項2号〜5号

商標法26条1項2号〜5号は、普通名称化等した商標等自他識別機能を果たしていない商標について、商標権の効力が及ばないとするものである。

商標法26条1項2号は商品商標に関する規定である。同号により、商標権の効力は、「当該指定商品若しくはこれに類似する商品の普通名称、産地、販売地、品質、原材料、効能、用途、形状、生産若しくは使用の方法若しくは時期その他の特徴、数量若しくは価格又は当該指定商品に類似する役務の普通名称、提供の場所、質、提供の用に供する物、効能、用途、態様、提供の方法若しくは時期その他の特徴、数量若しくは価格を普通に用いられる方法で表示する商標」には、及ばない。

商標法26条1項3号は、役務商標に関する規定であり、商標法26条1項2号と同趣旨の規定である。商標権の効力は、「当該指定役務若しくはこれに類似する役務の普通名称、提供の場所、質、提供の用に供する物、効能、用途、態様、提供の方法若しくは時期その他の特徴、数量若しくは価格又は当該指定役務に類似する商品の普通名称、産地、販売地、品質、原材料、効能、用途、形状、生産若しくは使用の方法若しくは時期その他の特徴、数量若しくは価格を

第2章　商標法による商標権の保護　　101

普通に用いられる方法で表示する商標」には及ばないものとされる。

　また、「当該指定商品若しくは指定役務又はこれらに類似する商品若しくは役務について慣用されている商標」にも、商標権の効力は及ばない（商標26条1項4号）。**前記 IV 3【1】**のとおり、商標法3条1項1号、2号の普通名称・慣用商標該当性の判断基準時は、登録査定時であるため、その後に普通名称・慣用商標化した場合には、無効とはならないが、使用時点において、普通名称・慣用商標化していれば、いずれにせよ、商標法26条1項2号、3号（普通名称）、4号（慣用商標）により、商標権の効力は及ばず、商標権侵害が成立しないことになる。そこで、商標権者にとっては、普通名称・慣用商標化を防ぐことが重要になる。例えば、しろくま事件[137]においては、「しろくま」の標章は「かき氷に練乳をかけ、フルーツをのせたものの普通名称で」あり、その代用物と理解できる「カップに入った練乳入りの氷菓」については、商標法26条1項2号により効力が及ばないが、「バー状のラクトアイス」については普通名称でも慣用商標でもないため、商標権の効力が及ぶと判断された。

コラム　普通名称化の防止

　世の中に初めて登場する商品・サービスについては、他に当該商品・サービスを表す用語がないために、最初にその製品を売り出した会社の商品名（造語）が普通名称化しやすいリスクにさらされる。これを防ぐには、商品名とは別に普通名称として用いるべき語もあらかじめ用意しておき、これらを使い分けることが考えられる（例えば、富士フイルムの「写ルンです」という商品名と「レンズ付きフィルム」という普通名称やヤマト運輸の「宅急便」という商品名と「宅配便」という普通名称がその例として挙げられる）。また、自社の商品名・サービス名については、他社による使用や辞書への掲載等について、警告書等により、自社の登録商標であるため、直ちに使用をやめるように通知を行うことが考えられる。

　辞書に掲載されていることは、普通名称化の証拠として挙げられや

---

137)　　大阪地判平成11年3月25日公刊物未登載（平成8年（ワ）12855号〔しろくま事件〕）。

すい。しかし、辞書への掲載は、後述する商標的使用には当たらない使用（商標26条1項6号）であると考えられ、商標権侵害の責任を正面から問うことは難しい場合が多い。そこで、海外においては、辞書への掲載を差し止めるための手続を規定している立法例もあるが、日本においては、未導入である。辞書への掲載を差し止めるには事実上のお願いベースということにならざるを得ないとすれば、普通名称化の防止の観点から問題であり、この点については日本においても立法的な手当がなされることが望まれる。出版社等が事情を知ってからも故意に訂正・削除等をしないときには、場合によっては不法行為を認めて良いとする見解[138]もある。

　商標法26条1項5号により、「商品等が当然に備える特徴」のうち「立体的形状、色彩又は音（役務にあつては、役務の提供の用に供する物の立体的形状、色彩又は音）」[139]「のみからなる商標」にも、商標権の効力は及ばないものとされている。

【2】商標的使用（商標法26条1項6号）

　従来から、商標としての自他識別機能を果たさないような態様での使用については、商標権の効力が及ばないというのが通説であった。商標としての機能を果たすような態様での商標の使用を、「商標的使用」と呼び、このような商標的使用にあたらない使用態様なので、商標権を侵害しないという反論がしばしばなされる。

　平成26年改正により、この点が、商標法26条1項6号として明文化された。商標法26条1項6号は、「前各号に掲げるもののほか、需要者が何人かの業務に係る商品又は役務であることを認識することができる態様により使用されていない商標」には、商標権の効力は及ばないものと定めている。

　この商標的使用は、実務上も重要である。裁判例では、肯定例・否定例とも

138）　小野＝三山343頁。
139）　商標法施行令1条の2。

第2章　商標法による商標権の保護　103

にさまざまな事例があるが、イメージをつかみやすいように、以下では、過去の裁判例の具体例をいくつか紹介する。

まず、模様やデザインとしての使用が、商標的使用に当たるかについて争いになるケースがある。

例えば、ポパイアンダーシャツ事件[140]は、被服等を指定商品とし、「ポパイ」の絵と文字からなる登録商標（後記［図表16］参照）の商標権の効力は、全面にポパイの絵を描いたアンダーシャツ（後記［図表16］参照）には及ばないとされた。その理由は、「もっぱらその表現の装飾的あるいは意匠的効果である『面白い感じ』、『楽しい感じ』、『可愛い感じ』などにひかれてその商品の購買意欲を喚起させることを目的として表示されているものであり、一般顧客は右の効果のゆえに買い求めるものと認められ、右の表示をその表示が附された商品の製造源あるいは出所を知りあるいは確認する『目じるし』と判断するとは到底解せられない」ためであるとされた。

［図表16］ポパイアンダーシャツ事件

【登録商標】　　【被告商品（アンダーシャツ）における使用態様】

他方で、ルイ・ヴィトン事件[141]は、登録商標であるルイ・ヴィトンのLとV

140）　大阪地判昭和51年2月24日判時828号69頁〔ポパイアンダーシャツ事件〕（画像の出所：同判決別紙目録）。
141）　大阪地判昭和62年3月18日無体裁集19巻1号66頁〔ルイ・ヴィトン事件〕。

を組み合わせた商標を含むモノグラムを、その全面に使用した偽バッグについて、被告の使用態様は、意匠としての使用であるから商標的使用には当たらないとの主張について、裁判所は、「商標と意匠とは排他的、択一的な関係にあるものではなくして、意匠となりうる模様等であつても、それが自他識別機能を有する標章として使用されている限り、商標としての使用がなされているものというべき」であるとし、被告は、自他識別機能を有する標章として使用しているものとして、商標的使用に当たるとされた。

　次に、内容や用途の表示等について、商標的使用に当たるかが争いになる場合がある。

　例えば、巨峰事件[142]では、包装用容器を指定商品とする登録商標である「巨峰」（指定商品は、ぶどうではなく、包装用容器であることが本件のポイントである）について、被告が、巨峰（ぶどう）を入れた段ボールに「巨峰」との文字を表示したことについて、「一般に包装用容器に標章を表示してその在中商品ではなく、包装用容器にそのものの出所を示す場合には、その側面又は底面、表面であれば隅の方に小さく表示するなど、内容物の表示と混同されるおそれのないような形で表わすのが通例であつて、包装用容器の見易い位置に見易い方法で表わされている標章は、内容物たる商品の商品名もしくは商品の出所を示す標章と見られるもので、包装用容器そのものの出所を表すものとは受けとられない」として、商標的使用が否定された。

　ドーナツクッション事件[143]では、指定商品をクッション等とする登録商標「ドーナツ」について、被告が、被告標章として、「ドーナツクッション」を用いた事例で、①「ドーナツ」を冠した複合語からは、「中央部分に穴のあいた円形、輪形の形状の物あるいはこのような円形、輪形に似た形状の物」の観念が想起されること、②被告商品の包装箱、被告ウェブサイトまたは被告カタログには、その出所識別表示としては、テンピュールの標準文字からなる商標等が別に存在しており、被告標章（ドーナツクッション）については、「被告商品の本体の形状を示すイメージ図及び包装箱の説明文等と相俟って、被告商品が

---

142)　福岡地飯塚支判昭和46年9月17日判タ274号342頁〔巨峰事件〕。
143)　知財高判平成23年3月28日判時2120号103頁〔ドーナツクッション事件〕。

第2章　商標法による商標権の保護　　105

その中央部分を取り外すと、中央部分に穴のあいた輪形に似た形状となるクッションであることを説明するために用いられたものであると需要者において認識し、商品の出所を想起するものではないといえることなどに鑑みれば」商標的使用に当たらないとされた。

　さらに、書籍やCD等のタイトルについて、商標的使用に該当するかが争いになることがある。

　例えば、UNDER THE SUN 事件[144]では、指定商品をレコード等とする、「UNDER THE SUN」との商標が登録商標であり、被告が、CDアルバムのタイトルとして、「UNDER THE SUN」を用いたという事例において、「本件CDに使用されている被告標章は、編集著作物である本件アルバムに収録されている複数の音楽の集合体を表示するものにすぎず、有体物である本件CDの出所たる製造、発売元を表示するものではな」いとして、商標的使用であることが否定された。

　メタタグ（ウェブサイトを作成する際に使用されるHTML言語において用いられるタグ）についても商標的使用が問題となる。ディスクリプション・メタタグ（当該ウェブサイトを検索エンジンで検索した際に表示される紹介文を記載するメタタグ）に関する裁判例には、大阪地判平成17年12月8日判時1934号109頁〔クルマの110番事件〕や東京地判平成27年1月29日判時2249号86頁〔IKEA事件〕があり、いずれも、ディスクリプション・メタタグ内に標章を記載しており、それが検索サイトにおいて表示されていたという事案において、メタタグ内に標章を記載する行為につき商標的使用を肯定している。キーワード・メタタグ（当該ウェブサイトについて、検索エンジンで検索した際に当該ウェブサイトが拾われるためのキーワードを記載するメタタグ）に関する裁判例には、大阪地判平成29年1月19日判時2406号52頁〔オートバイ運搬用台車事件〕があり、商標的使用が否定されている。さらに、検索連動型広告に関する商標的使用が問題となった事例として、石けん百貨事件[145]がある。

---

144)　東京地判平成7年2月22日判時1526号141頁〔UNDER THE SUN事件〕。
145)　大阪高判平成29年4月20日判時2345号93頁〔石けん百貨事件〕。評釈として、田中浩之ジュリ1511号8頁「知財判例速報　検索連動型広告に関する商標権侵害」を参照。

106　　第2編　ブランドの保護

また、PITAVA（テバ製薬）事件[146]では、「PITAVA」の標準文字からなる商標の商標権者である控訴人（原告）が、後記［図表17］に示す被告標章を付した薬剤を販売する被控訴人（被告）の行為が控訴人の有する商標権の侵害（商標37条2号）に該当するかが問題となった。知財高裁は、被告商品の錠剤に付された「ピタバ」の表示（被告標章）は、有効成分である「ピタバスタチンカルシウム」について、その塩であることを示す部分（「カルシウム」）の記載および「スタチン」の記載を省略した「略称」であることが認められるとし、医師、薬剤師等の医療従事者の間においては、後発医薬品の販売名は含有する有効成分に係る一般的名称に剤型、含量および会社名（屋号等）から構成されていることは一般的に知られているものと認められるから、医療従事者が、被告商品に接した場合、被告商品が「ピタバスタチンカルシウム錠1mg『テバ』」を販売名とする後発医薬品であることを認識し、被告商品の錠剤に付された「ピタバ」の表示（被告標章）は、有効成分である「ピタバスタチンカルシウム」の略称であることを認識するものと認められるなどとし、被告商品の需要者である医師、薬剤師等の医療従事者および患者のいずれにおいても、被告商品に付された「ピタバ」の表示（被告標章）から商品の出所を識別したり、想起することはないものと認められるとして、商標法26条1項6号該当性を肯定した。

［図表17］PITAVA（テバ製薬）事件（被告標章）

---

146) 知財高判平成27年10月21日裁判所ウェブサイト（平成27年（ネ）10074号）〔PITAVA（テバ製薬）事件〕（画像の出所：同判決別紙標章目録）。

AIとメタバースについてのコラム
メタバース上での現実世界の再現と商標的使用

　メタバース空間では、一般に「ワールド」などと呼ばれるフィールド上に、さまざまなコンセプトに基づいた世界が作られ、アバターはその中で活動をすることになる。ワールドの中には、渋谷の街並みを再現した「バーチャル渋谷」や、愛媛の名所をモチーフとした「Metaverse Ehime」など、現実世界をコンセプトとしたものも数多く存在している。このような現実世界を再現したワールドを作る場合、現実世界に実際に存在している建造物や看板、広告等を再現することになるが、**[図表18]** のように、当該建造物等が立体商標として商標登録されていることも考えられる。

[図表18] 建造物等に関する立体商標

（登録第5851632号）　　　　　　（登録番号第4203779号）

　このように、立体商標として登録されている建造物等を再現する場合には、商標権侵害が成立しないか検討する必要がある。
　もっとも、結論として、現実空間をメタバース上に再現するという目的の下で再現行為が行われる限り、現状そのような行為が商標権侵害となるケースは非常に限定的であると考えられる。すなわち、メタバースに再現された登録商標が、あくまでアバターが活動する空間の背景として存在するにすぎない場合には、当該登録商標は特定の商品・役務に業として使用されてはおらず、指定商品・役務の類似性を欠き、また、当該商標の持つ出所表示機能を発揮するものとはいえな

いため、「需要者が何人かの業務に係る商品又は役務であることを認識することができる態様により使用されていない」として、商標権侵害を構成する可能性は低い。

このように、上記の目的の限度で再現される限りでは、現状商標法の検討は不要である可能性が高い。しかしながら、メタバース空間での商業行為が一般的となり、メタバース空間での使用を前提とした指定商品・指定役務が登録されるようになり、メタバース空間における登録商標が特定の出所を表示する機能を果たすような場合には、立体商標に係る商標権侵害の成立も現実的な問題となり得ると思われる。

なお、上記の論点は、建造物等について、不正競争防止法2条1項1号または2号の「商品等表示」に該当する場合にも同様に問題となる[147]。

❸ 消尽・商標機能論

商標権者等が国内において、自ら商品を譲渡した場合に、当該譲渡後の商品の再譲渡行為に商標権の効力は及ぶだろうか。

第3編 第2章 Ⅷ ❷【1】で解説するとおり、特許権の場合には、特許権者が国内において、自ら製品を譲渡した場合には、当該特許製品については特許権はその目的を達成したものとして「消尽」し、特許権の効力は、当該特許製品をかかる譲渡後に使用・譲渡等する行為には及ばないと解されている。このような理論構成のことを消尽論（あるいは用尽論）と呼ぶ。消尽論は、取引の安全の確保や権利者に二重の利得を与える必要性がないこと等を根拠に認められ

---

[147] 　店頭に大きな動く松葉がにを模した看板を掲げるかに料理専門店の「かに道楽」が、類似の看板を掲げて営業をしていたかに料理店である「かに将軍」を、かにの看板の使用行為等について旧不正競争防止法1条1項2号違反などで訴えた、大阪地判昭和62年5月27日無体裁集19巻2号174頁〔かに道楽事件〕では、かに道楽によるかにの看板の使用について、「天然のかにそのままではなく独自の工夫を加えたものである…天然の松葉がにの形状を模した大きな動く看板としたこと自体が、他に例を見ない奇抜性、新規性を有することは明らかであり、このような看板は現在でもかに料理専門店で一般に使われているものではない」として、旧不正競争防止法の1条1項2号に規定される「他人ノ営業タルコトヲ示ス表示」に該当し、旧不正競争防止法により保護されると判断されている。

る法理である。

　商標権の場合にも、特許権と同様に、消尽論によってこの問題を処理するということもあり得るが、通説は、形式的には商標権侵害に当たる行為であっても、商標の機能を害する結果を招来しない場合には、商標権侵害としての実質的な違法性を欠くという商標機能論によって処理している[148]。

　例えば、登録商標が、指定商品を「医療機械器具その他本類に属する商品」とする「ヘルストロン」との商標であり、被告が「ヘルストロン」という表示を付した広告を行って中古の原告商品を販売していたという裁判例[149]において、「被告が、中古の原告商品の販売のために新聞、インターネットなどに掲載した広告は、『中古』又は『中古品』の文字が記載されており、その態様からして、それを見た者は、販売されている原告商品が中古品である旨を認識し、したがって、広告主である被告が、原告を出所とする中古の原告商品を販売していることを認識するものであって、広告主である被告が原告商品の出所であると認識することはないものと認められる。」として、商標権侵害が否定されている。この裁判例は、商品の出所表示機能が害されていないことを理由に、実質的違法性を欠くと判断した裁判例であると理解できる[150]。

　海外において、商標権者等が譲渡した商品を国内に輸入して販売する行為につき、商標権侵害が成立するかという点は、並行輸入の論点として議論されており、判例は、商標権の場合について、商標機能論によって処理している。並行輸入の論点については、他の知的財産権のものとまとめて、 第7編 第3章で後述する。

❹先使用権

　登録商標よりも先に当該商標を使用していた場合に、以下の①〜④の商標法

---

148)　　商標権と消尽論の関係については、「座談会判決を見る3つの眼『商標権の消尽』について」小林十四雄＝小谷武＝西平幹夫編『最新判例からみる商標法の実務』（青林書院、2006）375頁以下を参照。

149)　　大阪地判平成15年3月20日裁判所ウェブサイト（平成14年（ワ）10309号）〔ヘルストロン事件〕。

150)　　小谷126頁。

110　　第2編　ブランドの保護

32条の要件を充足した場合には、先使用権が認められる。先使用権は、商標権侵害に対する抗弁として機能し、商標権侵害が成立しないことになる。形式的に先願主義を徹底することによる結論の不当性を是正するために、このような例外を認めているのである。

① 他人の商標登録出願前から日本国内においてその商標登録出願に係る指定商品・役務と同一または類似の商品・役務についてその商標と同一または類似の商標の使用をしていたこと
② 不正競争の目的でないこと
③ その商標登録出願の際現にその商標が自己の業務に係る商品または役務を表示するものとして需要者の間に広く認識されていること
④ その者が、継続してその商品または役務についてその商標の使用をしていること

　上記のうち、③については、どの程度の周知性があれば要件を充足するかが問題となる。この点について、ゼルダ事件[151]では、同一の文言である商標法4条1項10号と同一に解釈する必要はなく、商標法4条1項10号に比して緩やかに解し、取引の実情に応じ、具体的に判断するのが相当であるとされた。
　商標法4条1項10号は商標登録を認めることへのハードルであるのに対して、先使用権は、例外的に商標権の効力を及ばなくする範囲を定めるものであり趣旨が異なるから、同じ文言であっても、別の意義に解することは正当である。
　先使用権が認められる場合、商標権者は、先使用権者に対して先使用権者の業務に係る商品または役務と自己の業務に係る商品または役務との混同を防ぐのに適当な表示を付すべきことを請求することができる（商標32条2項）。

5 中用権等
　中用権は、例えば、商標権が過誤登録により二重登録されてしまい、その後

---

151)　東京高判平成5年7月22日判時1491号131頁〔ゼルダ事件〕。

無効審判により、一方の商標権が遡及的に無効になった場合等に、原商標権者が、無効になった商標を例外的に使えるようにするための制度である（商標33条）。認められるためには、「その商標が自己の業務に係る商品又は役務を表示するものとして需要者の間に広く認識されていた」ことが必要である。特許庁による過誤登録を原因として、本来無権利である者に使用を認める制度であるため、商標権者は、中用権を有する者から、相当の対価を受ける権利を有する（同条2項）。また、先使用権の場合と同様の混同防止措置の請求も可能である（同条3項、32条2項）。

　本書では詳述しないが、ほかにも、商標法22条（商標権が更新により回復した場合）、商標法33条の2、33条の3（先願特許権等の存続期間が満了した場合）、商標法59条および60条（審判等の再審により商標権が回復した場合）等が商標権の効力を制限する規定として存在している。

６ 自己の登録商標の専用権の範囲内であるとの反論

　前記 **I** **❶** で詳述したとおり、商標権の専用権の範囲内に入れば、商標権は、盾としても機能し、商標権侵害は不成立となる。

７ 他人の知的財産権との抵触

　商標権者は、指定商品または指定役務についての登録商標の使用がその使用の態様によりその商標登録出願の日前の出願に係る他人の特許権、実用新案権もしくは意匠権またはその商標登録出願の日前に生じた他人の著作権もしくは著作隣接権と抵触するときは、指定商品または指定役務のうち抵触する部分についてその態様により登録商標の使用をすることができない（商標29条）。

８ 権利濫用・禁反言

　事案によっては、商標権者による権利行使が権利濫用（民1条3項）に当たるという場合もある。ポパイマフラー事件[152]において最高裁は、上告人（被告）が、漫画ポパイの著作権者から複製の承諾を得て、「POPEYE」の文字から成

---

152)　最判平成2年7月20日民集44巻5号876頁〔ポパイマフラー事件〕。

112　　第2編　ブランドの保護

る標章を、ワンポイントマークとしてマフラーに付して販売していたことについて、「POPEYE」の文字と図形の結合商標（前記**2**【2】のポパイアンダーシャツ事件の登録商標と同じ商標）の登録商標の商標権者である被上告人（原告）が商標権侵害を主張したが、本件商標はポパイの人物像の著名性を無償で利用しているものにほかならないというべきであり、客観的に公正な競業秩序を維持することが商標法の法目的の一つとなっていることに照らすと、被上告人が、「ポパイ」の漫画の著作権者の許諾を得て上記標章を付した商品を販売している者に対して本件商標権の侵害を主張するのは、客観的に公正な競業秩序を乱すものとして、正に権利の濫用というほかないとして商標権侵害を否定した。

上記**7**の商標法29条により、ポパイの漫画部分は、著作権との抵触により、商標権の効力が及ばないと解することができたが、「POPEYE」の文字部分は、著作権による保護が認められないため、商標法29条では解決できず、結論の妥当性を確保するために、このように権利濫用の法理による必要があった。

　第3編 第2章 **VI** **2**【1】（b）で後述するとおり、特許の分野においては、出願経過での主張と異なる主張を侵害訴訟で行うことが禁反言に当たるとの主張が積極的に活用されている。商標の分野においては、特許に比べると、活用は限定的であるが、例えば、KII事件[153]では、登録異議の申立て段階での主張と矛盾する主張を侵害訴訟で行ったことにつき、信義則違反が認められている。また、事例として、RAGGAZZA事件[154]では、原告は、商標権侵害訴訟において、本件登録商標「RAGGAZZA」がイタリア語の「RAGAZZA」に由来する造語であり、これを想起させることを前提として、被告標章「Ragazza」が本件登録商標と類似する旨の主張をする一方で、本件登録商標の無効審判請求において、本件登録商標の無効を回避するために、本件登録商標が被告標章と類似しない旨主張し、その旨の審判を得て本件商標登録の無効を回避しているということは、禁反言の原則に照らし許されないものとされ、原告による被告へ

---

153)　東京地判平成6年6月29日判時1511号135頁〔KII事件〕。
154)　大阪地判平成25年10月17日裁判所ウェブサイト（平成25年（ワ）127号）〔RAGGAZZA事件〕。

の権利行使は権利濫用に当たるものとされた。

9 登録異議の申立て、無効審判、無効の抗弁

【1】総　論

　商標に異議申立理由があれば、登録異議の申立てにより商標登録を取り消すことが可能である（商標43条の2）。また、無効理由があれば、商標無効審判により、商標登録を無効にすることが可能である（商標46条）。さらに、無効審判を経ていなくても、商標登録が無効審判により無効にされるべきものと認められるときは、商標権の効力は及ばない（商標39条、特許104条の3）。

【2】登録異議の申立て

　登録異議の申立ては、申立人が、異議申立理由等を記載した申立書を特許庁に提出することにより開始される（商標43条の2第1項）。「何人も」申し立てることが可能であり、利害関係は不要である。

　異議申立理由（商標43条の2柱書）は、一部の例外を除いて、商標不登録事由と同じであり、後発的無効理由は含まない。具体的には、その商標登録が①商標法3条、4条1項、7条の2第1項、8条1項、2項、5項、51条2項、53条2項、77条3項で準用する特許法25条に違反してされたとき、②条約に違反してされたとき、③商標法5条5項の要件を充足していない商標登録出願に対してされたときである。

　登録異議の申立ての期間は、商標掲載公報の発行の日から2か月以内に限られている（商標43条の2第1項）。登録異議の申立ては、審査の延長線上に位置付けられる手続であり、過誤登録を早期に発見することを目的としているから、期間が非常に短くなっている。

　登録異議の申立てについての審理および決定は、3人または5人の審判官の合議体が行う（商標43条の3第1項）。また、異議申立てでは、職権主義により、商標権者が申し立てない理由についても、審理することができる（同43条の9第1項）。ただし、登録異議の申立てがされていない指定商品または指定役務についてまでは、審理することができない（同43条の9第2項）。

114　　第2編　ブランドの保護

登録異議の申立てにおいては、商標権者が相手方として、申立人と対立する構造となっておらず、また、審理も口頭審理ではなく、書面審理が原則となる（商標43条の6第1項）。

決定には、取消決定（商標43条の3第2項）および維持決定（同43条の3第4項）がある。

取消決定が確定したときは、その商標権は、初めから存在しなかったものとみなされる（商標43条の3第3項）。取消決定は、取消決定取消訴訟で争うことができる（同63条1項）。他方、維持決定は争うことができない（同43条の3第5項）。

【3】無効審判

無効審判は、審判請求人が、無効理由等を記載した審判請求書を特許庁に提出することにより開始される（商標56条1項、特許131条1項）。利害関係人のみが申立て可能である（商標46条2項）。

無効理由（商標46条1項各号）は、一部の例外を除いて、商標不登録事由と同じであるが、後発的無効理由も含んでいる。具体的には、まず、その商標登録が①商標法3条、4条1項、7条の2第1項、8条1項、2項、5項、51条2項、53条2項、77条3項で準用する特許法25条に違反してされたとき、②条約に違反してされたとき、③商標法5条5項に規定する要件を満たしていない商標登録出願に対してされたとき、④その商標登録出願により生じた権利を承継しない者の商標登録出願に対してされたときが無効理由とされている。また、後発的無効理由として、⑤商標登録がされた後において、その商標権者が商標法77条3項において準用する特許法25条の規定により商標権を享有することができない者になったとき、またはその商標登録が条約に違反することとなったとき、⑥商標登録がされた後において、その登録商標が商標法4条1項1号から3号まで、5号、7号、または16号に掲げる商標に該当するものとなっているとき（後発的公益的無効理由）、⑦地域団体商標関係の後発的無効理由が挙げられている。

一部の無効理由による無効審判には除斥期間がある。具体的には、商標登録が商標法3条、4条1項8号、11号から14号まで、8条1項、2項、5項に違反

してされたとき、商標登録が商標法4条1項10号、17号の規定に違反してされたとき（不正競争の目的で商標登録を受けた場合を除く）、商標登録が商標法4条1項15号の規定に違反してされたとき（不正の目的で商標登録を受けた場合を除く）または商標登録が商標法46条1項4号に該当するときは、5年の除斥期間があるため、除斥期間を経過すると無効審判請求ができなくなる（商標47条）。

　審判の審理および決定は、3人または5人の審判官の合議体が行う（商標56条1項、特許136条）。また、無効審判では、審判請求人が申し立てない理由についても、審理することができる（商標56条1項、特許153条1項）。ただし、審判請求人が申し立てない請求の趣旨についてまでは、審理することができない（商標56条1項、特許153条3項）。

　無効審判では、口頭審理が原則となる（商標56条1項、特許145条1項）。

　審決には、無効審決および請求不成立審決がある。

　無効審決が確定したときは、その商標権は、初めから存在しなかったものとみなされる（商標46条の2第1項）。請求不成立審決が確定したときは、当事者および参加人は、同一の事実および同一の証拠に基づいてその審判を請求することができない（一事不再理効。商標56条1項、特許167条）。

　無効審決および請求不成立審決は審決取消訴訟で争うことができる（商標63条1項）。

【4】無効の抗弁

　無効審判を経ていなくても、商標登録が無効審判により無効にされるべきものと認められるときは、商標権の効力は及ばないものとされている（商標39条、特許104条の3）。

　商標登録を無効にするためには無効審判による必要があるが、わざわざ無効審判を提起しなくても、無効となるような商標権の行使については商標権の効力が及ばないものとしているのである。なお、特許法104条の3は、キルビー事件判決[155]の判例法理を条文化したものである。

---

155)　最判平成12年4月11日民集54巻4号1368頁〔キルビー事件〕。

無効審判と異なり、商標権が対世的に無効となるわけではなく、当該侵害訴訟の相手方にのみ商標権の効力が及ばないものとして扱われる。

前記【3】のとおり、無効審判には一部の無効理由について除斥期間がある。この除斥期間経過後について、無効の抗弁が認められるかにつき、最高裁[156]は、除斥期間経過後には、無効の抗弁の主張を否定し、権利濫用の抗弁（前記 ■Ⅷ■ 8 ）を認めた[157]。

10 商標不使用取消審判、不正使用取消審判

【1】不使用取消審判

実務上、よく活用されている手続として不使用取消審判がある。

継続して3年以上日本国内において商標権者、専用使用権者または通常使用権者のいずれもが各指定商品または指定役務について、「正当な理由なく」、登録商標の使用をしていないときは、その指定商品または指定役務に係る商標登録は取り消される（商標50条1項）。使用の立証責任は、審判請求人ではなく、被請求人である商標権者の側が負う（同条2項）。

上記の登録商標の使用には、「書体のみに変更を加えた同一の文字からなる商標、平仮名、片仮名及びローマ字の文字の表示を相互に変更するものであつて同一の称呼及び観念を生ずる商標、外観において同視される図形からなる商標その他の当該登録商標と社会通念上同一と認められる商標を含む」（商標38条5項括弧書）が、社内通念上同一の範囲から外れる類似の商標の使用までは含まない。例えば、裁判例[158]では、「NEO RHYTHM」の商標が登録商標「rhythm」と社会通念上同一と認められる商標には当たらないとされた例があ

---

156) 　最判平成29年2月28日裁判所ウェブサイト（平成27年（受）1876号）〔エマックス事件〕。

157) 　最高裁が期間制限を受けずに主張することを認めたのは、周知商標使用者が、自己の商品等表示として周知である商標との関係で登録商標が商標法4条1項10号に該当することを理由として主張する権利濫用の抗弁である。無効の抗弁と異なり、周知商標使用者のみに主張を認めるものである。なお、本論点については、髙部・商標88～96頁参照。

158) 　知財高判平成25年3月21日判時2198号127頁〔rhythm事件〕。

第2章　商標法による商標権の保護　117

る。

　また、「その請求に係る指定商品又は指定役務のいずれか」についての登録商標の使用をしていればよく、指定商品または指定役務のすべてについて登録商標を使用している必要はない（商標50条2項）ため、審判請求人としては、請求の範囲は慎重に検討すべきである。

　不使用期間は、審判請求登録時から算定されるため、審判請求登録後に使用を開始しても、不使用取消を免れることはできない。また、審判の請求前3か月以内の使用があった場合においても、その登録商標の使用がその審判の請求がされることを知った後であることを請求人が証明したときは、不使用取消を免れることはできない（駆け込み使用の防止。商標50条3項）。ここで、「審判の請求がされることを知った」とは、例えば、警告書等で、不使用取消審判の請求をする旨の意思表示を受けた場合等を指す。

　不使用取消審決が確定したときは、商標権は、審判の請求の登録の日に消滅したものとみなされる（商標54条2項）。

　実務上は、自らが商標登録を得たい商標と同一または類似の商品・役務に、類似の既存登録商標が存在するが、使用されていないことが疑われるという場合に、自らの商標について、商標登録出願をしつつ、既存登録商標について不使用取消審判も提起するということが行われる。この場合、いったんは商標登録出願に対して、拒絶理由通知が発せられるが、不使用取消審判が係属中であれば、当該審判の結果が出るまで審査をペンディングとし、審判の結果を受けて登録査定をもらうことが可能である。

【2】不正使用取消審判

　商標法は、不正使用取消審判として、①商品の品質もしくは役務の質の誤認または他人の業務に係る商品・役務との混同を生じさせた場合の取消審判（商標権者について、商標51条1項、ライセンシーについて、同53条1項）、②商標法24条の4各号に掲げる事由により、同一の商品・役務について使用をする類似の登録商標または類似の商品・役務について使用をする同一もしくは類似の登録商標に係る商標権が異なった商標権者に属することとなった場合に、その一の登録商標に係る商標権者が不正競争の目的で指定商品または指定役務につい

118　　第2編　ブランドの保護

ての登録商標の使用であって他の登録商標に係る商標権者の業務に係る商品・役務との混同を生じさせた場合の取消審判（同52条の2第1項）、③代理人等による未承諾登録に関する取消審判（同53条の2）[159]を用意している。これらの不正使用取消審決が確定したときは、商標権は、その後消滅する（同54条1項）。

【3】権利濫用の抗弁

　PITAVA（沢井製薬）事件（第一審）[160]は、傍論ながら、商標の不使用取消審判によれば、当該商標登録が取り消されるべきことが明らかな場合に、商標権の行使は権利の濫用に当たり許されないとした。上記の無効の抗弁における商標法39条、特許法104条の3と同様の理由に基づくものである。

⑪ 審決取消訴訟

　前記のとおり、異議申立ての取消決定や審判の審決については、知財高裁における審決取消訴訟で争うことができる（商標63条1項）。

　審決または決定の謄本送達日から30日[161]以内が出訴期間となる（商標63条2項、特許178条3項）。

　特許無効審判の審決取消訴訟に関して、メリヤス編機事件[162]において、最高裁は、審決取消訴訟では、専ら審判手続において現実に争われ、かつ審理判断された無効原因だけが審理の対象となり、それ以外の無効原因を主張することは許されないとした。商標に関する審判の審決取消訴訟でも同様に解するかについては争いがあるが、実務上の対応としては、審判段階で可能な限り幅広に、主張・立証を出し尽くしておくことが望ましい。なお、この点に関連し

---

159)　**第6編** **第1章** **I** **5**の不正競争防止法2条1項22号に関する説明を併せて参照。

160)　東京地判平成26年10月30日裁判所ウェブサイト（平成26年（ワ）768号）〔PITAVA（沢井製薬）事件（第一審）〕。なお、控訴審である知財高判平成27年8月27日裁判所ウェブサイト（平成26年（ネ）10129号）〔PITAVA（沢井製薬）事件（控訴審）〕は本論点については判断を示していない。

161)　なお、在外者には、職権で90日の附加期間が付与される（商標63条2項、特許178条5項。特許庁「審判便覧」25—04 PUDT「期間の延長・期日の変更」4.）。

162)　最大判昭和51年3月10日民集30巻2号79頁〔メリヤス編機事件〕。

第2章　商標法による商標権の保護　　119

て、シェトア事件[163)]で、最高裁は、不使用取消審判については、審判請求の登録前3年以内における登録商標の使用の事実の立証は、事実審の口頭弁論終結時まで許されるとした。

審決取消訴訟では、取消判決（商標63条2項、特許181条1項）または請求棄却判決がなされる。取消判決確定後、審決は遡及的に効力を失い、審判官は審理を行って審決をしなければならない（商標63条2項、特許181条2項）が、審判官は取消判決の判断（傍論部分は除く）に拘束される（行訴33条1項）[164)]。

---

163)　最判平成3年4月23日民集45巻4号538頁〔シェトア事件〕。
164)　最判平成4年4月28日民集46巻4号245頁〔高速旋回式バレル研磨法事件〕。

第2編

第3章 不正競争防止法による著名・周知商品等表示の保護

Ⅰ 総 論

　①他人の周知な商品等表示と同一または類似の商品等表示を使用等して、混同を生じさせる行為（不正競争2条1項1号）および②他人の著名な商品等表示と同一または類似の商品等表示を使用等する行為（同条1項2号）は、不正競争防止法上の不正競争行為に該当する。商品等表示には、商標が含まれており、商標登録の有無を問わないが、商標登録がなされていれば、周知性や著名性の主張・立証が不要である商標法による救済を得ることが簡便であるから、不正競争防止法については、主に、商標登録がなされていない場合や商標登録されている範囲と非類似の商品・役務に使用されている場合に問題となる。

　不正競争防止法は、「事業者間の公正な競争及びこれに関する国際約束の的確な実施を確保するため、不正競争の防止及び不正競争に係る損害賠償に関する措置等を講じ、もって国民経済の健全な発展に寄与することを目的」とする（不正競争1条）。不正競争防止法は、さまざまな類型の行為を不正競争行為として規定し、民事・刑事上の救済手段を与えている。

　性質上、さまざまな行為が規定される法律であり、すべての不正競争行為を体系的に説明することはできないので、本書では、保護対象に応じて重要なものを各個別の項目で取り上げることとする。ここでは、商品等表示についてのみ取り上げる[165]。

---

165)　商品形態模倣について **第4編** **第2章** **Ⅰ**、営業秘密について **第3編** **第4章**、その他の不正競争行為等について、**第6編** **第1章**で論じる。

第3章　不正競争防止法による著名・周知商品等表示の保護　　121

Ⅱ 周知商品等表示冒用行為

「他人の商品等表示（中略）として需要者の間に広く認識されているものと同一若しくは類似の商品等表示を使用し、又はその商品等表示を使用した商品を譲渡し、引き渡し、譲渡若しくは引渡しのために展示し、輸出し、輸入し、若しくは電気通信回線を通じて提供して、他人の商品又は営業と混同を生じさせる行為」は不正競争行為に該当する（不正競争2条1項1号）。

1 商品等表示

「商品等表示」とは、「人の業務に係る氏名、商号、商標、標章、商品の容器若しくは包装その他の商品又は営業を表示するもの」を指す（不正競争2条1項1号括弧書）。

このように、「商品等表示」は、究極的には、「商品又は営業を表示するもの」でありさえすればよく、商標法の保護対象よりも広範であると理解することができる。

「商品」には有体物のみならず、例えば書体のような無体物も含まれる[166]。

「営業」の意義は、「取引社会における競争関係を前提とするものとして解釈されるべき」であり、例えば、「宗教法人の本来的な宗教活動及びこれと密接不可分の関係にある事業」は含まないとされている[167]。

例えば、商品形態や店舗の外観等が「商品又は営業を表示するもの」に当たり得るかについては議論がある。この点については、 第4編 第2章 Ⅲ コラム で後述する。

2 周知性

「需要者の間に広く認識されている」（周知性）の要件については、全国的な周知であることまでは求められず、一地方における周知で足りると解され

---

166)　東京高決平成5年12月24日判時1505号136頁〔モリサワタイプフェイス事件〕。
167)　最判平成18年1月20日民集60巻1号137頁〔天理教事件〕。

122　　第2編　ブランドの保護

る[168]。また、「需要者」には、エンドユーザ（最終需要者）のみならず、最終需要者に至るまでの各段階の取引事業者も含まれ、各需要者層において、周知性が認定されれば足りる[169]。日本車輌リサイクル事件[170]では、控訴人は、鉄道車両の製造以外にも、建設機械製造、橋梁建設等を業として行っているから、その取引者、需要者には、鉄道車両を購入する鉄道会社のほか、建設工事業者や橋梁工事等で発生した産業廃棄物の処理業者等も含まれるものと考えられ、一方、鉄道車両の解体、リサイクルを主たる目的とする被控訴人の取引者、需要者には、解体する車両を提供する鉄道会社のほか、リサイクルした製品、解体した鉄等の販売先等が含まれるものと考えられるから、両者の取引者、需要者は、相互に重なり合うか、あるいは、密接な関連性を有するものであるということができるとされた。そして、控訴人の商品または営業の取引者、需要者の間で控訴人表示が広く認識されているものである以上、被控訴人の商品または営業の取引者、需要者の間においても、控訴人表示は広く認識されているというべきであるとされた。

　ただし、当該周知性が認められた一地方や周知性が認定された各需要者層に対する関係でのみ、不正競争行為に該当し、その範囲外の地方や需要者層に対する関係では不正競争行為に該当しないことになる。

　例えば、とんかつ料理店を営む原告の営業表示「勝烈庵」が、横浜市を中心とする周辺地域において周知性を有していたとされ、①鎌倉市大船所在の被告については、距離的近接性・生活圏として密接性、一体性から、その周知性の及ぶ範囲にあるとして、被告の営業表示「かつれつ庵」の表示の使用差止請求を認容する一方で、②静岡県富士市所在の被告については、その周知性の及ぶ範囲にはないとされ、被告の営業表示「かつれつあん」の使用差止請求を棄却

---

168)　最決昭和34年5月20日刑集13巻5号755頁〔ニューアマモト事件〕。経産省・逐条解説75頁、山本67頁。
169)　知財高判平成25年3月28日裁判所ウェブサイト（平成24年（ネ）10067号）〔日本車輌リサイクル事件〕。経産省・逐条解説61頁、山本66〜67頁。
170)　知財高判平成25年3月28日裁判所ウェブサイト（平成24年（ネ）10067号）〔日本車輌リサイクル事件〕。

した事例[171]がある。

　周知性は、差止請求権については、口頭弁論終結時までに、損害賠償請求については、類似の商品等表示を使用した時点において、備えられている必要がある[172]。

　周知性の立証は、地理的範囲と需要者を意識したうえで行う必要がある。例えば、新聞・雑誌・テレビ等でのこれまでの広告（宣伝広告費や発行部数・視聴率等）、新聞・雑誌・本・テレビ・映画等各種メディアにおける紹介実績、過去の売上実績、取扱店舗数、類似商品におけるシェア、知名度等についてのアンケート結果等が証拠として用いられることになる。

　周知の商品等表示を譲り受けた者が本号による保護を受けられるかについては争いがあるが、合併、組織再編、事業譲渡等の事業承継があった場合を除き、否定する見解が有力である[173]。不正競争防止法2条1項1号の周知商品等表示冒用行為は、事業に対する信用を保護するための制度であるから、事業と無関係に商品等表示を譲り受けた者についてまで保護を認める必要がないことが根拠とされる。

❸ 商品等表示としての使用

　使用行為については、商標法で商標的使用であることが求められる（第2章 **Ⅷ** ❷【2】）のと同様に、商品等表示としての自他識別機能、出所表示機能を果たすような態様で使用されている必要がある[174]。

❹ 類似性要件

　商品等表示の類似性について、最高裁は、「取引の実情のもとにおいて、取引者、需要者が、両者の外観、称呼、又は観念に基づく印象、記憶、連想等か

---

171)　横浜地判昭和58年12月9日無体裁集15巻3号802頁〔勝烈庵事件〕。

172)　最判昭和63年7月19日民集42巻6号489頁〔アースベルト事件〕。

173)　茶園・不競法29頁等。札幌高決昭和56年1月31日無体裁集13巻1号36頁〔バター飴缶事件〕。

174)　経産省・逐条解説78〜79頁。知財高判平成23年3月28日判時2120号103頁〔ドーナツクッション事件〕。

ら両者を全体的に類似のものとして受け取るおそれがあるか否かを基準として判断するのを相当とする」とした[175]。

5 混同要件

スナックシャネル事件[176]において、最高裁は、「混同を生じさせる行為」には、①「他人の周知の営業表示と同一又は類似のものを使用する者が自己と右他人とを同一営業主体として誤信させる行為」（狭義の混同）のみならず、②「両者間にいわゆる親会社、子会社の関係や系列関係などの緊密な営業上の関係又は同一の表示の商品化事業を営むグループに属する関係が存すると誤信させる行為」（広義の混同）をも包含し、「混同を生じさせる行為というためには両者間に競争関係があることを要しない」とした。

このように、混同要件には、狭義の混同と広義の混同が含まれるものとされているが、広義の混同が認められたことには、スナックシャネル事件判決当時は、不正競争防止法2条1項2号の著名商品等表示冒用行為の条文が存在せず、広義の混同という概念を認めて、不正競争防止法2条1項1号で処理する必要性が特に高かったという事情もあった（スナックシャネル事件は、「スナックシャネル」との商品等表示が使用されたという事案であるが、需要者は、ブランドのシャネルが経営しているスナックであるとは思わず、狭義の混同が認められない可能性があったため、広義の混同という概念を認める必要性が特に高かったといえる）。

6 請求権者

当該商品等表示により「取引者又は需要者から当該商品の製造者若しくは販売元又は当該営業の主宰者として認識される者」が請求権者であると考えられる。当該表示が企業グループとしての表示である場合には、「中核企業はもちろんのこと、当該企業グループに属する企業であれば、不正競争防止法上の請求の主体となり得る」。フランチャイズの場合、フランチャイズチェーンの「主宰者たるフランチャイザー及びその傘下のフランチャイジー」が、請求の

---

175) 最判昭和58年10月7日民集37巻8号1082頁〔日本ウーマン・パワー事件〕。
176) 最判平成10年9月10日判時1655号160頁〔スナックシャネル事件〕。

第3章 不正競争防止法による著名・周知商品等表示の保護 125

主体となり得る。他方、単に「流通業者」として当該商品等表示の付された「商品の流通に関与しただけの者」は、請求権者に含まれない[177]。

III 著名商品等表示冒用行為

「自己の商品等表示として他人の著名な商品等表示と同一若しくは類似のものを使用し、又はその商品等表示を使用した商品を譲渡し、引き渡し、譲渡若しくは引渡しのために展示し、輸出し、輸入し、若しくは電気通信回線を通じて提供する行為」は不正競争行為に該当する（不正競争2条1項2号）。

著名な商品等表示の使用行為については、混同が生じないような行為についても、商品等表示が持つ価値へのただ乗り（フリーライド）、商品等表示の希釈化（ダイリューション。当該商品等表示が持つ顧客吸引力が薄められる行為）や汚染（ポリューション。当該商品等表示のブランドイメージが汚染される行為）を防止する必要性から、不正競争行為に当たるものとされている[178]。

商品等表示の要件、商品等表示としての使用の要件、類似性の要件については、上記と同様である。

「著名」性の要件については、周知性とあえて異なる文言が用いられていることからすれば、周知性よりは高いレベルのものが要求されており、ハードルは高いと解するべきであるのは確かであるが、どのレベルまで要求されているのかについては議論がある。

まず、地理的範囲について議論がある。この点、「通常の経済活動において、相当の注意を払うことによりその表示の使用を避けることができる程度にその表示が知られていることが必要であり、具体的には全国的に知られているようなものを想定している」とする見解[179]が有力である。他方で、全国的なものであることまでは不要であり一定地域で足りるとの見解[180]もある。さら

---

177)　東京地判平成12年7月18日判時1729号116頁〔リズシャメル事件〕。
178)　山本98〜99頁参照。
179)　経産省・逐条解説85頁等。
180)　田村・不競法244頁等。

126　　第2編　ブランドの保護

に、上記の不正競争防止法2条1項2号の趣旨から、フリーライド、ダイリューション、ポリューション等の標的になるほどの優れたブランドイメージを持つことで必要かつ十分であり、一律に全国的に知られていることを要求すべきではないとの見解[181]もある。

次に、需要者の範囲について議論がある。この点、著名性については周知性と異なり、混同要件が不要となっていることなどから、①全国民に知られていることが必要であるとの見解[182]および、②一定の商品や役務の需要者層の枠を超えて、当該需要者層以外にも「ある程度の」著名性が認められることが必要との見解[183]がある。他方で、③周知性と同様に特定の需要者層において認められれば足りるとする見解[184]がある。裁判例では、例えば、青山学院事件[185]では、「学校教育及びこれと関連する分野」における著名性、虎屋事件[186]では、「和菓子を中心とする食品の製造・販売の分野」における著名性がそれぞれ認定され、著名性要件を充足すると判断されている。

著名性の立証のハードルは周知性より高いが、提出証拠については、**前記 Ⅱ 2**で周知性について説明したものと同様である。

過去の裁判例で著名性が認められた例として、例えば、「アリナミンA」[187]があり、アリナミンの商品群が全国の99%以上の薬局で取り扱われており、販売金額が店頭向け医薬品で4位であること、原告商品の販売実績は年間約111億円であること、新聞・雑誌・テレビ・ラジオで広告をしており、これまでの宣伝費が莫大であること等から著名性が認定された。

他に、過去の裁判例において、著名性が認められたものとして、セイロガン

---

181) 山本105頁。小野＝松村（上）236〜237頁参照。

182) 玉井克也「フリー・ライドとダイリューション」ジュリ1018号42〜43頁参照。

183) 小野昌延＝山上和則＝松村信夫編『不正競争の法律相談Ⅰ』〔室谷和彦〕（青林書院、2016）268〜269頁。

184) 小野＝松村（上）240〜241頁、茶園・不競法43頁等。

185) 東京地判平成13年7月19日判時1815号148頁〔青山学院事件〕。

186) 東京地判平成12年12月21日裁判所ウェブサイト（平成11年（ワ）29234号）〔虎屋事件〕。

187) 大阪地判平成11年9月16日判タ1044号246頁〔アリナミン事件〕。

糖衣A[188]、TOKYU[189]等がある。

　著名性が否定されたが、周知性は肯定された例として、黒烏龍茶[190]がある。同事件では、著名性の獲得には原則として一定期間の経過が必要であり、発売後2か月半しか経過しておらず、かかる短期間で著名性を認める特段の事情がないとして、著名性は否定された。

> **コラム** 登録商標と周知・著名商品等表示が併存する場合
>
> 　登録商標の商標権者と別の者の周知・著名商品等表示が併存する場合の処理は難しい問題である。
>
> 　商標登録に異議申立理由・無効理由が認められたり（第2章 **Ⅷ 9**）、周知・著名商品等表示の保有者に、先使用権が認められたり（第2章 **Ⅷ 4**）する場合もあるだろう。
>
> 　問題なのは、周知・著名商品等表示の保有者が商標権者に対して、差止め、損害賠償が可能かである。旧不正競争防止法6条は、商標権の行使については、不正競争行為とならないと定めていたが、同規定は削除された。そこで、周知・著名商品等表示の保有者が商標権者に対して、差止め、損害賠償が可能であり、いわば「穴あきチーズ[191]」のように、周知・著名商品等表示による保護が認められる範囲内では、商標権者の権利が失われていると理解すべきなのか議論がある[192]。

---

188)　大阪地判平成11年3月11日判タ1023号257頁〔セイロガン事件〕。

189)　東京地判平成20年9月30日判時2028号138頁〔TOKYU事件〕。

190)　東京地判平成20年12月26日判時2032号11頁〔黒烏龍茶事件〕。

191)　小野＝松村（上）54頁。

192)　詳細については、小野＝松村（上）51〜58頁、田村・不競法222〜232頁等を参照されたい。実際の事例として、知財高判令和2年1月29日裁判所ウェブサイト平成30年（ネ）第10081号、平成30年（ネ）第10091号および中間判決である知財高判令和元年5月30日〔マリカー事件〕は、原告の文字表示「マリオカート」が、マリオ等のキャラクターが登場する人気カートレーシングゲームを表すものとして、著名な商品等表示となっていると認定し、被告の行為を不正競争防止法2条1項2号違反とした。被告は、「マリカー」という標準文字商標の商標権者であるため、「マリカー」という商標を使用する正当な権限があると主張したが、裁判所は、「マリカー」は、「マリオ

128　　第2編　ブランドの保護

Ⅳ　適用除外

　不正競争防止法の周知・著名商品等表示冒用行為については適用除外がある。これは、商標権の効力が及ばない範囲や先使用権と同様の趣旨に基づくものである。

　具体的には、①商品および営業秘密の普通名称・慣用表示（不正競争19条1項1号）、②自己の氏名の不正の目的でない使用（同条1項2号）、③商標4条4項に規定する場合（コンセント制度）により商標登録がされたこと等により、同一の商品・役務について使用をする類似の登録商標または類似の商品・役務について使用をする同一・類似の登録商標に係る商標権が異なった商標権者に属することとなった場合における、その一の登録商標に係る商標権者による不正の目的でない当該登録商標の使用（同条1項3号）、④周知性獲得以前からの先使用（同条1項4号）、および⑤著名性獲得以前からの先使用（同条1項5号）がある。

Ⅴ　不正競争防止法違反の効果

1 民事的救済

　不正競争防止法違反について、商標権侵害と同様、差止請求権（不正競争3条）、損害賠償請求権（同4条）、不当利得返還請求（民703条、704条）、信用回復措置（不正競争14条）の各救済手段が用意されている。不正競争によって営業上の利益を侵害され、または侵害されるおそれがある者は、その営業上の利益を侵害する者または侵害するおそれがある者に対し、その侵害の停止または予防を請求することができる（同3条1項）。また、併せて、「侵害の行為を組成した物（中略）の廃棄、侵害の行為に供した設備の除却その他の侵害の停止又は予防に必要な行為を請求することができる」（同条2項）。

　　カート」を示すものとして国内の需要者に周知となっていたこと等を理由に、被告の
　　主張は権利濫用に当たるとして、認めなかった。

第3章　不正競争防止法による著名・周知商品等表示の保護　　129

「故意又は過失により不正競争を行って他人の営業上の利益を侵害した者は、これによって生じた損害を賠償する責めに任ずる」（不正競争4条）。不正競争防止法5条には、商標法38条と同様の損害額の算定に関する特則がある。不正競争防止法5条の規定については、同条2項はすべての不正競争行為を対象としているが、同条1項と3項では対象とされる不正競争行為に限定がある。周知・著名商品等表示冒用行為についてはいずれの推定規定も適用される。

「故意又は過失により不正競争を行って他人の営業上の信用を害した者に対しては、裁判所は、その営業上の信用を害された者の請求により、損害の賠償に代え、又は損害の賠償とともに、その者の営業上の信用を回復するのに必要な措置を命ずることができる」（不正競争14条）。

❷ 刑事罰

不正競争行為に対する刑事罰は、不正競争防止法21条以下に規定されている。「不正の目的をもって」周知商品等表示冒用行為を行った者および「他人の著名な商品等表示に係る信用若しくは名声を利用して不正の利益を得る目的で、又は当該信用若しくは名声を害する目的で」著名商品等表示冒用行為を行った者は、5年以下の懲役もしくは500万円以下の罰金、またはこれらの併科となる（不正競争21条）。法人の場合（両罰規定）は、3億円以下の罰金となる（同22条）。

130　　第2編　ブランドの保護

第2編

第4章　会社法・商法による商号の保護

　商号については、会社法・商法によっても保護されている。

　会社は、その名称を商号とする（会社6条）。何人も、「不正の目的」をもって、他の会社であると誤認されるおそれのある名称または商号を使用してはならない（同8条1項）。商人は、その氏、氏名その他の名称をもってその商号とすることができる（商11条）。何人も、「不正の目的」をもって、他の商人であると誤認されるおそれのある名称または商号を使用してはならない（同12条1項）。会社法8条2項および商法12条2項は差止請求権を規定しており、無断で他人の商号を使用する行為は損害賠償請求の対象となる（民709条）。

　このように、会社法・商法による商号については、周知性・著名性の要件は要求されていないものの、「不正の目的」という目的要件が必要であり、損害の推定規定等の適用がない。そこで、周知性・著名性までは認められず、不正競争防止法による保護は得られないが、使用態様が悪質であり、「不正の目的」が認められるような場合に特に意味を持つといえる。

第2編

第5章　地域ブランドの保護

　近年は、各地域の名産品についての地域ブランドの保護に注目が集まっている。地域ブランドの保護のための制度として、地域団体商標と地理的表示があるので、以下で解説する。

I　地域団体商標

　地域団体商標は、平成17年の商標法改正により導入された制度である。例えば、青森県田子町産のにんにくを指定商品とした「たっこにんにく」（商標登録第5002091号）のように、地域名＋商品の普通名称の組み合わせからなる地域ブランドである。地域団体商標も商標であるため、救済手段は商標と同じであり、存続期間も商標と同じく、10年であるが、更新により永続的な保護が可能である。

　従来、地域名と商品の普通名称の組み合わせの商標は、自他識別力がなく、商標法3条1項の要件を欠くものとして、商標登録を受けることが原則として難しかった。登録を受けるためには、使用により識別力を取得して商標法3条2項の要件を満たす必要があったが、商標法3条2項は、全国的な範囲の需要者に高い浸透度をもって認識されていることを要求しており、登録のハードルが高かった[193]。

　地域団体商標の主な登録要件は次のとおりである（商標7条の2）。

① 出願人が、事業協同組合その他の特別の法律により設立された組合（法
　人格を有しないものを除き、当該特別の法律において、正当な理由がないの
　に、構成員たる資格を有する者の加入を拒み、またはその加入につき現在の構
　成員が加入の際に付されたよりも困難な条件を付してはならない旨の定めのあ

---

193)　　特許庁・逐条解説1310頁。

第5章　地域ブランドの保護　　133

るものに限る）、商工会、商工会議所もしくは特定非営利活動促進法2条2
項に規定する特定非営利活動法人またはこれらに相当する外国の法人で
あること
② 出願された商標が構成員に使用をさせる商標であること
③ 出願された商標が地域の名称および商品（役務）の名称等からなる文字商
標であること
④ 出願された商標中の地域の名称が出願前から当該商標の使用をしている
商品（役務）と密接な関連性を有していること
⑤ 出願された商標が周知となっていること

Ⅱ 　地理的表示（GI）

　地理的表示保護制度とは、品質、社会的評価その他の確立した特性が産地と
結び付いている産品について、その名称を知的財産として保護するものであ
り、世界各国において、商標法に規定する形、不正競争防止法等に規定する
形、あるいは、判例等で保護する形などで保護されている。

　日本においては、平成26年に成立した、特定農林水産物等の名称の保護に
関する法律（地理的表示法）等[194]でその保護が認められることになった。登録
例として、例えば、神戸ビーフ（登録第3号）や夕張メロン（登録第4号）がある。

　農林水産物・食品のうち、特定の地域で生産され、品質・社会的評価その他
の確立した特性が生産地に主として帰せられる物（特定農林水産物等）の生産者
団体であって、生産行程や品質の管理を行う十分な能力を有するものは、その
名称である地理的表示の登録を農林水産大臣に申請することができる（地理的
表示2条2項、6条）。生産地と結びついた特性を有する状態で、産品が一定期
間（概ね25年）継続して生産されていることが必要であるため（伝統性要
件[195]）、新開発の産品については登録ができないことから、新ブランドの保護

---

194)　他に、酒税の保全及び酒類業組合等に関する法律も酒に関する地理的表示を保護し
　　ている。
195)　農林水産省「特定農林水産物等審査要領」別添4農林水産物等審査基準第2の2
　　(2)。なお、令和4年に公表された農林水産省輸出・国際局知的財産課「地理的表示保

には活用できない。

　特定農林水産物等を譲渡し、引き渡し、譲渡もしくは引渡しのために展示し、輸出し、または輸入する者は当該特定農林水産物等またはその包装もしくは容器もしくは広告、価格表もしくは取引書類（電磁的方法により提供されるこれらを内容とする情報を含む。）について、地理的表示を使用することができる（地理的表示3条1項）。地理的表示を付するときは、登録された地理的表示であることを示す標章（GIマーク）を使用することができる（同4条1項）。何人も、上記の場合を除き、登録に係る特定農林水産物等が属する区分に属する農林水産物等、これを主な原材料とした加工品、またはこれらの包装等に地理的表示またはこれに類似する表示もしくはこれと誤認させるおそれのある表示を使用してはならず（同3条2項）、GIマークまたはこれに類似する標章を使用してはならない（同4条2項）。

[図表19] GIマーク

出所）農林水産省ウェブサイト「地理的表示及びGIマークの表示について」http://www.maff.go.jp/j/shokusan/gi_act/gi_mark/index.html、(2024.10.03)。

護制度の運用見直し」https://www.maff.go.jp/j/shokusan/gi_act/outline/attach/pdf/index-10.pdf（2022.11.1）では、「知名度なども考慮し、生産実績が25年に満たなくとも、登録の可否を弾力的に判断」するとされ、農林水産省「特定農林水産物等審査要領」（令和4年10月31日付）別添4農林水産物等審査基準第2の2(2)では、申請された農林水産物の国内外の知名度が高いことや、生産地の特産品として定着していることを勘案して、25年よりも短い期間の生産実績で登録を許容することができる旨を定めている。

第5章　地域ブランドの保護　　135

地理的表示は、商標や地域団体商標とは異なり、民事上の独占権ではなく、民事的な救済はない。農林水産大臣による違反者に対する措置命令（地理的表示5条）およびこれに従わない場合の刑事罰により、その実効性が担保されることになる。

　生産者団体は、上記の申請にあたり、明細書や生産行程等の管理に関する規程等を添付するものとされており（地理的表示7条2項）、審査においては、生産行程や品質の管理を行う十分な能力を有するか否かが審査される（同13条1項2号）。これにより、商標や地域団体商標とは異なり、審査過程において、一定の品質的な担保がされることになる。

　また、地理的表示は、地域団体商標と異なり、必ずしも、地域名＋商品の普通名称に限られない。例えば、秋田県産の特別な特性のある魚醬である「しょっつる」のように、地域名も商品の普通名称も含まないが、特定産地の商品を連想させるようなものも保護対象となり得るとされる[196]。

　地理的表示には、保護期間の定めはなく、一度登録されれば、保護要件を充足する限り永久に継続する。

196）　内藤恵久『地理的表示法の解説』（大成出版社、2015）30頁。

136　　第2編　ブランドの保護

第2編

第6章　ブランドの自己使用以外の活用

I　ブランドライセンス

❶ 総　論

　ブランドについては、自己使用する以外にも、他者に対してライセンスする方法がある。ライセンスを行う者のことをライセンサー、ライセンスを受ける者のことをライセンシーと呼ぶ。知的財産に関する典型的なライセンスは、ライセンサーがライセンシーに対して、知的財産権の使用等を許諾し、ライセンシーはライセンサーに対して、ライセンス料を支払うというものである。

　例えば、自らは提供していない商品やサービスについて、自社ブランドを他社にライセンスしたり、自社は進出していない海外において、自社ブランドを現地の会社にライセンスをするといったことが行われている。

❷ ブランドライセンスの種類と効力

　ブランドライセンスのうち、登録商標に関しては、①専用使用権、②完全独占的通常使用権、③（不完全）独占的通常使用権、④非独占的通常使用権がある。②～④は、広義の通常使用権に含まれる。なお、未登録商標についてもライセンスは可能である。

　まず、専用使用権とは、商標権者が有する専用権（**第2章　I　❶**参照）のうち、「設定行為で定めた範囲内において、指定商品又は指定役務について登録商標の使用をする権利」をライセンシー（専用使用権者）に専有させるものである（商標30条1項、2項）。専用使用権については、登録が効力発生要件となっている（同条4項、特許98条1項2号）。専用使用権を設定した場合には、商標権者は自ら使用したり第三者にライセンスをしたりすることができなくなる（商

第6章　ブランドの自己使用以外の活用　　137

標25条但書き）[197]。専用使用権は商標権者の承諾を得た場合か一般承継の場合のみしか移転できない（商標30条3項）。専用使用権者は、商標権者の承諾を得た場合には第三者に対して通常使用権を許諾することができる（商標30条4項、特許77条4項）。また、専用使用権者は、第三者による無断使用行為について、自ら差止請求権（商標36条）および損害賠償請求権を行使することが可能である。専用使用権は、物権的な権利であり、強力な権利である。

　他方、通常使用権とは、商標権者が有する専用権のうち、「設定行為で定めた範囲内において、指定商品又は指定役務について登録商標の使用をする権利」をライセンシー（通常使用権者）に許諾するものである（商標31条1項、2項）。通常使用権については、登録は効力発生要件ではなく、対抗要件[198]（同条4項）になっているにすぎない。通常使用権を許諾した後に商標権者が自ら実施したり、第三者にライセンスしたりすることができるかによって、さらに分類され得る。これらの分類は法律上のものではなく、当事者の合意により自由に定めることができる。②完全独占的通常使用権については、商標権者は、自ら実施したり、第三者にライセンスしたりすることはできない。完全独占的通常使用権は、物権的な性質を有する専用使用権と近い機能を通常使用権により債権的に実現するものである。もっとも、このような独占性を第三者に対抗することはできない。③不完全独占的通常使用権では、商標権者は、自己使用はできるが、第三者にライセンスしたりすることはできない。④非独占的通常使用権では、通常使用権を許諾した後に商標権者が自ら実施したり、第三者にライセンスしたりすることに制限はない。

　通常使用権は商標権者の承諾を得た場合か一般承継の場合のみしか移転できない（商標31条3項）。

　専用使用権者と異なり、通常使用権者については、第三者に通常使用権をサ

197）　なお、専用使用権設定後も、商標権者が第三者に対して差止請求権を行使することは可能であると解される。特許について、専用実施権（**第3編** **第2章** **IX** **1**【1】で後述）を設定した後に、特許権者に差止請求権を認めたものとして、最判平成17年6月17日民集59巻5号1074頁〔生体高分子安定複合構造探索方法事件〕を参照。

198）　特許法で導入された当然対抗制度（**第3編** **第2章** **IX** **1**【2】で後述）については、商標法は対象外となっている。

ブライセンスすることを認めるような規定は商標法上、存在しない。もっとも、実務上は、通常使用権のサブライセンスは広く活用されており、債権的な合意としては有効であると理解されている。ライセンス契約においては、サブライセンス権の有無が規定されることが多い。

サブライセンスについては、特許法に関する 第3編 第2章 IX コラム で解説する。

通常使用権はあくまで債権的な権利である。そこで、通常使用権者は、第三者による無断使用行為について、自ら差止請求権（商標36条）を行使することはできないと解される。もっとも、独占的通常使用権については、固有の差止請求権は認められないが、民法423条の債権者代位権により差止請求権の代位行使を認める見解が有力である[199]。非独占的通常使用権の場合は、損害賠償請求権も行使できないが、独占的通常実施権の場合は、損害賠償請求権の行使が可能であるとの見解が有力である[200]。

❸ ライセンス契約における規定内容のポイント

本書の性質上、条項例等を示して、網羅的に説明することはしないが、ライセンス契約のポイントとなる規定内容について簡単に説明する。

ライセンス契約においてまず基本となるのはそのライセンスの範囲である。①対象となるブランド（登録商標の場合は番号等で特定）、②対象となる商品・役務・使用態様等、③対象となる国・地域、④独占性の有無、⑤商標権者等による自己使用の可否、⑥サブライセンス権の有無、⑦ライセンス期間等につい

---

199)　　商標ライセンス契約上、商標権者の侵害排除義務が規定されている場合のみに債権者代位を認める見解と、そのような侵害排除義務の規定は不要であり、独占的通常使用権である以上、当然に債権者代位を認めるべきとの見解がある。学説の整理について、小野＝三山288〜289頁参照。中山・特許570〜571頁は、特許権について、「特許権者に侵害排除特約がある場合に限り代位を認めるとしても、明示の特約に限定する必要はなく、諸般の事情を総合的に勘案して、排除義務の有無を考えるべき」とする。なお、特許権の独占的通常実施権につき、旧法下の裁判例で代位行使を認めたものとして、東京地判昭和40年8月31日判タ185号209頁〔二重偏心カム装置事件〕があり、意匠権の独占的通常実施権につき、代位行使を否定した例として、大阪地判昭和59年12月20日判時1138号137頁〔ヘアーブラシ意匠事件〕がある。

200)　　学説の整理につき、小野＝三山288〜289頁参照。

第6章　ブランドの自己使用以外の活用　　139

て定めることになる。

　また、ライセンス料（ロイヤルティ）の計算の仕方についても定めることになる。一括払いによることもあるが、売上高の一定割合について一定期間ごとに計算したうえで支払うという、ランニングロイヤルティによることが多い。これに、契約時の定額のイニシャルペイメントの支払いを組み合わせることや、毎年のランニングロイヤルティの最低保証額を設けることもある。ランニングロイヤルティの計算については、ライセンシーの側に売上等の情報が偏在しているため、ライセンシーに報告義務を課し、かつ、ライセンサーが帳簿や工場等の監査をすることができるような監査権について規定することが多い。海外とのライセンスの場合には、源泉税その他の税金の負担や為替レート等についても規定することになる。

　さらに、ライセンスをする場合は、ライセンサーとしては商品・サービスの品質管理を行うことが重要となる。ブランドをライセンスした商品・サービスの品質が当該ブランドイメージに比して劣るものであれば、ブランドの価値は毀損してしまうことになり、商標権者等も損害を受けることになる。また、態様次第では、不正使用取消審判（商標53条1項）の対象となってしまうこともあり得る。そこで、品質管理のために、対象商品・サービスの仕様やサンプル品等について事前に承認を得ることとしたり、品質に関するマニュアルを整備して遵守させたり、承認した工場のみで製造させたり、工場への立入検査権を規定したり、品質に関する問題が生じたときの対応方法について規定する等、何らかの品質管理についての規定を入れることが多い。

　許諾した商標に変更を加えることを禁止し、その他使用のルールについてマニュアル等で細かく定めることもある。商標に変更を加えられてしまうことは、不使用取消審判（商標50条）等の関係で、使用商標の同一性を確保することからも問題になり得るし、ブランドの統一感を確保することや偽ブランド品との区別の容易性の観点からも望ましくないからである。

　ライセンサーによる保証の範囲、商標権についての不争義務、更新による権利の維持義務、第三者による権利侵害が発生した場合の対応、無効審判等が起こった場合の対応等についての規定も置かれることが一般的である。

　ライセンス契約の条件のうち、ライセンスの範囲の規定にライセンシーが違

反した場合には、専用使用権、通常使用権の設定行為の範囲を超えていることになるから、商標権侵害となる。他方で、その余の条件違反があった場合には、商標権侵害とはならず、ライセンス契約の債務不履行になるにすぎない。もっとも、債務不履行があれば、ライセンス契約の解除が可能であり、解除後も使用を継続すれば、商標権侵害となる。

コラム フランチャイズ契約について

　例えばレストランやコンビニエンスストア等では、フランチャイズにより、ビジネスが行われることがある。フランチャイズを許諾する側をフランチャイザー、フランチャイズの許諾を受ける加盟店側をフランチャイジーと呼ぶ。フランチャイズ契約は、フランチャイザーがフランチャイジーに、フランチャイザーのブランドやノウハウ（例えば、レストランのメニューのレシピや店舗運営ノウハウ）等を使用することを許諾し、フランチャイジーがフランチャイザーに対して対価を支払うという契約である。

　フランチャイザーのブランドとノウハウを使用することにより、フランチャイジーは、顧客を集めることができる。自分で店を始めればゼロからこのようなブランド・ノウハウを作り上げていかなければならないが、一定の対価を支払うことを条件として、このような有益なブランド・ノウハウを活用することができるのがフランチャイズ契約である。

　このように、フランチャイズ契約のメインとなるのは、ブランドとノウハウのライセンス（ノウハウのライセンスについては 第3編 第4章 Ⅲ で後述）であり、ライセンス契約の応用形態であると理解することができ、ブランドライセンス契約やノウハウライセンス契約と共通する条項が多い。

　マスターフランチャイザー・マスターフランチャイジーの間でマスターフランチャイズ契約が締結され、マスターフランチャイジーがフランチャイジーと直接契約するというような形態もある。この場合、マスターフランチャイザーは、ブランド・ノウハウについて、マス

第6章　ブランドの自己使用以外の活用　　141

ターフランチャイジーにサブライセンス権付のライセンスをしてお
り、フランチャイジーは、マスターフランチャイジーから、かかるブ
ランド・ノウハウのライセンスを受けることになる。

II 移転、担保化、共有

商標権については、自由な移転が可能であるが、一般承継以外の場合には登
録が効力発生要件であり（商標35条、特許98条1項1号）、一般承継の場合には
届出が必要である（商標35条、特許98条2項）。

ある商標権者が類似する複数の商標を有しており、このうち一部のみを移転
した場合には、移転により、類似の範囲に含まれる商標が分属してしまうた
め、混同防止措置が規定されている（商標24条の4）。また、移転後の不正使用
について不正使用取消審判（同52条の2）が用意されている。

また、商標権についても権利質の一種として質権の設定（商標34条4項、特
許98条1項3号）や譲渡担保権の設定が可能である。

商標権の共有については、商標法35条で特許法73条の特許権の共有の規定
が準用されている。 第3編 第2章 IX 2【2】で後述する。

142　　第2編　ブランドの保護

第3編

技術の保護

第3編

第1章 技術の保護総論
～特許権・実用新案権・育成者権としての保護を得るかノウハウとして秘匿するか～

　技術の保護にあたっては、特許化という戦略を採るか、ノウハウとしての秘匿（ブラックボックス化）という戦略を採るかの選択が重要である。

　特許出願をして特許権を取得した場合でも、不正競争防止法上の営業秘密として秘匿化した場合でも、第三者が無断で当該技術を用いた場合には、第三者に対する差止め請求および損害賠償請求が可能であり、損害額の算定に関する特則も活用できるのは同様である（特許について、特許100条、民709条、特許102条。営業秘密について、不正競争3条～5条）。

　ノウハウとして秘匿する場合には、事前に「営業秘密」として保護されるかどうかについて審査を受けているわけではなく、秘密管理性等の「営業秘密」の要件が否定されて保護されない可能性がある。他方、特許権については特許庁の審査を受けて登録されているので、権利としては、より安定しているといえる。ただし、無効審判等により無効になる可能性がある。

　特許権の場合、第三者が当該特許権の存在を知らずに、出願後に独自に同じ技術を開発したとしても、特許権者はこのような第三者に対する権利行使が可能である。しかし、その代償として、特許出願の内容は、出願公開制度により公開され（特許64条）、特許権の保護期間は出願から20年（同67条）の限定があり、特許権が成立しなかったり無効となったりした場合や特許権の存続期間が満了した場合には、公開された内容に基づいて、誰でも自由に当該技術の実施が可能になってしまう。これに対して、ノウハウとして秘匿した場合には、その技術内容は公開されず、「営業秘密」の要件を充足している限り保護期間にも限定はないが、第三者や当該第三者から開示を受けた者が当該ノウハウの存在を知らずに、独自に同じ技術を開発した場合には、このような第三者に対しては権利行使ができないことになる。

　以上のとおり、特許化とノウハウとしての秘匿には、それぞれメリット・デメリットがあるので、技術の性質に応じた使い分けが必要である。

購入した製品の解析・リバースエンジニアリングを行うこと自体は、原則として制限されていない（**第3編** **第4章** **Ⅱ** **コラム** 参照）。そこで、市販されている製品を解析等すれば、その技術内容が分かってしまうようなもの（例えば、市販されている製品の物理的な構造等）については、特許化を進めたほうがよいと考えられる。他方、市販されている製品を解析等しても、その技術内容が分からないようなもの（最終製品を解析しても判明せず、製品工場内でブラックボックス化しておける、製品の製造手順、原材料の配合分量等の製品の生産方法等）については、特許化を進めずに、ノウハウとして秘匿しておくことが適しているといえる。

第3編

第2章 特許法による特許権の保護

I 特許権の効力と存続期間

1 特許権の効力

【1】総論（商標権との相違）

　「特許権者は、業として特許発明の実施をする権利を専有する」（特許68条）特許権の効力として、積極的効力（専用権）と消極的効力（禁止権）が想定できるが、特許権の場合は、商標権と異なり、両者の範囲は原則として一致しており、あえて積極的効力（専用権）と消極的効力（禁止権）を区別して論じる実益はなく、実際に問題になるのは、ほとんど消極的効力のみであると理解しておけばよい[1]。

　商標権との違いで注意が必要な規定として、特許法72条の利用発明がある。特許法72条によれば、特許権者は、その特許発明がその特許出願の日前の出願に係る他人の特許発明を利用するものであるときは、業としてその特許発明の実施をすることができない[2]。 第2編 第2章 Ⅰ 1 で前述したとおり、商標

---

[1] 　中山・特許346頁。なお、「専有」の意味をどう理解するかについて、学説上、排他権説（特許権は、特許権者に無断で、業として特許発明の実施することを禁止する権利であり、その本質は排他権であると理解する説）と専用権説（特許発明を実施できることが保証されていると解する説）の対立があるとされるが、中山・特許346～347頁は、個別論点（次の脚注2のような過誤登録によるダブルパテントの場合等）の帰結が各説から当然導かれるものではないため、議論の実益はないとする。

[2] 　72条の文言上、前段の「利用」（典型的には後願特許発明が先願特許発明を包含する関係にある場合）には特許発明が入っているが、後段の「抵触」には特許権が入っていないため、先願特許発明と抵触する同一の後願発明を実施する場合（過誤登録によるダブルパテントの場合）については明文規定がないことになるが、先願特許発明と抵触する同一の後願発明を実施することも当然にできない（「抵触」に特許権が入っていないのは、単に過誤登録の場合をあえて想定した規定にする必要はないからにすぎない）と解される。仮に、専用権説がこれと異なる結論をとるとすれば、その見解は

権の場合は、自己の商標と同一の商標を同一の商品・役務に使用する場合（専用権の範囲。商標25条）については他人の商標権を侵害しないが、特許権の場合には、自己の特許権の実施であったとしても、他人の特許発明を利用する場合には、他人の特許権を侵害することになる。

【2】「業として」

特許法68条の「業として」の解釈については、争いがあるが、個人的・家庭的な実施を除外するものであると理解できる[3]。

【3】「実施」

「実施」については、特許法2条3項に、「発明」のカテゴリーごとに、定義規定が置かれている。

「発明」については、**後記 II** で詳述するが、ここでは、実施概念を理解するのに必要な限りで、「発明」のカテゴリーについて解説しておく。「発明」は、①物の発明、②方法の発明、③物を生産する方法の発明に分かれる。①物の発明とは、例えば機械や化学物質等であり、プログラム等も含む（特許2条3項1号、4項）。②方法の発明とは、例えば分析・測定方法等である。③物を生産する方法の発明とは、例えば、機械や化学物質の製造方法等である。

物を生産する方法ではない方法の発明を、物を生産する方法の発明と区別するために、単純方法の発明と呼ぶこともある。

①物の発明の「実施」とは、「その物の生産、使用、譲渡等（中略）輸出若しくは輸入又は譲渡等の申出」をする行為を指す（同条3項1号）。

「生産」とは、特許発明の技術的範囲に属する物を作り出す行為を指す[4]。

「使用」とは、「発明の目的を達するような方法」で物を用いる行為を指

誤りとみるべきであろう（高林・特許108頁、田村・知財241～242頁参照）。もっとも、前記のとおり、この問題は、専用権説・排他権説から論理必然的に結論が導かれるものではない。

3)　　中山・特許347頁。
4)　　中山・特許350頁参照。

す[5]。

「譲渡等」とは、「譲渡及び貸渡しをいい、その物がプログラム等である場合には、電気通信回線を通じた提供を含む」(同条3項1号)。

「譲渡等の申出」には、カタログ・パンフレットの配布等が含まれ[6]、「譲渡等のための展示」も含まれる(同条3項1号)。

「輸出」については、輸出先の海外での輸入行為等が侵害行為に当たるかに委ねればよく、日本における侵害行為とはしないということも政策論としてはあり得る(現に平成18年改正前は、「輸出」は侵害行為とされていなかった)。しかし、輸出段階で侵害品が見つかっても、どうすることもできない(その前の生産や譲渡行為をとらえなければならない)というのは不都合であるため、「実施」に含めることとなった。なお、「輸出」自体は日本国内で行われる行為であるため、これを侵害に当たるとすることは日本法を海外に域外適用していることにはならないと理解できる。

②方法の発明の「実施」とは、「その方法の使用をする行為」を指す(同条3項2号)。

③物を生産する方法の発明の「実施」とは、「その方法の使用をする行為」のほか、「その方法により生産した物の使用、譲渡等、輸出若しくは輸入又は譲渡等の申出をする行為」を指す(同条3項3号)。

物を生産する方法の発明については、上記のとおり、その生産方法を使用する行為のみならず、その生産方法を使用して生産した製品について、物の発明で「実施」に当たる各行為を行った場合についても、「実施」になる。この点で、単純方法の発明と比べて、「実施」の範囲が広くなっている。

【4】特許請求の範囲

特許発明の内容(発明の技術的範囲)を定めているのが、登録された特許の「特許請求の範囲」(特許70条1項)である。(特許)請求の範囲は、(特許)クレーム((Patent) claim)とも呼ばれ、特許請求の範囲の解釈は、クレーム解釈と呼

---

5)　　中山・特許351頁。
6)　　中山・特許353頁。

第2章　特許法による特許権の保護　　149

ばれる。

　後記 **VI** で述べるとおり、特許発明を実施しているかどうか（特許権侵害の成否）は、「特許請求の範囲」の記載に基づいて定められる特許発明の技術的範囲の中に、相手方の物・方法・物を生産する方法が含まれるか否かにより決まることになる。

② 存続期間

　特許権の存続期間は出願から20年である（特許67条1項）。存続期間の延長について、特許法67条2項以下に定めがある。TPP協定締結を契機とした改正により、特許権の設定の登録が特許出願の日から起算して5年を経過した日または出願審査の請求があった日から起算して3年を経過した日のいずれか遅い日以降にされたときは、延長登録の出願により、存続期間の延長が可能となった（特許67条2項）。特許権の審査等に時間がかかった場合、その分の権利期間が短くなることを防止するための規定であり、具体的な延長の期間については特許法67条3項に定められている。

> **コラム** 薬機法の承認と存続期間の延長
>
> 　特許権の存続期間は、「その特許発明の実施について安全性の確保等を目的とする法律の規定による許可その他の処分であつて当該処分の目的、手続等からみて当該処分を的確に行うには相当の期間を要するものとして政令で定めるものを受けることが必要であるために、その特許発明の実施をすることができない期間があつたときは」（下線は筆者らが付した）、5年を限度として、延長登録の出願により延長可能である（特許67条4項）。具体的には、特許法施行令2条が、農薬取締法の登録および医薬品、医療機器等の品質、有効性及び安全性の確保等に関する法律（旧薬事法のことであり、以下「薬機法」という）の承認を「政令で定め」ている。
>
> 　薬機法の規定による医薬品の製造販売の承認等を得るまでには時間がかかり、当該承認を得るまでは、薬は販売できず、この期間特許発明は実施できないことになるため、例外的に特許権の存続期間の延長

を認めているのである。

　特許発明の実施に、薬機法の規定による医薬品の製造販売の承認等（出願理由処分）を受けることが必要であったとは認められないときには、延長登録出願が拒絶される（特許67条の7第1項1号）。この点に関して、ベバシズマブ事件[7]で、最高裁は、延長登録出願の理由となった出願理由処分に先行して、同一の特許発明につき医薬品の製造販売の承認等（先行処分）がされている場合に、延長登録出願を拒絶するためには、「延長登録出願に係る特許発明の種類や対象に照らして、医薬品としての実質的同一性に直接関わることとなる審査事項について両処分を比較した結果、先行処分の対象となった医薬品の製造販売が、出願理由処分の対象となった医薬品の製造販売を包含すると認められる」ことが必要であるとの判断基準を示し、延長登録出願を拒絶できる場合を限定した。

　なお、特許権の存続期間が延長された場合の当該特許権の効力は、その延長登録の理由となった処分の対象となった物についての当該特許発明の実施以外の行為には及ばない（同68条の2）[8]。オキサリプラチン事件[9]では、処分の対象となった物と異なる部分が存する物についても、当該部分が僅かな差異または全体的にみて形式的な差異にすぎないときは当該物は、処分の対象となった物と実質同一なものに含まれ、存続期間が延長された特許権の効力の及ぶ範囲に属するものと解するのが相当であるとした。このように、存続期間延長の効力が及ぶ範囲の外縁については事例の集積が待たれる。

---

7)　　　最判平成27年11月17日民集69巻7号1912頁〔ベバシズマブ事件〕。

8)　　　特許権の存続期間が延長された場合の当該特許権の効力が及ぶ範囲の解釈について判示した近時の裁判例として、知財高大判平成29年1月20日判時2361号73頁〔オキサリプラチン事件〕がある。

9)　　　知財高判平成29年1月20日判時2361号73頁〔オキサリプラチン事件〕。

❸ 特許権の基本〜特許公報を用いて〜

　特許法の学習にあたっては、まずその行使の場面を想定しつつ、特許権の権利の内容とはどのようなものなのかについて概要を理解しておき、そのうえで、個別の議論の学習に入ることが近道である。そして、その際には、実際に特許権の登録の内容を示した特許公報を見てイメージをつかんでおくことが有益である。そこで本書では、まずここで、実際の特許公報を例に解説を行う。

　ここでは、原告が被告を切り餅に関する特許権の侵害で提訴し、第一審では被告が勝訴したが、控訴審では原告が逆転勝訴したという、切り餅事件[10] で対象となった、特許第4111382号を例として取り上げる。この事件は、対象物がスーパー等で普通に売られている餅であり、有名企業同士の特許紛争ということで、一般のニュース等でも報じられた。なお、2025年1月現在では、本特許権は存続期間満了により消滅している。

　まず、J-PlatPat（ 第1編 第1章 コラム ）から次の手順で特許公報を入手していただきたい。

① J-PlatPatのトップページの「特許・実用新案」のメニューから、「特許・実用新案番号照会」を選択する。
② 文献番号の種別で、「特許番号（B）・特許発明明細書番号（C）」を選択し、番号として、4111382を入力し、「照会」ボタンを押す。
③ 照会結果一覧が表示されるので、「登録番号」のところのリンク「特許4111382」をクリックする。
④ メニューから、「文献単位PDF表示」のボタンをクリックする。
⑤ 認証画面が表示されるので、ボックス内に画面上に表示された認証用番号を入力することにより、特許公報のPDFが表示される。

　冒頭の枠囲み部分には、基本的な情報（出願番号、出願日、公開番号、公開日、

---

10)　　知財高判平成24年3月22日裁判所ウェブサイト（平成23年（ネ）10002号）〔切り餅事件〕（中間判決：知財高判平成23年9月7日判時2144号121頁）。原審判決は、東京地判平成22年11月30日裁判所ウェブサイト（平成21年（ワ）7718号）〔切り餅事件（第一審）〕。

152　　第3編　技術の保護

審査請求日、特許権者、発明者等）が整理されている。この特許は、審査の過程で、いったん拒絶査定を受け、その後拒絶査定不服審判を経て登録となっているため、拒絶査定不服審判に関する情報（審判請求日、審判番号、審判の合議体等）も特許公報に記載されている。また、「最終頁に続く」とあるとおり、冒頭に入りきらなかった情報（参考文献、調査した分野）は、最終頁に記載されている。

枠囲みの真下に「発明の名称」は「餅」であることが示されている。

その下に「特許請求の範囲」が記載されている。**前記❶**のとおり、業として特許発明が実施された場合に特許権侵害が成立するが、この特許発明の内容（発明の技術的範囲）を定めているのが「特許請求の範囲」である。特許発明を実施しているかどうか（特許権侵害の成否）は、「特許請求の範囲」の記載に基づいて定められる特許発明の技術的範囲の中に、相手方の物・方法・物を生産する方法が含まれるか否かにより決まることになる。

特許発明として保護されるのは、発明者の頭の中にある発明ではなく、この「特許請求の範囲」に書かれた発明のみである。実際に行った発明で保護を得たいものについては、「特許請求の範囲」に明記しておかなければならない。

請求項は1と2の二つがあるが、侵害の有無は請求項ごとに判断されるので、いずれか一方のみを充足すれば、特許権侵害が成立する。

特許第4111382号の請求項1の内容は以下のとおりである。特許請求の範囲は、数行にわたり一文が続くというもので、一読しただけではよく分からないかもしれないが、この段階ではそれで構わない。まずは、以下の請求項1を読んでいただき、特許請求の範囲がどういうものなのかイメージをつかんでいただきたい。

「【請求項1】焼き網に載置して焼き上げて食する輪郭形状が方形の小片餅体である切餅の載置底面又は平坦上面ではなくこの小片餅体の上側表面部の立直側面である側周表面に、この立直側面に沿う方向を周方向としてこの周方向に長さを有する一若しくは複数の切り込み部又は溝部を設け、この切り込み部又は溝部は、この立直側面に沿う方向を周方向としてこの周方向に一周連続させて角環状とした若しくは前記立直側面である側周表面

第2章　特許法による特許権の保護　　153

の対向二側面に形成した切り込み部又は溝部として、焼き上げるに際して前記切り込み部又は溝部の上側が下側に対して持ち上がり、最中やサンドウイッチのように上下の焼板状部の間に膨化した中身がサンドされている状態に膨化変形することで膨化による外部への噴き出しを抑制するように構成したことを特徴とする餅。」

　特許権侵害が成立するためには、上記の請求項1に記載されたすべての要素を充足する必要がある（オール・エレメンツ・ルール。後記 ▩▩▩ Ⅵ ▩ 2 【2】参照）。

　なお、請求項2は、末尾が「ことを特徴とする請求項1記載の餅」とあるとおり、請求項1にさらなる限定要素を付加した発明となっている。請求項1のように他の請求項に言及せず、すべての要素を書き下している請求項を「独立請求項」と呼ぶのに対して、請求項2のような請求項を、独立請求項に従属している請求項として、「従属請求項」と呼ぶ。

　ここで、従属請求項は独立請求項のすべての要素のみならず、従属請求項が定めた限定要素も充足する必要があるから、独立請求項より必然的に権利範囲が狭くなる。そうすると、独立請求項だけで足りるのではないかという疑問が生じるであろう。このように従属請求項を入れておくのは、第一に、審査の過程で、仮に独立請求項については拒絶理由通知を受けたとしても、権利範囲の狭い従属請求項については、拒絶理由通知を受けず、補正もすることなく、そのまま登録されることを期待している（いわば独立請求項が拒絶される場合のバックアップ）といえる。また、第二に、登録後においても、特許の無効理由は請求項ごとに判断されるため、独立請求項が無効になっても、権利範囲の狭い従属請求項については無効とならず維持できるということを期待しているといえる。

　「特許請求の範囲」の次には、「発明の詳細な説明」が記載されている。具体的には、【0001】には「発明の属する技術分野」が、【0002】以下には「従来の技術及び発明が解決しようとする課題」が、【0009】以下には「課題を解決するための手段」が、【0012】以下には「発明の実施の形態」が、【0021】以下には「実施例」が、【0032】以下には「発明の効果」が記載されている。

　新しい発明は、一定の技術分野に従来の技術があることを前提にしつつ、当

該従来の技術に存在する課題を解決し、所期の効果を達成するためになされるものであるから、上記のような項目が記載される。実施例はあくまで「例」であり、特許権が及ぶ範囲は、これらの実施例に限定されるものではない。またその後には、「図面の簡単な説明」が続き、最後に図面として図1〜図3が掲載されている。

以上の「発明の名称」「発明の詳細な説明」「図面の簡単な説明」を総称して、「明細書」と呼ぶ（特許36条3項）。なお、現行法上、「特許請求の範囲」は明細書には含まれない。

特許発明の技術的範囲は、「特許請求の範囲」の記載に基づいて定めなければならない（同70条1項）。もっとも、「特許請求の範囲」の記載だけでは、発明の内容が理解できない場合がある。そこで、「明細書の記載及び図面を考慮して、特許請求の範囲に記載された用語の意義を解釈する」ものとされている（同条2項）。特許発明の技術的範囲を画するのはあくまで、「特許請求の範囲」であって、明細書や図面にだけ書いてある発明は特許発明の技術的範囲には含まれない。明細書や図面は、あくまで、特許請求の範囲に記載された用語の意義を解釈するために用いられるのである[11]。

切り餅の特許についても、特許請求の範囲だけを一読しても、発明の内容がよく理解できないと思うが、実際にこれらの明細書の記載や図面を参照すると、これがどういう発明なのかが理解できる。

以下、この特許の例を使って具体的に説明しておく。

餅を焼いて食べる場合、加熱時の膨化によって内部の餅が外部へ突然膨れ出て下方へ流れ落ち、焼き網に付着してしまうことが多い。特に、最近では、オーブントースターなどで焼くことが多いため、昔のように火鉢等で焼いていた場合と異なり、焼け具合を見ながら頻繁にひっくり返すことはできず、そのために焼き網を汚したり、焼けた餅が食べづらかったり、餅全体を均一に焼くことができないなどの問題があったということである（明細書【0001】〜【0004】）。

---

11) なお、最判平成3年3月8日民集45巻3号123頁〔リパーゼ事件〕については、後記 **Ⅵ 2**【1】〔a〕 コラム で詳述する。

これを解決するための鍵が、餅への切り込みの入れ方であり、切り込みの入れ方を工夫することにより、焼き上がった餅が単に美感を損なわないだけでなく、むしろ従来にない、非常に食べやすくて美味しく食することができる画期的な焼き上がり形状になるということである（明細書【0005】～【0008】）。

　この切り込みの入れ方の工夫により、焼き上げるに際して切り込み部の上側が下側に対して持ち上がり、**後記［図表１］**のとおり、最中やサンドウィッチのように上下の焼板状部の間に膨化した中身がサンドされている状態（あるいは、焼きはまぐりができあがりつつあるような形状ともいえる）に自動的に膨化変形することで膨化による外部への噴き出しを抑制することができるとされている（明細書【0018】）。

［図表１］切り餅事件参考図面

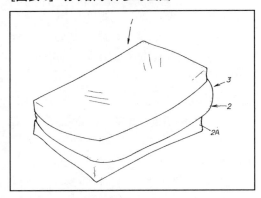

出所）特許公報「特許第4111382号」図2

　以上の例で、少しは特許についてイメージがつかめただろうか。これを前提に、以下、個別の要件の説明に入る。

Ⅱ　特許権の保護対象

❶「発明」

特許権の保護対象は、「発明」である。

「発明」とは、「自然法則を利用した技術的思想の創作のうち高度のものをいう」（特許2条1項）。

前記 **Ⅰ** **❶**【3】で述べたとおり、「発明」は、①物の発明、②方法の発明、③物を生産する方法の発明に分かれる。

❷自然法則の利用

【1】総　論

「発明」は「自然法則」を「利用」したものでなければならない。自然法則とは、「自然界において経験的に見いだされる物理的、化学的、生物的な法則性をもつ原理、原則」[12]を指す。例えば、エネルギー保存の法則や万有引力の法則などがこれに当たる。

自然法則そのものは、自然法則を「利用」したものではないから、「発明」には当たらない[13]。

「エネルギー保存の法則などの自然法則に反する手段（例：いわゆる「永久機関」）」を含むものも、「発明」に当たらない[14]。

「（ⅰ）自然法則以外の法則（例：経済法則）」「（ⅱ）人為的な取決め（例：ゲームのルールそれ自体）」「（ⅲ）数学上の公式」「（ⅳ）人間の精神活動」「（ⅴ）上記（ⅰ）から（ⅳ）までのみを利用しているもの（例：ビジネスを行う方法それ自体[15]）」

---

12)　　高林・特許26頁。

13)　　特許庁「特許・実用新案審査基準」https://www.jpo.go.jp/system/laws/rule/guideline/patent/tukujitu_kijun/index.html#mokuji、（2024.05.01）。第Ⅲ部第1章2.1.1。

14)　　特許庁「特許・実用新案審査基準」第Ⅲ部第1章2.1.3。

15)　　ビジネスモデル特許の「発明」としての保護可能性については、**後記【3】**を参照。

第2章　特許法による特許権の保護　　157

は、自然法則を利用したものではなく、「発明」に当たらない[16]。

裁判例上、和文字、数字、記号等を適当に組み合わせて電報用の暗号を作成する方法は、自然法則を利用したものではないため、発明に当たらないとされている[17]。また、電柱および広告板を数個の組として電柱に付けた拘止具で、人力で、移動順回する広告方法は、自然力を利用したものではないので、発明に当たらないとされている[18]。

自然法則の利用性の論点で問題になるのが、ソフトウエア関連発明とビジネスモデル特許の保護である。

【2】ソフトウエア関連発明

ソフトウエア関連発明（その発明の実施にソフトウエアを必要とする発明）[19]については、ソフトウエアは、人為的な取り決めにすぎないのではないかという観点から、自然法則の利用性が認められるのかについて議論があった。この点に関する特許庁の考え方は以下のとおりである。

まず、「(i) 機器等（例：炊飯器、洗濯機、エンジン、ハードディスク装置、化学反応装置、核酸増幅装置）に対する制御又は制御に伴う処理を具体的に行うもの」「(ii) 対象の物理的性質、化学的性質、生物学的性質、電気的性質等の技術的性質（例：エンジン回転数、圧延温度、生体の遺伝子配列と形質発現との関係、物質同士の物理的又は化学的な結合関係）に基づく情報処理を具体的に行うもの」については、「発明」に該当する[20]。

そして、上記の (i)(ii) に当たらなくても、「ソフトウエアによる情報処理が、ハードウエア資源を用いて具体的に実現されている」場合は、「自然法則を利用した技術的思想の創作」に当たる。なお、ここで、「ソフトウエアによる情報処理がハードウエア資源を用いて具体的に実現されている」とは、「ソ

---

16) 特許庁「特許・実用新案審査基準」第III部第1章2.1.4。
17) 東京高判昭和28年11月14日行集4巻11号2716頁〔電報隠語作成方法事件〕。
18) 東京高判昭和31年12月25日行集7巻12号3157頁〔電柱広告方法事件〕。
19) 特許庁「特許・実用新案審査ハンドブック」附属書B第1章「コンピュータソフトウエア関連発明」。
20) 特許庁「特許・実用新案審査基準」第III部第1章2.2 (1)。

158   第3編　技術の保護

フトウエアとハードウエア資源とが協働することによって、使用目的に応じた特有の情報処理装置又はその動作方法が構築されることをいう」ものとされている[21]。

なお、コンピュータプログラムは著作権による保護の対象にもなっている（**第5編** **第1章** **IV** **10**参照）。

【3】ビジネスモデル特許

ビジネスを行う方法に関する特許（ビジネスモデル特許）については、**前記【1】**のとおり、原則として、自然法則を利用したものではないから、「発明」には当たらない。もっとも、ビジネスを行う方法に関する特許（ビジネスモデル特許）についても、「ビジネス用コンピュータソフトウエア、ゲーム用コンピュータソフトウエア又は数式演算用コンピュータソフトウエアというように、全体としてみると、コンピュータソフトウエアを利用するものとして創作されたもの」は、自然法則を利用したものとして、「発明」に該当し得る[22]。このように、ビジネスモデル特許も、上記のソフトウエア関連発明の一種として「発明」として保護され得る。有名なビジネスモデル特許の例として、Amazon.com, Incのワンクリック特許（特許第4959817号。発明の名称：アイテムを注文するためのクライアント・システムにおける方法及びアイテムの注文を受け付けるサーバ・システムにおける方法）がある。

また、立ち食い形式のステーキ店におけるステーキの提供方法に関する特許発明について、当該特許発明に係るステーキの提供方法は、ステーキ店において注文を受けて配膳をするまでの人の手順（本件ステーキ提供方法）を要素として含むとしつつ、札、計量機およびシール（印し）をという特定の物品または機器によって他の客の肉との混同を防止して発明の技術的課題の解決に寄与する作用効果を有するとして、「自然法則を利用した技術的思想の創作」に該当するとして、発明該当性が肯定された事例がある[23]。

---

21)　　特許庁「特許・実用新案審査ハンドブック」附属書B第1章「コンピュータソフトウエア関連発明」2.1.1.2。
22)　　特許庁「特許・実用新案審査基準」第III部第1章2.2 (2)。
23)　　知財高判平成30年10月17日平成29年（行ケ）10232号〔いきなりステーキ事件〕。

❸ 技術的思想

　「技術」であるためには、実現可能性、反復可能性が必要であるとされる[24]。例えば、ボールを指に挟む持ち方とボールの投げ方に特徴を有するフォークボールの投球方法のように、「技能（個人の熟練によって到達し得るものであって、知識として第三者に伝達できる客観性が欠如しているもの）」については、「発明」に当たらない[25]。

　実現可能性、反復可能性については、「その発明の属する技術の分野における通常の知識を有する者」（以下「当業者」という。「当業者」の概念は特許法ではしばしば登場する重要なものである）が実現・反復可能であれば足り、それが確実であることやその確率が高いことまでは必要ない[26]。実現可能性、反復可能性については、特に、生物関連発明（生物学的材料からなるもしくはそれを含む物、または生物学的材料を生産、処理もしくは使用する方法に関する発明）[27]で問題になる。

　「情報の単なる提示（提示される情報の内容にのみ特徴を有するものであって、情報の提示を主たる目的とするもの）」および「単なる美的創造物」も「技術的思想」に当たらない[28]。

❹ 創　作

　「発明」に当たるためには、「創作」でなければならない。「発明者が目的を意識して創作していない天然物（例：鉱石）、自然現象等の単なる発見は、『発明』に該当しない」が、「天然物から人為的に単離した化学物質、微生物等は、創作されたものであり、『発明』に該当する」[29]。また、既知の物質の未知の性質を発見し、この性質を一定の用途に用いる発明（用途発明）については、

---

24)　　　中山・特許115頁。
25)　　　特許庁「特許・実用新案審査基準」第Ⅲ部第1章2.1.5 (1)。
26)　　　最判平成12年2月29日民集54巻2号709頁〔倉方黄桃事件〕。
27)　　　特許庁「特許・実用新案審査ハンドブック」附属書B第2章「生物関連発明」。
28)　　　特許庁「特許・実用新案審査基準」第Ⅲ部第1章2.1.5 (2) (3)。
29)　　　特許庁「特許・実用新案審査基準」第Ⅲ部第1章2.1.2。

160　　　第3編　技術の保護

一定の用途への利用の点に創作性が認められ、「発明」であるとされる[30]。

　生物関連発明についても、単に新種の動植物・微生物等を見つけたという場合は、発見であり、「発明」には該当しないが、例えば、天然物から、バイオテクノロジー等を用いて人為的に生み出された新種の動植物・微生物等については、「創作」であり、「発明」に該当する[31]。

5 高　度

　高度性の要件は、高度性が要件とならない実用新案法上の「考案」（第3章）との区別のために入っているものであり、実務上の意義はほとんどないと理解しておけば足りる。

III 特許要件および記載要件

　特許権を取得するためには、上記の「発明」の要件を充足するだけでは足りず、①産業上の利用可能性（特許29条1項柱書）、②新規性（同条1項柱書）、③進歩性（同条2項）、④先願がないこと（同39条）、⑤拡大先願に当たらないこと（同29条の2）、⑥公序良俗・公衆の衛生を害するおそれがある発明でないこと（同32条）の特許要件および⑦記載要件（同36条）の各要件を充足することが必要である。以下で解説する。

1 産業上の利用可能性

　「産業」の概念は非常に広いものであり、工業のみならず、あらゆる産業（サービス業、金融業等）が含まれると解される。産業上の利用可能性により特許を受けられない可能性があるのは、実務上は、医療行為に関する発明くらいであると考えておけばよい[32]。

---

30)　　中山・特許105頁、高林・特許38〜39頁。

31)　　中山・特許162頁、特許庁「特許・実用新案審査ハンドブック」附属書B第2章「生物関連発明」5.1 (1) 参照。

32)　　ほかには、個人的・学術的・実験的のみにしか利用できない発明および実際上、明らかに実施できない発明（例：オゾン層の減少に伴う紫外線の増加を防ぐために、地

第2章　特許法による特許権の保護　　161

> **コラム** 医療行為に関する発明
>
> 　特許庁の審査基準は、「人間を手術、治療又は診断する方法」には産業上の利用可能性がないとしている。「人間を手術、治療又は診断する方法」とは、「通常、医師（医師の指示を受けた者を含む。以下同じ。）が人間に対して手術、治療又は診断を実施する方法であって、いわゆる『医療行為』といわれているもの」のことである[33]。
>
> 　このように、医療行為に関する発明に産業上の利用可能性がないと解されているのは、医療行為の発明を独占させた場合には、医師が患者に当該医療行為を行うことができなくなってしまうという人道的な理由である。
>
> 　もっとも、これに対しては、医療行為の発明についても保護は認めたうえで、川下において、患者への医療行為については特許権の効力を制限したり、実施権を付与すれば足りるのではないかとの指摘がある[34]。

② 新規性・進歩性

【1】新規性・進歩性総論

　特許制度は、これまでにない発明を公開したことの代償として、当該発明に対して、一定期間の独占権を与えることにより、これまでにない発明を行うことを促進するという制度である。したがって、既存の発明や既存の発明に基づいて容易にすることができた発明に独占権を与えることは、このような特許制度の目的にそぐわないことになる。このように、新規性・進歩性は、特許制度の根源をなす要件であるといえる。

　新規性・進歩性は、特許の審査段階で問題になるのみならず、登録後の異議

　　　球表面全体を紫外線吸収プラスチックフイルムで覆う方法）なども産業上利用できない発明とされる（特許庁「特許・実用新案審査基準」第III部第1章3.1.2および3.1.3）。

[33] 　　特許庁「特許・実用新案審査基準」第III部第1章3.1.1。

[34] 　　中山・特許128〜129頁等。

162　　第3編　技術の保護

申立て（後記 **Ⅷ** **4**【2】参照）や無効審判（後記 **Ⅷ** **4**【3】参照）でも異議申立理由や無効理由として主張されることが多く、侵害訴訟においても、無効の抗弁（特許104条の3。後記 **Ⅷ** **4**【4】参照）として主張されることが多い。このように、新規性・進歩性は、実務上も極めて重要な要件である。

　特許法は、特許出願前に、日本国内または外国において、①公然知られた（公知）発明、②公然実施（公用）された発明、および③頒布された刊行物に記載された発明または電気通信回線を通じて公衆に利用可能となった発明については特許を受けることができないものとしている（特許29条1項1〜3号）。このように、新しい発明のみに特許権としての保護を認めるとするのが新規性の要件である。

　新規性は、出願との時間的先後により判断される。また、上記の公知・公用・刊行物記載等は、現行法上、日本国内であると外国であるとを問わない。

　特許法29条1項各号の内容については、**後記【2】**で詳述するが、ここでは、新規性判断の基本的なフレームワークのみ説明しておく。新規性は、登録された特許権の請求項に係る発明および当該発明の新規性の判断のために引用する先行技術（引用発明）を対比した結果、請求項に係る発明と引用発明との間に相違点があるかどうかにより判断される。相違点がない場合は、請求項に係る発明が新規性を有していないことになる。他方、相違点がある場合は、請求項に係る発明が新規性を有していることになり、進歩性の判断に移ることになる。実際には、既存の発明とは、何らかの相違点がある発明が出願される例が多いから、審査段階でも後の無効論においても進歩性が主戦場であることがほとんどである。

　上記の対比の前提として、登録された特許権の請求項に係る発明と引用発明の認定が必要になる。請求項に係る発明の認定の作業のことを実務上、「発明の要旨認定」と呼ぶ。これは、発明の実体を解釈により認定するという作業であり、この発明の要旨認定にあたり、明細書の記載を参酌することが許されるかについて判断を示した有名な判決として、リパーゼ事件判決[35]があるが、この点は、**後記 **Ⅵ** **2**【1】 コラム** で後述する。

---

35)　　最判平成3年3月8日民集45巻3号123頁〔リパーゼ事件〕。

特許出願前にその発明の属する技術の分野における通常の知識を有する者が特許法29条1項各号に掲げる発明に基づいて容易に発明をすることができたときは、その発明については、特許を受けることができない（特許29条2項）。

この特許法29条2項の要件が進歩性の要件である。進歩性は当該発明に新規性があり、従来技術との相違点が存在することを前提にしつつ、そのような相違点があったとしても、当業者は従来技術に基づいて容易に発明をすることができたかどうか（容易想到性）を判断するものである。容易想到性が認められる場合には、請求項に係る発明が進歩性を有していないことになる。他方、容易想到性が認められない場合には、請求項に係る発明が進歩性を有していることになる。

進歩性の具体的な判断方法については、**後記【3】**で解説する。

【2】新規性

〔a〕公知・公用

特許出願前に日本国内または外国において公然知られた（公知）発明には、新規性がない（特許29条1項1号）。

公知発明とは、「不特定の者に秘密でないものとしてその内容が知られた発明[36]」をいう。例えば、学会等で事前に発表した場合がこれに当たる。

また、特許出願前に日本国内または外国において公然実施をされた（公用）発明には、新規性がない（同条1項2号）。

公用発明とは、「その内容が公然知られる状況又は公然知られるおそれのある状況で実施をされた発明[37]」をいう。例えば、製品を市販した場合において、製品を分解して解析すれば、当該製品の構造が判明する場合には、当該製品の構造に関する発明は公用されたことになる[38]。また、工場見学で当該製造方法を誰でも見ることができる状態においており、見れば、その製造方法が分かるというような場合には、当該製造方法に関する発明は公用されたことにな

---

36)　　　特許庁「特許・実用新案審査基準」第Ⅲ部 第2章第3節3.1.3。

37)　　　特許庁「特許・実用新案審査基準」第Ⅲ部 第2章第3節3.1.4。

38)　　　なお、リバースエンジニアリングの可否については、**第4章 Ⅱ 2【3】コラム** で詳述。

る。

　守秘義務を負っている者に対して開示をしたとしても、公知・公用には該当しないが、守秘義務を課さずに、発明が不特定多数の者に知り得る状態においた場合や、守秘義務を負って開示を受けた者が当該守秘義務に違反して、発明を不特定多数の者が知り得る状態においたような場合には、公知・公用に該当する[39]。

　後述する刊行物記載等の場合には、通常、刊行の事実およびその時点は、客観的に確認可能であるから、当該刊行物等を証拠として提出すれば足り、あまり争点にならない。これに対して、特に公用では、刊行物のような明確な証拠がないことも多く立証に困難を伴う場合がある。例えば、製品の市販の場合には、当時のパンフレットや仕様書、実際の製品等を証拠とすることが考えられる。もっとも、実際の製品が本当に出願以前に存在していたものと同一か（改変がされていないか）等については疑義が生じ得る。この点を補うため、実務上は、公証人により作成される事実実験公正証書や陳述書等の証拠が活用されている。

　裁判例[40]では、「pHを調整した低エキス分のビールテイスト飲料」に関する特許侵害訴訟において、市販のノンアルコールビールに基づく公然実施の主張がなされ、当該ノンアルコールビールは、本件特許の優先日前に販売が開始されたものであり、「その成分等を分析することが格別困難であるとはうかがわれない」として、当該市販のノンアルコールビールが日本国内において公然実施をされた発明に当たるとされた事例がある。

〔b〕刊行物記載等

　特許出願前に日本国内または外国において、頒布された刊行物（公知文献とも呼ばれる）に記載された発明または電気通信回線を通じて公衆に利用可能となった発明には、新規性がない（特許29条1項3号）。

---

39)　　守秘義務違反の責任を追及することはできるが、公知・公用には該当する。この場合の救済については、新規性喪失の例外（後記〔c〕）を参照。
40)　　東京地判平成27年10月29日判時2295号114頁〔ビールテイスト飲料事件〕。

「頒布された」とは、「不特定の者が見得る状態に置かれた」ことを指し、現に誰かが見たことは要しない[41]。例えば、図書館等で閲覧等が可能な状態にあればよい[42]。

　「刊行物に記載された発明」とは、「刊行物に記載されている事項及び刊行物に記載されているに等しい事項から把握される発明」を指す。「刊行物に記載されているに等しい事項とは、刊行物に記載されている事項から本願の出願時における技術常識を参酌することにより当業者が導き出せる事項」を指す[43]。典型的には、特許文献（出願公開された公開特許公報等）や非特許文献（出版された論文・文献等）が挙げられる。実務上、引用発明として最も広く活用されている（現実的には、特許庁の審査官が公知・公用について自ら調査して発見することはほぼ不可能であるから、審査段階で拒絶理由通知に使われるのは、公知文献である）。

　多くの場合、無効理由の構築に用いられるのも、この公知文献である。日本語の文献の調査では適切なものが見つからない場合でも、外国語文献まで調査範囲を広げることにより、無効理由の構築に使える有益な文献が見つかることもある。ある文献が、特許庁における審査段階で既に拒絶理由の根拠として挙げられたものの、出願人が提出した意見書や補正を経て特許登録になっている場合には、少なくとも、審査官は、当該文献によっては、新規性・進歩性は失われないと判断したということになる。審査官が文献の評価を誤っている場合には、後で同じ文献に基づいて、新規性・進歩性を欠くことを理由に、異議申立て・無効審判・無効の抗弁において、無効理由が認められる可能性はあるものの、いったん審査を通っていることが前提となってしまうことから、審査段階で審査官が発見できていない文献も見つけたうえで、無効理由を構築することが望ましい。

　「電気通信回線を通じて公衆に利用可能となった発明」とは、「電気通信回線を通じて不特定の者が見得るような状態に置かれたウェブページ等に掲載され

---

41)　　特許庁「特許・実用新案審査基準」第Ⅲ部第2章第3節3.1.1 (1)。
42)　　中山・特許136頁。
43)　　特許庁「特許・実用新案審査基準」第Ⅲ部第2章第3節3.1.1 (1)。

た発明」をいう。「ウェブページ等に掲載された発明」とは、「ウェブページ等に掲載されている事項及びウェブページ等に掲載されているに等しい事項から把握される発明」をいう[44]。

現にアクセスがあったことは不要であり、パスワード等を入力せずにアクセスし得る状態にあれば足りる。

ウェブページ等の場合には公開時期について記載がない場合も多く、上書きも容易であるから、その公開時期の証明のために、例えば、管理者から掲載時期についての証明等を取得すること等が考えられる[45]。

〔c〕新規性喪失の例外

一定の要件の下で新規性喪失の例外が認められる（特許30条）。改正を経てその対象は拡大しつつある[46]。

①特許を受ける権利を有する者の意に反してまたは②特許を受ける権利を有する者の行為に起因して、新規性喪失事由に該当した場合には、当該事由に該当するに至った日から1年以内に、特許を受ける権利を有する者（その承継人も含まれると解される[47]）が特許出願をした場合には、当該新規性喪失事由には該当しなかったものとみなされる（同条1項、2項）。

①特許を受ける権利を有する者の意に反して新規性喪失事由に該当した場合（同条1項）とは、例えば、守秘義務を負わせて第三者に開示をしていた場合に、その者がその守秘義務に反して公開をしてしまったような場合である。②特許を受ける権利を有する者の行為に起因して、新規性喪失事由に該当した場合とは、例えば、自ら学会や展示会等で発表したような場合である[48]。

---

44)　特許庁「特許・実用新案審査基準」第III部第2章第3節3.1.2 (1)。

45)　特許庁「特許・実用新案審査基準」第III部第2章第3節3.1.2 (2)。

46)　従前は、進歩性の関係では適用がなかったり、例外の適用場面が限定列挙されていたりしたが、平成11年改正で進歩性の関係でも適用されるようになり、平成23年改正により、適用場面の限定列挙は廃止された。また、平成30年改正によって、グレース・ピリオドが6か月以内から1年以内に延長された。

47)　中山・特許138頁。

48)　内外特許庁への出願により公開された場合は含まない（特許30条2項括弧書）。この場合は、優先権制度（後記 V 3 ）のみで救済される。

上記の1年という期間は、「グレース・ピリオド」（発明の公表等から特許出願するまでに認められる猶予期間）である[49]。あくまで、当該新規性喪失事由に該当しなかったとみなされるだけであり、出願日を遡らせる効果まではないことに留意が必要である[50]。新規性喪失の例外による救済はあくまで例外的扱いであり、これに頼らず、原則としては、出願後に公表することが望ましい。

　②特許を受ける権利を有する者の行為に起因して、新規性喪失事由に該当した場合（同条2項）には、特許法30条2項の適用を受ける旨の書面を特許出願と同時に特許庁長官に提出し、かつ、同項の規定の適用を受けることができる発明であることを証明する書面を特許出願の日から30日以内に特許庁長官に提出しなければならない（同条3項）。これに対して、①特許を受ける権利を有する者の意に反して新規性喪失事由に該当した場合には、かかる手続は不要である。

【3】進歩性

　特許出願前にその発明の属する技術の分野における通常の知識を有する者が特許法29条1項各号に掲げる発明に基づいて容易に発明をすることができたときは、その発明については、特許を受けることができない（特許29条2項）。

　前記 **II** **3** のとおり、「その発明の属する技術の分野における通常の知識を有する者」は「当業者」と呼ばれる。当業者は、「個人よりも、複数の技術分野からの『専門家からなるチーム』として考えた方が適切な場合もある」とされる[51]。

　進歩性は、先行技術の中から、対象となる特許発明と最も共通点が多い発明を主引用発明（主引例）とし、主引用発明から出発して、当業者が請求項に係る発明を容易に想到できたこと（容易想到性）の論理の構築（論理付け）ができるか否かを判断する[52]。具体的には、主引用発明に、他の引用発明（副引用発明

---

49)　　グレース・ピリオドについては各国においてポリシーの違いに基づき、期間や事由の定め方が異なっている。

50)　　具体例につき、高林・特許56～57頁の脚注10を参照。

51)　　特許庁「特許・実用新案審査基準」第III部第2章第2節2.。

52)　　特許庁「特許・実用新案審査基準」第III部第2章第2節2.。

／副引例）を適用したり、技術常識を考慮したりして、論理付けができるか否かを判断する。対象となる発明と主引用発明の相違点（穴）の部分が、副引用発明を組み合わせたり、技術常識を考慮することによりカバーされるかが問題になる。進歩性の有無はあくまで出願当時の技術水準に基づいて判断することが必要である。今から見れば至極当たり前で簡単に見える技術でも、当時においてはそうでなかったということがよくある。裁判所が後知恵により、進歩性を否定して特許を無効にすることは、特許権者による特許権の行使を躊躇させることになるものとされ、後知恵によって進歩性が否定されることを排除するための工夫がされている。

〔a〕動機付け

仮に、対象となる発明と主引用発明の相違点（穴）の部分について、副引用発明に開示があるとしても、主引用発明に副引用発明を適用する（組み合わせる）動機付けがなければ、進歩性は否定されない。容易想到性（論理付け）の判断にあたっては、主引用発明と副引用発明を組み合わせる動機付けがあるかが、最も重要なポイントである。

特許庁の審査基準は、動機付けの判断要素として、①技術分野の関連性、②課題の共通性、③作用、機能の共通性、④引用発明の内容中の示唆を挙げている[53]。このうち、裁判所において重視されていると思われる要素とそうでないと思われる要素について以下説明する。

主引用発明と副引用発明の①技術分野が異なることや③作用、機能が異なることは、組み合わせの動機付けを否定する方向に働き得る。他方、単に技術分野、作用、機能が共通しているからといって動機付けを認めることはできず、裁判所もこれらの要素はあまり重視していないと思われる[54]。②課題の共通性

---

53)　　特許庁「特許・実用新案審査基準」第III部第2章第2節3.1.1。
54)　　知財高判平成22年3月29日裁判所ウェブサイト（平成21年（行ケ）10142号）〔粉粒体の混合及び微粉除去方法事件〕は、「たとえ技術分野や技術内容に同一性や密接な関連性や目的・機能の類似性があったとしても、そこで組み合せることが可能な技術は無数にあり得るのであって、それらの組合せのすべてが容易想到といえるものでないことはいうまでもない。その意味で、上記のような一定の関連性等がある技術の組合せが当業者（中略）において容易想到というためには、これらを結び付ける事情、

第2章　特許法による特許権の保護　　169

は重要な判断要素である。主引用発明と副引用発明の課題が異なることは、組み合わせの動機付けを否定する方向に働く。また、課題に関しては、引用発明中に課題が具体的に記載または示唆されていることが重視される傾向にある。課題を抽象的にとらえれば、課題の共通性は認めやすいが、裁判所は、抽象的な課題からの動機付けの認定には慎重な立場をとっていると思われ[55]、個別具体的な課題の共通性を要求する裁判例[56]もみられる。④引用発明の内容中の示唆も重要な判断要素である。主引用発明中に副引用発明を適用することに関する示唆があれば、主引用例に副引用例を組み合わせることの動機付けを肯定するための有力な根拠となる[57]。

〔b〕当業者が適宜採用し得る設計的事項等

　動機付け以外に進歩性が否定される方向に働く要素として、実務上しばしば用いられるものに、当業者の通常の創作能力の発揮にすぎない（当業者が適宜採用し得る）設計変更や設計的事項の採用等がある。例えば、「顧客側端末装置から入力された情報に応じて当該顧客に宿泊施設情報を提供するシステムにおいて、旅行代理店の窓口でなされているビジネス慣行を参考とし、顧客側端末装置から入力する選択項目として飲食物を採用し、また、提供する宿泊施設情報の項目として宿泊施設の築年数を採用することは、当業者が適宜採用し得る設計的事項である」とされる[58]。

　　　例えば共通の課題の存在やこれに基づく動機付けが必要」であるとした。その他、大阪弁護士会39頁〜40頁および69頁等参照。
55)　　　大阪弁護士会33〜38頁および85〜86頁参照。
56)　　　知財高判平成24年1月16日裁判所ウェブサイト（平成23年（行ケ）10130号）〔気泡シート事件〕等。
57)　　　特許庁「特許・実用新案審査基準」第III部第2章第2節3.1.1 (4)。
58)　　　特許庁「特許・実用新案審査基準」第III部第2章第2節3.1.2 (1)。ほかに、「一定の課題を解決するための公知材料の中からの最適材料の選択」、「一定の課題を解決するための数値範囲の最適化又は好適化」、「一定の課題を解決するための均等物による置換」のいずれについても当業者の通常の創作能力の発揮にすぎず、進歩性を否定する方向に働くとされている。選択発明・数値限定発明については、**後記 コラム** で解説。

〔c〕先行技術の単なる寄せ集め

また、進歩性が否定される方向に働く他の要素として、先行技術の単なる寄せ集めがある。例えば、「公知の昇降手段Aを備えた建造物の外壁の作業用ゴンドラ装置に、公知の防風用カバー部材、公知の作業用具収納手段をそれぞれ付加することは、先行技術の単なる寄せ集めである」として進歩性が否定される[59]。

〔d〕阻害要因

他方、進歩性が肯定される方向に働く要素として、副引用発明を主引用発明に組み合わせることを阻害する事情（阻害要因）がある。阻害要因は、実務上も争点になることが多く、重要である。

特許・実用新案審査基準[60]では、「阻害要因の例としては、副引用発明が以下のようなものであることが挙げられる」としている。

「(i) 主引用発明に適用されると、主引用発明がその目的に反するものとなるような副引用発明」

「(ii) 主引用発明に適用されると、主引用発明が機能しなくなる副引用発明」

「(iii)主引用発明がその適用を排斥しており、採用されることがあり得ないと考えられる副引用発明」

「(iv)副引用発明を示す刊行物等に副引用発明と他の実施例とが記載又は掲載され、主引用発明が達成しようとする課題に関して、作用効果が他の実施例より劣る例として副引用発明が記載又は掲載されており、当業者が通常は適用を考えない副引用発明」

さらに、イメージをつかんでもらうために、一例として、阻害要因に関する裁判例[61]を紹介すると、発明の名称を「製品保持手段を有する改善されたパ

---

59)　　特許庁「特許・実用新案審査基準」第III部第2章第2節3.1.2 (2)。

60)　　特許庁「特許・実用新案審査基準」第III部第2章第2節3.2.2 (1)。

61)　　知財高判平成26年11月19日裁判所ウェブサイト（平成26年（行ケ）10124号）〔製品保持手段を有する改善されたパケット事件〕。なお、本文中の下線は筆者らが付した。

第2章　特許法による特許権の保護　　171

ケット」とする発明についての無効審判の審決取消訴訟において、知財高裁は以下のように甲2発明Aに甲1発明を組み合わせることの阻害要因を認定した。

- 両発明とも、ガムなどの製品（包装体）を箱（収納容器）に収納するパッケージ（容器入り包装体）であり、同じ技術分野に属するものであって、製品（包装体）が取り外された後においても箱（収納容器）内で製品（包装体）を保持することができるようにするという点で課題（効果）を同じくする部分がある。
- しかし、甲2発明Aは、消費者が製品をシートおよびハウジングから掴んで容易に取り出すことができ、かつ、多数の製品が取り外された後でも製品を保持することができることを目的とし、そのために、製品とシートの間の結合（接着）は、製品をシートから容易に取り外すことのできる「剥離可能な」結合（接着）との構成をとったものである。
- これに対し、甲1発明は、容器に収納されている形態の被包装物を、片手で簡便に取り出すことを可能とする容器入り包装体を提供することを目的として、包装体下方部を収納容器に永久的に固着すること、および包装体の適宜位置に収納容器底面と略平行な切目線を設けること、の2つの要件により、包装体を収納容器から取り出す際、包装体を引っ張るだけで、包装体が切目線の部分で切り離され、包装体を被包装物の一部が露出した状態で取り出すことができるとの構成をとったものである。
- そうすると、当業者は、製品をシートから容易に取り外すことのできる「剥離可能な」結合（接着）との構成をとった甲2発明Aにおいて、製品とシート間およびシートと箱間の「接着」を「永久的」なものとすることによって、包装体が切目線の部分で切り離されるように構成した甲1発明を組み合わせることはないというべきである。

〔e〕引用発明と比較した顕著な効果

特許・実用新案審査基準[62]では、さらに、進歩性が肯定される方向に働く他

---

62) 特許庁「特許・実用新案審査基準」第Ⅲ部第2章第2節3.2.1 (1)。参考として、最

172 第3編 技術の保護

の要素として、引用発明と比較した顕著な効果を挙げており、実務上もしばしば争点になる（後記 **コラム**：裁判例による進歩性の判断枠組み―ピリミジン誘導体事件を参照）。

「引用発明と比較した有利な効果が、例えば、以下の（i）又は（ii）のような場合に該当し、技術水準から予測される範囲を超えた顕著なものであることは、進歩性が肯定される方向に働く有力な事情になる」とされる。

「（i）　請求項に係る発明が、引用発明の有する効果とは異質な効果を有し、この効果が出願時の技術水準から当業者が予測することができたものではない場合」
「（ii）　請求項に係る発明が、引用発明の有する効果と同質の効果であるが、際だって優れた効果を有し、この効果が出願時の技術水準から当業者が予測することができたものではない場合」

コラム 選択発明・数値限定発明

　進歩性の有無が問題になる発明類型として、選択発明・数値限定発明がある。

　選択発明とは、既存の発明（上位概念）には含まれるが、既存の発明には、具体的に開示されていない下位概念を選択して構成した発明であり、既存の発明により新規性を否定されない発明である。数値限定発明は、選択発明の一種であり、既存の発明の数値の範囲を限定した発明である。

　いずれも原則として、当業者の通常の創作能力の発揮にすぎず、進

三小判令和元年8月27日集民262号51頁〔ヒト結膜肥満細胞安定化剤事件〕が挙げられている。同事件は、顕著な効果の判断について、「発明の構成が奏するものとして当業者が予測することができなかったものか否か、当該構成から当業者が予測することができた範囲の効果を超える顕著なものであるか否か」という観点から判断することを示したものである（同判決の射程と審査基準の関係について、中山一郎「医薬用途発明の進歩性判断における発明の予測できない顕著な効果（最三小判令和元・8・27）」ジュリスト1544号257頁参照）。

第2章　特許法による特許権の保護　　173

歩性が否定される（**前記【3】(b)**参照）。もっとも、例外的に、既存の発明と比較して顕著な効果がある場合（例えば、上位概念に含まれる一定の化合物を選択した場合に顕著な効果が認められる場合や、温度条件を一定の数値範囲に限定した場合に顕著な効果が認められる場合）には進歩性が認められる。

なお、選択発明・数値限定発明が、先行発明の利用発明（特許72条。前記 **Ⅰ ❶【1】**で詳述）となるかについては争いがある[63]。

コラム 裁判例による進歩性の判断枠組み―ピリミジン誘導体事件

ピリミジン誘導体事件[64]では、進歩性の判断枠組みとして、①特許請求の範囲に基づいて特許出願に係る発明（本願発明）を認定した上で、②主たる引用発明を特定し、③当該引用発明と対比し、一致する点および相違する点を認定し、④相違する点が存する場合には、当業者が、出願時の技術水準に基づいて、当該相違点に対応する本願発明を容易に想到することができたかどうかを判断することとなると判示している。これは、①発明の要旨認定、②主たる引用発明の認定、③本願発明と主たる引用発明の一致点と相違点の認定、④相違点の容易想到性の判断に分けられる。④の容易想到性の判断にあたっては、「①主引用発明又は副引用発明の内容中の示唆、技術分野の関連性、課題や作用・機能の共通性等を総合的に考慮して、主引用発明に副引用発明を適用して本願発明に至る動機付けがあるかどうかを判断するとともに、②適用を阻害する要因の有無、予測できない顕著な効果の有無等を併せ考慮して判断することとなる」とされている。

---

63) 　高林・特許109頁、中山・特許150～151頁参照。

64) 　知財高判平成30年4月13日判時2427号91頁〔ピリミジン誘導体事件〕。

❸ 先願と拡大先願

【1】先　願

　実質的に同一の発明について異なった日に二以上の特許出願があったとき
は、最先の特許出願人のみがその発明について特許を受けることができる（先
願主義。特許39条1項）[65]。

　A出願とB出願の特許請求の範囲が実質的同一であるという前提において、
①A出願→A出願の出願公開→B出願の場合は、B出願は、新規性喪失（同29
条1項3号）により拒絶査定を受ける。これに対して、②A出願→B出願→A出
願の出願公開の場合は、B出願の時点ではA出願は未公開であるため、B出願
は、新規性喪失（同条1項3号）に該当しないが、後願（同39条）として拒絶査
定を受ける。

　商標において、先願主義と先使用主義の対立があったように（第2編 第2章
Ⅳ ❷）、特許においても、理論上、先願主義と先発明主義の対立がある。
先発明主義は、最先の発明者に特許権を付与すべきという考え方に基づくもの
であるが、誰が先に発明をしたかの確定の手続が必要となり、そのために先に
発明をしたことの証拠を残しておく必要も生じるため、かえって、混乱を招
く。先願主義は、形式的な判断が行いやすいという大きなメリットがあり、先
願主義がグローバルスタンダードとなっている。唯一、先発明主義を採用して
いた米国も、平成23年の法改正で平成25年から先願主義に移行した[66]。

【2】拡大先願

　特許出願に係る発明が、当該特許出願の日前の他の特許出願であって当該特
許出願後に出願公開等されたものの願書に最初に添付した明細書、特許請求の
範囲または図面に記載された発明と実質的に同一であるときは、その発明につ
いては、特許を受けることができない（拡大先願。特許29条の2）。

---

65)　　同日出願の場合は、特許出願人の協議により定めた一の特許出願人のみがその発明
について特許を受けることができる（特許39条2項）。
66)　　もっとも、改正により導入された米国の先願主義は純粋な先願主義とは異なるもの
であり、「先発表主義」ともいえるとされる（高林・特許66頁参照）。

この条文の適用が必要になる典型例としては、前記の先願の事例②のように、A出願→B出願→A出願の出願公開の流れであるが、同事例と異なり、A出願とB出願の特許請求の範囲が実質的同一ではなく、B出願は、A出願の明細書に記載されている発明と実質的同一であるにすぎないという場合である。この場合、前記の先願の事例②と同じく、B出願の時点ではA出願は未公開であるため、B出願は、新規性喪失（同29条1項3号）に該当しない。また、A出願とB出願の特許請求の範囲が実質的同一ではないため、A出願はB出願の先願にも該当しない。もっとも、B出願は、A出願の明細書に記載されている発明と実質的同一であるため、拡大先願により拒絶査定を受ける。このような場合、B出願は、いずれ公開されるもので、社会に新しいものを提供していないこと[67]が、拡大先願が認められている趣旨である。

　また、前記の先願の事例②と同じ事例では、拡大先願の要件も充足するため、拡大先願により拒絶査定をすることも可能である[68]。

　一般論として、実質的同一性の認定にあたっては、出願時の技術常識を考慮することはできるが、明細書に記載のない、あるいは極めて抽象的にしか記載されていない公知技術を参酌することはできない[69]。この点において、複数の公知技術を組み合わせる進歩性の判断枠組とは異なっている。

> **コラム**　先願（特許39条）と拡大先願（特許29条の2）の相違点
>
> 　先願（特許39条）と拡大先願（同29条の2）には以下の各相違点がある。
>
> ① 　先願は発明者・先願人が同一人の場合にも適用されるが、拡大先願は同一人の場合には適用されない（同29条の2括弧書および但書き）。

---

67)　　中山・特許141頁。

68)　　特に、先願よりも先に後願について審査請求がなされた場合は、後願の審査が先行し、この段階では、先願の特許請求の範囲は確定していないため、先願ではなく、拡大先願により拒絶することになる。

69)　　東京高判昭和60年9月30日判時1177号114頁〔コレステリンの定量法事件〕等。

② 先願の対象は、確定した特許請求の範囲に記載されている発明である[70]のに対して、拡大先願は、「願書に最初に添付した明細書、特許請求の範囲若しくは実用新案登録請求の範囲又は図面」（同29条の2）である。

③ 先願は同日出願の場合の規定も用意している（同39条2項）が、拡大先願は同日出願の場合には適用されない。

④ 先願は、特許出願が放棄され、取り下げられ、却下されたとき、または特許出願について拒絶査定・審決が確定したときは、適用されない（同条5項）が、拡大先願は、いったん出願公開等がされればかかる場合でも適用される。

４ 不特許事由

公序良俗に反する発明については特許を受けることはできない（特許32条）。例えば、「遺伝子操作により得られたヒト自体」や「専ら人を残虐に殺戮することのみに使用する方法」がこれに当たるとされる。他方、「紙幣にパンチ孔を設ける装置」のように、「真貨である紙幣の変造等による犯罪」に用いることもできるが、「用いられるとは限らない」ものについては、不特許事由に該当しないとされる[71]。

５ 記載要件

【1】総 論

発明の詳細な説明に関する記載要件には、①実施可能要件（特許36条4項1号）、②委任省令[72]要件（同条4項1号）および③先行技術文献情報開示要件（同条4項2号）がある。本書では、このうち、実務上重要性が高い、実施可能要件について別項目で解説する。

---

70) 中山・特許142頁。
71) 特許庁「特許・実用新案審査基準」第Ⅲ部第5章2.。
72) 特許法施行規則24条の2。

特許請求の範囲に関する記載要件には、ⅰ 特許法36条5項、ⅱ サポート要件（同条6項1号）、ⅲ 明確性要件（同条6項2号）、ⅳ 簡潔性要件（同条6項3号）、ⅴ 委任省令[73]要件（同条6項4号）がある。本書では、このうち、実務上重要性が高い、サポート要件および明確性要件について別項目で解説する。

実施可能要件・サポート要件・明確性要件違反は、拒絶理由（同49条4号）、異議申立理由（同113条4号）、無効理由（同123条1項4号）になる。

【2】実施可能要件（発明の詳細な説明に関する記載要件）

発明の詳細な説明の記載は、当業者がその実施をすることができる程度に明確かつ十分に記載したものでなければならない（実施可能要件。特許36条4項1号）。

特許制度は、これまでにない発明の公開の代償として独占権を付与するものであるから、発明の詳細な説明が、当業者がその実施をすることができる程度に明確かつ十分に記載されていない場合には、独占権を付与すべきではない。これが実施可能要件の趣旨である。

「どのようにすれば実施できるかを見いだすために、当業者に期待し得る程度を超える試行錯誤、複雑高度な実験等をする必要がある場合」には、「当業者がどのように実施するかを理解できるとはいえない」ので、実施可能要件を充足しない[74]。

発明の詳細な説明に、発明の実施の形態や実施例が記載されているのは、実施可能要件を充足するようにするためである。

【3】サポート要件（特許請求の範囲に関する記載要件）

特許請求の範囲に関する記載要件として、「特許を受けようとする発明が発明の詳細な説明に記載したものであること」が必要である（特許36条6項1号）。特許請求の範囲が、発明の詳細な説明によりサポートされている必要があると

---

73)　特許法施行規則24条の3。
74)　特許庁「特許・実用新案審査基準」第Ⅱ部第1章第1節2（2）。

いうことで、サポート要件と呼ばれる。

特許制度は、これまでにない発明の公開の代償として独占権を付与するものであるから、特許請求の範囲が発明の詳細な説明を超えて広すぎるものになっている場合は、独占権を付与すべきではない。これが、サポート要件の趣旨である[75]。

サポート要件は、形式的に特許請求の範囲と発明の詳細な説明を対比するのではなく、実質的なサポートがあるかどうかにより判断されている。パラメータ特許事件[76]で知財高裁は、サポート要件の充足性については、「特許請求の範囲の記載と発明の詳細な説明の記載とを対比し、特許請求の範囲に記載された発明が、発明の詳細な説明に記載された発明で、発明の詳細な説明の記載により当業者が当該発明の課題を解決できると認識できる範囲のものであるか否か、また、その記載や示唆がなくとも当業者が出願時の技術常識に照らし当該発明の課題を解決できると認識できる範囲のものであるか否かを検討して判断すべき」であるとしている。

例えば、「請求項に記載されている事項が、発明の詳細な説明中に記載も示唆もされていない場合」や「請求項において、発明の詳細な説明に記載された、発明の課題を解決するための手段が反映されていないため、発明の詳細な説明に記載した範囲を超えて特許を請求することになる場合」等にはサポート要件違反が認められる[77]。

【4】明確性要件（特許請求の範囲に関する記載要件）

特許請求の範囲に関する記載要件として、「特許を受けようとする発明が明確であること」も必要である（明確性要件。特許36条6項2号）。

特許を受けようとする発明が不明確だとすれば、ある物や方法が当該特許発

---

75)　知財高大判平成17年11月11日判時1911号48頁〔パラメータ特許事件〕参照。

76)　知財高大判平成17年11月11日判時1911号48頁〔パラメータ特許事件〕。

77)　特許庁「特許・実用新案審査基準」第II部第2章第2節2.2.。ほかに、「請求項及び発明の詳細な説明に記載された用語が不統一であり、その結果、両者の対応関係が不明瞭となる場合」や「出願時の技術常識に照らしても、請求項に係る発明の範囲まで、発明の詳細な説明に開示された内容を拡張ないし一般化できるとはいえない場合」が挙げられている。

明の技術的範囲に入るかの判断の予見可能性を害することになるから、このような明確性要件が要求されている。

明確性要件にはさまざまな類型があるが、例えば、「比較の基準若しくは程度が不明確な表現（『やや比重の大なる』、『はるかに大きい』、『高温』、『低温』、『滑りにくい』、『滑りやすい』等）があるか、又は用語の意味が曖昧である結果、発明の範囲が不明確となる場合」には明確性要件を欠くとされる。「ただし、例えば、増幅器に関して用いられる『高周波』のように、特定の技術分野においてその使用が広く認められ、その意味するところが明確である場合は、通常、発明の範囲は明確である」とされる[78]。

６ 発明の単一性

二以上の発明については、経済産業省令で定める技術的関係を有することにより発明の単一性の要件を満たす一群の発明に該当するときは、一の願書で特許出願をすることができる（特許37条）。

発明の単一性の要件は、特許請求の範囲に記載された二以上の発明が同一のまたは対応する「特別な技術的特徴」を有しているか否かによって判断される。「特別な技術的特徴」とは、発明の先行技術に対する貢献（先行技術との対比において発明が有する技術上の意義）を明示する技術的特徴を意味する[79]。発明の単一性の範囲はかなり広範である。

発明の単一性の要件を満たさない二以上の発明を含む出願であっても、単に二つの特許出願に分けるべきであったという手続上の不備があるのみである。したがって、特許法37条の要件を満たさない特許出願がそのまま特許査定されることは、直接的に第三者の利益を著しく害することにはならないため、発明の単一性の要件は拒絶理由ではある（同49条1項4号）が、特許異議申立理由や無効理由とはなっていない。

また、そのような要件であるため、特許庁の審査基準[80]でも必要以上に厳格

---

78)　　特許庁「特許・実用新案審査基準」第Ⅱ部第2章第3節2.2。

79)　　特許庁「特許・実用新案審査基準」第Ⅱ部第3章3.。

80)　　特許庁「特許・実用新案審査基準」第Ⅱ部第3章1.。

180　　第3編　技術の保護

に判断しないものとされている。

Ⅳ 特許を受ける権利・発明者・職務発明

1 特許を受ける権利

　発明の完成により、発明者には特許を受ける権利（特許33条1項）が原始的に帰属する。特許権は特許出願を行い登録がなされないと発生しないが、その前段階においても、特許を受ける権利が発生しているのである。このように、特許を受ける権利が自然人である発明者に原始的に帰属することを発明者主義と呼ぶ。

　後述する職務発明の場合は、平成26年改正により、特許を受ける権利が発明者（従業員等）ではなく、使用者等に原始的に帰属することも認められるようになり、その限りで発明者主義への例外が認められたことになる。

　特許を受ける権利は譲渡可能であり（同条1項）、仮専用実施権や仮通常実施権といったライセンスの対象とすることもできる（同34条の2、34条の3）。

2 発明者の認定

　発明者といえるためには、当該発明における技術的思想の創作行為に現実に加担したことが必要である。過去の裁判例においては、①発明者に対して一般的管理をしたにすぎない者（単なる管理者）、②発明者の指示に従い、補助したにすぎない者（単なる補助者）、③発明者による発明の完成を援助したにすぎない者（単なる後援者）は、発明者ということはできないものと解されている。

　発明者として認定されるのに要する関与の程度については、当該発明が属する技術分野に応じて異なり得る。例えば、機械や電気の技術分野では着想のみで足りるとされる例が多いと考えられるのに対し、化学や薬学の分野においては着想のみでは発明として完成し得ず、その後の試行錯誤にあたって関与した者であることが求められる例が多い。

第2章　特許法による特許権の保護　　181

AIとメタバースについてのコラム　AIの発明者該当性（ダバス事件）

　ダバス事件[81]は、国際特許出願をした原告が、発明者の氏名とし
て、「ダバス、本発明を自律的に発明した人工知能」と記載して国内
書面を提出したのに対し、特許庁長官が発明者の氏名として自然人の
氏名を記載するよう補正を命じたものの、原告が補正をしなかったた
め、特許法184条の5第3項に基づき、本件出願を却下する処分をし
たことについて、原告が、特許法にいう「発明」はAI発明を含むも
のであり、AI発明に係る出願では発明者の氏名は必要的記載事項で
はないから、本件処分は違法である旨主張して、本件処分の取消しを
求めた事件である。この判決は、AIの発明者該当性について判断し
た本邦初の裁判例として注目されたが、東京地裁は、知的財産基本法
2条1項や、特許法36条1項2号、特許法29条などを手掛かりに、特
許法に規定する「発明者」は、自然人に限られるものと解するのが相
当である結論付けた[82]。また、AI発明に係る制度設計については「AI
がもたらす社会経済構造等の変化を踏まえ、国民的議論による民主主
義的なプロセスに委ねることとし、その他のAI関連制度との調和に
も照らし、体系的かつ合理的な仕組みの在り方を立法論として幅広く
検討して決めることが、相応しい解決の在り方とみるのが相当であ
る」と判示している。

　ダバス（DABUS）は、単にパラメータを最適化するにとどまらず、
世界に関する一般的な知識から新たなアイデアを生み出す点に技術的
な特徴があるとされるものの[83]、国際特許出願については、2024年12

---

81)　　東京地判令和6年5月16日判例時報2601号90頁〔ダバス事件〕。原告側の控訴を棄
却する知財高裁の控訴審判決が2025年1月30日に出されているが、判決文に接してお
らず、詳細は不明である。

82)　　特許庁も、特許法について、同様の論理構成で、「発明者の表示は、自然人に限ら
れるものと解しており、願書等に記載する発明者の欄において自然人ではないと認め
られる記載、例えば人工知能（AI）等を含む機械を発明者として記載することに認め
ていません」との見解を公表している（特許庁「発明者等の表示について」（2021年7
月30日）https://www.jpo.go.jp/system/process/shutugan/hatsumei.html（2024.12.15））。

83)　　DABUSについての詳細は、DABUSによって「創作された」発明の保護を目的とす
るプロジェクトに参加している弁理士法人太陽国際特許事務所のウェブサイトに詳し

182　　第3編　技術の保護

月時点で、南アフリカのみが特許が付与されており（もっとも、同国の審査は方式審査のみであり、実体的な審査制度が設けられていない点で注意を要する）、アメリカ、イギリス等では出願が退けられている。

　AIを利用した発明の取扱いの在り方については、知的財産戦略本部に設置された検討会の中間とりまとめにおいて、「現時点では、AI自身が、人間の関与を離れ、自律的に創作活動を行っている事実は確認できておらず、依然として自然人による発明創作過程で、その支援のためにAIが利用されることが一般的であると考えられる。このような場合については、発明の特徴的部分の完成に創作的に寄与した者を発明者とするこれまでの考え方に従って自然人の発明者を認定すべきと考えられる」とする一方で、「今後、AI技術等のさらなる進展により、AIが自律的に発明の特徴的部分を完成させることが可能となった場合の取扱いについては、技術の進展や国際動向、ユーザーニーズ等を踏まえながら、発明者認定への影響を含め、引き続き必要に応じた検討を特許庁は関係省庁と連携の上で進めることが望ましいと考えられる」と述べている点が注目される[84]。

　このような動向から、ひとまずは、AIにより自律的になされた発明について、自然人を発明者として出願するようなケースが生じることが想定される。この場合に、当該自然人を発明者として認定することが許容されるかは、僭称問題として、別途検討を要する[85]。発明者性に関する議論については、AIの技術的発展にも関わる問題であり、引き続き注視する必要がある。

❸ 共同発明

　共同発明（発明者が複数の者である場合）は、特許を受ける権利は複数の発明者の共有になる。共同発明は、典型的には、共同研究契約、共同開発契約等の

　　い（https://www.taiyo-nk.co.jp/dabus/dabus01.html）（2024.12.18）。
84)　　AI時代の知的財産権検討会「AI時代の知的財産権検討会 中間とりまとめ」（2024年5月）85頁。
85)　　僭称問題については、麻生典「AI生成物と知的財産法」特許研究74号48頁等参照。

第2章　特許法による特許権の保護　　183

成果として生まれるものである。

特許を受ける権利が共有に係るときは、各共有者は、他の共有者と共同でなければ、特許出願をすることができない（特許38条）。特許法38条の共同出願違反の効果は、**後記 4** で解説する。

特許を受ける権利が共有に係るときは、各共有者は、他の共有者の同意を得なければ、その持分を譲渡することができない（同33条3項）。また、各共有者は、他の共有者の同意を得なければ、仮専用実施権・仮通常実施権といったライセンスの対象とすることはできない（同条4項）特許権の共有については、**後記 IX 2【2】**で述べる。

4 冒認出願および共同出願違反に対する救済

冒認出願（特許を受ける権利を有していない者がした出願）または共同出願違反（特許38条違反）の場合には、拒絶理由（同49条7号、2号）および無効理由（同123条1項6号、2号）になる[86]。もっとも、冒認出願または共同出願違反の出願が拒絶査定を受けたり無効になったりした場合には、誰もが自由に実施できてしまう。したがって、自ら独占権を得たいと考える者にとってはこれらの解決手段では不十分である。冒認出願または共同出願違反について、不法行為に基づく損害賠償請求をすることも考えられるが、金銭的賠償が得られるのみであり、やはり不十分である。

真の権利者が、特許権（共有の場合にはその持分）を自ら取得したいという場合、まず、①特許権設定登録前においては、特許を受ける権利（共有の場合にはその持分）を有することの確認判決を得たうえで、特許庁に対して出願名義人変更届を提出することにより出願名義人の変更ができると解されている[87]。②特許権設定登録後については、従前は、その救済方法について争いがあった[88]が、平成23年改正により、冒認出願または共同出願違反に該当するとき

---

86)　　特許異議の申立ての理由は公益的事由のみに限定されているため、異議申立理由にはならない（特許113条）。

87)　　特許庁「方式審査便覧」45.25「確認判決書を添付した出願人名義変更届の取扱い」。

88)　　特に真の権利者が自らが出願を行っていない場合に移転請求が認められるかにつき争いがあり、裁判例は否定説に立つものと理解されていた。

は、真の権利者は、その冒認出願または共同出願違反により特許権を取得した特許権者に対し、当該特許権（持分）の移転を請求することができることが明文化された（同74条1項）。かかる請求に基づく特許権（持分）の移転の登録があったときは、その特許権（持分）は、初めから当該登録を受けた者に帰属していたものとみなされる（同条2項）。

かかる特許権の移転の登録前に、特許が冒認出願または共同出願違反に該当することを知らないで、現にその特許権、その特許権についての専用実施権・通常実施権を有して、当該発明の実施である事業またはその事業の準備をしている者は、その実施または準備をしている発明および事業の目的の範囲内において、その特許権について、有償の法定通常実施権を有する（同79条の2）。このような善意の者に対しては、当該特許発明の実施を継続する余地を認めるべきだからである。

❺ 職務発明制度

【1】職務発明制度総論

特許法35条は職務発明制度について規定している。

職務発明制度は、従業者、法人の役員、国家公務員または地方公務員（以下「従業者等」という）がなした一定の発明について、使用者、法人、国または地方公共団体（以下「使用者等」という）の実施権や特許を受ける権利等を使用者等に帰属させた場合における従業者等に対するインセンティブとしての相当の金銭その他の経済上の利益（以下「相当の利益」という）の支払義務とその計算方法等について定めるものである。

現代社会においては、発明が高度化しており、多額の研究費・設備費を投じることにより初めて可能になる発明が大半となっており、大半の発明が、職務発明として生まれていることから、同制度に対する理解は重要である。

特許法35条は、発明を行う従業者等の利益を保護しつつ、他方で、発明に至る開発費等のリスクを負担する使用者等の利益も保護し、両者の利益調整を図り、もって発明や開発投資へ向けられた両者のインセンティブの維持・向上を図ることにより、発明を奨励し、もって産業の発達に寄与することを目的と

する制度であると理解される。

【2】職務発明とは

特許法35条1項によれば、条文上、「職務発明」が成立するための要件は次の3点である。

① 従業者等がした発明であること
② その発明が性質上使用者等の業務範囲に属すること
③ その発明をするに至った行為がその使用者等における従業者等の現在または過去の職務に属すること

①については、**前記 2** の発明者の認定の問題であるのでここでは説明を割愛する。

②の業務範囲の要件は、定款記載の目的とは関係なく、使用者等が現に行っている、あるいは将来行うことが具体的に予定されている全業務を指すものと解される[89]。

③の発明に至った行為が当該発明者の「職務」に属するとは、職務として行った結果として発明をなした場合を指す。従業者等が使用者等から当該発明を完成するよう具体的な命令ないし指示を受けていることまで必要とする趣旨ではなく、当該従業者等の職務内容から見て、当該発明を完成させることが一般に予定ないし期待されていれば足りる。「過去の職務」でもよいが、雇用関係が終了し退職した場合における過去の職務は含まれず、同一企業内に在職する状況下での過去の職務のみが該当する[90]。

【3】使用者等の無償の法定通常実施権

職務発明であっても、**前記 1** のとおり、発明者主義により、原則として、原始的に自然人である発明者に特許を受ける権利が帰属することを前提に、使

---

89)　中山・特許62頁。
90)　中山・特許64頁参照。

用者等の開発投資への最低限の保障として、使用者等に無償の法定通常実施権が与えられている（特許35条1項）。これにより、職務発明の要件を充足すれば、使用者等は無償で実施が可能になる。

　もっとも、後述するとおり、平成27年改正により、使用者等が職務発明に関する特許を受ける権利を原始取得することが可能となっており、かかる場合には法定通常実施権は発生しないと解される[91]。

【4】 特許を受ける権利および特許権の帰属

　特許法35条2項は、職務発明以外の発明についての権利を使用者等に取得させたり、使用者等のため専用実施権を設定することをあらかじめ定めた契約・勤務規則（職務発明規程等）その他の定め（以下「職務発明規程等」という）は無効であると定めている。これは、職務発明に該当しないような発明（使用者等の業務範囲にすら属さない発明である自由発明や、職務発明には当たらないが、使用者等の業務範囲には属する発明である業務発明）についてまで、あらかじめ定めた職務発明規程等により使用者に権利を帰属させるのは従業者からの不当な搾取になるという考え方に基づく。なお、同法35条2項も、自由発明や業務発明に関する権利を使用者等が従業者等から事後的に個別承継することについては、禁止するものではない。

　他方で、職務発明については、職務発明規程等においてあらかじめ使用者等に特許を受ける権利を取得させることを定めたときは、その特許を受ける権利は、その発生した時から当該使用者等に帰属する（特許35条3項）。

　この同法35条3項の規定は、平成27年改正により導入されたものである。従前から、同法35条2項の反対解釈により、職務発明については、職務発明規程等においてあらかじめ使用者等に特許を受ける権利を承継させることを定めたとき（予約承継）は、その特許を受ける権利は、その発生した時に当該使用者等に承継されると解されてきた[92]が、同法35条3項により、原始取得も認

---

91)　　中山・特許68頁参照。
92)　　なお、現行法上も、特許法35条2項の反対解釈による予約承継も可能であることには変更がないものと解される（深津拓寛＝松田誠司＝杉村光嗣＝谷口はるな『実務解説職務発明平成27年特許法改正対応』（商事法務、2016）100頁）。

められるようになったのである。現行法も発明者主義の原則を変更する趣旨ではないと解されるが、特許を受ける権利の権利帰属の不安定の解消を目的として、例外的に原始取得を認めたものである。

コラム　平成27年改正により原始取得が認められた理由

　企業においては、従前、職務発明規程を策定して、従業者等に原始帰属している職務発明に関する特許を受ける権利を従業者等からあらかじめ「承継」できるようにしており、当該発明が職務発明に該当する限り、権利の帰属については通常問題は生じていなかった。

　それにもかかわらず、本改正により、あえて、特許を受ける権利を使用者等に原始帰属させることを可能にした趣旨は、特許を受ける権利の権利帰属の不安定の解消にあるとされている。

　具体的には、①従業者等が特許を受ける権利を二重譲渡した場合には、使用者等が特許を受ける権利を取得することができない可能性があるという問題や、②共同研究等において特許を受ける権利が複数の発明者の共有に係る場合において、自社の発明者の権利の持分を当該発明者から自社に承継するとの定めを置いたとしても、他社の発明者が同意しなければ、権利を承継することができない（特許73条1項）という問題などを解消することが目的であるとされている[93]。

【5】相当の利益

　職務発明の特許を受ける権利を使用者等が原始取得した場合、使用者等が特許を受ける権利や特許権を発明者から承継取得した場合および専用実施権の設定を受けた場合には、従業者等は、当該使用者等から「相当の利益」を受ける権利を取得する（特許35条4項）。

　従前は、従業者等から職務発明に関する権利を承継するための対価ということで、「相当の対価」という文言が用いられていたが、平成27年改正により、

---

93)　　特許庁総務部総務課制度審議室『平成27年度特許法等の一部改正産業財産権法の解説』（一般社団法人発明推進協会、2016）9～10頁参照。

188　　第3編　技術の保護

「対価」との文言がなくなり、かつ、「相当の利益」に金銭以外の経済上の利益が含まれることが明記された。

　従前は、使用者等が支払った「相当の対価」額が低額であるとして、従業者等が使用者等に対して「相当の対価」の支払いを求めて訴訟を提起し、多額の「相当の対価」の支払いが判決で命じられる例が散見されていた。特に、中村修二氏が青色発光ダイオードに関する職務発明について、日亜化学工業に対して一部請求として、200億円の請求を行った事件は世間の耳目を集めることとなった（なお、第一審の東京地裁[94]では、200億円の請求が認められたが、控訴審[95]において、約6億円での和解がなされた）。

　そして、オリンパス事件[96]において、使用者等が職務発明規程等で権利承継の対価をあらかじめ定めていたとしても、従業者等がその不足額を請求することができ、裁判所がその金額を決めることになるという下級審での取扱いが、最高裁判例上も確定した。使用者等には、無償の法定通常実施権が当然に帰属していることから、裁判所は、相当の対価額を、単に実施ができるということを超えて、他者の実施を排除することが可能な地位によって得ることができる独占的利益を基準として算定する[97]。

　しかし、このような法解釈に対しては、産業界から、「相当の対価」額についての予測可能性が低いなどとの批判がなされた。そこで、産業界の意向を受けた「相当の対価」支払義務の全廃論も含めて、職務発明制度の見直しが検討されたが、全廃論には慎重な意見が強く、対価基準の自主的な取決めの可能性を認めつつ「相当の対価」規定は維持するという特許法35条の改正が、平成16年に行われた。

---

94)　東京地判平成16年1月30日判タ1150号130頁〔青色発光ダイオード事件〕。

95)　平成16年（ネ）962号特許権持分移転登録手続等請求控訴事件、平成16年（ネ）2177号特許権持分移転登録手続等請求附帯控訴事件。なお、和解についての経緯は、日亜化学工業株式会社「随想青色発光ダイオード訴訟の帰結」https://www.nichia.co.jp/specification/about_nichia/ip/zuisou.pdf、（2016.01.20）を参照。

96)　最判平成15年4月22日判時1822号39頁〔オリンパス事件〕。

97)　なお、裁判所による「相当の対価」額の算定方法については、旧法下において多数の裁判例の蓄積があり、論点も多岐にわたるが、紙幅の都合上、これについて詳細に取り上げることは避ける。

この平成16年改正法の対価算定方法に関する定めは、現行法（平成27年改正法）上も「相当の利益」について維持されている。職務発明規程等で「相当の利益」について定める場合には、①「相当の利益の内容」を決定するための基準の策定に際して使用者等と従業者等との間で行われる協議の状況、②策定された当該基準の開示の状況、③「相当の利益の内容の決定」について行われる従業者等からの意見の聴取の状況、④「等」を考慮して、その定めたところにより「相当の利益を与える」ことが不合理と認められるものであってはならないとされている（特許35条5項）が、不合理と認められなければ、職務発明規程等の定めで計算された相当の利益が尊重される。

ここで、④「等」には、不合理性を判断するために必要とされる手続面の要素であって例示されているもの以外のものや、最終的に決定された利益の額といった実体面の各要素の双方が含まれる。ただし、利益の額といった実体面の要素を重視することは手続面の要素を重視するという法の趣旨に反することになるので、あくまでも補完的な考慮要素にとどめるのが法意であると解するべきである[98]。

仮に、不合理と認められる場合には、平成16年改正前と同様の基準により裁判所により定められる金額が「相当の利益」となる（同35条7項）。上記の平成16年改正法下では、職務発明訴訟はほとんど起きていない[99]。

実務上、多くの企業では、職務発明規程において出願時、登録時に、それぞれ数千円〜数万円程度の固定額を支払い、あとは実績に応じて、職務発明規程（およびその細則）で定める計算方法に従い計算した、実績報奨金を支払うという内容の職務発明規程が置かれている。

前記のとおり、平成27年改正により、「相当の利益」に金銭以外の経済上の利益が含まれることが明記された（同条4項）。例えば、使用者等の負担による

---

98)　　深津拓寛＝松田誠司＝杉村光嗣＝谷口はるな『実務解説職務発明 平成27年特許法改正対応』（商事法務、2016）159〜160頁参照。

99)　　現行特許法35条の不合理性について初の実質的判断を示した裁判例として、東京地判平成26年10月30日裁判所ウェブサイト（平成25年（ワ）6158号）〔伝送レイテンシ縮小方法事件（第一審）〕。控訴審として、知財高判平成27年7月30日裁判所ウェブサイト（平成26年（ネ）10126号）〔伝送レイテンシ縮小方法事件（控訴審）〕。

留学の機会、ストックオプション、金銭的処遇の向上を伴う昇進または昇格等がこれに含まれるとされる[100]。もっとも、平成27年改正法の成立に際しては、「職務発明制度に係る相当の利益については、現行の職務発明制度における法定対価請求権と実質的に同等の権利となるよう保障」すべく、指針において具体例等を例示すべきであるとの附帯決議がなされていることから、従前金銭で支払っていたものを、金銭以外の経済上の利益に置き換える場合には、実質的にはインセンティブの改悪（切り下げ）であると評価され、不合理性が認定されてしまうことがないように、協議、基準の開示、意見聴取等の手続を履践等することが求められる。

　特許法35条6項では、経済産業大臣は、発明を奨励するため、産業構造審議会の意見を聴いて、同条5項の規定により考慮すべき状況等に関する事項について指針を定め、これを公表するものとしている。本項も平成27年改正により導入されたものである。経済産業大臣の定める指針（ガイドライン）は、法的拘束力を持つものではないが、本項により、法律上の根拠が与えられており、今後の実務において、同条5項の解釈上の規範として尊重されることが期待される。

　相当の利益請求権の消滅時効の期間については、平成16年改正前において裁判で激しく議論されていたが、民法改正により、時効制度が大改正されたことにより、議論の実益は失われたの指摘がされている[101]。

　なお、外国における特許を受ける権利と相当の利益の関係については、第7編 第4章 Ⅲ 4 で後述する。

> **コラム** **職務発明制度の改正の整理**
>
> 　職務発明制度の改正を整理すると後記 **[図表2]** のとおりとなる。各改正法は遡及適用されないため、その適用時期にも留意が必要である。

---

100)　特許庁「特許法第35条第6項の指針（ガイドライン）」第三の一の1。
101)　中山特許・88頁。

第2章　特許法による特許権の保護　　191

[図表2] 職務発明制度の改正時期とその内容

	昭和34年法	平成16年法	現行法 （平成27年改正法）
適用時期	平成17年4月1日より前に権利承継等（譲渡・専用実施権設定）された職務発明	平成17年4月1日から平成28年3月31日までに権利承継等された職務発明	（使用者原始帰属に関する規定） 平成28年4月1日以降に完成した職務発明 （相当の利益に関する規定） 平成28年4月1日以降に権利承継等または原始取得された職務発明
職務発明に関する特許を受ける権利の帰属	・従業者等に原始帰属 ・使用者等に予約承継可	左記と同じ	従業者等に原始帰属とするか、使用者等に原始帰属とするか選択可（35条2項反対解釈、同条3項）
従業者等が受け取る対価または利益	相当の対価	相当の対価（ただし、対価基準の自主的な取決めの可能性を認めた）	・相当の**利益**（35条4項、5項、7項） ・金銭以外の経済的利益を含むことが明記された（同条4項） ・利益の内容を含め、決定基準の自主的な取り決めが可能（同条5項）
従業者等が受け取る対価または利益についての政府の指針（ガイドライン）等	存在せず	「手続事例集」が存在したが、その存在について、法文上の根拠はない	経産大臣が「指針」（ガイドライン）を策定して公表することが法文上明記された（ただし、「指針」自体には法的拘束力なし）

Ⅴ 特許権取得手続

❶ 特許権取得手続概要

特許権取得手続の概要は後記［図表3］のとおりである。

[図表3] 特許権取得手続の概要図

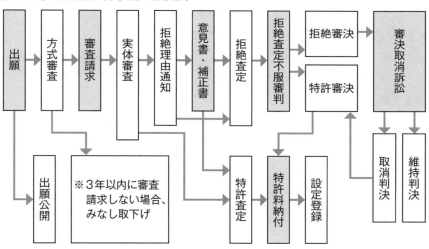

出所）筆者ら作成

　図の内容について、以下説明する。
　特許権を取得するためには、特許庁に対して特許出願を行う必要がある（特許36条）。特許出願の内容は出願公開により公開される（同64条）。まず、方式審査で書類に不備等がないかの審査が行われ、ここで不備があれば、補正を行う必要があり、補正をしなければ、却下となる。
　方式審査が行われた後、特許権設定登録の実体的要件を充足するかの判断である実体審査が行われるが、すべての特許出願に対して実体審査が行われるわけではなく、審査請求（同48条の3）がなされたものに対してのみに実体審査が行われる。特許出願から3年以内に審査請求がなされなかったときは、当該特許出願は取り下げられたものとみなされる（同条4項）。

実体審査では、特許法49条所定の拒絶理由（主なものは、**前記 ▆▆Ⅲ▆▆** で説明した特許要件違反や実施可能要件・サポート要件・明確性要件等の記載要件違反）がないかが審査されることになる。

　ここで、拒絶理由が何もなければ、そのまま特許査定となる（同51条）。

　拒絶理由が発見された場合には、審査官は、出願人に対して拒絶理由通知を送付する（同50条）。拒絶理由通知に対して、出願人が審査官が指定した期限内（国内居住者は60日以内、在外者は3か月以内[102]）に応答しなければ、その時点で拒絶査定が下される。出願人が拒絶理由がないことを意見書で説明したり、補正書により特許請求の範囲や明細書の記載の補正を行ったことにより、拒絶理由が解消すれば特許査定となり、拒絶理由が解消しなければ、拒絶査定となる。特許査定となった場合には、出願人は30日以内に特許料を納付することにより特許権の設定登録がされる（同108条）。

　拒絶査定となった場合には、出願人は、3か月（在外者の場合は4か月[103]）以内に拒絶査定不服審判を特許庁に対して請求することができる（同121条1項）。拒絶査定不服審判は、特許庁の審査官が下した拒絶査定が誤っているものとして、特許庁に審判で結論を変更することを求めるものである。

　特許庁が特許審決を下した場合には、特許査定があった場合と同様、特許料を納付することにより設定登録がなされる。

　特許庁が拒絶審決を下した場合には、出願人は、さらに知財高裁に対して、審決謄本の送達から30日以内に審決の判断が誤りであるとして、審決取消訴訟を起こすことができる（同178条3項[104]）。ここで審決が取り消されれば、再び特許庁で審理が行われ、審決をすることになる（同181条2項）が、その場合には、審決取消訴訟の判決に拘束されることになる（行訴33条1項[105]）。すな

102）　特許庁「方式審査便覧」04.10「法定期間及び指定期間の取扱い」1.(2)。および2.(2)。

103）　特許法4条により職権により延長されている。特許庁「審判便覧」25—04PUDT「期間の延長・期日の変更」2(2)。

104）　なお、在外者には、職権で90日の附加期間が付与される（特許178条5項。特許庁「審判便覧」25—04PUDT「期間の延長・期日の変更」4.）。

105）　最判平成4年4月28日民集46巻4号245頁〔高速旋回式バレル研磨法事件〕。

わち、特許庁では、別の拒絶理由がない限り、登録審決がなされることになり、特許料を納付することにより設定登録がなされる。

なお、登録後の異議申立てについては、**後記 Ⅷ 4【2】**で、無効審判その他の審判については、**後記 Ⅷ 4【3】**で論じる。

2 出願と審査請求

前記 1 のとおり、特許権を取得するためには、特許庁に対して特許出願を行う必要がある（特許36条1項）。特許出願の願書には、明細書、特許請求の範囲、必要な図面および要約書を添付しなければならない（同条2項）。

前記 1 のとおり、すべての特許出願に対して実体審査が行われるわけではなく、審査請求（特許48条の3）がなされたものに対してのみに実体審査が行われる。審査請求は、何人もすることができる（同条1項）。特許出願から3年以内に審査請求がなされなかったときは、当該特許出願は取り下げられたものとみなされる（同条4項）。

これは、先願主義の下、発明が生まれた場合には、できるだけ急いで出願が行われる傾向にあり、出願後に、実は公知技術であることや権利化が不要であることが分かったりすることがあるのを踏まえて、無駄な審査を避けるための制度である（全件審査をしていると、それだけ審査期間が遅延してしまうことになり、無駄な審査のために特許制度としての利便性が犠牲になってしまう）。また、特許出願は必ずしも最終的に特許権の取得を目指して行われているとは限らず、単に第三者が権利を取得することを防ぎたいというだけの動機で行われることもある。このような場合には、単に新規性・進歩性欠如、拡大先願の効果を与えれば足りるため、出願人としては、審査請求を行わないことになる。

3 国際・国内優先権主張を伴う出願、PCT国際出願

特許出願には、通常の出願のほか、国際優先権（パリ条約による優先権）主張を伴う出願、国内優先権主張を伴う出願、PCT国際出願等がある。

【1】国際優先権（パリ条約による優先権）主張を伴う出願、PCT国際出願

日本の特許権の効力は日本国内のみに及ぶ。特許権については、国内のみな

らず、海外での保護を得ようとする場合には、海外の特許庁または特許庁に対応する官公署それぞれに特許出願を行うという方法がある。

　パリ条約による優先権主張を伴う出願は、複数の国で特許出願をタイムリーに行うことは大変であることを踏まえて、第1国で行った最初の出願を基礎として一定期間内（特許の場合1年以内）に第2国で出願を行った場合に、先願や新規性・進歩性等の判断時点等を第1国出願日基準で扱うように主張ができるという制度である。なお、優先権主張を伴う出願であっても、特許権の存続期間については、第1国ではなく、第2国の出願日を基準として算定される。

　また、各国で個別に出願手続を行うのは煩雑であるため、特許協力条約（PCT：Patent Cooperation Treaty）による国際出願の制度も創設された。PCT締約国の居住者または国民は、日本の特許庁等の受理官庁に、受理官庁が認めた言語（日本の特許庁では日本語または英語）で国際出願を行えば、その時点で、PCT全締約国（2024年12月現在158か国）に出願したのと同じ扱いを受けることができる（PCT11条（3））。

　そして、日本の特許庁等の国際調査機関が先行技術調査を行い、国際調査報告書および国際調査見解書を作成して出願人に送付する。出願人は、これを踏まえて、そのまま進めるか、取り下げるか、補正をするかの判断が可能となる。指定国における特許権を取得するためには、その国の特許庁または特許庁に対応する官公署に審査を移行しなければならない。

　出願人が、指定国における国内段階の審査に移行する場合は、指定国が定める言語での翻訳文を優先日から30か月以内に提出する必要がある（同22条）が、前記のパリ条約による優先権主張を伴う出願に比べると、時間的余裕があることになる。

　以上のとおり、PCT出願は世界共通の一つの特許を認める制度ではないが、出願段階の煩雑な手続の不都合性を大幅に解消するものであり、実務上も幅広く活用されている。

【2】国内優先権主張を伴う出願

　国内優先権は、国際優先権（パリ条約による優先権）と同様の効果を国内の先願にも認めて、バランスをとるための制度である。これにより、出願から1年

196　　　第3編　技術の保護

以内であれば、先願や新規性・進歩性等の判断時点等を先の出願の出願日基準で扱うように主張ができる。

　出願後に当該発明に関する研究・開発に進展があった場合に、かかる成果を漏れなく網羅した出願を行うために、国内優先権主張を伴う出願が活用できる。後述するとおり、「補正」においては、新規事項の追加が禁止されているため、限界がある。また、改良発明について別出願をすると、自らの先願を根拠に拒絶される可能性がある。そこで、新規事項を追加しようとする場合には、国内優先権主張を伴う出願を活用することが有効である。新規事項の追加を行う国内優先権主張を伴う出願についての新規性・進歩性の判断基準日は、先の出願に開示されていた発明については、先の出願日となり、新規事項追加により後の出願で初めて開示された発明については、後の出願日となる。

　国内優先権主張を伴う出願であっても、特許権の存続期間については、先の出願の出願日ではなく、当該後の出願の出願日を基準として算定される[106]ので、実質的には、特許権の存続期間が1年延長されるのと同等の効果がある[107]。

　なお、国内優先権主張を伴う出願をした場合には、先の出願は経済産業省令で定める期間を経過した時（特許則28条の4第2項により1年4か月後）に取り下げたものとみなされる[108]。先の出願との審査の重複を避けるのがその趣旨である。

❹ 出願公開と補償金請求

　特許出願の日から1年6か月を経過した時は、その特許出願について出願公開がされる（特許64条1項）。出願内容を登録前に公開することにより、第三者

---

106)　特許法41条2項において特許法67条についての言及がないことが条文上の根拠である。

107)　中山・特許227頁は、立法者が本来予定していたものではないが、先の出願の内容とまったく同一の出願について存続期間を延長する目的で国内優先権制度を利用することも禁止されていないとする。

108)　この場合、拡大先願（特許29条の2）の効果もなくなり不都合であるため、特許法41条3項で、国内優先権主張を伴う出願がされたときに先の出願も公開されたものとみなして不都合を解消している。

が重複して同じ発明について研究開発することを避ける趣旨である。

　もっとも、特許権の行使は登録後になって初めて可能になるため、このように登録前に出願内容を公開すると、第三者による模倣がされやすくなってしまう。

　そのため、出願公開の後には、補償金請求が認められている。出願人は、出願公開があった後に特許出願に係る発明の内容を記載した書面を提示して警告をしたときは、その警告後特許権の設定の登録前に業としてその発明を実施した者に対し、その発明が特許発明である場合にその実施に対し受けるべき金銭の額に相当する額の補償金の支払を請求することができる（特許65条1項）。

　商標法13条の2の金銭請求権（第2編 第2章 Ⅵ 2 で前述）と異なり、出願公開が要件となっている。

　商標法上の金銭請求権の場合には警告が必須であるが、補償金請求権では、当該警告をしない場合においても、出願公開がされた特許出願に係る発明であることを知って特許権の設定の登録前に業としてその発明を実施した者に対しては、補償金請求が可能であるものとされる（特許65条1項後段）。もっとも実務上は悪意の立証が困難であることから、補償金請求を予定している場合には、あらかじめ警告をしておくべきである。

　また、商標法上の金銭請求権では、出願人に業務上の損失が生じたことが必要であるが、補償金請求権では、損失の立証なしに、実施料相当額の請求が認められる[109]。

　実際に補償金請求権が行使できるのが特許権の設定登録後であることは商標法上の金銭請求権と同様である（同条2項）。

　補償金請求をより早く行うことができるようにするため、出願から1年6か月経過前でも、出願人の請求により出願公開が行われるものとされている（同64条の2第1項、64条1項）。

---

[109]　茶園・商標133頁は、このような相違点が生じている理由は、補償金請求権が、「発明の公開の代償としての独占権付与という特許法の趣旨のもと、公開されたことに対する仮保護を与えるものである」のに対して、商標法にはそのような趣旨はなく、その目的は「業務上の信用の保護である」ためだとする。

コラム　経済安全保障推進法による特許出願の非公開化について

　令和6年5月1日より、経済施策を一体的に講ずることによる安全保障の確保の推進に関する法律（経済安全保障推進法）に基づく特許出願非公開制度が開始された。この制度は、特許出願の明細書等に、公にすることにより外部から行われる行為によって国家および国民の安全を損なう事態を生ずるおそれが大きい発明が記載されていた場合には、保全指定という手続により、出願公開、特許査定および拒絶査定といった特許手続を留保するものである。このような安全保障上の理由による特許出願の非公開化の手続は、諸外国ではとられていた手続ではあるものの、日本では特許の内容によらず一律に出願公開が行われる制度となっていた。

　保全指定に係る審査は、特許庁による第一次審査と内閣府による第二次審査（保全審査）の二段階に分けて行われ、保全指定がなされる際は、1年以内の範囲で保全指定の期間を定め、当該期間が満了する前に保全指定を継続する必要があるかを判断し、継続する必要があると認めるときは、さらに1年以内の範囲で期間を延長することができる（経済安保70条）。また、保全指定がなされた場合には、対象となる発明の実施は許可制となり、申請に係る実施をした場合に開示と同様の情報流出の効果を生じるか否かという観点から許可の有無が判断される。また、本制度により、一定の場合には、外国での出願が禁止され、外国で出願するより前に、まず日本で出願して保全審査を受けなければならない（経済安保78条1項）。外国出願禁止の対象となり得る発明を外国出願しようとする者は、日本において明細書等に当該発明を記載した特許出願をしていない場合に限り、事前に外国出願の禁止の対象となる発明か否かを特許庁長官に確認を求めることができる（経済安保79条1項）。これらの法律上の義務に違反した場合には罰則が定められている（経済安保92条1項8号等）。

第2章　特許法による特許権の保護　　199

5 補　正

　出願人は、事件が特許庁に係属している間は、出願内容の補正をすることができる（特許17条1項）。なお、特許登録後は、補正ではなく、訂正審判請求および訂正請求（**後記 Ⅷ 4【3】コラム**）によることになる。

　出願後に一切補正を認めないとするのは出願人に酷であるが、補正の内容や時期に適切な制限を設けないと、先願主義の原則から逸脱することになるうえ、審査の負担も増大する。そこで、特許法は、補正の内容や時期に以下のとおり制限を設けている。

　拒絶理由通知（同50条）を受けた後は、次の①〜④の場合に限り、補正をすることができる（同17条の2第1項）。

① 拒絶理由通知を最初に受けた場合において、指定された期間内にするとき
② 拒絶理由通知を受けた後、特許法48条の7の規定による通知を受けた場合において、同条の規定により指定された期間内にするとき
③ 拒絶理由通知を受けた後さらに拒絶理由通知（最後の拒絶理由通知）を受けた場合において、指定された期間内にするとき
④ 拒絶査定不服審判を請求する場合において、その審判の請求と同時にするとき

　また、補正が可能となる内容にも**後記【1】〜【3】**で説明するとおりの時期に応じた制限がある。

【1】新規事項を追加する補正の禁止

　まず、すべての補正（時期を問わず、特許請求の範囲の補正か明細書または図面の補正かを問わない）に共通の原則として、補正は、願書に最初に添付した明細書、特許請求の範囲または図面の範囲内で行わなければならないという制限がある（新規事項を追加する補正の禁止。特許17条の2第3項）。

　補正が「当初明細書等に記載した事項」との関係において、「新たな技術的事項を導入するものであるか否か」により、その補正が新規事項を追加する補

200　　　第3編　技術の保護

正であるか否かが判断される[110]。

　ここで、「当初明細書等に記載した事項」とは、当業者によって、当初明細書等のすべての記載を総合することにより導かれる技術的事項である。

　例えば、①補正された事項が「当初明細書等に明示的に記載された事項」である場合や②当初明細書等に明示的な記載がなくても、補正された事項が「当初明細書等の記載から自明な事項」である場合には、その補正は、新たな技術的事項を導入するものではないから許される[111]。

　新規事項を追加する補正を許せば、先願主義の原則が没却されることになるため、禁止されている。前記 **❸【2】**で述べたとおり、1年以内に国内優先権主張を伴う出願をすることにより、新規事項を追加した出願が可能となっているため、新規事項を追加したい場合には同制度を利用することが想定される。

【2】シフト補正の禁止

　拒絶理由通知を受けた後の特許請求の範囲の補正（すなわち、前記 **❺** の①〜④の場合）では、その補正前の発明と、その補正後の特許請求の範囲に記載される事項により特定される発明とが、発明の単一性（特許37条）の要件を満たす一群の発明に該当するものとなるようにしなければならない（同17条の2第4項）。

　このように、発明の単一性を欠く発明への補正のことをシフト補正と呼び、特許法17条の2第4項は、シフト補正の禁止を定めた条文であるといえる。

　シフト補正を認めると、実質上、2件分の発明について、1件分の費用で実体審査を受けることができてしまうことになり、特許庁の審査の負担も過大になるため、禁止されている。

　発明の単一性の要件の判断基準については、後記 **❻** を参照されたい。

　シフト補正に当たるような場合は、出願の分割（後記 **❻**）を検討することになる。

---

110)　　特許庁「特許・実用新案審査基準」第IV部第2章2.。
111)　　特許庁「特許・実用新案審査基準」第IV部第2章3.。なお、知財高大判平成20年5月30日判時2009号47頁〔ソルダーレジスト事件〕も参照。

第2章　特許法による特許権の保護　　201

【3】目的外補正の禁止

前記 **5** の①において拒絶理由通知と併せて特許法50条の2の規定による通知を受けた場合[112]および上記の③・④の場合の特許請求の範囲の補正では、さらに、目的外補正の禁止の制限も加わる（特許17条の2第5項）。

具体的には、補正は〔i〕特許法36条5項に規定する請求項の削除、〔ii〕特許請求の範囲の減縮[113]、〔iii〕誤記の訂正、および〔iv〕明瞭でない記載の釈明（拒絶理由通知に係る拒絶の理由に示す事項についてするものに限る）を目的とするものだけに限られ、これ以外の目的外補正は禁止される。

このように既になされた審査結果を有効に活用することができる範囲内での補正にとどめることにより、特許庁の審査の負担が軽減されている。

もっとも、上記のうち、シフト補正の禁止および目的外補正の禁止は、新規事項を追加するものとは異なり、発明の内容に関して実体的な不備をもたらすものではないから、異議申立理由や無効理由とはされていない。そこで、審査基準[114]上も、必要以上に厳格に判断することがないようにするものとされている。

6 出願の分割・変更

【1】出願の分割

出願人は、(i) **前記 5** で前述した補正が可能な期間内、(ii) 特許査定の謄本の送達があってから30日以内、および (iii) 拒絶査定の謄本の送達があってから3か月以内に、二以上の発明を包含する特許出願の一部を分割して、新たな

---

112)　単に最初の拒絶理由通知を受けただけの場合は含まれない。

113)　特許法36条5項の規定により請求項に記載した発明を特定するために必要な事項を限定するものであって、その補正前の当該請求項に記載された発明とその補正後の当該請求項に記載される発明の産業上の利用分野および解決しようとする課題が同一であるものに限る（特許17条の2第5項2号）。また、特許請求の範囲の減縮の場合には、補正後における特許請求の範囲に記載されている事項により、特定される発明が特許出願の際に独立して特許を受けることができるものであること（新規性、進歩性欠如等の拒絶理由がないこと）が必要である（独立特許要件。同条6項、126条7項）。

114)　特許庁「特許・実用新案審査基準」第IV部第4章1。

202　　第3編　技術の保護

特許出願とすることができる（特許44条1項）。

　分割出願は、元の出願の出願日に出願したものとみなされる[115]（同条2項）。分割出願による特許権の存続期間は元の出願の出願日から起算される。

　分割出願は、実務上、発明の単一性を欠くとされた場合の解消に利用できる。また、例えば、複数の請求項のうち一部の請求項のみに拒絶理由があるような場合に、残りの請求項について分割出願して早急に権利化を図り、拒絶理由のある請求項で構成される元の出願については、拒絶査定を受けた後に拒絶査定不服審判で争うといったことにも利用できる。さらに、実務上最も重要な活用法は以下のものである。分割出願は、特許請求の範囲に記載されていたものに限らず、明細書や図面に記載されていた発明についても対象とすることができる[116]ため、明細書や図面に記載の範囲内で、実際に市場で現に販売されまたは販売されることが想定される製品に合わせた形でクレームを書き起こし、実際に権利行使がしやすい特許権を新たに取得することに活用されており、分割が数次にわたり、繰り返されることも珍しくない。

[2] 出願の変更

　特許出願、実用新案登録出願、意匠登録出願では、それぞれ相互間に出願形式の変更が認められている（特許46条1項、2項、新案10条、意匠13条）。

　出願変更の要件を充足した場合には、原出願の出願日に変更出願をしたものとみなされる（特許46条6項、44条2項）。

VI　特許権侵害

1 総　論

　前記 **I** で解説したとおり、「業として」特許発明の「実施」をした場合

---

115)　ただし、新たな特許出願が特許法29条の2（拡大先願）の他の特許出願に該当する場合および30条3項（新規性喪失の例外）の場合、出願日は遡及しない（特許44条2項但書き）。

116)　最判昭和55年12月18日民集34巻7号917頁〔半サイズ映画フィルム録音装置事件〕。

第2章　特許法による特許権の保護　　203

に、特許権侵害が成立する（特許68条）。

「実施」および「業として」については、既に**前記 Ⅰ**【2】〜【3】で説明した。**前記 Ⅰ**【4】で詳述したとおり、「特許発明」の内容を定めているのが「特許請求の範囲」（同70条1項）であり、特許権侵害の成否は、「特許請求の範囲」の記載に基づき定められる特許発明の技術的範囲の中に、相手方の物・方法・物を生産する方法が含まれるか否かにより決まることになる。これを、特許請求の範囲の文言を充足するかという意味で充足論と呼ぶことがある。また、「特許請求の範囲」は、英語でPatent claim（特許クレーム）と呼ばれるため、「特許請求の範囲」の解釈をクレーム解釈と呼ぶことがある。

侵害には、均等侵害というものもある。また、間接侵害というものもある。均等侵害と区別するために、通常の侵害のことを文言侵害と呼ぶことがあり、また、間接侵害と区別するために、通常の侵害のことを直接侵害と呼ぶことがある。

❷ 侵害の成否の基本

【1】判断の要素

〔a〕特許請求の範囲、明細書、図面

特許発明の技術的範囲は、願書に添付した特許請求の範囲の記載に基づいて定めなければならない（特許70条1項）。この場合においては、願書に添付した明細書の記載および図面を考慮して、特許請求の範囲に記載された用語の意義を解釈する（同条2項）。

> **コラム　リパーゼ事件[117]の射程**
>
> リパーゼ事件は、拒絶査定不服審判における請求不成立審判に対する審決取消訴訟であり、新規性・進歩性の判断の前提としての発明の要旨認定（前記 **Ⅲ** ❷【1】）を行うにあたり、明細書の記載を参酌することができる場合について、以下のような判断を示した。

---

117)　最判平成3年3月8日民集45巻3号123頁〔リパーゼ事件〕。

204　第3編　技術の保護

「要旨認定は、特段の事情のない限り、願書に添付した明細書の特許請求の範囲の記載に基づいてされるべきである。特許請求の範囲の記載の技術的意義が一義的に明確に理解することができないとか、あるいは、一見してその記載が誤記であることが明細書の発明の詳細な説明の記載に照らして明らかであるなどの特段の事情がある場合に限って、明細書の発明の詳細な説明の記載を参酌することが許されるにすぎない」。

リパーゼ事件の射程は学術的にも実務的にも重要な論点であると認識されてきた。

まず、リパーゼ事件は、あくまで、新規性・進歩性の判断の前提となる発明の要旨認定にあたって、明細書の記載を参酌できるかに関するものである。したがって、特許権侵害の成否の判断（特許発明の技術的範囲の解釈）において明細書の記載を参酌できるかには射程は及ばない。特許発明の技術的範囲の解釈においては、特許法70条2項に従って、明細書の記載の参酌が広く認められる。特許法70条2項はリパーゼ判決後に導入された条文であり、リパーゼ事件の射程が特許発明の技術的範囲の解釈には及ばないことを明確にしたものであると理解できる。そうすると、同じ請求項の解釈が侵害の成否と有効性の判断とで異なる判断基準により判断され得ることになる[118]が、そのこと自体は合理的であるとの指摘もある[119]。

また、発明の要旨認定に関しても、リパーゼ事件の射程は狭いと解

---

[118]　例えば、特許請求の範囲では限定のない「リパーゼ」という文言が用いられ、明細書では、「Ra リパーゼ」についてのみ言及していたという場合には、構成要件充足論では明細書の記載を参酌して、「リパーゼ」とは、「Ra リパーゼ」のみを指すと解することになる一方で、無効論では、明細書の記載を参酌せずに、「リパーゼ」に限定はないと解することになる可能性がある。

[119]　高林・特許151〜152頁は、権利の取得過程では、「不十分な特許請求の範囲であれば、補正をすべき」であり、補正をしない場合に、明細書の記載を参酌して特許請求の範囲の文言を限定的に解釈したうえで、サポート要件（前記 **III** **5**【3】）を充足しているものと解する必要性に乏しいのに対して、「すでに成立した権利の禁止権の及ぶ範囲を事後的に認定する」場面では、「権利の及ぶ範囲が不当に拡大しないように」明細書の記載を広く参酌すべきであるとする。

釈する見解[120]も有力である。裁判例は、発明の要旨認定において、明細書の記載を参酌することが多く、リパーゼ事件に言及したうえで「特段の事情」を柔軟に認めるか、リパーゼ事件に言及せずに明細書の記載を考慮する例がある[121]。

[b] 出願経過の参酌（包袋禁反言の原則）

　さらに、特許出願の過程では、出願人は、審査官から拒絶理由通知を受けた際には、意見書や補正書の提出等特許庁との間でさまざまなやり取りを行うことになる。このような出願の経過に反することを後で言うことは、信義則（民1条2項）から導かれる禁反言の原則に反して許されないと解されている。出願段階では、出願人は、例えば、特許請求の範囲のこの文言はこういう意味で、従来技術とは異なるのだと説明し、審査官はそのような説明に納得して、登録に至るわけであるから、登録された途端に出願段階の説明を無視した解釈を展開することは許されないのである。出願段階では、登録を認めてもらうべく、従来技術との差異を強調するために、権利範囲は限定的であるという説明をすることがあり、そのような説明を行うことは登録査定をもらうためには、もちろん有益である。しかし、登録された特許の権利範囲は、当然に、そのような説明を前提とした内容になるため、このような説明が充足論においては不利に働く。

　出願書類一式のことを包袋（ほうたい）と呼ぶ（英語のfile wrapperの訳語）ため、このような原則のことを「包袋禁反言の原則」と呼ぶ。

---

120)　　リパーゼ事件の調査官解説である最判解民事篇平成3年度〔塩月秀平〕39頁は、「本判決は、発明の要旨を認定する過程においては、発明にかかわる技術内容を明らかにするために、発明の詳細な説明や図面の記載に目を通すことは必要であるが、しかし、技術内容を理解した上で発明の要旨となる技術的事項を確定する段階においては、<u>特許請求の範囲の記載を超えて、発明の詳細な説明や図面にだけ記載されたところの構成要素を付加してはならないとの理論を示したもの</u>」であるとされる（下線は筆者らが付した）。中山・特許509頁も、リパーゼ事件は「発明の要旨の認定にあたり、特許請求の範囲を超えて明細書に記載されている事項の付加は認められない、という趣旨」に限られるはずであるとする。特許庁「特許・実用新案審査基準」第III部第2章第3節2.も同趣旨と理解できる。

121)　　大阪弁護士会12～13頁等参照。

包袋禁反言の原則に従うと、特許請求の範囲の解釈は、明細書のみならず、出願経過をも参酌して行う必要があることになる。

〔c〕公知技術の参酌

　特許請求の範囲の解釈は、出願時の技術水準を踏まえて行われることになり、かかる出願時の技術水準を参酌するという限度において、公知技術を参酌することは、可能である（現に、明細書の発明の詳細な説明にも、従来技術として、公知技術が紹介されていることが多く、明細書の従来技術の記載を考慮すれば、公知技術も考慮されていることになる）[122]。

　問題なのは、上記の限度を超えて、クレーム解釈にあたり、公知技術を考慮して特許請求の範囲に記載のない限定をすることができるかであり[123]、この点は後記 **コラム** で説明する。

コラム 公知技術除外説、実施例限定説、公知技術（自由技術）の抗弁

　従前は、公知技術は誰でも自由に実施可能なものであるから、公知技術が権利範囲に含まれるのは不合理であるとの考え方の下、公知技術を含まないように、特許請求の範囲の文言を狭く解釈して非侵害の結論を導くという手法（公知技術除外説）が用いられていた[124]。

　公知技術除外説には、特に特許請求の範囲が全部公知の場合の処理の理論的構成について問題があり（全部を除外すると、権利範囲がないということになる）、例えば、権利範囲を明細書に記載された実施例の範囲に限定するという実施例限定説や、公知技術を実施した場合には端的に非侵害とする公知技術の抗弁（自由技術の抗弁）を認める説等が対立してきた[125]。

---

122)　飯村＝設樂〔高林〕81頁。最判昭和37年12月7日民集16巻12号2321頁〔炭車トロ脱線防止装置事件〕参照。

123)　飯村＝設樂〔高林〕81頁。

124)　最判昭和39年8月4日民集18巻7号1319頁〔回転式重油燃焼装置事件〕。

125)　茶園・特許275頁、中山・特許450〜489頁以下参照。なお、均等論の第4要件との関係については後記 **3** 参照。

このような解釈は、本来の文言解釈の枠組みを超えているのではないかという問題点があるが、裁判所が、侵害訴訟において、特許が無効であることについて判断ができなかった時代においては、結論の妥当性を確保するための便法として有用な手法だったとも考えられる。しかし、現在では、特許無効の抗弁（特許104条の3。後記　Ⅷ　4【4】参照）の登場により、特許が無効である場合には、端的に非侵害との帰結が導けるようになったため、特許請求の範囲の文言解釈において公知技術を参酌して、非侵害の帰結を導くという手法の存在意義は、理論上は失われたと考えられている[126]。

　実務上は、公知技術を含むような広いクレーム解釈が原告から主張された場合には、被告の側から、そのような広範な解釈を採るとすれば、特許無効の抗弁が成立するとの反論がなされることになる。そのような反論が裁判所の心証にも影響を与え、いずれのクレーム解釈もあり得る場合には、狭いクレーム解釈のほうを採用して非侵害の帰結が導かれる（これにより無効論の判断をしなくて済む）ということはあり得る。

【2】具体例（切り餅事件を例にとって）

　実務上は、特許請求の範囲を一定のまとまりごとに分説して、要素ごとに被告の製品、方法等との対比を行うことになる。被告製品がこれらの分説した特許請求の範囲の構成要件のすべてを充足した場合に限って文言侵害が成立するのであり、一部でも充足しなければ文言侵害は成立しない（オール・エレメンツ・ルール、all elements rule）。

　すなわち、この特許請求の範囲に多数の要素が入っているほど、当該すべての要素を充足する場合が限られることになり、権利の範囲は狭くなる。逆に、この特許請求の範囲の要素が少なければ、当該すべての要素を充足しやすくなり、権利の範囲は広くなる。そこで、広い権利を取ろうとすれば、できるだけ不要な限定要素は排除しておきたいということになるが、他方で、広すぎると

---

126)　　飯村＝設樂〔髙林〕82頁。

208　　第3編　技術の保護

既存の技術も特許請求の範囲に含まれてしまい、特許要件を充足しないことになってしまうため、出願時には、両者のバランスにより、特許請求の範囲の記載内容が決定される。

前記 **I 3** で挙げた切り餅事件[127]の請求項1の特許請求の範囲を、構成要件A～Eに分説を行った場合の例は以下のとおりである。

「A　焼き網に載置して焼き上げて食する輪郭形状が方形の小片餅体である切餅の

B　載置底面又は平坦上面ではなくこの小片餅体の上側表面部の立直側面である側周表面に、この立直側面に沿う方向を周方向としてこの周方向に長さを有する一若しくは複数の切り込み部又は溝部を設け、

C　この切り込み部又は溝部は、この立直側面に沿う方向を周方向としてこの周方向に一周連続させて角環状とした若しくは前記立直側面である側周表面の対向二側面に形成した切り込み部又は溝部として、

D　焼き上げるに際して前記切り込み部または溝部の上側が下側に対して持ち上がり、最中やサンドウイッチのように上下の焼板状部の間に膨化した中身がサンドされている状態に膨化変形することで膨化による外部への噴き出しを抑制するように構成した

E　ことを特徴とする餅」

このような対比の前提として、被告の製品、方法等がどのようなものかについても認定がされることになる。商標の場合は、被告が使っている商標がどんな商標かは見ればすぐに分かるが、特許の場合には、まず、製品や方法自体を特定したうえで、それをどうやって言葉で表現するかが問題になる。製品や方法の特定は、商品名や型番等で特定することができれば明確になるが、そのように商品名や型番等で特定されたものを対比するにあたり、どうやって言葉で

---

127)　知財高判平成23年9月7日判時2144号121頁〔切り餅事件（控訴審中間判決）〕。なお、控訴審判決は、知財高判平成24年3月22日裁判所ウェブサイト（平成23年（ネ）10002号）〔切り餅事件（控訴審）〕。

表現するのかは問題になる。

　上記の切り餅事件の物件目録では、被告商品は、例えば、「商品名『サトウの切り餅パリッとスリット』内容量400g，700g，1kg，2kg」といった形で特定されている。

　また、上記の切り餅事件では、被告製品が以下のものであることに争いがないとされた。

「a　焼き網に載置して焼き上げて食する輪郭形状が直方形の小片餅体である切餅の
　b1　上面17及び下面16に、切り込み部18が上面17及び下面16の長辺部及び短辺部の全長にわたって上面17及び下面16のそれぞれほぼ中央部に十字状に設けられ、
　b2　かつ、上面17及び下面16に挟まれた側周表面12の長辺部に、同長辺部の上下方向をほぼ3等分する間隔で長辺部の全長にわたりほぼ並行に2つの切り込み部13が設けられ、
　c　切り込み部13は側周表面12の対向する二長辺部に設けられている
　d　餅」

　上記の番号は、**後記〔図表4〕**に対応しているので、併せて参照してほしい。

[図表4] 切り餅事件[128]被告製品図面(斜視図)

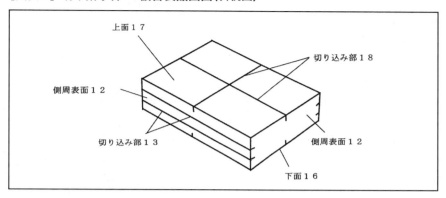

　前記の切り餅事件では、構成要件A、C、Eの充足性については争いがなく、BとDの充足性のみが争われた。このうち以下では、構成要件Bの「載置底面又は平坦上面ではなく」との記載の解釈について取り上げる。

　第一審[129]は、「載置底面又は平坦上面ではなく」との記載は、切り込み部等を設ける部位を特定するのみならず、「載置底面又は平坦上面」には切り込み部等を設けないことも意味するものと解するのが相当であるとして、「載置底面又は平坦上面」にも切り込み部を有する被告製品は、非侵害であるとした。この点を分かりやすくするために、後記[図表5]に参考図面を用意したので参照していただきたい。参考図面の(A)では、「載置底面又は平坦上面」には切り込みが入っていない。これに対して、参考図面の(B)では、「載置底面又は平坦上面」に切り込みが入っている。被告製品は、(B)のようなものであった。第一審判決は、参考図面の(A)のみが特許発明の技術的範囲に含まれるのであり、被告製品のような(B)は、含まれないと判断した。

　これに対して、控訴審[130]は、「載置底面又は平坦上面ではなく」との記載

---

128) 知財高判平成23年9月7日判時2144号121頁〔切り餅事件(控訴審中間判決)〕(画像の出所：同判決別紙「被告製品図面(斜視図)」)。
129) 東京地判平成22年11月30日裁判所ウェブサイト(平成21年(ワ)7718号)〔切り餅事件(第一審)〕。
130) 知財高判平成23年9月7日判時2144号121頁〔切り餅事件(控訴審中間判決)〕。

は、単に「載置状態との関係を示すため、『側周表面』を、より明確にする趣旨で付加された記載」であり、載置底面または平坦上面に切り込み部または溝部を設けることを除外するための記載ではないと判断して、侵害を認めた（すなわち、**後記**の参考図面の（A）のみならず被告製品のような（B）も特許発明の技術的範囲に含まれると判断して侵害を認めた）。具体的には、次のとおり判断した。

　「発明の詳細な説明欄の記載によれば、本件発明の作用効果として、①加熱時の突発的な膨化による噴き出しの抑制、②切り込み部位の忌避すべき焼き上がり防止（美感の維持）、③均一な焼き上がり、④食べ易く、美味しい焼き上がり、が挙げられている。そして、本件発明は、切餅の立直側面である側周表面に切り込み部等を形成し、焼き上がり時に、上側が持ち上がることにより、上記①ないし④の作用効果が生ずるものと理解することができる。これに対して、発明の詳細な説明欄において、側周表面に切り込み部等を設け、さらに、載置底面または平坦上面に切り込み部等を形成すると、上記作用効果が生じないなどとの説明がされた部分はない。本件明細書の記載および図面を考慮しても、構成要件Bにおける『載置底面又は平坦上面ではなく』との記載は、通常は、最も広い面を載置底面として焼き上げるのが一般的であるが、そのような態様で載置しない場合もあり得ることから、載置状態との関係を示すため、『側周表面』を、より明確にする趣旨で付加された記載と理解することができ、載置底面または平坦上面に切り込み部等を設けることを排除する趣旨を読み取ることはできない」。

[図表5] 切り餅事件の理解のための参考図面

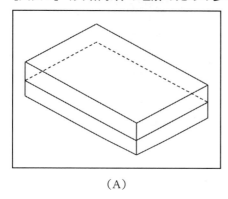
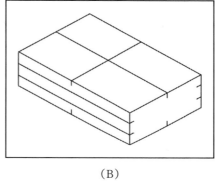

(A)　　　　　　　　　　　　　(B)

　このように、特許請求の範囲を分節した各構成要件のうち、充足性に争いのある文言について解釈を示し、その解釈によった場合に、被告製品が当該文言を充足するのかの判断がなされるのが、文言侵害の場合の充足論である。

> **コラム　プロダクト・バイ・プロセスクレームの解釈**
>
> 　プロダクト・バイ・プロセスクレーム（PBPクレーム）とは、物（プロダクト）の発明であるが、製造方法（プロセス）により特定する方法で記載された特許請求の範囲のことである。例えば、「○○という方法によって製造される××」というようなものである（○○が製造方法で、××が物質名）。
>
> 　物の発明である以上、本来であれば、物の構造・特性で特定をすればよいのであるが、特にバイオ等の分野等における新規の有用な物などの場合、出願時の解析技術が不十分であり、そのような特定が難しい場合があるとされ、実務上活用されてきた。
>
> 　PBPクレームのクレーム解釈として、従来、①実際に当該製法により製造されたかは問わず、当該製法で特定された物の構成と同一の構成を有する物に及ぶとする物同一説と②当該製法により製造された物に限られるとする製法同一説が対立してきた。

これに対して最高裁[131]が判断を示し、①の物同一説に立ったが、PBPクレームは原則として、明確性要件（特許36条6項2号。**前記 III 5【4】**）を欠いて無効であるとした。例外的に無効にならないのは、「出願時において当該物をその構造又は特性により直接特定することが不可能であるか、又はおよそ実際的でないという事情が存在するときに限られる」とした。したがって、今後の実務上は、PBPクレームについて、上記の事情について主張・立証できない場合は、補正・訂正（物を生産する方法の発明への変更等）により対応する必要が生じることになる[132]。

3 均等侵害

【1】総　論

前記 2【2】のとおり、オール・エレメンツ・ルールにより、対象製品・方法等が当該特許権の特許請求の範囲の構成要件の一部でも充足しない場合には特許権侵害（文言侵害）は成立しない。

もっとも、特許出願の時に、将来のあらゆる侵害態様を予想して明細書の特許請求の範囲を記載することは、困難であるといえる。仮に、特許請求の範囲に記載された構成の一部を特許出願後に明らかとなった物質・技術等に置き換えることによって、特許権者による権利行使を容易に免れることができるとすれば、発明へのインセンティブが失われる[133]。

そこで、特許発明の実質的価値は第三者が特許請求の範囲に記載された構成

---

131)　最判平成27年6月5日民集69巻4号700頁〔プラバスタチンナトリウム事件〕。

132)　特許庁「特許・実用新案審査ハンドブック」第II部第2章2203「物の発明についての請求項にその物の製造方法が記載されている場合の審査における留意事項」、2204「『物の発明に係る請求項にその物の製造方法が記載されている場合』に該当するか否かについての判断」、2205「物の発明についての請求項にその物の製造方法が記載されている場合の審査における『不可能・非実際的事情』についての判断」、および上記最判平成27年6月5日民集69巻4号700頁〔プラバスタチンナトリウム事件〕の千葉補足意見参照。

133)　最判平成10年2月24日民集52巻1号113頁〔ボールスプライン軸受事件〕。

からこれと実質的に同一なものとして容易に想到することのできる技術に及ぶとして特許権侵害を認めるのが均等論（均等侵害）である。しかし、均等侵害を安易に認めすぎると、侵害の範囲が不測に拡大することになり、第三者の予見可能性を害することになってしまう。均等侵害においては、特許権者の保護と第三者による予見可能性のバランスを取ることが重要である。

　文言侵害の成否も、形式的な特許請求の範囲の文言のみから行われるわけではなく、実質的な解釈が行われているから、均等論を持ち出すまでもなく、文言侵害で侵害が認められているケースも多い。逆に、文言侵害が否定されている場合には、そう簡単に均等侵害が認められるわけではない。

　特許請求の範囲に記載された構成中に対象製品等と異なる部分が存する場合であっても、以下の5要件を充足する場合には、右対象製品等は、特許請求の範囲に記載された構成と均等なものとして、特許発明の技術的範囲に属するものと解される。

① 特許請求の範囲に記載された構成中の対象製品等と異なる部分が特許発明の本質的部分ではないこと（非本質的部分）
② 同部分を対象製品等におけるものと置き換えても、特許発明の目的を達することができ、同一の作用効果を奏するものであること（置換可能性）
③ そのように置き換えることに、当業者が、対象製品等の製造等の時点において容易に想到することができたものであること（置換容易性）
④ 対象製品等が、特許発明の特許出願時における公知技術と同一または当業者がこれから右出願時に容易に推考できたものではないこと（対象製品等の非容易推考性）
⑤ 対象製品等が特許発明の特許出願手続において特許請求の範囲から意識的に除外されたものに当たるなどの特段の事情がないこと（特段の事情）

　上記のうち、①～③の積極的要件は原告である特許権者が立証責任を負い、④および⑤の消極的要件は被告が立証責任を負う[134]。

---

134)　　知財高大判平成28年3月25日判時2306号87頁〔マキサカルシトール製造方法事件

【2】第1要件（非本質的部分）

①の要件は、もし、特許発明と本質的部分において別物になってしまっていれば、権利範囲に含めるべきではないことから導かれる。均等侵害が否定される理由はこの①の要件にあることが多い。

本質的部分は、「当該特許発明の特許請求の範囲の記載のうち、従来技術に見られない特有の技術的思想を構成する特徴的部分」のことを指す[135]。

特許発明の実質的価値は、その技術分野における従来技術と比較した貢献の程度に応じて定められることから、特許発明の本質的部分は、特許請求の範囲および明細書の記載、特に明細書記載の従来技術との比較から認定されるべきである[136]。

知財高裁は、従来技術と比較して特許発明の貢献の程度が大きいと評価される場合には、本質的部分は、特許請求の範囲の記載の一部について、これを上位概念化（抽象化）したものとして認定されるものとしている[137]。このように本質的部分が抽象化されて認定されると細かな具体的な差異は本質的部分に当たらなくなるから、細かな具体的差異があっても均等侵害が成立するということになり、均等侵害の成立が認められやすくなることを意味する。

以上のように、従来技術との対比が本質的部分の認定にあたり重要であるため、知財高裁は、明細書に従来技術が解決できなかった課題として記載されているところが出願時の従来技術に照らして客観的に見て不十分な場合には、上記のような抽象化はしづらくなり、均等侵害が認められる範囲がより狭いものとなると判断している[138]。明細書における従来技術が解決できなかった課題の

（控訴審）〕。なお、同事件には最高裁判決があるが、上告棄却となっており、後述の第5要件についてしか判断していない。

[135] 　　知財高大判平成28年3月25日判時2306号87頁〔マキサカルシトール製造方法事件（控訴審）〕。

[136] 　　知財高大判平成28年3月25日判時2306号87頁〔マキサカルシトール製造方法事件（控訴審）〕。

[137] 　　知財高大判平成28年3月25日判時2306号87頁〔マキサカルシトール製造方法事件（控訴審）〕。

[138] 　　知財高大判平成28年3月25日判時2306号87頁〔マキサカルシトール製造方法事件（控訴審）〕。

記載方法が均等侵害の成立範囲に影響を与えるということであり、明細書の作成時に慎重な検討が求められることになる。

【3】第2要件（置換可能性）

②の要件は、もし、特許発明と作用効果が異なるような場合には、権利範囲に含めるべきではないことは当然であることから導かれるものであり、均等論の当然の前提となる要件である。

【4】第3要件（置換容易性）

③の要件については、置換容易性がないような場合にまで、均等侵害の成立を認めると権利範囲が過度に拡大することから導かれる要件であり、これも、均等論の当然の前提となる要件である。前述のとおり、仮に、特許請求の範囲に記載された構成の一部を特許出願後に明らかとなった物質・技術等に置き換えることによって、特許権者による権利行使を容易に免れることができるとすれば不当であるから、出願時基準ではなく、侵害時基準で判断される[139]。したがって、均等侵害の成立範囲は、理論的には、時代が進んで同等技術が増えていくに従い拡大し得ることになる。

【5】第4要件（対象製品等の非容易推考性）

④の要件は、いわゆる公知技術の抗弁（自由技術の抗弁。**前記 ❷【1】〔c〕**
コラム 参照）を均等論の消極的要件として取り込んだものにすぎない[140]と理解することもできるが、対象製品等を包んだ仮想のクレーム（均等侵害を議論しているということは、文言侵害は成立しないということであり、この仮想のクレームは、文言侵害の範囲外のものまでカバーするものということになるから、元の「特許請求の範囲」よりは広いものになる）について新規性・進歩性等の無効理由がないかを判断している要件であると理解することもできる[141]。その判断基準時

---

139)　最判平成10年2月24日民集52巻1号113頁〔ボールスプライン軸受事件〕が「対象製品等の製造等の時点」としている。

140)　中山・特許531頁参照。

141)　最判解民事篇平成10年度〔三村量一〕150頁参照。大渕哲也＝塚原朋一＝熊倉禎男

第2章　特許法による特許権の保護　　217

は出願時である[142]。上記の仮想のクレームを想定する見解からすれば、新規性・進歩性等の判断基準時である出願時を基準として判断されるべきであると説明できる[143]。いずれにしても、この要件は、実際には、特許無効の抗弁（特許104条の3。後記 ■■■ **VIII** ■ **4**【4】参照）と重複する場合も多いといえる。

【6】第5要件（特段の事情）

⑤の要件は、「特許出願手続において出願人が特許請求の範囲から意識的に除外したなど、特許権者の側においていったん特許発明の技術的範囲に属しないことを承認するか、又は外形的にそのように解されるような行動をとったものについて、特許権者が後にこれと反する主張をすることは、禁反言の法理に照らし許されない[144]」ことを根拠に導かれる消極的要件である。ひとまずは、前記 **2**【1】(b) で詳述した包袋禁反言の原則を均等論の消極的要件として取り込んだものであると理解しておけば足りる。この⑤の要件で均等侵害が否定されることも多い。

特許請求の範囲に記載された構成と実質的に同一なものとして、出願時に当業者が容易に想到することのできる特許請求の範囲外の他の構成があり、出願人も出願時に当該他の構成を容易に想到することができたにもかかわらず、出願人が特許請求の範囲に当該他の構成を記載しなかったことが「特段の事情」に当たるかどうかについては、従前から見解が対立してきた。

この論点について、最高裁は、原則として、「特段の事情」には当たらないとの判断を示している。この判断は、容易に想到することができた構成を特許請求の範囲に記載しなかったというだけでは、当該構成が特許請求の範囲から除外されたものであることの信頼を生じさせるものとはいえず、また、特許権侵害訴訟において、当該構成と特許請求の範囲に記載された構成との均等を理

　　＝三村量一＝富岡英次編『専門訴訟講座⑥ 特許訴訟 下巻』〔山田真紀〕「均等侵害の要件事実」（民事法研究会、2012）1096頁。

142) 　最判平成10年2月24日民集52巻1号113頁〔ボールスプライン軸受事件〕が「出願時」としている。

143) 　島並ら・特許295頁参照。

144) 　最判平成10年2月24日民集52巻1号113頁〔ボールスプライン軸受事件〕。

由に当該構成が特許発明の技術的範囲に属する旨の主張をすることが一律に許されなくなるとすると、先願主義の下で早期の特許出願を迫られる出願人において、将来予想されるあらゆる侵害態様を包含するような特許請求の範囲の記載を特許出願時に強いられることと等しくなる一方、明細書の開示を受ける第三者においては、特許請求の範囲に記載された構成と均等なものを上記のような時間的制約を受けずに検討することができるため、特許権者による差止め等の権利行使を用意に免れることができることとなり、相当とはいえないことを理由としている。

　もっとも、例外的に、出願人が、出願時に、特許請求の範囲外の他の構成を、特許請求の範囲に記載された構成中の異なる部分に代替するものとして認識していたものと客観的、外形的に見て認められるとき（例えば、出願人が明細書において特許請求の範囲に記載された構成を他の構成と置き換えることができることを記載しているとき）には、「特段の事情」に当たるものとしている[145]。

【7】具体例

　上記のマキサカルシトール製造方法事件[146]の事案に沿って均等侵害の判断に対する具体例を説明する。マキサカルシトール製造方法事件の事案における特許（本件特許権。特許第3310301号）は、「ビタミンDおよびステロイド誘導体の合成用中間体およびその製造方法」というものであり、その概要は、出発物質を特定の試薬と反応させて中間体を製造し、その中間体を還元剤で処理して目的物質を製造するという化合物の製造方法であった。

　ビタミンD類の基本骨格には、上部の二環からつながる三つの二重結合（トリエン。二重結合は、**後記［図表6］**の二重線で表示されている部分）があり、ビタミンD類には、このトリエン構造に由来する幾何異性体が二つ存在する。**［図表6］**の左側のトリエンの並び方のものを「シス体」といい、右側の並び方のものを「トランス体」という。

---

145)　　最判平成29年3月24日民集71巻3号359頁〔マキサカルシトール製造方法事件（最高裁）〕。

146)　　知財高大判平成28年3月25日判時2306号87頁〔マキサカルシトール製造方法事件（控訴審）〕。

[図表6] シス体とトランス体[147]

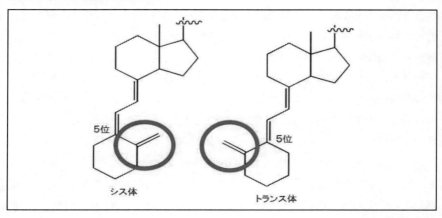

　本件特許の訂正請求（後記 Ⅷ 4【3】コラム 参照）後の発明（本件訂正発明）の特許請求の範囲では、出発物質および中間体が「シス体」のものに限られており、第一審被告の製法では、これが「トランス体」であったことから、文言侵害は成立しない。もっとも、均等侵害が成立するのではないかが争点になった。

　本判決は、均等侵害の5要件について、以下のとおり判断して、いずれも充足するとして、均等侵害を認めた。

① 本件訂正発明は、従来技術にはない新規な製造ルートによりその対象とする目的物質を製造することを可能とするものであり、従来技術に対する貢献の程度は大きく、本件訂正発明によって、初めて目的物質の工業的な生産が可能となったものである。このような本件訂正発明の上記課題および解決手段とその効果に照らすと、出発物質および中間体が「シス体」か「トランス体」であるかは、本件訂正発明の本質的部分ではない。

② 出発物質および中間体を「シス体」から「トランス体」に置き換えても、

147）　　知財高大判平成28年3月25日判時2306号87頁〔マキサカルシトール製造方法事件〕（画像の出所：同判決13頁）。

同一の目的を達成することができ、同一の作用効果を奏する。

③ 本件特許権の侵害時において、第一審被告の製法は、当業者が特許発明から容易に想到することができたものであった。

④ 第一審被告の製法について出願時に、公知技術からの容易推考性は認められない。

⑤ 明細書中には、出発物質をトランス体とする発明を記載しているとみることができる記載はなく、その他、出願人が、本件特許の出願時に、出発物質として、トランス体をシス体に代替するものとして認識していたものと客観的、外形的に見て認めるに足りる証拠はないので、「特段の事情」は認められない。

❹ 間接侵害・みなし侵害

特許法101条は、特許権侵害とみなされる場合について規定している。以下、①専用品の間接侵害（1号、4号）、②非専用品の間接侵害（2号、5号）、③「所持」によるみなし侵害（3号、6号）の三つに分けて説明する。①と②が大きな固まりであるのに対して、③はまったく趣旨が異なる規定である。

【1】専用品による間接侵害

特許法101条1号、4号は、物の発明と方法の発明の専用品（「その物の生産にのみ用いる物」「その方法の使用にのみ用いる物」）の生産、譲渡等もしくは輸入または譲渡等の申出をする行為について特許権侵害とみなされるとしている。

発明はあくまで、物や方法自体である以上、専用品の譲渡等自体については、直接侵害には当たらない。もっとも、これらの専用品が譲渡等されることにより、これを譲り受けた者が直接侵害行為に及ぶ可能性が高いから、専用品の譲渡等については、このような直接侵害を誘発する可能性の高い行為であり、間接侵害として規制しているのである。例えば、ある装置に物の発明としての特許権が成立している場合に、その装置の組立てに必要なすべての部品のキットを販売するような行為や、ある分析方法に方法の発明としての特許権が成立している場合に、その分析方法にのみ使用できる分析装置を販売するような行為がこれらに当たる。

第2章　特許法による特許権の保護　221

【2】非専用品による間接侵害

　従来は、間接侵害は専用品のみに限られていた。間接侵害を専用品に限らないと侵害行為を誘発する蓋然性の低い行為までも間接侵害に当たるものとされ不当であると考えられていたからである。もっとも、専用品に限るとすると、間接侵害の成立範囲が狭すぎるという面もあった。そこで、特許法101条2号、5号は、非専用品にも一定の要件で間接侵害を認めている。

　特許法101条2号、5号は、「その物の生産に用いる物」（2号）または「その方法の使用に用いる物」（5号）のうち「その発明による課題の解決に不可欠なもの」を、特許権の存在および特許発明の実施に用いられることを知りながら生産・譲渡等をする場合についても間接侵害に当たるとしている。

　「発明による課題の解決に不可欠なもの」とは、「それを用いることにより初めて『発明の解決しようとする課題』が解決されるような部品、道具、原料等」を指す[148]と考えられており、いかに重要な部品であったとしても、汎用品は除かれる。

　特許庁・逐条解説は、例えば「消しゴムで消せるボールペンの発明がある場合、そのインキに用いる特殊な顔料などは『発明による課題の解決に不可欠なもの』に該当するが、通常のボールペンのものと特段変わらない軸やキャップなどは、そのボールペンの生産自体に欠かせないものであったとしても、『発明による課題の解決に不可欠なもの』には該当しない」との例を挙げている[149]。また、専用品を「発明による課題の解決に不可欠なもの」に緩和したため、主観的要件として、悪意が必要となっており、過失があるだけでは足りない。その理由は、「自らの供給する部品等が複数の用途を有する場合に、それらが供給先においてどのように使われるかについてまで注意義務を負わせることは、部品等の供給者にとって酷であり、また、取引の安全を著しく欠くおそれがあるためである」とされている[150]。

　間接侵害の判断基準時は、差止請求の場合は、口頭弁論終結時であり、損害

---

148)　特許庁・逐条解説338頁。
149)　特許庁・逐条解説338頁以下。
150)　特許庁・逐条解説339頁。

賠償請求の場合には侵害時とされる[151]。

間接侵害の間接侵害（再間接侵害）については、争いがあるが、一太郎事件[152]で知財高裁は、方法の発明について、否定説に立った[153]。

【3】間接侵害の成立は直接侵害が前提か？（独立説と従属説）

間接侵害が成立するのは、直接行為者の実施行為が直接侵害に当たる場合に限るかについて争いがある。間接侵害が成立するのは、直接行為者の実施行為が直接侵害に当たる場合に限るとする説が従属説であり、間接侵害が成立するのは、直接行為者の実施行為が直接侵害に当たる場合に限らないとする説が独立説である。

具体的にこの論点が問題になるのは、例えば、①直接行為者の実施行為が家庭内におけるものであり「業として」の要件を充足しない場合、②直接行為者の実施行為が海外での実施行為であり、日本の特許権の効力が及ばない場合、③直接行為者が特許権についてライセンスを受けている場合、④直接行為者が試験・研究のために特許発明を実施する（特許69条1項）場合等がある。

独立説であれば、いずれも間接侵害が成立し、従属説に立てばいずれも間接侵害が不成立となる。現在の通説・裁判例は、独立説・従属説のいずれかに立つのではなく、ケースバイケースで判断しており、上記の例で言えば、①については間接侵害の成立を肯定し[154]、②〜④については間接侵害の成立を否定するのが通説だといえる[155]。

【4】「所持」によるみなし侵害

特許法101条3号（物の発明）、6号（物を生産する方法の発明）では、特許発明の侵害物品を「業としての譲渡等又は輸出のために所持する行為」を侵害行為であるとみなしている。模倣品問題対策を強化するべく、「譲渡等又は輸出」

---

151) 中山・特許486頁。

152) 知財高大判平成17年9月30日判時1904号47頁〔一太郎事件〕。

153) 中山・特許478頁も否定説に立つ。学説の状況につき、島並ら・特許305頁を参照。

154) 大阪地判平成12年10月24日判タ1081号241頁〔製パン器事件〕参照。

155) 高林・特許183頁、島並ら・特許311頁以下参照。

前の「所持」の段階でも侵害とみなせるようにしている規定であって、上記の特許法101条1号、2号、4号、5号の間接侵害とは趣旨が異なる規定である。

コラム 侵害主体が複数の場合の処理

　侵害行為は必ずしも、一人の者により行われるとは限らない。複数の侵害主体が関与した場合にどのような法律構成で侵害を認めるのかについて議論がある。

　例えば、①（刑法の共同正犯（刑60条）のように）各行為者に共同実行の意思がある場合の複数名による共同侵害行為、②（刑法の間接正犯のように）一部の者が手足・道具にすぎないような場合に手足・道具として利用している側の者に認められる単独侵害行為、③他の者の行為を管理・支配している者に認められる単独侵害行為、④幇助者に対して認められる責任等が議論されている[156]。

　②については、参考になる裁判例として、方法の発明で六つの工程があるもので、被告は、ほとんどの工程を行った製品を購入者に提供して購入者が最後の一工程を行ったという事例で、購入者による実施は被告による実施と同視できるとして被告の侵害行為を認めた事例[157]がある。

　③、④については、著作権法のほうで議論の積み重ねがあるため、**第5編 第1章 XI 3 〔1〕〔b〕**で説明することとし、ここでは説明を省略するが、関連する裁判例として、眼鏡レンズの供給システム事件[158]を紹介しておく。同裁判例は、元々二つの主体が想定されているシステム関連の発明について、構成要件充足性の判断は元々想定されていた二つの主体がクレーム記載の行為をそれぞれ行ったかの判断をすれば足りるとしたうえで、損害賠償・差止めの責任を負う主体は、システムの支配・管理をしている者であるとした。

---

156)　高部・特許144頁以下。

157)　東京地判平成13年9月20日判時1764号112頁〔電着画像の形成方法事件〕。

158)　東京地判平成19年12月14日裁判所ウェブサイト（平成16年（ワ）25576号）〔眼鏡レンズの供給システム事件〕。

224　　第3編　技術の保護

VII 特許権侵害に対する救済

■1 特許権侵害時の特許権者による対応

　この項目では、特許権に基づいて法的請求を行う特許権者の立場から、可能な法的請求を整理していく。逆に請求を受ける側の対抗措置については、**後記 VIII** でまとめて論じる。

　特許権侵害に対する救済措置には、①侵害の差止請求（特許100条）、②損害賠償請求（民709条、特許102条）、③不当利得返還請求（民703条、704条）および④信用回復請求（特許106条）等がある。そこで、特許権者が第三者による特許権侵害を発見したときには、まず、警告書を相手方に送付し、当該警告書で、特許権侵害の主張をしたうえで、上記の請求を行うことになる。具体的には、例えば、①当該特許権の実施品である製品の販売中止やウェブサイトへの掲載を含む宣伝広告の中止、当該特許権の実施品である製品の在庫等の廃棄および廃棄証明書の送付、②損害賠償（損害賠償の計算に必要な相手方の販売数量・利益・売上等のデータの開示の請求）を求めることがあり得る。また、警告書には、任意に請求に応じない場合には、裁判等の法的措置を講じると記載されるのが通常である。

■2 立証の容易化

　特許侵害訴訟においては、特許権者が侵害の行為を組成したものとして主張する物または方法の具体的態様を否認するときは、相手方は、原則として自己の行為の具体的態様を明らかにしなければならないものとされており、特許権者側の侵害立証が容易化されている（特許104条の2）。

　また、物を生産する方法については、実際の製造工程の立証を特許権者側がすることは困難であるから、生産方法の推定規定が置かれている（同104条）。その物が特許出願前に日本国内において公然知られた物でないときは、その物と同一の物は、その方法により生産したものと推定され、立証責任が転換されている。

　さらに、立証の容易化のため、侵害行為について立証するため、または当該

第2章　特許法による特許権の保護　　225

侵害の行為による損害の計算をするために必要な書類の提出を命ずることができるとの書類提出命令（同105条）[159]や裁判を通じて秘密が漏れることを危惧して十分な主張・立証ができないことを防ぐために、秘密保持命令の制度（同105条の4以下）も設けられている。

　また、近時、特許紛争をめぐる裁判手続について、制度的な変更が複数行われている。まず、令和元年改正によって、専門家（査証人）による法的拘束力を有する証拠収集手続である査証制度が定められた（特許105条の2以下）。査証制度は、当事者の申立てを受けて、裁判所が中立的な専門家に対して証拠の収集を命じ、中立的な専門家はこれを受けて、被疑侵害者が侵害物品を製造している工場等に立ち入り、証拠となるべき書類等に関する質問や提示要求をするほか、製造機械の作動、計測、実験等を行い、その結果を報告書としてまとめて裁判所に提出し、後に申立人が書証としてこれを利用する制度が想定されている。査証人が査証に関して知得した秘密を漏えい等したときについては、一定の刑事罰が規定されている（特許200条の2）。

　また、令和3年改正では、特許権等侵害訴訟等（特許権または専用実施権の侵害に係る訴訟）における第三者意見募集制度の導入が行われた（特許105条の2の11）。これは、IoT関連技術等について用いられる標準必須特許（後記 **Ⅸ** **1**【4】 コラム を参照）について、特許権等侵害訴訟において、標準必須特許に係るルールに関する事項が争点となり、その争点について裁判所が判断を示すと、その判断は当事者のみならずIoT関連技術に関係する多数の業界にも事実上の影響を及ぼす可能性があることに照らして導入されたものである。本規定が導入される以前には、アップル対サムスン事件（債務不存在確認請求控

---

159)　なお、特許法105条は、対象となる書類の所持者が書類提出を拒むことについての「正当な理由」の有無を判断するために必要がある場合について、裁判所のみが書類を実見し判断を下す手続であるインカメラ手続を導入していたが、平成30年改正によって、インカメラ手続を、裁判所が侵害行為の立証又は損害額の計算のために必要な書類であるかどうかを判断するため必要があると認めるときにも行うことができることとし（特許105条2項）、また、インカメラ手続に秘密保持義務を課された中立的な第三者の技術専門家たる専門委員が関与する制度が導入された（特許105条4項）。これらの規定は検証物の提示についても準用されている（特許105条5項）。

訴事件）[160] において、両当事者の訴訟上の合意に基づき、意見募集が実施され、国内外から合計58通の意見書が提出され、判決においても「これらの意見は、裁判所が広い視野に立って適正な判断を示すための貴重かつ有益な資料であり、意見を提出するために多大な労を執った各位に対し、深甚なる敬意を表する次第である」と意見募集に肯定的な評価が示されていた。第三者意見募集制度については、ドワンゴ対FC2システム特許事件控訴審[161] や、皮下脂肪組織増加促進用組成物事件[162] の控訴審[163] において活用されている。

なお、損害の立証容易化については後述する。

3 差止請求

特許権者は、特許権を侵害する者または侵害するおそれがある者に対し、その侵害の停止または予防を請求することができる（特許100条1項）。損害賠償の場合と異なり、侵害者の側に故意または過失は不要である。

また、特許権者は、上記の請求をするに際し、侵害の行為を組成した物（物を生産する方法の発明については、侵害の行為により生じた物を含む）の廃棄、侵害の行為に供した設備の除却その他の侵害の予防に必要な行為を請求することができる（同条2項）。

最高裁判例[164] によれば、「侵害の予防に必要な行為」とは、特許発明の内容、現に行われまたは将来行われるおそれがある侵害行為の態様および特許権者が行為する差止請求権の具体的内容等に照らし、差止請求権の行使を実効あらしめるものであって、かつ、それが差止請求権の実現のために必要な範囲内のものであることを要する。同最高裁判例では、医薬品の製造工程において用

---

160)　知財高大判平成26年5月16日判時2224号146頁〔アップル対サムスン事件（債務不存在確認請求控訴事件）〕。

161)　知財高判令和5年5月26日裁判所ウェブサイト令和4年（ネ）10046号〔ドワンゴ対FC2システム特許事件（控訴審）〕。

162)　地裁判決について、東京地判令和5年3月24日裁判所ウェブサイト令和4年（ワ）5905号〔皮下脂肪組織増加促進用組成物事件（第一審）〕。

163)　令和5年（ネ）10040号事件。本書執筆時点では、知財高裁第1部に係属中であり、判決は出ていない。

164)　最判平成11年7月16日民集53巻6号957頁〔生理活性物質測定法事件〕。

第2章　特許法による特許権の保護　227

いられる確認試験方法の発明（単純方法の発明であり、物の生産方法の発明ではない）である場合に、特許法100条2項に基づいて、医薬品の製造・販売等の差止めを認めることはできないとされた。また、生海苔の共回り防止装置事件[165]では、同最高裁判例を前提に、「先行技術による効果であって、本件発明の実施により奏する効果であるとはいえない」部分についてまでの差止めを認めることは過剰差止めであり、許されないと判断された。

❹ 損害賠償請求

[1] 要件と立証の容易化

　特許権侵害があった場合には、民法709条により損害賠償請求が可能である。特許権侵害、故意・過失、損害の発生と額、特許権侵害と損害の相当因果関係が要件となる。

　過失については、特許が公示されていることに基づいて推定されている（特許103条）。推定を覆すのは容易ではなく、実務上は過失要件が問題になることは少ない。

　損害については、算定に関する特則が設けられており、実務上も広く活用されている（同102条）。これについては、重要であり、また近年法改正や重要判決が複数存在するため、**後記【2】**で詳述する。また、これらの損害の算定に関する特則を適用しても損害額が認定できない場合等に備えて、「損害が生じたことが認められる場合において、損害額を立証するために必要な事実を立証することが当該事実の性質上極めて困難であるときは、裁判所は、口頭弁論の全趣旨及び証拠調べの結果に基づき、相当な損害額を認定することができる」ものとされている（同105条の3）。

　さらに、損害の立証を容易にするため、前述した書類提出命令（同105条）や損害計算のための鑑定（同105条の2）等の制度がある。

---

165)　知財高判平成27年11月12日判時2287号91頁〔生海苔の共回り防止装置事件〕。

228　　第3編　技術の保護

【2】損害の算定に関する特則

〔a〕特許法102条1項

　特許法102条1項は、令和元年に改正された。同法102条1項では1号に基づき算定された損害額と、2号に基づき算定された損害額の合計額が損害額として推定される。

　特許法102条1項1号では、特許権者が「その侵害の行為がなければ販売することができた物の単位数量当たりの利益の額」×（侵害者による「侵害の行為を組成した物」（侵害組成物）の譲渡数量のうち、特許権者の実施の能力に応じた数量（実施相応数量）－その全部または一部に相当する数量を特許権者が販売することができないとする事情に相当する数量（特定数量））を、特許権者が受けた損害の額とすることができる。同法102条1項1号は、特許権者の逸失利益に関する規定であり、特許権者が特許発明の実施品またはその代替品を販売していることが前提になっている。ポイントは、利益は特許権者のものを基準とするが、譲渡数量は侵害者を基準としつつ、特許権者の実施能力に応じた数量のキャップを設けている点である。

　「その侵害の行為がなければ販売することができた物」は、文言上侵害された特許発明の実施品には限定されておらず、侵害品と市場において競合関係にある特許権者の製品全般を意味すると解されている[166]。市場における競合関係は、市場における代替可能性があれば足り、品質・デザイン・販売ルート等が同じである必要はない[167]。

　特許権者の「利益」の額は、限界利益（売上高から当該商品の販売のために直接関連して追加的に必要になった費用：変動経費のみを控除したもの。 **第2編 第2章 Ⅶ 3【2】** 参照）であると解されている[168]。

　実施相応数量に関する「特許権者の実施の能力」は、現に、特許権者自身が供給能力を持っている必要はなく、下請や委託生産により供給可能な場合を含

---

166)　知財高判平成27年11月19日判タ1425号179頁〔オフセット輪転機版銅事件〕、知財高大判令和2年2月28日判時2464号61頁〔美容器事件〕。

167)　知財高判平成24年1月24日裁判所ウェブサイト（平成22年（ネ）10032号、10041号）〔ソリッドゴルフボール事件〕。

168)　知財高大判令和2年2月28日判時2464号61頁〔美容器事件〕。

む潜在的な能力でもよいと解されている[169]。

特許法102条1項1号は、譲渡数量に特許権者の実施能力に応じた数量のキャップを設けるため、実施相応数量が特許権者の潜在的な実施能力に基づく数量を含むことから、特許権者が「販売することのできないとする事情」に基づく数量（特定数量）を実施相応数量から控除することとしている。この「販売することができないとする事情」（販売阻害事情）は、侵害行為と特許権者の製品の販売減少との相当因果関係を阻害する事情をいい、例えば、①特許権者と侵害者の業務態様や価格等に相違が存在すること（市場の非同一性）、②市場における競合品の存在、③侵害者の営業努力（ブランド力、宣伝広告）、④侵害品および特許権者の製品の性能（機能、デザイン等特許発明以外の特徴）に相違が存在することなどの事情であるとされている[170]。

特許法102条1項2号は、同法102条1項1号において、侵害者による侵害組成物の譲渡数量のうち、実施相応数量から特定数量を控除した数量を超える部分（すなわち、同法102条1項1号における損害額算定の基礎となった数量を超える部分）について、「特許発明の実施に対し受けるべき金銭の額に相当する額」（相当実施料額）を損害額とすることができることを定める。102条1項1号の販売阻害事情で覆滅されてしまった部分の復活を認める規定である。

同法102条1項2号括弧書では、「特許権者が、侵害された特許権についての専用実施権の設定や通常実施権の許諾をし得たと認められない場合を除く」とされており、本規定が設けられた令和元年改正時の特許庁の解説[171]では、特許発明が侵害製品の付加価値全体の一部にのみ貢献している場合がこれに当たるとしている。すなわち、特許発明の付加価値が及んでいない部分については、実施料を払うような合意はしないため、その部分については、2号の適用をしないという考え方である。特許発明が侵害製品の付加価値全体の一部にのみ貢献している場合の損害算定の考え方の争いについては、以下の **コラム** を参照していただきたい。

---

169) 知財高大判令和2年2月28日判時2464号61頁〔美容器事件〕。
170) 知財高大判令和2年2月28日判時2464号61頁〔美容器事件〕。
171) 特許庁総務部総務課制度改正審議室編『令和元年特許法等の一部改正 産業財産権法の解説』（発明推進協会、2020）18頁。

230 第3編 技術の保護

コラム 特許発明が侵害製品の付加価値全体の一部にのみ貢献している場合の損害算定の考え方

　特許発明が侵害製品の付加価値全体の一部にのみ貢献している場合の損害計算の処理については争いがある。

　従来の多くの裁判例では、この点は、独自の発明の寄与率という要素を認定して、これを使って考慮されることが多かったが、明文の根拠がないという問題があった。

　明文の根拠がある見解としては、特許法102条1項1号の販売阻害事情で考慮する見解がある。

　椅子式マッサージ事件[172]では、知財高裁大合議部は、傍論ではあるものの、特許法102条1項1号の販売阻害事情で考慮する見解を採用し、また、特許法102条1項2号括弧書上記の特許庁の考え方に沿って、102条1項2号による復活も認めなかった。

　これに対して、有力説である田村説は特許法102条1項1号の販売阻害事情で考慮する見解を採用しているものの、特許法102条1項2号括弧書上記の特許庁の考え方や椅子式マッサージ事件の傍論としての判断に反対しており、特許発明が侵害製品の付加価値全体の一部にのみ貢献している場合にも、特許法102条1項2号による復活を認めてよいとの立場をとっている[173]。

　さらに、「単位数量当たりの利益の額」の算定で特許発明が侵害製品の付加価値全体の一部にのみ貢献していることを考慮して利益額を減額する見解がある。令和元年改正施行前の事件であるが、美顔器事件[174]では、知財高裁大合議部は、この見解を採用している。この見解によると、現行法で考えた場合には、特許法102条1項1号でこの論点が評価し尽くされることになり、2号の問題とならないと考えられる。田村説は、特許法102条1項1号の販売阻害事情で考慮するべ

---

172)　知財高大判令和4年10月20日令和2年（ネ）10024号〔椅子式マッサージ機事件〕。

173)　田村善之＝清水紀子『特許法講義』（弘文堂、2024）374～375頁。

174)　知財高大判令和2年2月28日判時2464号61頁〔美容器事件〕。

きとして、「単位数量当たりの利益の額」の算定で考慮する見解も批
判している[175]。

〔b〕特許法102条2項

特許法102条2項は、侵害者が「侵害の行為により利益を受けているとき
は、その利益の額」を特許権者が受けた損害の額と推定する。特許法102条2
項は、特許法102条1項1号と同様に、特許権者の逸失利益に関する規定であ
り、特許権者の損害額とその因果関係に関する特許権者の証明責任を軽減する
趣旨の規定と一般的に解されている。

特許法102条2項の適用を受けるために、特許権者が自己実施していること
が必要かについて見解は分かれており、従来はむしろ、必要説が多数説であっ
たが、知財高裁は、自己実施は要件とならず、権利者に侵害者による侵害行為
がなければ利益が得られたであろうという事情が存在する場合には、同項の適
用を認めるべきであると判断し[176]、その後、特許権者が、侵害された特許発明
の実施品ではない侵害品の競合品を販売していた場合についても、権利者に侵
害者による侵害行為がなければ利益が得られたであろうという事情が存在する
として、特許法102条2項の適用を認めている[177]。

同項はあくまで推定規定であるため、特許発明の利益に対する寄与率等の推
定を覆す事由が抗弁になり得る。裁判例では、特許法102条1項と同様に、侵
害者が得た利益と特許権者が受けた損害との相当因果関係を阻害する事情が
102条2項における推定の覆滅として認められるとし、①特許権者と侵害者の
業務態様等に相違が存在すること（市場の非同一性）、②市場における競合品の
存在、③侵害者の営業努力（ブランド力、宣伝広告）、④侵害品の性能（機能、デ
ザイン等特許発明以外の特徴）などの事情が推定覆滅の事情として考慮すること
ができるとされている[178]。

---

175)　田村善之「特許法102条1項の逸失利益の推定とその覆滅について―美容器事件知
　　財高裁大合議判決―」知的財産法政策学研究59号122頁以下。
176)　知財高判平成25年2月1日判時2179号36頁〔紙おむつ処理容器事件〕等。
177)　知財高判令和4年10月20日令和2年（ネ）10024号〔椅子式マッサージ機事件〕。
178)　知財高大判令和元年6月7日判時2430号34頁〔二酸化炭素含有粘性組成物事件〕。

「利益」については、限界利益と解するのが裁判例の主流である[179]。

〔c〕特許法102条3項

特許法102条3項は、「その特許発明の実施に対し受けるべき金銭の額に相当する額の金銭」（相当実施料額）を、「自己が受けた損害の額としてその賠償を請求することができる」と定める。同法102条3項の場合、特許権者が自己実施していることは不要であることに争いはない。最低限、特許権のライセンス料相当額は「その特許発明の実施に対し受けるべき金銭の額に相当する額の金銭」になる。相当実施料額については、ライセンスの対象となる特許の無効の可能性等さまざまな可能性を考慮して事前に決定される通常の実施料率を前提とするのではなく、特許が無効にされるべきものではないとして特許権侵害に当たるとされた場合に、特許権侵害をした者に対して事後的に定められる実施料率（侵害プレミアムの付加された実施料率）を前提に算定されるものと解されている（特許102条4項）[180]。

特許法102条5項は、同法102条3項に規定する金額を超える損害の賠償の請求を妨げないとするが、この場合、侵害者が故意または重大な過失がないことを参酌することができるとしている。もっとも、規定上、このような軽過失の参酌は、同法102条3項の相当実施料額については適用されないものとされ、同法102条3項は、実務上、損害額の最低保障として機能している。

5 その他の民事上の救済手段

不当利得返還請求権については、第2編 第2章 Ⅶ 4、信用回復措置（特許106条）については、第2編 第2章 Ⅶ 5、関税法に基づく水際措置については、第2編 第2章 Ⅶ 6 を参照されたい。

6 刑事罰

故意の特許権侵害には刑事罰があり、罰則は、10年以下の懲役、1,000万円

---

179) 東京地判平成10年10月7日判時1657号122頁〔負荷装置システム事件〕等。
180) 知財高判令和元年6月7日判時2430号34頁〔二酸化炭素含有粘性組成物事件〕。

第2章 特許法による特許権の保護 233

以下の罰金、またはこれらの併科とされている（特許196条）。なお、間接侵害・みなし侵害（同101条）の場合は、罰則は、5年以下の懲役、500万円以下の罰金、またはこれらの併科とされている（同196条の2）。

また、両罰規定があり、法人の代表者や役職員が、その法人の業務に関して、特許権侵害を行った場合には、行為者に上記の罰則が科されるほか、その法人に対して3億円以下の罰金刑が科される（同201条1項1号）。

VIII 特許侵害に対する対抗措置

本項目では、特許権に基づき、請求を受けた場合の対応について解説する。対応の流れについて説明するとともに、反論内容や無効審判等の審判についてもここで説明する。

1 請求を受けた場合の対応

特許権に基づく請求は、警告書として送付される例が多い。警告書を受け取った場合には、その対応について検討する必要がある。実際に回答書にどの範囲の情報まで含めるかどうかについては個別の事案ごとに判断を要するが、以下では想定される検討項目について説明しておく。

反論内容は、製品・方法・生産方法等が事実と異なるというものがあり得る。また、構成要件充足論に対する反論（前記 VI ）については重要なポイントになる。ここでは、前記 VI 2 【1】【b】で述べた包袋禁反言も抗弁事由として主張されることになる。

また、当初の警告書では必ずしも例が多いわけではないが、損害論まで記載されている場合は損害論に対する反論があり得る。

さらに、これ以外に、①特許権の効力が及ばない範囲に該当するとの反論（後記 2 参照）、②先使用権等の実施権があるとの反論（後記 3 参照）、③特許に無効理由等があるとの反論（後記 4 参照）等があり得る。

③については、無効審判、異議申立て等を提起するか、情報提供を行うかについても検討を要するが、無効理由がある旨を回答書に記載して、特許権者がこれ以上の請求をやめるのであれば、審判は提起しないという対応も考えられ

234　第3編　技術の保護

る。

　その他、自社が保有している特許権の中で、先方が実施していると考えられるものがあれば、これをカウンター特許としてぶつけるということも考えられる。これにより、（包括）クロスライセンス契約（後記 **IX** **1**【3】参照）等の和解に至ることもある。

　以上について検討した結果、特段反論がない場合には、実施中止を表明するか、ライセンス料を支払ってライセンスを受けることを申し入れる方向で提訴されるのを避けるということもあり得る。その後、解決方法を交渉して、最終的に和解契約等を締結することもある。和解契約では、例えば、実施中止の約束、在庫廃棄を行う場合はその約束（廃棄証明の提出の約束をすることもある）、金銭支払いの有無・金額、プレスリリースを行う場合の内容、清算条項等が定められることがある。

コラム **パテント・トロール**

　国内外において、パテント・トロールから特許権侵害であるとの警告書を受け取るという例が増えている。

　パテント・トロールとは、典型的には、自らは製造・販売等は行わずに、専ら第三者から買い集めてきた特許に基づいて、権利行使を行い（同一特許権について複数の同業他社に権利行使をすることも多い）、そこから得られるライセンス料や裁判を通じて得られる賠償金、和解金等によって利益を上げている会社のことであるが、明確な定義があるわけではない。

　自社製品があるわけではないため、差止めを究極の目的としておらず、ライセンス料を得ることが目的である。

　パテント・トロールが相手の場合は、相手が実施している特許というのは考えられないため、前記のカウンター特許をぶつけるという方法によるライセンス交渉ができないという難しさがあるといえる。

第2章　特許法による特許権の保護　　235

❷特許権の効力が及ばない範囲

【1】消　尽

　特許権者または特許権者から許諾を受けた実施権者が国内において、自ら製品を譲渡した場合には、当該特許製品についての特許権はその目的を達成したものとして「消尽」し、特許権の効力は、当該特許製品の使用、譲渡等には及ばず、特許権者は、当該特許製品について特許権を行使することは許されないと解されている。このような理論構成のことを消尽論（あるいは用尽論）と呼ぶ。

　消尽論について、特許法上、明文規定はない。①各段階における購入者が毎回特許権者の同意を得なければならないとすると、市場における特許製品の円滑な流通が妨げられ、取引の安全が害されることや、②特許権者に二重の利得を与える必要性がないこと（特許権者は最初の譲渡行為で十分に利益を回収する機会があったはずであり、再譲渡行為以降も権利が及ぶとすると二重の利得を得る機会を与えることになる）等を根拠に認められてきた法理であり、最高裁判例でも認められている[181]。

　典型的な消尽論については以上のとおり争いがないが、しばしば問題になるのは、加工や部材の変更（特にリサイクル等）がされた場合の扱いである。加工や部材の交換があったとしても、消尽が引き続き認められるとすれば、当該加工や部材の交換がなされた製品（典型的にはリサイクル品）について、特許権者は権利行使ができないことになる。他方で、加工や部材の変更があった場合には消尽は最早認められないとすれば、リサイクル品等について、特許権者は権利行使ができることになる。

　インクタンクのリサイクル品の販売が問題となった事件において、最高裁[182]は、特許権者等が我が国において譲渡した特許製品につき加工や部材の交換がされ、それにより「当該特許製品と同一性を欠く特許製品が新たに製造された」ものと認められるときは、消尽は認められないとした。

---

181)　最判平成19年11月8日民集61巻8号2989頁〔インクタンク事件〕。
182)　最判平成19年11月8日民集61巻8号2989頁〔インクタンク事件〕。

236　　第3編　技術の保護

上記最高裁は、「当該特許製品と同一性を欠く特許製品が新たに製造された」か否かの具体的な判断基準については、「当該特許製品の属性、特許発明の内容、加工及び部材の交換の態様のほか、取引の実情等も総合考慮して判断するのが相当であり、当該特許製品の属性としては、製品の機能、構造及び材質、用途、耐用期間、使用態様が、加工及び部材の交換の態様としては、加工等がされた際の当該特許製品の状態、加工の内容及び程度、交換された部材の耐用期間、当該部材の特許製品中における技術的機能及び経済的価値」が考慮の対象となるとした。

　そして、上記最高裁は、インクタンクのリサイクル品について、①インクタンクにインクを再充てんするとプリンタ本体の故障等を生じさせるおそれもあることから、1回で使い切りとなっており、インク補充のための開口部が設けられていないとの構造上、インクを再充てんするためにはインクタンク本体に穴を開けることになり、そのような加工等の態様は、単に消耗品であるインクを補充しているというにとどまらず、インクタンク本体をインクの補充が可能となるように変形させるものにほかならないことや、②対象製品においては、インクタンク本体の内部を洗浄することにより、そこに固着していたインクが洗い流され、本件発明の本質的部分に係る構成を再び実現し、開封前のインク漏れ防止という本件発明の作用効果を新たに発揮させていること等を理由として、「当該特許製品と同一性を欠く特許製品が新たに製造された」ものとして、インクタンクのリサイクル品の販売行為等について、特許権侵害を認めた。

　外国で譲渡された特許製品に関する問題（国際消尽）については、 第7編 第3章 **Ⅱ** で別途取り上げる。

【2】試験・研究のための実施

　特許権の効力は、試験または研究のためにする特許発明の実施には及ばない（特許69条1項）。公開された発明に基づく試験、研究による産業の発展が妨げられないようにする趣旨である。

　したがって、商品をテスト販売するなどしてマーケットリサーチをするよう

第2章　特許法による特許権の保護　　237

なものは対象外である[183]。

　後発医薬品について厚労省による承認[184]を得るための試験が特許法69条1項の試験に当たるかについて争いがあったが、最高裁[185]はこれを肯定した。該当性を否定すれば、特許権の存続期間満了後も、当該承認を得るための試験期間中は特許権者が独占権を維持できてしまうことになり、特許権の延長を認めるのと同じことになってしまうためであるとされる。なお、特許権の存続期間の延長制度については、前記 **I** **2** **コラム** で述べたとおりであり、ここでは（この延長制度により延長された）法的な特許権の存続期間よりも長い期間の事実上の独占を許すことが問題とされている。

【3】その他

　特許権の効力は、「単に日本国内を通過するに過ぎない船舶若しくは航空機又はこれらに使用する機械、器具、装置その他の物」および「特許出願の時から日本国内にある物」には及ばない（特許69条2項1号、2号）。

　また、特許権の効力は、二以上の医薬（人の病気の診断、治療、処置または予防のため使用する物をいう）を混合することにより製造されるべき医薬の発明または二以上の医薬を混合して医薬を製造する方法の発明に係る特許権の効力は、医師または歯科医師の処方せんにより調剤する行為および医師または歯科医師の処方せんにより調剤する医薬には、及ばない（同条3項）。医療現場における混乱を防止するのがその趣旨である。

3 実施権があるとの反論

【1】総　論

　実施権があれば、特許権侵害は成立しない。実施権には、約定実施権、法定実施権、裁定実施権があるが、約定実施権については、後記 **IX** **1** 【1】以

---

183)　　中山・特許358頁参照。

184)　　事件当時の根拠法令名は薬事法であったが、現在は、医薬品、医療機器等の品質、有効性及び安全性の確保等に関する法律である。

185)　　最判平成11年4月16日民集53巻4号627頁〔膵臓疾患治療剤事件〕。

238　　第3編　技術の保護

下で説明し、ここでは、先使用権を中心に法定実施権、裁定実施権について説明する。

【2】先使用権

①特許出願に係る発明の内容を知らないで自らその発明をし、または特許出願に係る発明の内容を知らないでその発明をした者から知得して、②特許出願の際現に日本国内においてその発明の実施である事業をしている者またはその事業の準備をしている者は、③その実施または準備をしている発明および事業の目的の範囲内において、その特許出願に係る特許権について、無償の法定通常実施権を有する（先使用権。特許79条）。

先使用権は、特許権者と先使用者の公平を図ることが趣旨だとされる[186]。先願主義を徹底して、先使用権をまったく認めなければ、先使用者にとって酷であるが、他方で安易にその拡大を許せば、先願主義の趣旨が没却され、特許権者の利益が害される。

①については、同じ発明が独立に二重でなされた場合が典型例である。冒認出願の場合も含むとする説がある[187]が、文言解釈上無理があり、無効の抗弁や移転請求（前記 **Ⅳ 4** 参照）によればよいとの説[188]もある。

②については、「事業の準備」とは、「いまだ事業の実施の段階には至らないものの、即時実施の意図を有しており、かつ、その即時実施の意図が客観的に認識される態様、程度において表明されていること」を意味するとされる[189]。

③については、「実施又は準備をしている発明」の範囲とは、特許出願の際に先使用権者が「現に実施又は準備をしていた実施形式だけでなく、これに具現された発明と同一性を失わない範囲内において変更した実施形式」も含まれると解される[190]。また、「実施又は準備している」「事業の目的の範囲内」である必要もあるため、別事業の場合は含まないが、同一事業における規模の拡大

---

186)　最判昭和61年10月3日民集40巻6号1068頁〔ウォーキングビーム式加熱炉事件〕。
187)　中山・特許594頁。
188)　島並ら・特許361頁。
189)　最判昭和61年10月3日民集40巻6号1068頁〔ウォーキングビーム式加熱炉事件〕。
190)　最判昭和61年10月3日民集40巻6号1068頁〔ウォーキングビーム式加熱炉事件〕。

第2章　特許法による特許権の保護　　239

であれば許されると解されている[191]。

　ある技術をノウハウとして秘匿していた場合に、第三者が当該技術につき特許権を取得し、行使してきた場合には、この先使用権を主張することが想定される。そのためには、あらかじめ、先使用についての立証に十分な記録を書面等で残しておくことが肝要である。

【3】その他の法定実施権・裁定実施権

　法定実施権としては、まず、**前記 Ⅳ 5**【3】で述べた、職務発明についての法定通常実施権（特許35条1項）および**前記 Ⅳ 4** で述べた、特許移転登録前の実施による法定通常実施権（同79条の2）がある。また、商標権について **第2編** **第2章** **Ⅷ 5** で説明したのと同趣旨の中用権も法定実施権であり、特許権にも認められている（同80条）。

　本書では詳説しないが、そのほかに、法定実施権として、意匠権の存続期間満了後の法定通常実施権（同81条、82条）、再審請求の登録前の実施による法定通常実施権（同176条）がある。

　また、裁定実施権として、不実施の場合（同83条）、自己の特許発明を実施する場合（同92条）、公共の利益のため（同93条）がある。

4 特許異議の申立て、無効審判、無効の抗弁

【1】総　論

　特許に異議申立理由があれば、特許異議の申立てにより特許を取り消すことが可能である。また、無効理由があれば、特許無効審判により、特許を無効にすることが可能である。さらに、無効審判を経ていなくても、当該特許が無効審判により無効にされるべきものと認められるときは、特許権の効力は及ばない（特許104条の3）。

---

191)　　特許庁・逐条解説298頁。

【2】特許異議の申立て

　特許異議の申立ては、申立人が、異議申立理由等を記載した申立書を特許庁に提出することにより開始される（特許113条）。「何人も」申し立てることが可能であり、利害関係は不要である。

　特許異議申立理由は、特許法113条各号に限定列挙されており、例えば、新規性・進歩性・拡大先願等の特許要件違反（同条2号。前記 **Ⅲ** **1**〜**4**）や実施可能要件・サポート要件・明確性要件等の記載要件違反（同条4号。前記 **Ⅲ** **5** 参照）等が含まれる。ただし、無効理由と異なり、公益的なものに限られるため、冒認出願や共同出願違反は含まれない。

　異議申立ての期間は、特許掲載公報の掲載の日から6か月以内に限られている（同113条柱書）。

　特許異議の申立てについての審理および決定は、3人または5人の審判官の合議体が行う（同114条1項）。また、異議申立てでは、職権主義により、特許権者が申し立てない理由についても、審理することができる（同120条の2第1項）。ただし、特許異議の申立てがされていない請求項についてまでは、審理することができない（同条2項）。

　特許異議の申立てにおいては、特許権者が相手方として申立人と対立する構造となっておらず、また、審理も口頭審理ではなく、書面審理が原則となる（同118条1項）。

　決定には、取消決定（同114条2項）および維持決定（同条4項）がある。

　取消決定が確定したときは、その特許権は、初めから存在しなかったものとみなされる（同条3項）。取消決定は、取消決定取消訴訟で争うことができる（同178条1項）。他方、維持決定は争うことができない（同114条5項）。

> **コラム** 情報提供制度
>
> 　特許出願後は、いつでも、誰でも特許庁に対して、新規性・進歩性・拡大先願等の特許要件や記載要件等に関して情報提供が可能である（特許則13条の2第1項）。商標にも情報提供制度がある（商則19条1項）。情報提供は、審査中の出願について、審査官に拒絶査定をしてもらうために行われている。補償金請求を受けた場合（前記 **Ⅴ** **4**

参照）や他社の特許出願状況をウォッチすることにより自主的に発見
した場合に行われる。

　書面による情報の提供のみが可能であり、製品の現物やDVD等書
面形式でないものは提出できないため、公然実施等については困難な
面もある。

　情報提供にあたっては、特許庁に「刊行物等提出書」という書面を
提出することになる。匿名での情報提供も可能である。

　情報提供制度は、特許庁の審査官の審査の限界を補完する役割を
担っており、実務上も広く活用されている。

【3】無効審判

　無効審判は、審判請求人が、無効理由等を記載した審判請求書を特許庁に提
出することにより開始される（特許131条1項）。利害関係人のみが申立て可能
である（同123条2項）。

　冒認出願および共同出願違反が無効理由である場合は、特許を受ける権利を
有する者に限って申立て可能である（同条2項括弧書）。特許を受ける権利を有
する者としては、移転請求（同74条）も選択することができ、特許を受ける権
利を有する者以外により当該特許が無効にされてしまうことによりかかる選択
権が奪われるのは不当だからである。

　複数の請求項がある場合は、各請求項ごとに無効審判請求が可能である（同
123条1項後段）。

　無効理由（同条1項各号）は、一部の例外を除いて、出願の拒絶理由と同じで
あり、例えば、新規性・進歩性・拡大先願等の特許要件違反（同条1項2号。**前
記 III ❶～❹**）や実施可能要件・サポート要件・明確性要件等の記載要件違
反（同条1項4号。**前記 III ❺**）等が含まれる。他方、発明の単一性要件違反
（同37条。**前記 III ❻**）、目的外補正禁止要件違反（同17条の2第5項。**前記
V ❺【3】**）、シフト補正禁止要件違反（同17条の2第4項。**前記 V ❺【2】**）
等は発明の内容自体に関するものではないため、含まれない[192]。

---

192)　ほかに、先行技術文献情報開示要件（特許36条4項2号）や委任省令要件（同条6項

商標と異なり、特許の場合は無効審判の請求期間に制限はなく、特許権消滅後であっても請求可能である（同123条3項）。もっとも、特許権の存続期間が満了し、かつ、特許権の存続期間中にされた行為について、損害賠償または不当利得返還の請求が行われたり、刑事罰が科されたりする可能性が全くなくなったと認められる特段の事情が存する場合には、特許を無効にする意味はなく、特許無効審判請求の利益は失われるものと解される[193]。例えば、特許権の存続期間が満了してからすでに20年が経過した場合等には、もはや当該特許権の存在によって不利益を受けるおそれがある者が全くいなくなったことになるから、特許を無効にすることは意味がないものと思われる。審判の審理および決定は、3人または5人の審判官の合議体が行う（同136条）。また、無効審判では、審判請求人が申し立てない理由についても、審理することができる（同153条1項）。ただし、審判請求人が申し立てない請求の趣旨についてまでは、審理することができない（同条3項）。

　無効審判では、口頭審理が原則となる（同145条1項）。

　審決には、無効審決および請求不成立審決がある。

　無効審決が確定したときは、その特許権は、初めから存在しなかったものとみなされる（同125条）。請求不成立審決が確定したときは、当事者および参加人は、同一の事実および同一の証拠に基づいてその審判を請求することができない（一事不再理効。同167条）。無効審決および請求不成立審決は審決取消訴訟で争うことができる（同178条1項）。

> **コラム　訂正審判、訂正請求、キャッチボール現象**
>
> 　特許権者が、特許登録後に特許請求の範囲、明細書、図面を訂正しようとする場合には、補正（前記 **V** **5** 参照）ではなく、訂正審判（特許126条）または訂正請求（同120条の5第2項、134条の2）によることになる。

　4号、特許則24条の3）も含まれない。他方、後発的無効理由（特許123条1項7号）が含まれる。

193)　知財高判平成30年4月13日判時2427号91頁〔ピリミジン誘導体事件〕参照。

従来は、特許権者は、無効審判係属中に別途訂正審判を起こすことができ、例えば、裁判所における無効審判の審決取消訴訟係属中に、訂正審決が確定した場合、遡及的に審判の判断対象である特許発明の要旨が誤っていたことになり、無効審決が取り消されて、事件が特許庁に戻るということが起きていた。このように、事件が裁判所と特許庁の間を行ったり来たりすることはキャッチボール現象と呼ばれ、審理にいたずらに時間を要して望ましくないと指摘されてきた。

　そこで、平成5年、平成15年、平成23年改正と三度にわたって、キャッチボール現象ができるだけ起きないような制度への改正が行われてきた。

　現行法上は、特許異議の申立てまたは特許無効審判が特許庁に係属した時からその決定または審決が確定するまでの間は、前記の訂正審判を請求することができなくなっており（同126条2項）、代わりに、特許異議の申立てまたは無効審判の中で行われる訂正請求（同120条の5第2項、134条の2）という制度によらなければならないものとされている。

　特許異議の申立てにおいて、審判長は、取消決定をしようとするときは、特許権者および参加人に対し、特許の取消しの理由を通知し、相当の期間を指定して、意見書を提出し、訂正請求をする機会を与えなければならない（同120条の5第1項）。また、特許無効審判の事件が審決をするのに熟した場合には、審判長は、審判の請求に理由があると認めるときは、審決の予告をしなければならず、その際に、被請求人に対し、訂正請求のための相当の期間を指定しなければならない（同164条の2）。

　前記の取消理由の通知や審決の予告制度は、キャッチボール現象の発生をできるだけ防止して審理の迅速化と請求人の負担軽減を図りつつ、特許権者による訂正の機会も失わせないようにして、両者のバランスを図っているものである。

244　　第3編　技術の保護

【4】無効の抗弁

無効審判を経ていなくても、当該特許が無効審判により無効にされるべきものと認められるときは、特許権の効力は及ばないものとされている（特許104条の3）。

特許権を無効にするためには無効審判による必要があるが、わざわざ無効審判を提起しなくても、無効となるような特許権の行使については特許権の効力が及ばないものとしているのである。無効審判と異なり、特許が対世的に無効となるわけではなく、当該侵害訴訟の相手方に対してのみ特許権の効力が及ばないものとして扱われる。

なお、無効審判の場合、冒認出願および共同出願違反が無効理由である場合は、特許を受ける権利を有する者に限って申立て可能であるが、無効の抗弁の場合には、これらの者に限らず、主張可能とされる（同条3項）。無効の抗弁の場合には対世的に特許が無効になるわけではないから、特許を受ける権利を有する者以外に無効の抗弁を主張することを認めても弊害がないからである。

【5】訂正の再抗弁

前記【3】 コラム で述べたとおり、特許権者が、特許登録後に特許請求の範囲、明細書、図面を訂正しようとする場合には、訂正審判（特許126条）が可能である。また、特許異議の申立てまたは特許無効審判が特許庁に係属した時からその決定または審決が確定するまでの間は、上記の訂正審判を請求することができないが、訂正請求（同134条の2）が可能である。

このような特許権者による訂正によって無効の抗弁を排斥できるとするのが、特許無効の抗弁に対する訂正の再抗弁である。その要件として、①訂正により無効理由が解消されること、および②訂正後の特許請求の範囲に対象製品等が属することが必要であることに争いはない。さらに、③適法な訂正審判請求または訂正請求が現になされていることまで必要かについては争いがあるが、必要説が有力である[194]。

---

194)　必要説に立つものとして、知財高判平成26年9月17日判時2247号103頁〔共焦点分光分析事件〕等。不要説として、最判平成20年4月24日民集62巻5号1262頁〔ナ

> **コラム　訂正の再抗弁の主張のタイミング**
>
> 　訂正の再抗弁については主張のタイミングも問題となる。例えば、特許権者が、控訴審の審理中に早期に提起すべきだった対抗主張をすることなく、上告受理申立書提出期間中に訂正審決が確定したことを理由に、控訴審判決の判断には民事訴訟法338条1項8号の再審事由があるとしてこれを争うことは、特許法104条の3第2項の規定の趣旨に照らして、紛争を不当に遅延させるものであり許されない[195]。
>
> 　また、特許権者が、事実審の口頭弁論終結時までに訂正の再抗弁を主張しなかったにもかかわらず、その後に訂正審決等が確定したことを理由に事実審の判断を争うことは、訂正の再抗弁を主張しなかったことについてやむを得ないといえるだけの特段の事情がない限り、特許権の侵害に係る紛争の解決を不当に遅延させるものとして、特許法104条の3および104条の4の各規定の趣旨に照らして許されない[196]。

IX　特許の活用

1 特許ライセンス

【1】専用実施権、通常実施権

　特許のライセンスは、幅広く行われている。ライセンスの基本的な説明は、第2編 第6章 **I** で前述したブランドライセンスの項目を参照していただきたい。

　特許ライセンスに関しては、専用実施権と通常実施権がある。

　専用実施権は、第2編 第6章 **I** **2** で前述した商標の専用使用権と同様に、物権的な権利であり、強力な権利である。専用実施権者は設定行為で定めた範

　　　イフの加工装置事件〕における泉徳治裁判官意見がある。その他、髙部・特許239頁参照。

195)　　最判平成20年4月24日民集62巻5号1262頁〔ナイフの加工装置事件〕。

196)　　最判平成29年7月10日民集71巻6号861頁〔シートカッター事件〕。

囲内において、業としてその特許発明を実施する権利を専有する（特許77条2項）。専用実施権については、登録が効力発生要件となっている（同98条1項2号）。専用実施権を設定した場合には、特許権者は自己実施および第三者へのライセンスはできない[197]（同68条但書き）。

専用実施権者は、特許権者の承諾を得た場合は第三者に対して通常実施権を許諾することができる（同77条4項）。また、専用実施権者は、第三者による無断使用行為について、自ら差止請求権（同100条1項）および損害賠償請求権を行使することが可能である。

他方、通常実施権は、**第2編** 第6章 **Ⅰ** **2** で前述した商標の通常使用権と同様に、債権的な権利にすぎない。通常実施権者は、設定行為で定めた範囲内において[198]、業としてその特許発明を実施する権利を有する（同78条2項）。

通常実施権については、平成23年の特許法改正で当然対抗制度が導入されたことにより、登録制度が廃止されたため、登録は効力発生要件にも対抗要件にもならない。商標の通常使用権では、登録が対抗要件であるのとは異なる[199]。

通常実施権は、通常実施権を許諾した後に特許権者が自ら実施したり、第三者にライセンスしたりすることができるかによって、さらに①完全独占的通常実施権、②不完全独占的通常実施権、③非独占的通常実施権に分類可能である。それぞれの内容は、**第2編** 第6章 **Ⅰ** **2** で前述した商標の通常使用権の分類に対応するので、そちらの説明を参照されたい。

通常実施権はあくまで債権的な権利であり、第三者による無断使用行為について、非独占的通常実施権者は、自ら差止請求権や損害賠償請求権を行使できないことは、商標の通常使用権の場合と同様である。独占的通常実施権についての理解も、商標の独占的通常使用権と同様であるので、**第2編** 第6章 **Ⅰ**

---

197) 　第三者への差止請求権の行使が可能であることは、**第2編** 第6章 **2** で前述したとおり。

198) 　通常実施権は、いわゆるライセンスとして理解される約定通常実施権のほかにも、**前記** **Ⅷ** **3**【3】で述べた、法定通常実施権、裁定通常実施権があり、これらの場合には、法律の規定や裁定により権利範囲が決まる。

199) 　通常実施権の移転の第三者対抗要件は、民法における債権譲渡の対抗要件（民467条）によって規律されることになる。

第2章　特許法による特許権の保護　　247

❷を参照されたい。

【2】当然対抗制度

　通常実施権は、その発生後にその特許権もしくは専用実施権またはその特許権についての専用実施権を取得した者に対しても、当然に対抗力を有する（当然対抗制度。特許99条）。従前は、通常実施権についても登録制度が存在しており、登録が対抗要件であったが、登録されるとライセンスの存在が公示されてしまうこと、登録のための費用がかかること、包括的なライセンスの場合個別の特許が特定されない場合があること等から実務上は、登録制度はほとんど活用されていなかった。このように登録がない場合に、特許権者がライセンシーに無断で特許権を譲渡したり、破産したような場合に、ライセンシーが通常実施権を対抗できない（破56条1項）という問題が生じていた。このような問題が生じないようにしようとしたのが当然対抗制度である。

　当然対抗制度の導入により、通常実施権者は、通常実施権発生後の特許の譲受人等に対して当然に特許法上の通常実施権を対抗することができるようになった。もっとも、このことは、通常実施権の許諾以外のライセンス契約上の権利・義務（例えば、独占・非独占の有無、サブライセンスの可否、ライセンス料に関する条項、第三者による侵害が発生した場合の対処に関する規定その他のライセンスに関するさまざまな条件）を特許の譲受人等がそのまま承継することを意味しないことには留意が必要である。

　この点については、特許法上定めがなく、解釈に委ねられている。学説上は、①すべて承継されるとする説、②すべて承継されないとする説、③通常実施権の本質に関わるような部分のみ承継を認める中間説があるが、定まった見解はない状況である[200]。

　実務上は、このような混沌とした学説の状況を踏まえて、ライセンシー・特許の譲渡人・特許の譲受人の三者間において、合意によりその扱いを定めておくことが無難である。定まった見解がないことから、いずれの当事者にとっても、リスクヘッジのために合意を結んでおくメリットがあるといえる。

---

200)　　中山・特許574頁以下。

248　　第3編　技術の保護

通常実施権の法的性質と当然対抗制度の関係については、**後記 コラム** を参照されたい。

コラム　通常実施権の法的性質と特許権不行使条項の理解

　通常実施権は、発明を業として実施しても特許権者から差止請求や損害賠償請求等の行使を受けないという不作為請求権にすぎないと理解するのが伝統的通説である[201]。

　ここで問題となるのが、実務上、特に特許侵害紛争の和解契約等において、あえて、特許権についての通常実施権（ライセンス）を許諾するという積極的な権利許諾文言を用いずに、特許権の権利行使をしないという文言（特許権不行使条項、non-assertion clause）を用いている例があることについて、法的にいかに理解するかである。

　上記の伝統的通説に立てば、通常実施権は元々不作為請求権なのであるから、このような区別をすることには法的に意味はない（いわば、単に心理的に積極的な権利許諾文言を用いたくないという心情だけを反映したものにすぎない）と理解され得る。これに対して、当事者がこのような特許権不行使条項をあえて採用している場合には、当事者の合理的意思を重視して、特許法上の通常実施権と同様の効果を与えるべきではなく、通常実施権に対して認められている当然対抗制度の適用を排除すべきであるとの見解がある[202]。

　専用実施権者と異なり、通常実施権者については、第三者に通常実施権をサブライセンスすることを認めるような規定は特許法上、存在しないが、実務上は、通常実施権のサブライセンスは広く活用されており、債権的な合意としては有効であると理解されている。

---

201)　中山・特許562頁、最判昭和48年4月20日民集27巻3号580頁〔押抜工法事件〕。

202)　飯塚卓也「当然対抗制度」ジュリ1437号79頁「連載／特許法のフロンティアNo.2」、松田俊治『ライセンス契約法』（有斐閣、2020）169〜170頁、島並ら・特許255頁参照。

> **コラム** サブライセンスの理解
>
> 実務上は、あまり問題になることはないが、通常実施権のサブライセンスの理論構成には争いがあるのでその議論を紹介しておく。伝統的通説は、特許権者（ライセンサー）が通常実施権者（ライセンシー）に許諾した通常実施権（ライセンス）をサブライセンシーに再実施許諾する（すなわち、サブライセンシーはライセンサーから間接的にライセンスを受けていることになるにすぎない）と理解している[203]。他方で、特許権者が通常実施権者に対して通常実施権の許諾の授権を行っており、通常実施権者とサブライセンシーがサブライセンス契約を締結すると、当該授権の効果として、特許権者からサブライセンシーに対して直接通常実施権が許諾されると理解する説もある[204]。

通常実施権は、実施の事業とともにする場合、特許権者の承諾を得た場合、一般承継の場合に移転可能である（特許94条1項）。

登録前の特許を受ける権利については、仮専用実施権及び仮通常実施権の制度が用意されている（同34条の2〜34条の5）。

【3】包括ライセンス、クロスライセンス、パテントプール

特許のライセンスにはさまざまな形態がある。

一定の技術分野をカバーする特許について、現在登録済みおよび出願中のもののみならず、将来出願・登録されるものも対象とし、対象特許を限定しないといった形で包括的にライセンスを行うものとして包括ライセンスがある。

また、当事者間で相互にライセンスをし合う（各当事者は自社が持っている特許権についてはライセンサーとなり、相手方が持っている特許権についてはライセンシーとなる）というクロスライセンスがある。このようなクロスライセンスの場合、相互に供出し合う特許の数や価値に応じて、いずれの当事者がライセ

203）　中山・特許564頁参照。

204）　島並ら・特許257頁。なお、この見解も、サブライセンスの許諾に関する法律関係以外の契約上の債権債務（ライセンス料の定め等）については、あくまで、ライセンシーとサブライセンシーの間で効力を有するものと解している。

ンス料を支払うか、あるいは相互に無償とするかが決まることになる。

　実務上、広く活用されている包括クロスライセンスとは、この包括ライセンスとクロスライセンスを組み合わせたものであり、一定の技術分野をカバーする特許について、相互に包括的にライセンスを行うものである。

　例えば、電機業界のように、特定の技術分野に競合他社がそれぞれ大量の特許を持っているような場合においては、包括クロスライセンスを行わなければ、各社とも競合他社からの特許権行使をおそれて、当該技術分野の製品の製造・販売が困難になってしまうということがあり得る。このような事態を避けるために、包括クロスライセンス契約が活用される。

　さらに、特定の技術分野に関する特許について、各企業が個別に包括クロスライセンスを締結するのではなく、パテントプールを活用する方法もある。パテントプールとは、典型的には、各社がそれぞれの保有する特許権についてのサブライセンスを行う権原を一定の企業体や組織体に集中させ、パテントプールの構成員となる各企業は、当該企業体や組織体を通じて、必要なサブライセンスを受けるというものである[205]。パテントプールは後記 コラム で説明する標準化においても活用される。

　このような包括ライセンス、クロスライセンス、包括クロスライセンス、パテントプールについては、態様次第では独占禁止法上の問題が生じる可能性があることには留意が必要である[206]。

【4】ライセンスに関するオープンクローズ戦略

　技術のライセンスに関する戦略として、「オープンクローズ戦略」ということが言われることがある。クローズ化とは、自社技術を営業秘密として秘匿したり、特許権を取得したうえで他社にライセンスをしなかったり、限定的にしかしないというものである。これに対して、オープン化とは、自社技術を他社に積極的に開示して、ライセンスをしたり、共同開発・研究を進めたり、ある

---

205)　　パテントプールには、一定の組織体や企業体が単に、各社から直接契約によりライセンスを受けるための代理人としてのみ機能するという形態もある。

206)　　公正取引委員会「知的財産の利用に関する独占禁止法上の指針」を参照。

第 2 章　特許法による特許権の保護　　251

いは、広く公開して自由に使わせたりするというものである。このようなオープン化とクローズ化を戦略的に組み合わせるのが、オープンクローズ戦略である。例えば、基本技術についてオープン化して、対象製品の市場を拡大し、他社と差別化を図れるようなコア技術については、クローズ化するといった戦略が採用される。

> **コラム** 標準化とライセンス
>
> さまざまな技術分野において、各メーカーの規格が統一されれば、製品に互換性が生まれ、ユーザにとってもメリットが大きい。このような統一された規格が標準規格であり、標準規格[207]を普及させる活動を標準化と呼ぶ。IoT[208]の活用をするというインダストリー4.0（第4次産業革命）においては、さまざまな機器の規格が統一されていることが重要であり、標準化は重要性を増している。
>
> このような標準化についても、技術を積極的に第三者に使わせるものであるから、オープン化の中に位置付けることができる。
>
> 標準規格を採用する場合に必ず実施することになる特許のことを標準必須特許という。この標準必須特許については、各標準化団体は、技術を普及させ、標準化を促進するために、メンバーに対して、FRAND宣言（公正、合理的、かつ非差別的な（Fair, Reasonable And Non-Discriminatory）な条件でライセンスを行うとの宣言）を行うことを求めている。このようなFRAND宣言がなされた標準必須特許について、許諾を受けていない者に対して、差止請求権や損害賠償請求権を行使することが可能かが争点となっている。FRAND宣言をしている以上、希望すればライセンスを受けられる状況にあるから、通常の特許

---

207)　　標準規格は、一般に、①デジュール標準（ISO等の公的機関で認定された標準。例：動画等のMPEG方式）、②デファクト標準（市場で高いシェアを持つことにより事実上の標準となっているもの。例：ビデオのVHS方式）、③フォーラム標準（各企業が組成したフォーラムが策定した標準。例：Blu-ray）があるとされる。

208)　　Internet of Things（モノのインターネット）。さまざまな機器等をインターネットに接続することにより自動遠隔制御等を可能にするというものである。

252　　　第3編　技術の保護

権侵害とは異なるルールで規律されるべきではないかという問題意識である。知財高裁は、アップル対サムスン事件[209]において、特許権者と相手方の利益状況を考慮したうえで、次のような判断を示した。

① FRAND宣言をしている特許権者による特許権に基づく差止請求権の行使については、相手方において、特許権者がFRAND宣言をしたことに加えて、相手方がFRAND条件によるライセンスを受ける意思を有する者であることの主張立証に成功した場合には、権利の濫用（民1条3項）に当たり許されない。

② FRAND宣言をした特許権者が、当該特許権に基づいて、FRAND条件でのライセンス料相当額を超える損害賠償請求をする場合、そのような請求を受けた相手方は、特許権者がFRAND宣言をした事実を主張、立証をすれば、ライセンス料相当額を超える請求を拒むことができると解すべきである。これに対し、特許権者が、相手方がFRAND条件によるライセンスを受ける意思を有しない等の特段の事情（厳格に認定されるべきである）が存することについて主張、立証をすれば、FRAND条件でのライセンス料を超える損害賠償請求部分についても許容されるというべきである。

【5】特許ライセンス契約における規定内容のポイント

　特許ライセンス契約においては、まず、ライセンスの範囲として、①対象となる特許、②対象となる実施行為の内容、③対象となる国・地域、④独占性の有無、⑤特許権者による自己実施の可否、⑥サブライセンス権の有無、⑦ライセンス期間等について定めることになる。

　また、ライセンス料（ロイヤルティ）の計算の仕方についても定めることに

---

209)　　知財高大判平成26年5月16日判時2224号146頁〔アップル対サムスン事件（債務不存在確認請求控訴事件）〕、知財高大決平成26年5月16日判時2224号146頁〔アップル対サムスン事件（特許権仮処分命令申立却下決定に対する抗告申立事件）〕。

第2章　特許法による特許権の保護　　253

なるが、その定め方に関する基本的事項については、商標ライセンスと同様であるので、第2編 第6章 Ⅰ 3 を見ていただきたい。特許権が無効となった場合のライセンス料の返還に関する定めが置かれることがある[210]。

ライセンスされた特許から、ライセンシーが改良技術を生み出した場合の処理についても規定されることが多い。

ライセンサーによる保証の範囲、特許権についての不争義務、第三者による権利侵害が発生した場合の対応、無効審判等が起こった場合の対応等についての規定も置かれることが一般的である。

ライセンス契約違反の場合の法的理解についても、商標ライセンスと同様であるので、第2編 第6章 Ⅰ 3 を見ていただきたい。

ライセンス契約においては、ライセンスの範囲として、製造委託先による製造を認めるかどうかが規定されることがよくある。そして、製造委託先による製造を認めることをhave made権を許諾するといい、これに関する条項をhave made条項と呼んだりする。have made権については、製造委託先を特定の者にあらかじめ限定したり、地域を限定したり、製造委託先について事前に特許権者の書面による承諾を得ることが要求されたりする。

このような明文がない場合に、製造委託先による製造をさせた場合に特許権侵害となるかが争点となっている。

製造委託先がライセンシーの指示に従い、製品の製造を行い、製造された製品の全量をライセンシーに納入しており、製造委託先がライセンシーの手足（一機関）として評価できるような場合には、特許権侵害は成立しないものと解される[211]。

---

210) このような定めがない場合には、特許権者が特許の有効性について保証していない限り、特許権が無効となった場合にも特許権者は契約不適合責任やライセンス契約の錯誤による取消しを理由に不当利得返還義務を負わないとする説が有力である（中山・特許558頁、島並ら・特許262頁）。いずれにせよ無用な紛争を避けるため、実務上は明文化をしておくことが無難である。なお、ライセンス料の不返還合意があった事例でライセンス契約の錯誤無効の主張を否定した事例として、東京地判昭和57年11月29日判時1070号94頁〔食品包装容器事件〕がある。

211) 最判平成9年10月28日集民185巻421頁〔鋳造金型事件〕、意匠権に関する事例であるが、最判昭和44年10月17日民集23巻10号1777頁〔地球儀型トランジスタラジオ事件〕、中山・特許340頁参照。

254　　第3編　技術の保護

2 特許権の移転・担保化・共有

【1】移転・担保化

特許権については、自由な移転が可能であるが、一般承継以外の場合には登録が効力発生要件であり（特許98条1項1号）、一般承継の場合には届出が必要である（同条2項）。また、特許権についても権利質の一種として質権の設定（同条1項3号）や譲渡担保権の設定が可能である。

【2】共　有

例えば、共同研究開発等を行う場合には、特許を受ける権利や特許権が共有とされる場合がある。共同発明による特許を受ける権利の共有については、前記 **Ⅳ 3** で既に説明したので、ここでは、特許権の共有について説明する。特許権が共有に係るときは、各共有者は、契約で別段の定めをした場合を除き、他の共有者の同意を得ないでその特許発明の自己実施が可能である（特許73条2項）[212]。所有権の場合には、共有物の全部について、持分に応じた使用が可能であるものとされる（民249条）が、特許権については、共有者が同時に自己実施することに何ら支障がないため、無制限に自己実施ができる[213]。

特許権が共有に係るときは、各共有者は、他の共有者の同意を得なければ、その持分を譲渡（一般承継は除く）し、またはその持分を目的として質権を設定すること（特許73条1項）やその特許権について専用実施権を設定し、または他人に通常実施権を許諾することができない（同条3項）。所有権の共有持分については、自由な処分が可能であることと異なる。特許権を共有とする場合には、契約であらかじめ持分の譲渡やライセンスの可否や条件についての扱いについて定めをおき、その扱いを明確にしておくべきである。

特許権侵害に基づく損害賠償請求は、自己の持分について、各共有者が単独で行使でき、差止請求権については、持分権に基づき保存行為（民252条但書

---

212)　著作権の場合は、これと異なることについて、**第5編** 第1章 **Ⅵ 2** で後述する。

213)　なお、製造委託先による実施が自己実施に当たるかについては、前記 **1** 【5】のhave made権についての説明が当てはまる。

き）として、各共有者が単独で行使可能であると解される[214]。

　特許権の共有者がその共有に係る権利について審判を請求するときは、共有者の全員が共同して請求しなければならない（特許132条3項）[215]。これに対して、共有特許に関する審決取消訴訟については、明文がない。判例上は、拒絶査定不服審判等の査定系審判については、固有必要的共同訴訟であり、共有者全員が共同で提起する必要があると解されている[216]のに対して、無効審判等の当事者系審判および特許異議の申立ての取消決定取消訴訟においては、保存行為として各共有者が単独で提起できると解されている[217]。

---

214)　中山・特許343〜344頁。

215)　また、共有に係る特許権について特許権者に対し審判を請求するときは、共有者の全員を被請求人として請求しなければならない（特許132条2項）。

216)　実用新案権に関する事例であるが、最判平成7年3月7日民集49巻3号944頁〔磁気治療器事件〕。

217)　商標権の無効審判の審決取消訴訟に関する事例であるが、最判平成14年2月22日民集56巻2号348頁〔ETNIES事件〕および最判平成14年2月28日判時1779号81頁〔水沢うどん事件〕。旧法下の特許異議の申立ての取消決定取消訴訟について、最判平成14年3月25日民集56巻3号574頁〔パチンコ装置事件〕。

第3編

第3章　実用新案法による実用新案権の保護

　実用新案権は、「考案」を保護するものである。「考案」とは、自然法則を利用した技術的思想の創作を指し（新案2条1項）、特許法上の発明の定義とは、「高度」が要求されない点で異なる。

　実用新案登録の対象は、「物品の形状、構造又は組合せに係る考案」（同1条）であり、方法の考案は含まれない。

　実用新案法において要求される産業上の利用可能性・新規性は特許法と同程度のものである（同3条1項）が、進歩性については、「きわめて容易に」考案をすることができたか否かが基準となり（同条2項）、特許権の進歩性よりも程度が低いもので足りる。

　実用新案権者は、業として登録実用新案の実施をする権利を専有し（同16条）、侵害者に対する差止請求（同27条）および損害賠償請求が可能である。

　実用新案権は、特許権と異なり、実体審査なしで登録される（無審査主義）。安価で、早期権利化が可能であるのでライフサイクルが短い製品等の小発明については有用であるとされる。

　しかし、以下に挙げるような権利としての弱さもあってか、実用新案の出願数は基本的には減少傾向にあり、廃止すべきとの議論もある。

　実用新案権侵害については、損害賠償請求にあたり、過失の推定はなされない（同30条における特許103条の不準用）。

　実用新案権者は、その登録実用新案に係る実用新案技術評価書（請求により審査官が作成する。新案12条1項）を提示して警告をした後でなければ、自己の実用新案権または専用実施権の侵害者等に対し、その権利を行使することができない（同29条の2）。実用新案権者が、権利の行使または警告をした後に、実用新案登録を無効にすべき旨の審決が確定したときは、その権利の行使またはその警告により相手方に与えた損害を賠償する責任を負う（同29条の3第1項）。ただし、実用新案技術評価書で有効との評価を受けたうえで権利の行使または警告をしている場合その他相当の注意をもって権利の行使または警告をしてい

る場合は、この限りではない（同29条の3第1項但書き）。

　実用新案権の保護期間は、出願から10年と短い（同15条）。

　なお、実用新案出願を特許出願に変更したり（特許46条）、実用新案登録に基づき特許出願を行う制度（同46条の2）が用意されている。

第3編

第4章　営業秘密の保護

Ⅰ　はじめに

　本節では、営業秘密の保護について解説する。営業秘密には、技術情報のみならず、顧客情報その他のさまざまなビジネス上のノウハウ等が含まれる。

　営業秘密の保護には、不正競争防止法によるものと、契約によるものがある。不正競争防止法による場合、同法の「営業秘密」の要件を充足するものだけが保護されるが、契約による場合は、契約によって定義した機密情報（秘密情報）の保護が可能である。

Ⅱ　不正競争防止法上の営業秘密の保護

1　総　論

　不正競争防止法は、2条1項4号〜10号で、営業秘密に関する民事上の不正競争行為を定めており、21条1項1号〜5号、2項1号〜5号、4項1号〜3号、5項1号〜3号で、営業秘密侵害に関する罪（刑事罰）を定めている。まずは、**後記 2** で両者に共通する「営業秘密」の意義について説明し、**後記 3** で民事上の救済措置について、**後記 4** で刑事罰について説明する。

2　「営業秘密」の意義

　「営業秘密」とは、①秘密として管理されている②生産方法、販売方法その他の事業活動に有用な技術上または営業上の情報であって、③公然と知られていないものをいう（不正競争2条6項）。これは、民事・刑事共通の定義である。①は秘密管理性、②は有用性、③は非公知性の要件と呼ばれる。

第4章　営業秘密の保護　　259

【1】秘密管理性

　実務上、最も頻繁に問題になるのは秘密管理性の要件である。秘密管理性の判断にあたっては、経済産業省が策定している営業秘密管理指針が実務上、重要な指針となっている。なお、営業秘密管理指針には、法的拘束力はない。

　この営業秘密管理指針は、2015年1月に全面改訂され、2019年1月にビッグデータ、AIの活用等を背景とする情報活用形態の多様化を踏まえた改訂が行われている[218]。

　2015年の全面改訂前の営業秘密管理指針は、80頁を超えるもので、特に、中小企業等には分かりにくいという声があった。また、秘密管理性が認められるために、実施することが「望ましい」対策が詳細に記載されていたが、これにより、「望ましい」対策をすべて講じていなければ秘密管理性が認められないのではないかという懸念が広がり、裁判例においても、従業員等が営業秘密だと認識できる程度の管理を超えた極めて厳格な客観的な秘密管理が要求される例があるとの指摘があった[219]。

　そこで、全面改訂された営業秘密管理指針は、秘密管理性を中心とした最低限の水準の対策を示すコンパクトなものとなり、現時点のヴァージョンでは約20頁となっている。同管理指針では、「企業が、ある情報について、相当高度な秘密管理を網羅的に行った場合にはじめて法的保護が与えられるべきものであると考えることは、(中略) 適切ではない」ことが明記された(営業秘密管理指針5頁)。

　なお、情報漏洩防止のためのより包括的な対策は、「秘密情報の保護ハンドブック～企業価値向上に向けて[220]」(以下「秘密保護ハンドブック」という)で記

---

218)　営業秘密管理指針については、令和7年1月時点で、秘密情報がクラウドストレージに保存されている実態や裁判例の集積等を踏まえ、営業秘密該当性に関する秘密管理性・有用性・非公知性の各要件のさらなる明確化を図ることを目的とした改訂案が公開され、パブリックコメントに付されている。

219)　田村善之「営業秘密の秘密管理性要件に関する裁判例の変遷とその当否(1)(2・完)─主観的認識vs.「客観的」管理─」知財管理64巻5号621頁、6号787頁。小泉直樹＝清水節＝田村善之＝長澤健一＝三村量一「[座談会]営業秘密をめぐる現状と課題」ジュリ1469号16～18頁、25～26頁田村善之発言および24～25頁長澤健一発言。

220)　経済産業省「秘密情報の保護ハンドブック～企業価値向上に向けて」(平成28年2月策定) https://www.meti.go.jp/policy/economy/chizai/chiteki/pdf/handbook/full.pdf、

260　　第3編　技術の保護

載されることとなった。秘密保護ハンドブックの内容は、**後記【4】**で紹介する。改訂後の営業秘密管理指針では、「秘密管理性要件が満たされるためには、営業秘密保有企業の秘密管理意思が秘密管理措置によって従業員等に対して明確に示され、当該秘密管理意思に対する従業員等の認識可能性が確保される必要がある」とされ、従業員の客観的認識可能性を基準に判断することが明記された（同6頁）。すなわち、企業の側が、一方的に（主観的に）、営業秘密だと考えているだけでは足りず、従業員等に営業秘密だと分かるようにしておかなければならないということである。それを超えて、まったく隙のないような「鉄壁の」秘密管理をしていることまでは要求されない。

「具体的に必要な秘密管理措置の内容・程度は、企業の規模、業態、従業員の職務、情報の性質その他の事情の如何によって異なるものであり、企業における営業秘密の管理単位（中略）における従業員がそれを一般的に、かつ容易に認識できる程度のものである必要がある」とされている（同6頁）。

なお、従前の営業秘密管理指針では、営業秘密に対する「アクセス制限」と「認識可能性」が別個の要件であるような記載があり、これも、厳重な秘密管理が必要なのではないかとの誤解を与える原因となっていた。そこで、改訂された営業秘密管理指針では、「アクセス制限」は、あくまで、「認識可能性」を担保する一つの手段であることが明記された（同6頁）。実際に「アクセス制限」がされていれば、従業員等もこのようにアクセスが制限されているのだから、営業秘密なのだと分かればよいということであり、それを超えて、まったく隙のないような「鉄壁の」秘密管理をしていることまでは要求されない。

それでは、具体的にはどのような措置が秘密管理措置として必要なのか。営業秘密管理指針によれば、秘密管理措置は、「対象情報（営業秘密）の一般情報（営業秘密ではない情報）からの合理的区分と当該対象情報について営業秘密であることを明らかにする措置とで構成される」（同7頁）。「この合理的区分とは、情報が化体した媒体について、例えば、紙の1枚1枚、電子ファイルの1ファイル毎に営業秘密であるか一般情報であるかの表示等を求めるものではなく、企業における、その規模、業態等に即した媒体の通常の管理方法に即し

(2024.10.22)。

て、営業秘密である情報を含む（中略）のか、一般情報のみで構成されるものであるか否かを従業員が判別できればよい」（同7頁）。「紙であればファイル、電子媒体であれば社内LAN上のフォルダなどアクセス権の同一性に着目した管理がなされることが典型的である」（同7頁）。また、上記の「合理的区分に加えて必要となる秘密管理措置としては、主として、媒体の選択や当該媒体への表示、当該媒体に接触する者の限定、ないし、営業秘密たる情報の種類・類型のリスト化、秘密保持契約（あるいは誓約書）などにおいて守秘義務を明らかにする等が想定される」とされている（同8頁）。

典型的な管理方法としては、媒体に応じて、以下の例が挙げられている（同10～12頁）。なお、以下では、すべての例を取り上げておらず、一部を抜粋している。

① 紙媒体の場合の例：「ファイルの利用等により一般情報からの合理的な区分を行ったうえで、基本的には、当該文書に『マル秘』など秘密であることを表示すること」や、「個別の文書やファイルに秘密表示をする代わりに、施錠可能なキャビネットや金庫等に保管する」こと等

② 電子媒体の場合の例：「記録媒体へのマル秘表示の貼付」「電子ファイル名・フォルダ名へのマル秘の付記」「ドキュメントファイルのヘッダーにマル秘を付記」「営業秘密たる電子ファイルそのもの又は当該電子ファイルを含むフォルダの閲覧に要するパスワードの設定」「記録媒体そのものに表示を付すことができない場合には、記録媒体を保管するケース（CDケース等）や箱（部品等の収納ダンボール箱）に、マル秘表示の貼付」等

③ 「製造機械や金型、高機能微生物、新製品の試作品など、物件に営業秘密情報が化体しており、物理的にマル秘表示の貼付や金庫等への保管に適さないもの」の場合の例：「扉に『関係者以外立入禁止』の張り紙を貼る」「警備員を置いたり、入館IDカードが必要なゲートを設置したりして、工場内への部外者の立ち入りを制限する」「写真撮影禁止の貼り紙をする」「営業秘密に該当する物件を営業秘密リストとして列挙し、当該リストを営業秘密物件に接触しうる従業員内で閲覧・共有化する」こと等

④ 「媒体が利用されない場合」の例：「営業秘密のカテゴリーをリストにする

こと」「営業秘密を具体的に文書等に記載すること」

　企業内（支店、営業所等）、企業外（子会社、関連会社、取引先、業務委託先、フランチャイジー等）と営業秘密を共有する場合については、営業秘密管理指針は以下のとおり定めている。①社内の複数箇所で同じ情報を保有しているケースでは、「秘密管理性の有無は、法人全体で判断されるわけではなく、営業秘密たる情報を管理している独立単位（以下、「管理単位」という。）ごとに判断される。当該管理単位内の従業員にとって、当該管理単位における秘密管理措置に対する認識可能性があればよい」とされている（同14頁）。②複数の法人間で同一の情報を保有しているケースでは、「秘密管理性の有無は、法人（具体的には管理単位）ごとに判断され、別法人内部での情報の具体的な管理状況は、自社における秘密管理性には影響しないことが原則である」とされている（同15頁）。

　従業員等による営業秘密であることの認識可能性を判断基準として、秘密管理性を肯定した裁判例[221]では、「本件顧客情報は、1審原告（中略）の営業部を統括する営業本部により、顧客ファイルや顧客管理システムに保管された電子データとして一元管理されており、顧客ファイルや顧客管理システムは、いずれも入室が制限された施錠付きの部屋に保管されている上、その利用も、前者は営業本部所属の従業員と所定の申請手続を経た営業部所属の従業員に限定され、後者も所定のログイン操作を経た営業本部所属の従業員に限定されている。なお、本件顧客情報は、（中略）営業部所属の従業員によって契約内容報告書の写しとして保管されてはいるものの、これは、顧客からの問い合わせに迅速に対応したり買増し営業が見込める顧客を絞り込んだりするという営業上の必要性に基づくものである上、1審原告らは、（中略）各部内に常備された本件就業規則で秘密保持義務を規定するとともに退職時に秘密保持に関する誓約書を提出させたり、各種の情報セキュリティを実施してISMS認証やISO／IEC27001認証を取得し、毎年行われる審査に合格したり、従業員に対する

---

221)　　知財高判平成24年7月4日裁判所ウェブサイト（平成23年（ネ）10084号、平成24年（ネ）10025号）〔マンション顧客名簿事件〕。

第4章　営業秘密の保護　　263

『ISO27001ハンドブック』の配布やこれに基づく研修・試験といった周知・教育のための措置を実施したりしていたのであるから、1審原告らは、従業員に対して、本件顧客情報が秘密であると容易に認識し得るようにしていたものといえる」とされた。

【2】有用性

「『有用性』が認められるためには、その情報が客観的に見て、事業活動にとって有用であることが必要である。一方、企業の反社会的な行為などの公序良俗に反する内容の情報は、『有用性』が認められない」（営業秘密管理指針16頁）。

何らかの形で事業活動の競争力を高めるという効果を持つ有益な情報であれば足り、高度なレベルの有益性は要求されていない。例えば、失敗した実験データ等も含まれる。ただし、社内の違法行為や反社会的な行為を告発した場合に、営業秘密の漏洩だということになるのは不当であるから、このような情報については、営業秘密の定義から除くべく、「有用性」がないものとしている。

【3】非公知性

「『非公知性』が認められるためには、一般的には知られておらず、又は容易に知ることができないことが必要である」（営業秘密管理指針17頁）。

秘密保持義務を課して開示している限りは、非公知性が失われることはない。実務上は、非公知性が争点となることは少ないが、後記 **コラム** に記載のリバースエンジニアリングの点は興味深い論点である。

コラム 営業秘密とリバースエンジニアリング

例えば販売・展示等されている現物からリバースエンジニアリング（解析）により入手可能な技術情報等については、現物の販売・展示等により非公知性が失われて、営業秘密としての保護を受けられなくなるのかが問題になる。

この点については、例えば、現物の観察・使用や一般的な解析方法

264　　第3編　技術の保護

等により判明するような場合には、現物の販売・展示等をもって非公知性が失われたと解される可能性がある[222]。

スペースチューブ事件[223]では、スペースチューブとの名称の控訴人の体験型展示物（控訴人装置）に関する情報が営業秘密に当たるかが問題となったが、「控訴人が営業秘密であると主張する控訴人装置に関する情報（①控訴人装置の長さ及び高さ、②布の強度と伸縮性、③布の張り具合、④二重化構造、⑤布及びロープの総重量）は、いずれも、その性質上、展示されている控訴人製品の中に入り、又はこれに触れ、あるいは外部から観察した者が容易に認識し得る情報」であり、「布の製造メーカーに問い合わせたり、安全性の観点をも考慮しつつ強度計算することなどによっていずれも推知することが可能であり、これらの作業が格別の困難性を有するというものでもない」ものとして、控訴人装置の展示により非公知性が失われたとした。

また、現物の販売等により直ちに非公知性が失われないと解するとしても、購入した製品のリバースエンジニアリングを行うこと自体は原則として制限されていないため[224]、リバースエンジニアリングの結果を第三者が公表してしまえば、その時点では、非公知性は失われてしまう[225]。したがって、リバースエンジニアリングにより推知可能な営業秘密については、本来は、第1章で前述したとおり、営業秘密による保護ではなく、特許等による保護に適するものである。

【4】営業秘密漏洩防止のための具体的な対策

秘密保護ハンドブックでは、情報漏洩対策の流れとして、①自社が保有する

---

222)　小野＝松村343頁参照。

223)　知財高判平成24年2月22日判時2149号119頁〔スペースチューブ事件〕。

224)　著作権法には、元々、営利目的でのリバースエンジニアリングに伴う利用を一般的に認める明文規定は存在しなかった。もっとも、プログラム著作物についてのリバースエンジニアリングに伴う利用を原則として許容する権利制限規定として、著作権法30条の4が導入された（中山・著作権145〜146頁参照）。

225)　小野＝松村343頁参照。

情報を把握・評価したうえで、②秘密情報を決定・分類して、③実施する情報漏洩対策を選択し、④その内容について、社内においてルール化し、⑤社内体制を構築するというものを想定し、この流れに沿って、第2章から第4章にかけて説明が行われている[226]。

秘密保護ハンドブックの第3章では、営業秘密の漏洩要因となる事情を考慮し、以下の五つの「対策の目的」を設定したうえで、それぞれに係る対策を紹介している[227]。

以下のような対策を講じることは、特に①〜④については、上記の営業秘密の秘密管理性の要件の立証にあたっても法的に有利に作用し得るものであるし、事実上の漏洩リスクを軽減するためにも有益である。

①接近の制御

「秘密情報を閲覧・利用等することができる者（アクセス権者）の範囲を適切に設定した上で、施錠管理・入退室制限等といった区域制限（ゾーニング）等により自らが権限を有しない秘密情報に現実にアクセスできないようにすることで、アクセス権限を有しない者を対象情報に近づけないようにすることを目的と」する。

②持ち出し困難化

「秘密情報が記載された会議資料等の回収やテレワーク、オンライン会議でアクセス（投影等）の制限、事業者が保有するノートPCの固定や持ち出しの制限、記録媒体の複製制限、従業員の私物USBメモリ等の携帯メモリの持込み・利用を制限すること等によって、当該秘密情報を無断で複製したり持ち出すことを物理的、技術的に阻止することを目的と」する。

③視認性の確保

「職場のレイアウトの工夫、資料・ファイルの通し番号管理、録画機能付き防犯カメラの設置、入退室の記録、PCのログ確認等により、秘密情報に正当に又は不当に接触する者の行動が記録されたり、他人に目撃されたり、事後的

226）　秘密保護ハンドブック7頁参照。
227）　以下の①〜⑤の五つの「対策の目的」について、秘密保護ハンドブック23頁以下参照。

に検知されたりしやすい環境を整えることによって、秘密情報の漏えいを行ったとしても見つかってしまう可能性が高い状態であると認識するような状況を作り出すことを目的と」する。

④秘密情報に対する認識向上 (不正行為者の言い逃れの排除)

「秘密情報の取扱い方法等に関するルールの周知、秘密情報の記録された媒体へ秘密情報である旨の表示[228]を行うこと等により、従業員等の秘密情報に対する認識を向上させることを目的と」する。これにより、不正行為者が、秘密情報だとは知らなかったとの言い逃れができないようになる。

⑤信頼関係の維持・向上等

「従業員等に情報漏えいとその結果に関する事例を周知することで、秘密情報の管理に関する意識を向上させ」る。

「働きやすい職場環境の整備や適正な評価等によって企業への帰属意識を醸成したり、仕事へのモチベーションを向上させ」る。これらの取組みにより、「職場のモラルや従業員等の信頼関係を維持・向上することを目的と」する。

❸ 民事的救済

【1】行為類型

営業秘密関連の「不正競争」となる行為類型は以下のとおり、不正競争防止法2条1項4号から10号に規定されている。

[図表7] 営業秘密関連の「不正競争」となる行為類型

条文番号	条文の内容	具体例
4号	「窃取、詐欺、強迫その他の不正の手段により営業秘密を取得する行為（以下「営業秘密不正取得行為」という。）又は営業秘密不正取得行為により取得した営業秘密を使用し、若しくは開示する行為」	権限なく、無断で機密書類や機密データをコピーする行為

---

228)　㊙表示等を指す。

第4章　営業秘密の保護　267

条文番号	条文の内容	具体例
5号	「その営業秘密について不正取得行為が介在したこと」につき、悪意または重過失で「営業秘密を取得し、又はその取得した営業秘密を使用し、若しくは開示する行為」	権限なく、無断でコピーされた機密書類や機密データであることを知りつつ、受け取る行為
6号	「その取得した後にその営業秘密について営業秘密不正取得行為が介在したこと」につき、悪意または重過失で「その取得した営業秘密を使用し、又は開示する行為」	権限なく、無断でコピーされた機密書類やデータであることを取得後に警告等で知った後に使用・開示する行為
7号	「営業秘密を保有する事業者」「からその営業秘密を示された場合」において、図利加害目的で、「その営業秘密を使用し、又は開示する行為」	機密データにアクセス権のあるA社の従業員が、ライバル会社であるB社に機密データを譲渡する行為
8号	「その営業秘密について営業秘密不正開示行為[229]であること若しくはその営業秘密について営業秘密不正開示行為が介在したこと」につき悪意または重過失で「営業秘密を取得し、又はその取得した営業秘密を使用し、若しくは開示する行為」	B社が、A社の従業員が秘密保持義務に違反して当該機密データを開示していることを知りつつ、データを受け取る行為
9号	「その取得した後にその営業秘密について営業秘密不正開示行為があったこと若しくはその営業秘密について営業秘密不正開示行為が介在したこと」につき悪意または重過失で「その取得した営業秘密を使用し、又は開示する行為」	B社が、A社の従業員が秘密保持義務に違反して当該機密データを開示していることを取得後にA社からの警告等で知った後に使用・開示する行為
10号	第4号から第9号までに掲げる行為（「技術上の秘密」：「営業秘密のうち技術上の情報であるもの」を使用する行為に限る）により生じた物を譲渡等する行為[230]	不正取得等された技術上の秘密を使って生産した製品を販売する行為

---

229)　7号「に規定する場合において同号に規定する目的でその営業秘密を開示する行為又は秘密を守る法律上の義務に違反してその営業秘密を開示する行為」をいう。以下同じ。

230)　当該物を譲り受けた者（その譲り受けた時に当該物が不正使用行為により生じた物

【2】適用除外

　不正競争防止法19条1項7号により、同法2条1項4～9号までに掲げる不正競争には、取引によって営業秘密を取得した者（取得時に善意・無重過失である者に限る）がその取引によって取得した権原の範囲内においてその営業秘密を使用し、または開示する行為には適用されないものとしている。この規定により、例えば、ライセンサーからライセンス契約により営業秘密のライセンスを受けており、ライセンス契約に基づいて営業秘密の開示を受けた後になって、実は、当該営業秘密は、ライセンサーが同法違反の行為により取得したものであったことが判明した場合でも、ライセンシーは、ライセンス契約の期間中、引き続き当該営業秘密の使用が可能となる。

　なお、不正競争防止法19条1項8号は、後記【3】で解説する消滅時効と同法2条1項10号の関係について規定したものである。

【3】救済手段

　営業秘密関連の「不正競争」（不正競争2条1項4号～10号）に該当する場合には、第2編 第3章 Ⅴ 1 で前述した差止め請求（同3条）および損害賠償請求（同4条。損害の推定規定：同5条）が可能である。法律関係の早期安定のため、差止請求権には、事実および行為者を知った時から3年の消滅時効および行為開始時から20年の除斥期間がある（同15条）。また、同条により差止請求権が消滅した後にその営業秘密を使用する行為によって生じた損害については賠償請求権も行使できなくなる（同4条但書き）。

　平成27年改正により、①技術上の秘密（生産方法に限る）について、②不正競争防止法2条1項4号、5号、8号に規定する行為があった場合、③その行為をした者が当該技術上の秘密を用いて生産することのできる物の生産等をしたときは、その者は、それぞれ当該各号に規定する行為として生産をしたものと推定されるとの推定規定が導入された（同5条の2）。これにより、営業秘密の使用行為の立証が容易になった。営業秘密の「使用行為は侵害者の内部領域（工場、研究所等）で行われることが多いため、被侵害者がその立証に関する証

　であることにつき善意・無重過失の者に限る）が当該物を譲渡等する行為を除く。

拠を収集することは極めて困難な場合も多い」こと、および「技術上の営業秘密を不正に取得した者については、当該営業秘密を使用することが通常であるとの経験則が存在する」ことがその趣旨だとされる[231]。

他に、営業秘密の関連では、秘密保持命令（同10条）、当事者尋問等の公開停止（同13条）等により、裁判手続を通じて、営業秘密が漏洩することを防止している。

4 刑事罰

営業秘密侵害罪については、不正競争防止法21条1項1号〜5号、2項1号〜5号、4項1号〜3号、5項1号〜3号に、民事とは別個の行為類型として規定されている。

民事上の不正競争と営業秘密侵害罪（刑事罰）は、ほぼ同じ行為が該当するといえる。営業秘密を保有する企業等から正当に営業秘密を示されたかどうか、直接の取得か転得か、どういった行為か（取得・使用・開示）で、適用される刑事罰が変わる。本書では、個別の各営業秘密侵害罪の条文の解説には立ち入らないが、典型例に絞って解説をする。

大きく分けて、①不正な手段で営業秘密を取得した類型と、②正当に営業秘密が示された者の背信の類型がある。

①不正な手段で営業秘密を取得した類型は、不正競争防止法21条1項1号が典型例になる。同号は、「不正の利益を得る目的で、又はその営業秘密保有者に損害を加える目的で、詐欺等行為（中略）又は管理侵害行為（中略）により、営業秘密を取得したとき」を罰している。構成要件としては、（i）「不正の利益を得る目的」または「営業秘密保有者に損害を加える目的」（図利加害目的）、（ii）「詐欺等行為」または「管理侵害行為」、（iii）「営業秘密の取得」である。

まず、（i）「不正の利益を得る目的」については、「公序良俗又は信義則に反する形で不当な利益を図る目的のことをいい、自ら不正の利益を得る目的（自己図利目的）のみならず、第三者に不正の利益を得させる目的（第三者図利目的）

---

231)　経産省・逐条解説185〜186頁。

270　　第3編　技術の保護

も含まれる[232]」。「営業秘密保有者に損害を加える目的」については、「営業秘密保有者に対し、財産上の損害、信用の失墜その他の有形無形の不当な損害を加える目的のことをいい、現実に損害が生じることは要しない[233]」。

（ⅱ）「詐欺等行為」は、「人を欺くこと、人に暴行を加えること、又は人を脅迫することを意味し、これらは、刑法上の詐欺罪、強盗罪、恐喝罪の実行行為である欺罔行為、暴行、脅迫に相当する」。「管理侵害行為」は、「財物の窃取、施設への侵入、不正アクセス行為（不正アクセス行為の禁止等に関する法律（平成11年法律第128号）第2条第4項に規定する不正アクセス行為をいう。）その他の営業秘密保有者の管理を害する行為をいう。これらは、刑法上の窃盗罪、建造物侵入罪、不正アクセス行為の禁止等に関する法律違反の罪の実行行為である、窃取、侵入、不正アクセス行為に相当する」。[234]

不正競争防止法21条1項1号は「取得」を処罰するものであるが、その後の「使用」「開示」行為については、同項の2号で処罰対象となる。

これらは、民事上の不正競争行為では、不正競争防止法2条1項4号に類似する。同法2条1項4号では、「窃取、詐欺、強迫その他の不正の手段により営業秘密を取得する行為（中略）又は営業秘密不正取得行為により取得した営業秘密を使用し、若しくは開示する行為」とされており、図利加害目的は要件ではない。その意味では、営業秘密の不正な取得・使用・開示については、民事上は一定程度広く不正競争としてとらえており、刑事罰を科すためには、より明確な要件が必要となっているといえる。

次に②正当に営業秘密が示された者の背信の類型は、不正競争防止法21条2項1号、2号が典型例となる。同項1号は、「営業秘密を営業秘密保有者から示された者であって、不正の利益を得る目的で、又はその営業秘密保有者に損害を加える目的で、その営業秘密の管理に係る任務に背き」イ〜ハまでの3つの行為類型の「いずれかに掲げる方法でその営業秘密を領得したもの」とされている。

---

232)　経産省逐条解説277頁。
233)　経産省逐条解説279頁。
234)　同上。

「領得」は、「営業秘密を営業秘密保有者から示された者が、その営業秘密を管理する任務に背いて、権限なく営業秘密を営業秘密保有者の管理支配外に置く意思の発現行為[235]」とされている。不正競争防止法21条2項1号のイ〜ハに「領得」の方法が具体的に挙げられており、典型的には、USBメモリなどの記録媒体等を無断で外部に持ち出す行為や、営業秘密のデータをコピーしたり、メール送信するために添付する行為が該当する。

不正競争防止法21条2項2号は、「営業秘密を営業秘密保有者から示された者であって、その営業秘密の管理に係る任務に背いて1号イからハまでに掲げる方法により領得した営業秘密を、不正の利益を得る目的で、又はその営業秘密保有者に損害を加える目的で、その営業秘密の管理に係る任務に背き、使用し、又は開示した」場合の刑事責任を定めている。1号が「領得」、2号は「使用し、又は開示」した場合について定めているのは、上記の①で紹介した同法21条1項1号と2号の関係とも近い。

これらは、民事上の不正競争行為では、不正競争防止法2条1項7号の不正競争行為に近い。同法2条1項7号は、「営業秘密を保有する事業者（以下「営業秘密保有者」という。）からその営業秘密を示された場合において、不正の利益を得る目的で、又はその営業秘密保有者に損害を加える目的で、その営業秘密を使用し、又は開示する行為」とされている。民事上の不正競争行為は、刑事罰と異なり、領得を含んでいない。②正当に営業秘密が示された者の背信の類型は、もともとアクセス権限がある営業秘密を無断で持ち出すことが典型例であるが、例えば、持ち出しただけで使用・開示していないのであれば、民事上の不正競争行為には該当しないが、持ち出したことで「領得」したと評価されれば、刑事罰は適用される可能性がある。

なお、平成27年改正により、不正競争防止法21条1項4号および5号の類型が追加されている。同法21条1項4号は、従前処罰対象外であった、転々流通する営業秘密について、不正に取得されたことを知って取得した者による使用・開示行為を処罰するものである。同条1項5号は、民事上の不正競争行為の同法2条1項10号に対応するものである。

---

235)　経産省逐条解説290頁。

平成27年改正により刑事罰は強化されている。不正競争防止法21条1項は、10年以下の懲役もしくは2,000万円以下の罰金に処し、またはこれを併科すると定め、同条2項は、10年以下の拘禁刑もしくは2,000万円以下の罰金に処し、またはこれを併科すると定めている。海外重罰規定も置かれており、罰金が3,000万円に加重されている（不正競争21条4項、5項）。例えば、同法21条4項1号は、日本国外において使用する目的で、同法21条11項に規定する不正取得を行った者を海外重罰の対象とするものである。また、両罰規定もおかれており、同法21条4項違反は、10億円以下の罰金刑、同法21条1項違反は、5億円以下の罰金刑とされている（同22条1項1号、2号）。

平成27年改正により、未遂犯も処罰化されることとなり（不正競争21条6項）。任意的没収規定等が導入され（同21条13項、15項、32条～40条）、非親告罪化（同21条7項参照）がなされている。

このように営業秘密侵害罪については、処罰範囲の拡大・厳罰化が進んでいるといえる。

III 契約上の守秘義務（秘密保持義務）・競業避止義務・ノウハウのライセンス

1 契約上の守秘義務と不正競争防止法上の営業秘密保護の違い

実務においては、第三者に営業秘密を開示する際には、守秘義務契約（秘密保持契約）により、契約上の守秘義務（秘密保持義務）を負わせるということが広く行われている。

守秘義務を課して第三者に情報を開示するのは、不正競争防止法の「営業秘密」としての秘密管理性や非公知性を確保するためにも重要であるが、それを超えて、契約によるメリットとして、機密情報（秘密情報）の範囲を不正競争防止法上の営業秘密よりも広く設定できるという点がある。契約自由の原則により、機密情報として何を定めるかは当事者の自由である。例えば、機密情報であることを表示したもの（㊙やConfidentialの表示をしたもの等）および口頭で

第4章　営業秘密の保護　　273

開示した情報については、一定期間内に機密情報である旨を書面で通知したものといった定義をしたり、例示をした情報とそれに準じる情報としたりすることが考えられる。これにより、不正競争防止法上の3要件の立証は不要となる。なお、基準や例示なく、単に「知り得る一切の情報」というような広範な定義とした場合は、有効性に疑義が生じる可能性があるので、できる限り、基準を設けたり、具体例を挙げるようにすることが望ましい。

　機密保持契約は、個別の案件ごとの交渉で、機密情報の定義が変わり得るから社内における情報管理には留意が必要である。例えば、㊙やConfidentialの表示がないから、機密情報ではないと思っていたら、当該プロジェクトでは、表示の有無に関わらず機密情報として扱うこととしていたということもあり得る。この場合、受領側において、受領時に表示を付けておくなどの方法により、契約上、機密情報として扱うべき情報が自社内において、機密情報として管理されるようにしておくべきである。

　雇用関係にある従業員との関係では、雇用契約に付随する義務として、従業員は当然に守秘義務を負うと解されるが、就業規則に守秘義務条項を入れている例が多い。これは、就業規則違反による懲戒処分をより確実に行うことにも資する有益な措置である。また、入社時等に秘密保持に関する誓約書を差し入れさせるという扱いをすることも多い。機密情報の範囲や具体例を明示した誓約書を書かせることにより、従業員に対する抑止力になるうえ、義務の範囲も明確になるので有益な措置である。

　このような契約上の守秘義務違反があった場合には、違反者に対して民法415条の債務不履行に基づく損害賠償請求が可能であり、民法414条の履行請求として、差止請求も可能である。ただし、契約当事者以外の第三者に対しては何ら請求ができない。第三者に対しては、不正競争防止法に基づく請求を行う必要がある。例えば、営業秘密をライバル会社に漏洩した従業員に対しては、契約上の守秘義務に基づく請求も可能であるが、契約関係にないライバル会社に対しては、不正競争防止法上の請求を行う必要がある。

　また、契約上の守秘義務に基づく請求の場合、同法5条の損害の算定に関する特則が使えないため、損害の立証が困難になるおそれがある。あらかじめ違約罰を定めることも想定されるが、金額の設定で折り合わない場合がある。

守秘義務については、さまざまな契約において、「守秘義務」「機密保持」等のタイトルの条項が入れられる場合や守秘義務契約、機密保持契約、NDA（Non Disclosure Agreement）といったタイトルで独立した別個の契約を結ぶ場合もある。こうした契約は、本格的な契約の交渉に入る前の一番初めの段階で、双方の情報を開示し合う必要がある場合に、結ばれることが多い。

こうした契約に典型的に入れられる条項としては、秘密情報（機密情報）の定義、秘密保持義務とその例外、複製・目的外利用の禁止、秘密情報の返還・廃棄等が挙げられる。

❷競業避止義務条項の意義と有効性

退職した従業員がライバル会社に転職し、営業秘密を漏洩するという事例がしばしばある。

退職後の従業員は、信義則（民1条2項）上、在職中のみならず、雇用契約終了後も秘密を漏洩しない義務を負っていると解することができるが、退職時等に秘密保持に関する誓約書にサインをさせるという扱いをする例も多い。退職後については、職業選択の自由に配慮する必要があるが、基準や具体例を定めて範囲を限定したものであれば、有効であると解される[236]。

もっとも、個別の秘密保持義務違反を立証するのは困難な場合も多い。そこで、そもそもライバル企業への転職自体を制約すれば、ライバル企業へ転職したかどうかは容易に分かるから、違反の立証がしやすい。このため、実務においては、退職後の競業避止義務に関する合意が締結される例がある。競業避止義務は、転職自体を制約するという点において、営業秘密に関する行為のみを制約するよりも、職業選択の自由に与える影響が大きい。したがって、その有効性は慎重に判断されている。競業避止義務は強力な手段ではあるが、無効となってしまえば何も請求ができなくなってしまうため、できるだけ有効性を確保すべく、その内容につき、慎重に検討をする必要がある。

裁判例上は、退職後の競業避止義務の有効性については、「①守るべき企業

236）　退職後の秘密保持義務の有効性を認めた事例として、東京地判平成14年8月30日労判838号32頁〔ダイオーズサービシーズ事件〕参照。

の利益があるかどうか、①を踏まえつつ、競業避止義務契約の内容が目的に照らして合理的な範囲に留まっているかという観点から、②従業員の地位、③地域的な限定があるか、④競業避止義務の存続期間や⑤禁止される競業行為の範囲について必要な制限が掛けられているか、⑥代償措置が講じられているか」といった判断要素により判断されてい[237]。

　①については、重要な機密情報の保護の必要性が高い場合に有効性が認められやすく、②については、より地位が高く重要情報にアクセスしやすい者である場合に有効性が認められやすく、③については、全国的なビジネスであれば、必ずしも地域的限定は必要ないとされる。④については、1年であれば肯定的にとらえられるが、2年だと否定的にとらえられる例があるとされる[238]。⑤については、禁止範囲が明確かつ限定的であると有効性が認められやすい。⑥については、報酬や退職金が高額であることにより特別な代償措置がなくても有効性が認められる場合があるが、代償措置がまったくない場合には有効性を否定する要素として使われやすい傾向にある[239]。

❸ ノウハウのライセンス

　実務上、不正競争防止法上で保護される営業秘密等のノウハウ[240]をライセンスするということも行われている。特許化せずにノウハウとして秘匿している技術情報をライセンスする場合が典型例であるが、ノウハウの対象は、技術情報のみに限られず、さまざまな情報が対象となり得る。例えば、フランチャイズ契約においては、**第2編** **第6章** **Ⅰ** **❸** **コラム** で前述したとおり、レストランのメニューのレシピや店舗運営ノウハウ等のライセンスが行われる。ノウハウの定義は、各ライセンス契約において自由に定めることができ、不正競争

---

237)　　三菱UFJリサーチ＆コンサルティング「平成24年度経済産業省委託調査人材を通じた技術流出に関する調査研究報告書」（平成25年3月）11頁。

238)　　三菱UFJリサーチ＆コンサルティング「平成24年度経済産業省委託調査人材を通じた技術流出に関する調査研究報告書」（平成25年3月）19頁参照。

239)　　三菱UFJリサーチ＆コンサルティング「平成24年度経済産業省委託調査人材を通じた技術流出に関する調査研究報告書」（平成25年3月）22頁参照。

240)　　トレード・シークレットライセンス契約というタイトルが用いられることもある。

276　　第3編　技術の保護

防止法上の営業秘密として保護されるものに限る必要はない。もっとも、典型的には、不正競争防止法上の営業秘密として保護されるようなものがライセンス対象になる場合が多いであろう。

　不正競争防止法を含めて、ノウハウのライセンス（使用権）について特に法律上そのルールを定めた規定はないから、当事者間の契約でその内容を決めることになる。ノウハウのライセンス契約においても、対象、地域、期間、ライセンス料関係の条項等を定めるのが通常であることは、他のライセンス契約と同様である。また、ノウハウについては、ライセンシーに守秘義務を負わせる必要があるから、**前記 ❶** で解説したような、守秘義務契約に典型的に入れられるような条項も併せて規定されることになる。

> **AIとメタバースについてのコラム** 　生成AIへの営業秘密・機密情報の入力
>
> 　不正競争防止法で保護される営業秘密を生成AIに入力した場合、生成AIサービス提供事業者への提供が、営業秘密該当性の喪失を招かないようにする必要がある。これは、営業秘密を委託先（SaaS事業者含む）に渡すケースと同じ論点といえる。
>
> 　まず、問題をシンプルにするために、第三者から開示を受けたものではない、自社の営業秘密について検討する。
>
> 　対生成AIサービス提供者との関係については、仮に、営業秘密が機械学習され、生成AIの他の利用者に開示される状態となれば、非公知性が失われることになる。生成AIサービス提供者との規約等で機密保持に関する定めがないような場合や実態として明らかにセキュリティ措置に問題があるような場合には、対生成AIサービス提供者との関係で秘密管理性が失われているとされるリスクがあるため、機密保持に関する定めやセキュリティ措置を確認することが重要である。
>
> 　なお、機械学習されない場合やゼロ・データ・リテンション（プロンプトに一瞬入力されるだけだが、その後、不正検知目的等でも保存されない）の場合等に、個人情報保護法のクラウド例外のような考え方を応用して、秘密管理性喪失を否定する意見があり得るが、この点は、

コンセンサスがないのが現状である。

　対自社役職員との関係については、生成AIサービス提供者との規約等で機密保持に関する定めがなかったり、実態として明らかにセキュリティ措置に問題があるのに、会社として、当該生成AIを利用させているような場合には、対自社役職員の関係で、秘密管理意思に疑義が生じ、秘密管理性が失われるリスクがあるため、生成AIサービス提供者との関係での機密保持に関する定めやセキュリティ措置を確認し、社内ルールとして、機密保持義務が結ばれて十分なセキュリティ措置が講じられている生成AI以外への営業秘密の入力は禁止して秘密管理意思を示しておくことが重要である。

　仮に、秘密管理性の喪失には法的にはならないとしても、現実には、営業秘密のうち特に重要でこれらについての保護が失われれば事業上重大な影響が生じるなものについてまで入力してよいかはまた別問題である。自社内部規程の秘密管理区分との整合性もルール整備にあたっては意識が必要になる。

　そして、問題をより複雑にするのは、第三者から開示を受けている営業秘密・機密情報である。NDAで定められた目的外利用禁止との関係で、利用目的との整合性との検討が必要であるのは、生成AIを使わないケースと同じである。機械学習される場合は、通常目的外利用になると考えられる。また、自分で認識している資料を読み込ませるのであれば、目的外利用か判断は容易だが、蓄積されているファイルが自動でプロンプトに取り込まれるような仕組みになっている場合は、認識せずに目的外利用がされてしまう可能性があることに留意が必要である（自動的にプロンプトに取り込む対象の情報についてコントロールすることを検討する必要がある）。

　機械学習されない場合やゼロ・データ・リテンションの場合等に、個人情報保護法のクラウド例外のような考え方を応用して、「開示」該当性を否定する意見があり得るが、この点は、コンセンサスがないのが現状である。

　NDAにおいて、委託先への開示は、委託先と同等のNDAを締結す

れば可能と書いてあるケースもあるが、明記がない場合の方が多いと思われ、第三者から開示を受けている機密情報については結局入力にあたって問題が生じる。NDAに一定の手当がある場合でも、生成AI事業者との間の規約上の機密保持義務の同等性を含めて、個別のNDAの例外該当性のチェックが必要になってしまい実務上手間がかかり、一律対応が困難となる。機密保持義務違反については高額な違約金・違約罰があるケースや、取引契約の即時解除事由になっているケース、賠償額の制限規定の適用除外となっているケースもあることは懸念材料となる。

　今後の長期的課題としては、NDAにおいて、生成AIへの情報の入力ができる条件を明示的に定めておき疑義をなくすことも考えていくべきと思われる。

　包括的に生成AIへの入力を許容する定めをNDAにおくことはハードルが高いと思われ、個別のものをホワイトリスト方式にして承認を得ておくことは一つの案であるが、柔軟性に欠ける面がある。そこで、ある程度包括的な条件を定めた上で、異議権を与えて、一定の期間内に異議がなければ入力できるという形にすることも一案かもしれない。現時点では確立した実務はなく、今後の検討が進むことが期待される[241]。

---

241)　　なお、令和7年1月時点でパブリックコメントに付されている営業秘密管理指針の改訂案では、生成AIにおける学習用データとして秘密管理されている情報が利用され、当該情報がAI生成物として生成・出力された場合における秘密管理性の考え方についても言及がなされている。

第3編

第5章 限定提供データの保護

I 総 論

　IoT、ビッグデータ、AI等の情報技術が急速に発展している現在において、企業の保有する営業秘密とともに、企業の競争力の源泉として、大きな価値を有しているのがデータである。データは、その共有や利活用により社会に新しい価値を生み出すことができる一方で、複製が容易であり、いったん不正取得されると一気に拡散してしまい、当該データを収集や分析等をしている事業者の投資回収の機会が喪失しまうという問題がある[242]。

　このようなデータの重要性が飛躍的に増した現状に鑑み、事業者が取引等を通じて第三者に提供するデータを念頭に、平成30年不正競争防止法改正により「限定提供データ」に関する不正競争行為が不正競争防止法に追加された。

　「限定提供データ」とは、「業として特定の者に提供する情報として電磁的方法（中略）により相当量蓄積され、及び管理されている技術上又は営業上の情報（営業秘密を除く。）をいう」と定義されている（同法2条7項）。

　「技術上又は営業上の情報」には、利活用されている（または利活用が期待される）情報（違法な情報やこれと同視し得る公序良俗に反する有害な情報は除く[243]）が広く該当する。また、営業秘密については、規制の重複を避けるため、限定提供データ規制は適用されない[244]。限定提供データのイメージとしては、企業間で複数者に提供や共有されることで、新たな事業の創出につながったり、サービス製品の付加価値を高めるなど、その利活用が期待されているデータであり、例えば、データ分析事業者が、船舶から収集されるリアルデータを収

242）　経済産業省「限定提供データに関する指針」6頁参照。

243）　経済産業省「限定提供データに関する指針」14頁参照。

244）　平成30年の制度創設時点では、「秘密として管理されているものを除く」とされていたが、事業者における情報の管理実態等を踏まえて、令和5年の法改正において「営業秘密を除く」に拡充された。

第5章　限定提供データの保護　　281

集、分析、加工し、造船所、船舶機器メーカー、気象会社、保険会社等に提供して、造船技術向上、保守点検、新たなビジネス等に役立てられる船舶のエンジン稼働データ等や、自動車メーカーが、災害時に車両の走行データを公共機関に提供し、道路状況把握等に役立てられる車両の走行データ等が考えられる[245]。

Ⅱ 限定提供データの要件

限定提供データの要件は、①限定提供性、②相当蓄積性、③電磁的管理性となる。

1 限定提供性

限定提供性は、ビッグデータ等を念頭に、商品として広く提供されるデータや、コンソーシアム内で共有されるデータなど、事業者が取引等を通じて特定の者に提供する情報が想定されており、一定の条件の下で相手方を特定して提供されるデータが保護対象となる。したがって、相手方を特定・限定せずに無償で広く提供されているオープンなデータは対象とならない（不正競争19条1項9号ロ参照）。他方で、一定の条件の下、特定の者がデータ提供が受けられる建て付けとなっていれば本要件を満たすため、実際にデータ提供を受けている者の数の多寡は問題とならない。

2 相当蓄積性

相当蓄積性については、どの程度のデータを蓄積することで「相当量」と認められるかが問題となる。この判断は、個々のデータの性質に応じて判断されることとなるが、社会通念上、電磁的方法により蓄積されることによって価値を有するものが該当するとされ、当該データが電磁的方法により蓄積されるこ

245）　経済産業省経済産業政策局知的財産政策室「限定提供データと損害賠償額算定規定について」2頁参照　https://www.kantei.go.jp/jp/singi/titeki2/tyousakai/kousou/2023/dai2/siryou2.pdf（2024.12.23）。

とで生み出される付加価値、利活用の可能性、取引価格、データの創出・収集・解析・管理にあたって投じられた労力・時間・費用等が勘案される[246]。

　具体例としては、大量に蓄積している過去の気象データから、労力・時間・費用等を投じて台風に関するデータを抽出・解析することで、特定地域の台風に関する傾向をまとめたデータや、分析・解析に労力・時間・費用等を投じて作成した、特定のプログラムを実行させるために必要なデータの集合物がこれに当たると考えられる[247]。

3 電磁的管理性

　電磁的管理性については、データ保有者がデータを提供する際に、特定の者に対して提供するものとして管理する意思が、外部に対して明確化されることによって、特定の者以外の第三者の予見可能性や、経済活動の安定性を確保することを目的とした要件であり、電磁的管理と認められるためには、「当該データ専用の管理」がなされており、当該データについて特定の者に対して提供するものとして管理する意思が第三者から認識できるものである必要がある[248]。

　具体的には、(i)認証に関する技術として、ID・パスワード、ICカード、トークン、生体認証（顔、指紋、静脈、虹彩、声紋など）、電子証明書、IPアドレスやアクティベーション方式（アンロック方式を含む）による制御を単独もしくは複数組み合わせて使用することや、認証に関する技術に暗号化に関する技術を組み合せて使用することが考えられるとされている。また、(ii)アクセスを制限する技術としては、特定の者以外の第三者の干渉を遮断した専用回線を用いることも想定されるとされている[249]。

　一方で、例えばDVDで提供されているデータについて、当該データの閲覧はできるが、コピーができないような措置が施されている場合など、アクセス

---

246)　経済産業省「限定提供データに関する指針」10〜11頁。
247)　経済産業省「限定提供データに関する指針」11頁参照。
248)　経済産業省「限定提供データに関する指針」12頁。
249)　経済産業省「限定提供データに関する指針」12〜13頁。

制限がなされていない場合には、たとえ複製ができない措置がとられていたとしても、電磁的管理性は認められないものと考えられる[250]。

　また、「当該データ専用の管理」については、「当該データ専用の管理」とは、「限定提供データのみのための管理を求める趣旨ではなく、例えば、『限定提供データ』と『その他データ』が同一のID・パスワードで管理されている場合であっても、必ずしも、本要件が否定されるものではない」とされている[251]。例えば、「データの提供を希望する者が当該データを受け取るためには、他の作業をなすこともある部屋に設置されたPCに物理的にアクセスする必要がある場合に、データ自体には電磁的な管理がされておらず、当該部屋への出入りのみを電磁的に管理している場合」には、原則として「電磁的管理性」を満たさないとされている[252]。

Ⅲ　限定提供データに係る不正競争行為

　限定提供データに係る不正競争行為については、限定提供データ保有者と利用者の保護のバランスに配慮し、全体としてデータの流通や利活用が促進されるよう、限定提供データ保有者の利益を直接的に侵害する行為等の悪質性の高い行為のみが規定されている（不正競争2条1項11号〜16号）。これらの　不正競争行為においては、「取得」、「使用」または「開示」という行為が規定されている。注意すべきは、これらの不正競争行為の対象は限定提供データであり、限定提供データ保有者が提供している限定提供データの全部、または相当蓄積性を満たす一部[253]であることが必要となる点である[254]。

---

250)　経済産業省「限定提供データに関する指針」13頁。
251)　経済産業省「限定提供データに関する指針」12頁。
252)　経済産業省「限定提供データに関する指針」13頁。
253)　当該一部について、蓄積されることで生み出される付加価値、利活用の可能性、取引価格、データの創出・収集・解析・管理にあたって投じられた労力・時間・費用等を勘案し価値が生じているものと判断される場合に限られる。
254)　相当量蓄積していない一部を、連続的または断続的に取得等した結果、全体として相当量を取得等する場合には、一連の行為が一体として評価され不正競争行為に該当する場合がある（経済産業省「限定提供データに関する指針」19頁）。

284　　第3編　技術の保護

限定提供データに関する不正競争行為には、不正取得類型と著しい信義則違反類型と転得類型がある[255]。

不正取得類型は、窃取、詐欺、強迫その他の不正の手段により限定提供データを取得する行為（限定提供データ不正取得行為）または限定提供データ不正取得行為により取得した限定提供データを使用し、もしくは開示する行為である（不正競争2条1項11号）。

著しい信義則違反類型は、限定提供データを保有する事業者（限定提供データ保有者）からその限定提供データを示された場合において、不正の利益を得る目的で、またはその限定提供データ保有者に損害を加える目的で、その限定提供データを使用する行為（その限定提供データの管理に係る任務に違反して行うものに限る）または開示する行為である（不正競争2条1項14号）。この著しい信義則違反類型では、限定提供データ保有者からライセンス契約や業務委託契約等に基づき正当に取得したデータを使用または開示する行為について、適正な行為を過度に萎縮させることのないよう、不正競争行為の対象を限定する主観的要件として、図利加害目的が要件となっている。したがって、単なる契約違反による限定提供データの使用または開示があっただけでは、本規定には該当しない。

転得類型は、限定提供データについて、限定提供データ不正取得行為が介在したことを知って限定提供データを取得し、またはその取得した限定提供データを使用し、もしくは開示する行為（不正競争2条1項12号）など、転得した限定提供データに関する不正競争行為である（不正競争2条1項12号、13号、15号、16号）。

これらの不正競争行為に関しては、「営業上の利益」を侵害されるなどした者は、不正競争行為を行った者に対して差止請求や損害賠償請求を行うことができる（不正競争3条、4条）。他方、事業者に対して過度の萎縮効果を生じさせないよう、刑事罰の対象とはなっていない。

---

255)　経済産業省「限定提供データに関する指針」がこの3つの類型を用いている。

第5章　限定提供データの保護　　285

第3編

第6章 種苗法による育成者権の保護

　植物の新品種は、種苗法に基づいて、農林水産省に登録することにより、育成者権による保護を得ることができる。ここで、「品種」とは、「重要な形質に係る特性（以下単に「特性」という）。の全部または一部によって他の植物体の集合と区別することができ、かつ、その特性の全部を保持しつつ繁殖させることができる一の植物体の集合」をいう（種苗2条2項）。そして、「植物体」とは、「農林水産植物の個体」を指し、「農林水産植物」とは、「農産物、林産物及び水産物の生産のために栽培される種子植物、しだ類、せんたい類、多細胞の藻類その他政令で定める植物」を指す（同条1項）。

　育成者権の例としては、例えば、皮ごと食べることができるマスカット「シャインマスカット」（登録番号13891）等がある。

　品種登録を受けるためには、出願が必要であり、先願主義となっている（種苗9条1項）。そして、登録要件として、

①区別性（「品種登録出願前に日本国内又は外国において公然知られた他の品種と特性の全部又は一部によって明確に区別されること」（種苗3条1項1号））、②均一性（「同一の繁殖の段階に属する植物体のすべてが特性の全部において十分に類似していること」（同条1項2号））、③安定性（「繰り返し繁殖させた後においても特性の全部が変化しないこと」（同条1項3号））、④公然知られた品種とみなされないこと（同条3項）、⑤名称の適切性（種苗4条1項）、⑥未譲渡性（同条2項）の各要件を充足することが必要である。審査においては、原則として、現地調査または栽培試験が行われることも特徴である（種苗15条2項）。

　品種登録がされることにより、育成者権が発生する。育成者権者は、「品種登録を受けている品種（以下「登録品種」という。）」および「当該登録品種と特性により明確に区別されない品種」を「業として利用する権利を専有」する（種苗20条1項）。ここで、「利用」とは、次に掲げる行為をいうものとされている（同2条5項1号〜3号。下線は筆者らが付した）。

第6章　種苗法による育成者権の保護　　287

① 「その品種の種苗[256]を生産し、調整し、譲渡の申出をし、譲渡し、輸出し、輸入し、又はこれらの行為をする目的をもって保管する行為」

② 「その品種の種苗を用いることにより得られる収穫物を生産し、譲渡若しくは貸渡しの申出をし、譲渡し、貸し渡し、輸出し、輸入し、又はこれらの行為をする目的をもって保管する行為」（育成者権者が①に掲げる行為について「権利を行使する適当な機会がなかった場合に限る」）

③ 「その品種の加工品[257]を生産し、譲渡若しくは貸渡しの申出をし、譲渡し、貸し渡し、輸出し、輸入し、又はこれらの行為をする目的をもって保管する行為」（育成者権者が①・②に掲げる行為について「権利を行使する適当な機会がなかった場合に限る」）

　②収穫物や③一定の加工品について、それぞれ前段階で権利（すなわち、許諾権）を行使する適当な機会がなかった場合という制約がついているが、このような制約のことをカスケイドの原則[258]と呼ぶ（カスケイドとは「滝」のことであり、上段で許諾権を行使する機会がなかった場合に初めて下段での権利行使ができるということをイメージさせる用語として分かりやすい）。

　なお、近年、日本国内の優良品種が海外に流出し、他国で増産され、第三国に輸出される等、農林水産業の発展に支障が生じる事態が生じていることから、令和2年に種苗法が改正された。種苗法21条は、「新品種の育成その他の試験又は研究のためにする品種の利用」（種苗法21条1項1号）など、一定の行為について育成者権の制限を規定している。令和2年改正前種苗法では、農業者が収穫物の一部を自己の経営内において次期作の種苗として用いる行為（いわゆる自家増殖）について、育成者権が制限されていたが、登録品種の種苗を海外に持ち出そうとする者が農家に直接接触して種苗を譲り受ける例などが見受けられるようになったことに対応して、令和2年種苗法改正によって、自家増殖に関する権利制限規定が削除された。また、種苗法21条2項は、特許法

---

256)　「植物体の全部又は一部で繁殖の用に供されるもの」をいう（種苗2条3項）。
257)　「種苗を用いることにより得られる収穫物から直接に生産される加工品であって政令で定めるもの」をいう（種苗2条4項）。
258)　渋谷達紀『種苗法の概要』（一般財団法人経済産業調査会、2014）77頁。

や商標法と異なり、種苗の譲渡に伴う育成者権の消尽を明文で規定しているところ、令和2年種苗法改正によって、育成者権の効力が及ばない範囲の特例（種苗法21条の2）として、出願時に利用制限届出と呼ばれる所定の事項を届け出たうえで、当該利用制限が公示されている登録品種については、種苗の譲渡がされた場合であっても、育成者権者の意思に反する種苗等の輸出または収穫物の生産に育成者権の効力を及ぼすことができることとされた。

育成者権の侵害に対しては、差止め（種苗33条）・損害賠償（民709条、種苗34条）・不当利得返還請求（民703条、704条）、刑事罰（種苗67条）等の救済措置がある。

育成者権の侵害の立証は、従前から、登録品種の現物と侵害が疑われる品種の植物体の現物同士を比較することにより行われるとされてきた（現物主義）[259]。育成者権の登録対象は実際の植物体であり、登録品種とされているものは、時の経過とともに形質が変化する可能性がある。そこで、まず、前提として、登録品種とされているものが本当に登録品種かどうかの立証が必要になる。そのうえで、侵害が疑われる品種が登録品種であることを比較栽培試験等により立証することになる。もっとも、現物主義の要請からは、どの植物体が登録品種の「現物」かを明らかにする必要があるところ、上記のとおり、育成者権の存続期間中、品種登録時の植物体を比較栽培が可能な状態で保管することは困難であり、厳格な現物主義の貫徹は、育成者権侵害の立証に困難にし、育成者権の保護および活用を図る観点から現実的ではない等との指摘があった。これを受け、令和2年種苗法改正では、現物主義を維持しつつ、品種登録簿に記載された登録品種の審査特性により明確に区別されない品種は、当該登録品種と特性により明確に区別されない品種と推定されるものとされ（種苗法35条の2）、育成権者の立証責任の緩和が図られている。

育成者権の存続期間は、品種登録の日から25年（ただし、果樹、材木、観賞

---

259)　渋谷達紀『種苗法の概要』（一般財団法人経済産業調査会、2014）78〜79頁。なお、現物主義と対立する考え方として、品質登録簿の特性表に記載された特性表をもって、特許に言う特許請求の範囲のように考えるべきとする立場（特性表主義）がある。なお、東京地判成26年11月28日判時2260号107頁〔なめこ事件〕は、現物主義に立ちつつ、仮に特性表主義に立っても、帰結は変わらないとした。

樹等の木本の植物[260]については30年）である（同19条2項）。

コラム 登録品種のブランド保護

　登録品種が属する農林水産植物の種類またはこれと類似の農林水産植物の種類として農林水産省令[261]で定めるものに属する当該登録品種以外の品種の種苗を業として譲渡の申出をし、または譲渡する場合には、当該登録品種の名称を使用してはならない（種苗22条2項）。この限りにおいて、種苗の登録品種の名称は、種苗法上、一定程度保護されているといえる。

　しかし、ここでの規制対象は、種苗自体の譲渡の申出をし、または譲渡をする場合に限定されており、収穫物や加工品として譲渡等する行為は規制対象外である[262]。したがって、収穫物（野菜・果物）や収穫物を使った加工品としての譲渡を考えた場合には、登録品種の名称に関する保護のみではブランド保護として不十分である。

　そこで、実務上は、登録品種名は識別用の文字列にしておき、ブランド保護は、登録商標により行うことが考えられる。有名な例としては、いちごの「あまおう」について、品種登録名称は、「福岡S6号」（品種登録番号12572号）としつつ、「あまおう／甘王」を第31類の「果実、野菜、苗」について商標登録している（商標登録第4615573号）例がある。このように、種苗法による保護と商標による保護を組み合わせることが有益である。

---

260)　種苗法4条2項、種苗法施行規則2条。

261)　種苗法施行規則17条。

262)　農林水産省輸出・国際局知的財産課『逐条解説　種苗法　改訂版』（ぎょうせい、2022）153頁。

第3編

第7章 半導体集積回路法による回路配置利用権の保護

半導体集積回路（IC）の回路配置は、半導体集積回路の回路配置に関する法律（以下「半導体集積回路法」という）に基づいて、一般財団法人ソフトウェア情報センター（SOFTIC）[263] に登録することにより、回路配置利用権による保護を受けることができる。ここで、「回路配置」とは、「半導体集積回路における回路素子及びこれらを接続する導線の配置」をいう（半導体2条2項）。「半導体集積回路」とは、「半導体材料若しくは絶縁材料の表面又は半導体材料の内部に、トランジスターその他の回路素子を生成させ、かつ、不可分の状態にした製品であつて、電子回路の機能を有するように設計したもの」をいう（同条1項）。

回路配置利用権の設定登録を受けるためには、申請が必要である（同3条2項）。創作性（同条1項参照）および未譲渡性（同6条）が要件として要求される。

設定登録がされることにより、回路配置利用権が発生する。回路配置利用権者は、業として設定登録を受けている回路配置を利用する権利を専有する（同11条）。「利用」とは、「その回路配置を用いて半導体集積回路を製造する行為」および「その回路配置を用いて製造した半導体集積回路（当該半導体集積回路を組み込んだ物品を含む。）を譲渡し、貸し渡し、譲渡若しくは貸渡しのために展示し、又は輸入する行為」を指し、ユーザによる半導体集積回路の回路配置の使用行為には及ばない（同2条3項）。

回路配置利用権は、他人が独自に創作した回路配置の利用には効力が及ばない相対的権利である（同12条1項）。この点は、**第5編** 第1章 **Ⅰ** **2** で後述する著作権と同様である。消尽論については、半導体集積回路法12条3項に明文規定が置かれている。

回路配置利用権の侵害に対しては、差止め（同22条）・損害賠償（民709条）・

---

263)　半導体集積回路法28条の「登録機関」となっている。

不当利得返還請求（民703条、704条）、刑事罰（半導体51条）等の救済措置がある。

　回路配置利用権の存続期間は、設定登録の日から10年である（同10条2項）。リバースエンジニアリング（第4章　**Ⅱ**　**2**【3】**コラム**）について明文規定があり、回路配置利用権の効力は、解析または評価のために登録回路配置を用いて半導体集積回路を製造する行為には、及ばないとされている（同12条2項）[264]。

---

264)　プログラム著作物の複製、翻案となる場合には著作権法の規律を受けることになることは留意が必要である。

第4編

デザインの保護

第4編

第1章 意匠法による意匠権の保護

I 意匠権の効力

デザインの保護を行う権利（法律）として、意匠権（意匠法）をまず第一に挙げることができる。

意匠権者は、業として登録意匠およびこれに類似する意匠の実施をする権利を専有する（意匠23条）。

意匠権にも、商標権と同様に、積極的効力（専用権）と消極的効力（禁止権）があると理解できるが、以下のとおり、専用権の範囲が商標権とは異なっている。商標権の場合には、**第2編** **第2章** **I** **1** で前述したとおり、同一商標であり、かつ、同一指定商品・役務である場合のみを商標権侵害として、専用権が及ぶ範囲としており（商標25条）、類似範囲に属するものについては、商標権侵害とみなすとし、禁止権のみが及ぶ範囲としている（同37条）。これに対して、意匠権の場合は、類似範囲に属するものもみなし侵害ではなく、意匠権侵害となるという形で、専用権が及ぶものとされ、専用権の範囲が商標権に比べて広い（意匠23条）[1]。

特許権の場合は、特許発明の技術的範囲は、願書に添付した特許請求の範囲の記載に基づいて定められていたが（特許70条）、意匠権の場合には、登録意匠の範囲は、願書の記載および願書に添付した図面に記載されまたは願書に添

---

1)   基本先願登録意匠Aと後願登録意匠B自体は類似ではないが、意匠Aと意匠Bのいずれにも類似する意匠Cがあった場合を想定する。この場合、意匠Cは、意匠Aと意匠Bの両方の専用権の範囲に含まれることになるから、専用権同士の調整が必要になる。意匠法26条2項後段が上記の調整を行っており、意匠Cを先願意匠Aの意匠権者は実施でき、後願意匠Bの意匠権者は実施できないようにしている（仮に意匠Aと意匠Bが同日出願であった場合には、同条2項後段の適用はなく、双方が実施可能となる）と解されている（これに対して、商標権の場合は、**第2編** **第2章** **I** **1** のとおり、類似範囲は専用権ではなく、禁止権の範囲であり、蹴り合い現象が生じる）。以上につき、特許庁・逐条解説1313〜1314頁、高田463〜464頁、満田重明＝松尾和子『注解意匠法』〔森本敬司〕（青林書院、2010）413頁等参照。

第1章 意匠法による意匠権の保護　295

付した写真、ひな形もしくは見本により現された意匠に基づいて定められる（意匠24条1項）。意匠はデザインであるから、図面や写真が特に重要になる。

意匠について「実施」とは、次に掲げる行為をいう（同2条2項）。

① 意匠に係る物品の製造、使用、譲渡、貸渡し、輸出もしくは輸入（外国にある者が外国から日本国内に他人をして持ち込ませる行為を含む。）[2]または譲渡もしくは貸渡しの申出（譲渡または貸渡しのための展示を含む。）をする行為

② 意匠に係る建築物の建築、使用、譲渡もしくは貸渡しまたは譲渡もしくは貸渡しの申出をする行為

③ 意匠に係る画像（その画像を表示する機能を有するプログラム等を含む。）について行う次のいずれかに該当する行為

　(i) 意匠に係る画像の作成、使用または電気通信回線を通じた提供もしくはその申出（提供のための展示を含む。）をする行為

　(ii) 意匠に係る画像を記録した記録媒体または内蔵する機器（以下「画像記録媒体等」という。）の譲渡、貸渡し、輸出もしくは輸入または譲渡もしくは貸渡しの申出をする行為

令和元年改正により、意匠権の存続期間は、意匠登録出願の日から25年となり、関連意匠の意匠権の存続期間は、その基礎意匠の意匠登録出願の日から25年となった[3]（同21条）。

---

2)　　　この括弧書き部分は、令和3年意匠法改正で追加された。

3)　　　令和元年改正前は、意匠権の存続期間は、設定の登録の日から20年、関連意匠の意匠権の存続期間は、その本意匠の意匠権の設定の登録の日から20年であった。

296　　第4編　デザインの保護

Ⅱ 意匠権の保護対象と登録要件

１ 意匠の意義

【1】「意匠」とは

　「意匠」とは、物品（物品の部分を含む。）の形状、模様もしくは色彩もしくはこれらの結合（以下「形状等」という。）、建築物（建築物の部分を含む。）の形状等または画像（機器の操作の用に供されるものまたは機器がその機能を発揮した結果として表示されるものに限り、画像の部分を含む。）であって、視覚を通じて美感を起こさせるものをいう（意匠2条1項）。

【2】「物品の形状」とは

　「物品」とは、有体物のうち、市場で流通する動産を指す。

　土地およびその定着物であるいわゆる不動産は、物品とは認められない。ただし、使用時には不動産となるものであっても、工業的に量産され、販売時に動産として取り扱われるもの（例：門、組立てバンガロー）は、物品と認められる。電気、光、熱などの無体物は物品と認められず、有体物であっても、気体、液体など、そのもの固有の形態を有していないものは、物品と認められない。粉状物、粒状物などは、構成する個々のものは固体であって一定の形状等を有していても、その集合体としては特定の形状等を有さないものであることから、物品とは認められない。ただし、構成する個々の物が粉状物または粒状物であっても、その集合したものが固定した形状等を有するもの、例えば、角砂糖は、物品と認められる。その物品を破壊することなしには分離できないもの、例えば、「靴下」の一部である「靴下のかかと」は、それのみで通常の取引状態において独立の製品として取引されるものではないことから、物品とは認められない。ただし、完成品の中の一部を構成する部品（部分品）は、それが互換性を有しており、かつ通常の取引状態において独立の製品として取引さ

第１章　意匠法による意匠権の保護　　297

れる場合には、物品と認められる[4]（例えば、完成品である車のタイヤは独立の製品として取引されるので物品と認められる。）。上記の靴下のかかとのようなものを意匠登録したい場合には、後述の部分意匠の制度を使う必要がある。

物品を離れたデザインについては、意匠権としての保護は得られないことになるため、別の手段による保護（第2章）を検討することになる。

「形状」については、販売を目的とした形状等についても、当該形状等を維持することが可能なものについては、物品等自体の形状等として取り扱われる。他方、当該形状等を維持することができないものについては、物品等自体の形状等に該当しない。例えば、意匠登録出願の意匠は、圧縮されたタオルであり、使用前に水に浸すことにより、通常のハンドタオルの大きさとなり、タオルとして使用することができる場合には、物品等自体の形状等に該当する。他方、意匠登録出願の意匠が、カップに入ったカフェラテであり、泡立てたミルクとコーヒーにより、表面に模様を描いたものである場合には、そのままの形状等を保ったまま流通等がなされることができないことから、物品等自体の形状等には該当しない[5]。

【3】建築物の意匠

令和元年改正により、空間デザインの保護の必要性の高さを理由に、新たに、建築物の意匠が認められるようになった。

意匠法上の建築物の意匠を構成するためには、土地の定着物であることおよび人工構造物（建築基準法の定義等における用語の意よりも広く、建設される物体を指し、土木構造物を含む。通常の使用状態において、内部の形状等が視認されるものについては、内部の形状等も含む。）であることが必要である。土地に定着させ得るが、動産として取引される庭園灯や一時的に設営される仮設テントは対象外である。また、人工的なものでない、自然の山や砂浜は対象外であり、人の手が加えられているものの、自然物や地形等を意匠の主たる要素としているスキーゲレンデやゴルフコースも対象外である。

---

4)　　　特許庁「意匠審査基準」第Ⅲ部第1章2.1参照。
5)　　　特許庁「意匠審査基準」第Ⅲ部第1章2.2。

[図表１] 建築物の意匠の例[6]

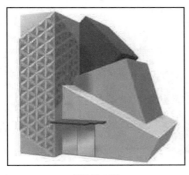

【博物館】

【ホテル】

【４】画像意匠

　令和元年改正により、新たに、画像（機器の操作の用に供されるものまたは機器がその機能を発揮した結果として表示されるものに限り、画像の部分を含む。）も意匠権の保護対象となった。

　従前から、物品に記録されることや物品に表示されることを要求する物品性を前提とした画像の意匠は保護されてきたが、令和元年改正により、物品性を離れた画像の意匠にも保護を拡大した。もっとも、意匠法が、意匠権という強力な独占権を付与することを誘因として開発投資を促進する以上、すべての画像を意匠法上の意匠とすることは適切ではないことから、意匠法２条１項は、意匠法による保護の対象となる画像を、①機器の操作の用に供されるもの（操作画像）または②機器がその機能を発揮した結果として表示されるもの（表示画像）に限ると定義している。①操作画像にも②表示画像にも該当しない、例えば、映画やゲーム等のコンテンツについては、画像意匠としては保護されない[7]。

　特許庁の意匠審査基準で、①操作画像②表示画像に当たるとされる例は以下

---

6)　特許庁「イノベーション・ブランド構築に資する意匠法改正－令和元年改正－」（2021年４月）（画像の出所：同２頁）。
7)　特許庁「意匠審査基準」第Ⅳ部第１章3.1。

[図表2] のとおりである。

[図表2][8]

〈操作画像に該当する画像の例〉

「商品購入用画像」
(ウェブサイトの画像)

「アイコン画像」
(クリックするとソフトウェアが
立ち上がる操作ボタン)

〈表示画像に該当する画像の例〉

「医療用測定結果表示画像」

「時刻表示画像」(壁に投影された画像)

【5】「視覚を通じて美感を起こさせるもの」

「視覚を通じて美感を起こさせるもの」については、意匠登録出願されたものの全体の形態が、聴覚等ではなく、視覚を通じて美感を起こさせるものである必要がある。美術品のように高尚な美を要求するものではなく、何らかの美感を起こすものであれば足りる。例えば、①機能、作用効果を主目的としたもので、美感をほとんど起こさせないものや、②意匠としてまとまりがなく、煩雑な感じを与えるだけで美感をほとんど起こさせないものは、「視覚を通じて

---

8) 画像の出所：特許庁「意匠審査基準」第Ⅳ部第1章3.1。

美感を起こさせるもの」の要件を充足しないことになる[9]。

　意匠審査基準では、「視覚に訴えるものとは、意匠登録出願されたものの全体の形状等が、肉眼によって認識することができるものをいう。」としている[10]が、裁判例では、意匠に係る物品の取引に際して、当該物品の形状等を肉眼によって観察することが通常である場合には、肉眼によって認識することのできない形状等は、「視覚を通じて美感を起こさせるもの」に当たらず、意匠登録を受けることができないというべきであるが、意匠に係る物品の取引に際して、現物またはサンプル品を拡大鏡等により観察する、拡大写真や拡大図をカタログ、仕様書等に掲載するなどの方法によって、当該物品の形状等を拡大して観察することが通常である場合には、当該物品の形状等は、肉眼によって認識することができないとしても、「視覚を通じて美感を起こさせるもの」に当たると解するのが相当であるとされている[11]。

　なお、機能的な形状については、美感がないとして登録を拒絶するよりも、**後記❷【6】**で詳述する意匠法5条3号を用いることが多い。

AIとメタバースについてのコラム　メタバースと意匠法[12]

　　意匠権者は、業として登録意匠およびこれに類似する意匠の実施をする権利を専有するが（意匠23条）、この「実施」は意匠に係る物品[13]の製造、使用、譲渡等を意味し（意匠2条2項1号）、現実世界に存在するグッズ等のデザインをメタバース上で再現し流通させる行為は

---

9)　　特許庁「意匠審査基準」第Ⅲ部第1章2.4。

10)　　特許庁「意匠審査基準」第Ⅲ部第1章2.3。

11)　　知財高判平成18年3月31日判時1929号84頁〔コネクター接続端子事件〕。

12)　　なお、産業構造審議会知的財産分科会意匠制度小委員会第16回（令和6年12月6日）の資料である「意匠制度に関する検討課題について」（https://www.jpo.go.jp/resources/shingikai/sangyo-kouzou/shousai/isho_shoi/16-shiryou.html）の26頁では、仮想空間におけるビジネスやデザイン創作の実態を踏まえた意匠制度見直しの必要性および制度的措置の方向性について、検討を進める予定とされており、今後、更なる法改正がなされる可能性がある。

13)　　ここでの「物品」とは、有体物である動産を指すとされる。特許庁・逐条解説1252頁。

「実施」には当たらないと考えられる[14]。また、メタバース上のデジタルオブジェクトの保護の可能性が議論されているのが、画像意匠としての保護である。画像意匠は、令和元年意匠法改正において建築物とともに意匠法の保護対象に加わったものであり、メタバース上のデジタルオブジェクトも、一定のハードウェアから表示される画像の一種であると考えられる限りにおいて、この画像意匠の保護対象となり得ないかが議論されてる。しかしながら、画像意匠において保護される「画像」は、①操作画像と②表示画像に限られ（意匠2条1項）、特許庁が公表している「意匠審査基準」によれば、テレビ番組の画像、映画、ゲームソフトを作動させることにより表示されるゲームの画像、風景写真など、機器とは独立した、画像または映像の内容自体を表現の中心として創作される画像または映像は、①操作画像とも②表示画像とも認められず、意匠を構成しないとされている[15]。画像意匠が保護の対象とする「画像」の範囲については、その適用範囲が不明確であるという指摘がなされているが[16]、上記のような保護対象の限定は、「画像について意匠権という強力な独占権を付与することを誘因として開発投資を促進する以上、全ての画像を意匠とすることは適切ではなく、当該画像デザインによって機器や機器に関連するサービス等の付加価値を向上させるものに限って権利の客体とすることが適切である」との考慮のもと、具体的には、「関連機器の操作性や視認性を高めるべく多額の投資を行った上で開発されるGUI等(a)操作画像

---

14)　酒井麻千子「メタバース上でのコンテンツ流通と知的財産法」法学セミナー817号（2023年）50頁、関真也「メタバース上のオブジェクト及びアバターの保護」コピライト738号（2022年）26頁。なお、仮にメタバース上のアイテムが、物品の意匠に係る物品の製造等に用いられる場合には、間接侵害として意匠権侵害とみなされる可能性があると指摘されているが、結論として、そのような可能性は限定的であるとされている（青木大也「現実世界のデザインとメタバース内のアイテム」法学教室515号（2023年）17頁、同「意匠法改正をめぐる諸問題(2)」知的財産法政策学研究60号（2021年）179頁以下を参照。）。

15)　特許庁「意匠審査基準」第IV部第1章6.1.4.。

16)　田村善之「画像デザインと空間デザインが意匠登録の対象になることの影響」ビジネスロー・ジャーナル139号（2019年）18頁。

や(b)表示画像」を保護の対象としたものであるとされている[17]。このような考慮に照らせば、例えばパソコンやヘッドギアといったハードウェアにより表示されるメタバース上のデジタルオブジェクトは、単に画像を表示する機能のみによって画面上に表示されたものにすぎず、保護の対象にはならないと考えられる[18]。

❷ 登録要件

[1] 総　論

意匠の登録要件は、①工業上の利用可能性、②新規性、③創作非容易性、④先願意匠の全部または一部と同一または類似でないこと、⑤不登録事由に該当しないことである。以下、順番に解説する。

[2] 工業上の利用可能性

特許の登録要件は産業上の利用可能性であり、工業のみならず、あらゆる産業（サービス業、金融業等）が含まれているのに対して、意匠の場合には、工業上の利用可能性が要求されており（意匠3条1項柱書）、工業的方法により量産可能なものに限られる。例えば、農具は工業ではなく、農業に使用されるものであるが、農具そのものは工業的方法により量産されるものであるため、工業上の利用可能性を充足する。自然物を意匠の主たる要素として使用したもので量産できないものや純粋美術の分野に属する著作物については、工業的技術を利用して同一物を反復して多量に生産し得るものでないことから、工業上の利用可能性を充足しない[19]。

---

17)　特許庁総務部総務課制度審議室編『令和元年特許法等の一部改正産業財産権法の解説』（発明推進協会、2020年）77頁。

18)　関真也「メタバース関連知財法制の最新動向と人工知能（AI）の影響」法律のひろば76巻8号（2023年）85頁。

19)　特許庁「意匠審査基準」第Ⅲ部第1章4。

第1章　意匠法による意匠権の保護　　303

【3】新規性

　①意匠登録出願前に日本国内または外国において公然知られた意匠、②意匠登録出願前に日本国内または外国において、頒布された刊行物に記載された意匠または電気通信回線を通じて公衆に利用可能となった意匠、および③前記①・②に類似する意匠は新規性を欠くものとして、登録できない（意匠3条1項各号）。

　特許と異なり、公然実施が含まれていないのは、意匠は「視覚を通じて美感を起こさせるもの」であるため、公然実施をすれば、すべて公知になると考えられるからである。

　前記③の類似性については、意匠の定義からして、「物品」と一体で考えられるため、i 物品同一、形状類似、ii 物品類似、形状同一、iii 物品類似、形状類似の場合が類似性を充足するものとされる。

　類似の判断基準について学説は対立している[20]が、最高裁[21]は、意匠法3条1項3号は、「意匠権の効力が、登録意匠に類似する意匠すなわち登録意匠にかかる物品と同一又は類似の物品につき一般需要者に対して登録意匠と類似の美感を生ぜしめる意匠にも、及ぶものとされている」（意匠23条）ところから、「このような物品の意匠について一般需要者の立場からみた美感の類否を問題とする」ものであるとして、類似性の判断基準は、一般需要者の立場からみた美感の類否であるとした[22]。

　また、ここでは、具体的な中身は紹介しないが、特許庁における類似性の判断基準については、意匠審査基準で詳細に説明されている[23]。意匠権侵害の判

---

20)　　　混同説（物品の取引者・需要者を基準として、二つの意匠について混同が生じるおそれがあるかにより判断する説）と創作説（デザインに関わる当業者を基準として、二つの意匠から生じる美的特徴を対比する説）等種々の説がある（茶園・意匠98〜100頁）。

21)　　　最判昭和49年3月19日民集28巻2号308頁〔可撓伸縮ホース事件〕。同事件では、意匠法3条2項の創作容易性の判断基準との対比で、意匠法3条1項3号の意匠の類似についての判断基準が示された。

22)　　　一般需要者を基準としている点で少なくとも創作説は否定されていると理解できるが、かといって混同説を正面から採用したわけでもなく、必ずしも特定の学説を支持したものではないといえよう。

23)　　　特許庁「意匠審査基準」第Ⅲ部第2章第1節2.2。

断基準の項目で類似性については具体例に基づいて**後記 Ⅲ ❶**で説明する。

意匠法4条には、特許法と同趣旨の新規性喪失の例外の規定が置かれている。

【4】創作非容易性

意匠登録出願前にその意匠の属する分野における通常の知識を有する者が日本国内または外国において公然知られ、頒布された刊行物に記載され、または電気通信回線を通じて公衆に利用可能となった形状等または画像に基づいて容易に意匠の創作をすることができたときは[24]、その意匠については、意匠登録を受けることができない（意匠3条2項）。

意匠法3条2項について、最高裁[25]は、「物品の同一又は類似という制限をはずし、社会的に広く知られたモチーフを基準として、当業者の立場からみた意匠の着想の新しさないし独創性を問題とする」ものであるとして、同3条1項3号と3条2項は、考え方の基礎を異にする規定であるとした[26]。3条1項3号では、判断主体が一般需要者であるのに対して、3条2項では、当業者（デザイナー等デザインを行う者）である。また、3条1項3号では、判断基準が美感の類否であるのに対して、3条2項では、意匠の着想の新しさないし独創性である。

【5】先願意匠の全部または一部と同一または類似でないこと

同一または類似の意匠について異なった日に2以上の意匠登録出願があったときは、最先の意匠登録出願人のみがその意匠について意匠登録を受けることができる（意匠9条1項。先願主義）。これにより、先願意匠の全部と同一または類似の意匠については登録を受けることができない。

意匠には特許と異なり、出願公開制度はなく、拒絶査定を受けた意匠につい

---

24)　令和元年改正前は、「頒布された刊行物に記載され、又は電気通信回線を通じて公衆に利用可能となった形状等又は画像に基づいて容易に意匠の創作をすることができたとき」は対象外であったが、改正により、創作非容易性の水準が引き上げられた。

25)　最判昭和49年3月19日民集28巻2号308頁〔可撓伸縮ホース事件〕。

26)　両者の判断は一致するとは限らない。類似意匠であり、かつ創作容易性も充足する場合もあるが、意匠的効果が異なるため類似意匠とはいえないものの、創作容易性は充足する場合もあり得る。

ては公開されない。そうすると、拒絶査定を受けた意匠に先願の地位が維持されると、内容を知り得ない意匠により後願が拒絶されてしまう可能性が出てくる。そこで、意匠登録出願が放棄され、取り下げられ、または却下されたときのみならず、意匠登録出願について拒絶をすべき旨の査定または審決が確定したときは、先願の地位を遡及的に喪失させるものとされており（意匠9条3項）、これに対する不都合は、意匠法特有の制度である、先出願による通常実施権（同29条の2）[27] により是正されている。

　また、意匠登録出願に係る意匠が、当該意匠登録出願の日前の他の意匠登録出願であって、当該意匠登録出願後に意匠公報に掲載されたものの願書の記載および願書に添付した図面、写真、ひな形または見本に現された意匠の一部と同一または類似であるときは、その意匠については、意匠登録を受けることができない（同3条の2）[28]。これは、特許法における拡大先願制度（特許29条の2）に相当する制度であり、これにより、先願意匠の一部と同一または類似の意匠についても登録を受けることができない。

[6] 不登録事由に該当しないこと

　①公の秩序または善良の風俗を害するおそれがある意匠、②他人の業務に係る物品、建築物または画像と混同を生ずるおそれがある意匠および③物品の機能を確保するために不可欠な形状もしくは建築物の用途にとって不可欠な形状のみからなる意匠または画像の用途にとって不可欠な表示のみからなる意匠については意匠登録を受けることができない（意匠5条1号～3号）。

　①については、例えば、わいせつ物を表した意匠等、②については、例えば、他人の周知・著名な商標や、これとまぎらわしい標章を表した意匠等、が

---

27)　　例えば、甲がA意匠の登録出願をしたが、公知意匠と類似であるとして拒絶査定を受けた後、乙がB意匠の登録出願を行い、B意匠は、公知意匠とは非類似であり、A意匠は先願としての地位を失っているので、登録されたとする。この場合に、乙がA意匠を実施している甲に対して意匠権侵害を主張した際に、甲は、先出願による通常実施権（意匠29条の2）を援用可能である。

28)　　ただし、当該意匠登録出願の出願人と先の意匠登録出願の出願人とが同一の者であって、先の意匠登録出願が掲載された意匠公報の発行の日前に当該意匠登録出願があったときは、この限りでない。

これに当たるとされる[29]。

③については、このようなものに意匠権の保護を与えると、本来特許法や実用新案法により保護されるべきである技術的思想の創作に対して意匠法により保護を与えることになってしまうため要求されている要件である。(i)物品の機能を確保するためまたは建築物の用途により必然的に定まる形状のみからなる意匠および(ii)物品の互換性確保等のためまたは建築物の用途等に照らして標準化された規格により定まる形状（準必然的形状）からなる意匠がこれに当たるとされる[30]。

意匠審査基準[31]では、建築物の用途により必然的に定まる形状のみからなる「ガスタンク」の球形状の本体部分のみについて意匠登録を受けようとする意匠が(i)の例として挙げられている。

[図表3] 意匠登録を受けようとする意匠が必然的形状に該当するものの例

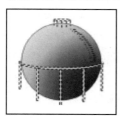

意匠審査基準[32]では、一般財団法人日本規格協会が策定するJIS規格（日本産業規格）、ISO（国際標準化機構）が策定するISO規格等の、公的な標準化機関により策定された標準規格および事実上の標準（デファクト・スタンダード）は、(ii)に当たるとされている。

---

29) 特許庁「意匠審査基準」第Ⅲ部第6章3.2・3.3。
30) 特許庁「意匠審査基準」第Ⅲ部第6章3.4。
31) 同上。
32) 同上。

❸ 意匠登録出願手続・一意匠一出願主義

　意匠登録出願は、経済産業省令で定めるところにより意匠ごとにしなければ
ならない[33]（一意匠一出願主義。意匠7条）。一意匠一出願の要件は、一つの意匠
について意匠権を一つ発生させることにより、権利内容の明確化および安定性
を確保するとともに、無用な紛争を防止するという、手続上の便宜および権利
侵害紛争上の便宜を考慮したものである。

　一意匠一出願主義には例外がある。まず、組物の意匠（意匠8条。**Ⅳ 2**で
後述）では、複数の物品等について一意匠として出願をし、意匠登録を受ける
ことができる。次に、意匠に係る物品の形状、模様もしくは色彩、建築物の形
状、模様もしくは色彩または画像がその物品、建築物または画像の有する機能
に基づいて変化する場合（動的意匠）については、その変化の前後にわたるそ
の物品等の複数の意匠について一意匠として出願をし、意匠登録を受けること
ができる。この場合、登録出願時には、変化する旨およびその物品、建築物ま
たは画像の当該機能の説明を願書に記載しなければならない（意匠6条4項）。
さらに、令和2年改正により追加された内装の意匠（意匠8条の2）も一意匠一
出願主義の例外である。店舗、事務所その他の施設の内部の設備および装飾
（「内装」）を構成する物品、建築物または画像に係る意匠は、内装全体として統
一的な美感を起こさせるときは、一意匠として出願をし、意匠登録を受けるこ
とができる。内装の意匠により、以下の**【図表4】**の例[34]のように、複数の物
品、壁、床、天井等から構成される「内装」のデザインについても、一意匠と
して登録可能である。

---

33)　　　令和元年改正前は、意匠登録出願は、経済産業省令で定める「物品の区分」により
意匠ごとにしなければならないとされていたが、「物品の区分」を掲げていた「意匠
法施行規則別表第一」は廃止された。もっとも、従前の「別表第一」をもとに、近年
の意匠登録実績に応じた物品名の追加・削除、古い表記の見直し、掲載順の変更等を
行い、「意匠登録出願の願書及び図面等の記載の手引き」の別添として、【意匠に係る
物品】の欄の記載の具体例を掲げた表「意匠に係る物品等の例」が公開されている
（https://www.jpo.go.jp/system/laws/rule/guideline/design/ishou_kisoku_betuhyo.html）。

34)　　　特許庁「イノベーション・ブランド構築に資する意匠法改正－令和元年改正－」
（2021年4月）（画像の出所：同上2頁）。

308　　第4編　デザインの保護

[図表4] 内装の意匠の例

【店舗の内装】

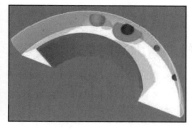
【渡り廊下の内装】

　意匠登録を受けようとする者は、願書に意匠登録を受けようとする意匠を記載した図面、写真、ひな形または見本を添付して特許庁長官に提出しなければならない（意匠6条1項、2項）。

　意匠の国際登録に関するハーグ協定のジュネーブ改正協定による国際登録出願も可能である（意匠60条の3）。

III　意匠権の侵害

1　意匠権侵害総論

　意匠権者に無断で、業として登録意匠同一または類似の意匠を実施することは意匠権侵害（直接侵害）である。

　その他、登録意匠またはこれに類似する意匠に係る物品を業としての譲渡、貸渡しまたは輸出のために所持する行為（意匠38条3号）、登録意匠またはこれに類似する意匠に係る建築物を業としての譲渡または貸渡しのために所有する行為（意匠38条6号）、登録意匠もしくはこれに類似する意匠に係る画像を業としての電気通信回線を通じた提供のために保有する行為または登録意匠もしくはこれに類似する意匠に係る画像記録媒体等を業としての譲渡、貸渡しもしくは輸出のために所持する行為（意匠38条9号）は、意匠権を侵害するものとみなされる。

　さらに、専用品の間接侵害の定め（意匠38条1号・4号・7号）および非専用品

であるが、「意匠の視覚を通じた美感の創出に不可欠なもの」についての多機能型間接侵害の定め（意匠38条2号・5号・8号）が置かれている[35]。

❷意匠権侵害の判断基準

意匠権侵害の判断基準については、従前の判例の基準を明文化するという趣旨で、明文規定が平成18年改正で導入された。「登録意匠とそれ以外の意匠が類似であるか否かの判断は、需要者の視覚を通じて起こさせる美感に基づいて行う」ものとされている（意匠24条2項）[36]。

まず、前提として、前記のとおり、意匠は物品を離れて存在し得ないので、物品の同一性、類似性が必要である。

裁判例における意匠の類否の一般的な判断手法は、まず、前提として、両意匠の基本的構成態様（大づかみの骨格的な態様）と具体的構成態様（細部の詳細な態様）が認定される。その上で、看者である取引者・需要者の最も注意を惹きやすい部分を意匠の「要部」として把握し、登録意匠と相手方意匠とが意匠の「要部」において構成態様を共通にしているか否かを中心に検討し、全体的観察により、両意匠が看者である取引者・需要者に対して全体として美感を共通にするか否かを判断することになる[37]。

意匠の類否は、商標と異なり、離れた場所と時間で意匠を比べた場合（離隔的観察）により類似であるかではなく、二つの意匠を横に並べて対比して観察した場合（対比観察[38]）に類似であるかにより判断する。出所表示機能を果たす

---

35)　多機能型間接侵害の定めは令和元年改正で追加された。

36)　先に挙げた最判昭和49年3月19日民集28巻2号308頁〔可撓伸縮ホース事件〕は、意匠法3条1項3号での類似性の判断基準を示した事例であるが、その判断基準を導く過程において、前述のとおり、「意匠権の効力が、登録意匠に類似する意匠すなわち登録意匠にかかる物品と同一又は類似の物品につき一般需要者に対して登録意匠と類似の美感を生ぜしめる意匠にも、及ぶものとされている」（意匠23条）と判断しており、意匠権侵害の判断基準についても、需要者の視覚を通じて起こさせる美感に基づいて行うことについて傍論ながら判断していると言える。

37)　竹田稔＝川田篤『知的財産権訴訟要論意匠編〔第7版〕』（発明推進協会、2020）257頁・268〜289頁、牧野利秋＝飯村敏明編『新・裁判実務体系4知的財産関係訴訟法』〔山田知司〕（青林書院、2001）375〜376頁、牧野＝飯村ら編・理論と実務〔杉浦正樹〕403頁等参照。

38)　髙田152〜153頁等参照。

310　第4編　デザインの保護

商標制度と意匠制度は趣旨が異なるためである。

「要部」の認定にあたっては、意匠に係る物品の性質、用途・使用態様、公知意匠にはない新規な創作部分の存否等が参酌される[39]。これにより基本的構成態様のみが要部となる場合、具体的構成態様が要部となる場合、両方が要部になる場合がある。

例えば、衣装ケースに関する意匠（後記［図表5］参照）が問題となった事例[40]では、「これらの意匠に係る物品である衣装ケースは、衣装その他の物を収納することを目的とするものであり、その使用態様は、室内において、独立にあるいは他の家具と並べて使用するか、あるいは押入れの中に据えて使用するものと判断される。そうすると、これを視る者は、本件意匠に係る物品を、正面方向からか、真横若しくは斜め、方向からみることになり、その意匠から受ける印象については、正面及び横方向からみた形状、模様について観察すべきである」として、「正面方向と横方向からみた意匠の基本的構成態様及び具体的構成態様が最も看者の注意を惹く意匠の要部」であるとした。

［図表5］衣装ケース事件

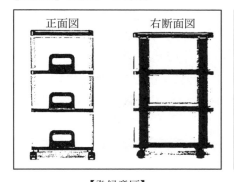
【登録意匠】

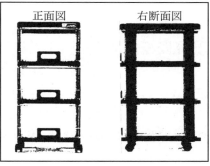
【被告意匠】

---

39) 　　東京高判平成10年6月18日判時1665号94頁〔自走式クレーン事件〕、知財高判平成23年3月28日裁判所ウェブサイト（平成22年（ネ）10014号）〔マンホール蓋用受枠事件〕、知財高判平成28年7月13日裁判所ウェブサイト（平成28年（ネ）10001号）〔道路橋道路幅員拡張用張出し材事件〕。

40) 　　東京高判平成7年4月13日判時1536号103頁〔衣装ケース事件〕（画像の出所：同判決別紙）。

周知意匠や公知意匠が当然に要部から除かれるわけではないが、これらについては、需要者の注意を惹かない場合が多く、要部の一部を構成することはあっても、単体で要部となることは通常ないといえる[41]。

　前記の衣装ケース事件は、両意匠は、「要部の主たる構成態様を共通にするものであり、これらの要部から、看者には、全体として透明な立体感があり、また、天板、下端、及び各段に設けられた横縁部により箱枠体全体が画然と分割され、かつ透明な引出しに上縁両側を隅丸にした横長の長方形状の手掛け用基板が各前縁部と密接しなから縦一列に等間隔に配列されていることにより、家庭用品としての親しみやすさとスマートで、まとまりのある美的印象を与えるということができる」として、意匠権侵害を肯定した。

3 意匠権侵害の救済手段

　意匠権侵害の民事上の救済手段として、差止請求権（意匠37条）、損害賠償請求権（民709条、意匠39条）、不当利得返還請求（民703条、704条）、信用回復措置請求権（同41条、特許106条）等がある。**第2編 第2章 Ⅶ 6**で説明した水際措置の対象ともなっている。また、故意の意匠権侵害には、刑事罰もある（意匠69条）。

4 意匠権侵害の主張を受けた場合の対抗手段

　本書では詳述しないが、意匠権侵害に対しては、意匠権の効力が及ばない範囲であるとの主張（意匠36条、特許69条や消尽論）、実施権があるとの主張（意匠29条の先使用権や意匠29条の2による先出願による通常実施権、意匠30条、31条や15条3項が準用する特許35条1項の法定通常実施権等）、無効審判（意匠48条）や無効の抗弁（同41条、特許104条の3）等の対抗手段がある。

---

41)　　茶園・意匠108〜112頁、牧野利秋＝飯村敏明編『新・裁判実務体系4知的財産関係訴訟法』〔山田知司〕（青林書院、2001）378頁参照。例えば、知財高判平成17年5月23日裁判所ウェブサイト（平成17年（行ケ）10253号）〔自動車用タイヤ事件〕は、意匠法2条1項3号の判断であるが、周知意匠であっても、「それが当該意匠全体の支配的部分を占め、意匠的まとまりを形成し、見る者の注意を強く惹くものであるときは、なお意匠上の要部と認められるのであって、意匠のうち周知の部分は当然に意匠の要部となり得ないということもできない」としている。

IV 特殊な意匠保護の制度

1 部分意匠

　従前は、意匠は物品の全部に対してのみ登録が認められていた。この場合、意匠の一部の独創的な部分を模倣しつつ、全体として非類似なデザインとしてしまうことにより意匠権侵害を回避することが可能であり[42]、不都合であったため、平成10年改正により、物品の一部についても「物品」に含むものとし（意匠2条1項括弧書）、部分意匠としての登録が認められることになった。これにより、特徴的な物品の一部を部分意匠として登録しておけば、当該部分意匠と同一または類似の意匠を含んでいる物品について、意匠権侵害が成立する。

　また、令和元年改正により、建築物の意匠と画像の意匠が保護対象に追加されたが、これらについても、部分意匠としての登録が可能となった。

　さらに、令和元年改正により、2で後述する、組物の意匠についても、部分意匠の登録が認められている[43]。

　部分意匠においては、登録出願時に意匠登録を受けようとする部分のみを実線で表し、その他の部分は破線で表すことになる。後記**［図表6］**の理髪用はさみの事例では、実線で表された持ち手の部分だけが部分意匠として意匠登録を受けようとする部分ということになる。

［図表6］理髪用はさみの部分意匠の例[44]

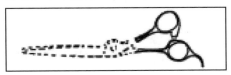

---

42) 要部を柔軟に認定することにより侵害成立とできる事例もあるが、限界がある。
43) 令和元年改正前の意匠法2条1項括弧書きでは、組物の意匠が部分意匠から除かされていたが、その制限を削除した。
44) 画像の出所：特許庁「意匠審査基準」第Ⅱ部第2章2.2.2。なお、はさみの持ち手は複数の部分に分かれているので、意匠法7条の一意匠一出願主義違反との関係が問題になるが、はさみの持ち手のように全体としての機能的一体性がある場合には同条違反はないとされる。

第1章　意匠法による意匠権の保護　　313

コラム 部分意匠の類否

　　部分意匠の類否判断において、破線で示された全体形状のなかでの部分意匠の位置・大きさ・範囲が考慮されるべきかが問題になる。

　　この点、包装用箱事件[45]では、「部分意匠制度は、破線で示された物品全体の形態について、同一又は類似の物品の意匠と異なるところがあっても、部分意匠に係る部分の意匠と同一又は類似の場合に、登録を受けた部分意匠を保護しようとするものであるから、部分意匠の認定において、破線で示された部分の形状等が、当該意匠を構成する一部などとして直接問題とされるべきものでない」とされている。このように解釈しなければ、部分意匠制度をあえて設けた意味がなくなるからである。

　　しかし、部分意匠も、物品等の部分である以上、意匠登録を受けた部分だけでは完結しない。そこで、「部分意匠においても、部分意匠に係る物品において、意匠登録を受けた部分がどのような機能及び用途を有するものであるかを、その類否判断の際に参酌すべき場合があり、また、物品全体の形態との関係における、部分意匠として意匠登録を受けた部分の位置、大きさ、範囲についても、破線などによって具体的に示された形状を参酌して定めるべき場合がある」とされている。

② 組物の意匠

　組物の意匠は、さまざまな商品について、統一感を持たせるというシステムデザインについて、効率的な保護を図るための制度である。同時に使用される2以上の物品、建築物または画像であって経済産業省令で定めるもの（「組物」）を構成する物品、建築物または画像に係る意匠は、組物全体として統一があるときは、一意匠として出願をし、意匠登録を受けることができるものとされて

---

45)　　知財高裁平成28年1月27日平成27年（ネ）第10077号裁判所ウェブサイト〔包装用箱事件〕。

314　　第4編　デザインの保護

いる（意匠8条）。

　経済産業省令で定めた組物とは「意匠法施行規則別表（以下、「別表」）」に掲げるとおり（意匠則8条）であり、43品目が定められている。例えば、以下のような例が挙げられている[46]。

[図表7] 組物の意匠の例

・一組の飲食用容器セット

・一組の建築物（この一組の建築物は、商業用建築物、ホテル、美術館から構成されるものである。）

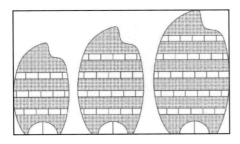

　組物の意匠権は組物全体についてのものであるため、例えば、上記の一組の飲食用容器セットの例でカップのみが第三者に無断で製造されたとしても、組物の意匠権侵害とはならない。この場合、カップ単体について保護を得ようとすれば、カップ単体について個別に意匠権を取得しておく必要がある。

---

46)　特許庁「意匠審査基準」第Ⅳ部第3章3.3.1（画像の出所：同基準）

❸ 関連意匠

関連意匠の制度は、自己の意匠登録出願に係る意匠または自己の登録意匠のうちから選択した一の意匠（「本意匠」）に類似する意匠（「関連意匠」）を保護する制度である（意匠10条1項）。

関連意匠も独自に意匠権としての効力（意匠23条）を有しており、関連意匠と同一または類似の意匠に意匠権としての効力が及ぶことになる。関連意匠と同一の意匠については元々本意匠の類似範囲としての効力も及ぶのであるが、本意匠の類似範囲は必ずしも明確ではないから、あらかじめ関連意匠として登録を受けておくことで権利の範囲が明確化することは権利行使にあたりメリットがある。また、第三者が実施している意匠が、本意匠と非類似でも関連意匠と類似であれば、本意匠の意匠権の効力は及ばないが、関連意匠の意匠権の効力が及ぶので、本意匠のみの保護に比して権利者の権利範囲は拡大する。関連意匠制度は、細部の修正をしたさまざまなデザイン・バリエーションについて効率的に保護するために有用な制度である。

関連意匠としての登録出願は、基礎意匠（一番最初に本意匠として選択した意匠）の出願日から10年以内に行う必要がある[47]（意匠10条1項）。

また、令和元年改正により、本意匠と非類似であっても、関連意匠のみと類似しているものについても、関連意匠として保護を受けられるようになった[48]。

基礎意匠と関連意匠とこれらの類似の範囲については、以下の意匠審査基準の **[図表8]**[49] がわかりやすい。

---

47)　　令和元年改正前は、本意匠の登録出願後、意匠公報の発行の日前に限って認められており、期間がかなり限定的であったが、令和元年改正により大幅に緩和され、一貫したデザインコンセプトによるデザインの保護が容易になった。

48)　　関連意匠にのみ類似する意匠についての関連意匠としての意匠登録を明文で否定していた、令和元年改正前意匠法10条3項は、削除された。

49)　　特許庁「意匠審査基準」第Ⅴ部3.1（画像の出所：同基準）。

316　　　第4編　デザインの保護

[図表8] 基礎意匠と関連意匠

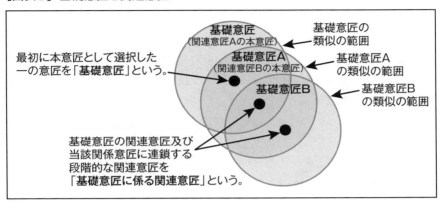

　関連意匠は基礎意匠と一体的に扱われており、関連意匠の意匠権の存続期間は、その基礎意匠の意匠登録出願の日から25年をもって終了する（意匠21条2項）。また、基礎意匠と関連意匠の意匠権は、分離して移転することができない（同22条1項）。

4 秘密意匠

　秘密意匠制度は、意匠は模倣が容易であることから、公開をできるだけ遅らせて模倣を防止することを想定した制度である。元々、意匠には出願公開制度がなく、登録されない限り意匠は公開されない（意匠20条3項）が、意匠公報発行以降に商品の販売を開始するような場合には、公報を見た第三者がいきなり模倣品を発売してしまうことも可能である[50]。

　そこで、意匠登録出願人は、意匠権の設定の登録の日から3年以内の期間を指定して、その期間その意匠を秘密にすることを請求することができるものとした（意匠14条1項）。「技術の上に技術を積み重ねるという構成をとる特許法、実用新案法においては、独占権の対象を一般に秘密にしておくことは許されな

---

50)　想定されている制度趣旨は上記のとおりだが、現実には、主に自動車業界において、モデルチェンジ前に新型車のデザインが公開されると、現行モデルが売れなくなることを防ぐために活用されているといわれる（佐藤恵太「意匠法独特の制度(1)」発明93巻7号126～127頁、田村・知財386頁）。

いが、意匠法は同じく産業の発展を目的とするにもかかわらず、美的観点から
その目的を達成しようとするものであるため、例外的に秘密意匠制度が認めら
れる」とされている[51]。

　秘密意匠については、公開されていないので、その意匠に関し意匠公報に記
載される事項を記載した書面であって特許庁長官の証明を受けたものを提示し
て警告した後でなければ、差止請求権の行使ができない（同37条3項）。また、
損害賠償請求権についての過失の推定もない（同40条但書き）。

V　意匠の活用

　意匠権についても、特許権と同様、譲渡（意匠36条で特許98条の登録に関す
る規定を準用）や担保化（質権につき意匠35条）が可能であり、ライセンス（同
27条および28条）による活用が可能である。

AIとメタバースについてのコラム　生成AIと意匠法

　生成AIに係る各段階における意匠法の適用について、「AI時代の
知的財産権検討会中間とりまとめ」[52]では、生成AIと意匠権につい
て、現行の制度を踏まえると、以下の帰結や検討課題が考えられると
されている。

　①学習段階

　他人の登録意匠またはそれと類似する意匠（「登録意匠等」）が含ま
れるデータをAIに学習させる行為（学習段階）については、登録意匠
等に係る画像であっても、AI学習用データとしての利用は、「意匠に
係る画像」の作成や使用等には当たらず、意匠法2条2項に定める
「実施」に該当せず、意匠権の効力が及ぶ行為に該当しないと考えら
れるとされている。

---

51)　　　特許庁・逐条解説1294頁。

52)　　　https://www.kantei.go.jp/jp/singi/titeki2/chitekizaisan2024/0528_ai.pdf（2024年 5 月
　　　AI時代の知的財産権検討会）24-26頁。

318　　　第4編　デザインの保護

②生成・利用段階

AI生成物に他人の登録意匠等が含まれ、それを利用する行為（生成・利用段階）については、権利侵害の要件として依拠性は不要であり、また、類似性判断について、AI特有の考慮要素は想定しがたいため、AI生成物に関する権利侵害の判断は、従来の意匠権害の判断と同様であると考えられるとされている。

生成段階における学習済みモデルへの入力としての登録意匠の利用は、学習用データとしての利用と同様、意匠権の侵害に当たらないと考えられるが、登録意匠（またはそれに類似する意匠）に係る画像を生成するための、学習済みモデルへの入力等がみなし侵害行為（意匠38条8号ロ等）に該当するおそれがある点には留意する必要があるとされている。画像意匠については、画像の出力が意匠の実施（画像の作成。意匠2条2項3号イ）に該当するおそれがある点に留意する必要があるとされている。

③AI生成物の意匠法による保護

裁判例によれば、意匠登録を受ける権利を有する創作者とは、「意匠の創作に実質的に関与した者」をいうとされており[53]、したがって、自然人がAIを道具として用いて意匠の創作に実質的に関与をしたと認められる場合には、AIを使って生成した物であっても保護され得ると考えられるとされている。いかなる場合に「自然人が意匠の創作に実質的に関与」したといえるかどうかについては、関連の裁判例[54]のほか、著作権法の考え方[55]が参考になるものと思われるとされている。

なお、意見募集では、生成AIは画像を大量に生成することも容易であるところ、AI生成物が公知意匠となった場合には、特定の分野

---

53)　大阪高判平成6年5月27日（平成5年（ネ）第2339号）〔クランプ事件〕。

54)　大阪地判平成29年10月12日（平成27年（ワ）第8271号）〔物干し器事件〕および知財高判令和4年2月9日（令和3年（ネ）第10077号）〔入れ歯入れ容器事件〕等参照。

55)　**第5編 第1章 Ⅱ 1 【3】 AIとメタバースについてのコラム** 参照。

について意匠審査実務上の影響が生ずるのではないかという懸念の声もあったとのことであり、新規性や創作非容易性の要件を基礎とする意匠制度について、AI技術の急速な進展がどのような影響を与えるかについては、状況を注視しつつ、引き続き検討する必要があるとされている。

第4編

第2章　意匠権以外によるデザインの保護

I　商品形態模倣（不正競争防止法）

1 総　論

　他人の商品の形態（当該商品の機能を確保するために不可欠な形態を除く）を模倣した商品を譲渡し、貸し渡し、譲渡もしくは貸渡しのために展示し、輸出し、輸入し、または電気通信回線を通じて提供する行為は不正競争行為となり（不正競争2条1項3号）、差止請求（同3条）および損害賠償請求（同4条）等の対象となる。令和5年改正により、「電気通信回線を通じて提供」する行為が新たに規律の対象となった。

　先行者の資金や労力の投資にフリーライドして模倣品を販売することを防止するためのものである。登録を要せずに商品形態模倣品の販売を防止できる手段として有益である。

　なお、この行為類型は、一般的に、商品形態模倣行為と略称されることが多いが、模倣行為自体は規制対象となっておらず、あくまで模倣した商品の譲渡等の行為が規制されている。

　また、日本国内において最初に販売された日から起算して3年を経過した商品について、その商品の形態を模倣した商品を譲渡し、貸し渡し、譲渡もしくは貸渡しのために展示し、輸出し、輸入し、または電気通信回線を通じて提供する行為については適用除外とされており（不正競争19条1項6号イ）、最初の販売日から3年間に限った保護が認められていることに留意が必要である。

　上記のとおり、先行者の投資へのフリーライド防止が目的であるから、投資の回収期間として想定される保護期間を限ったものとされる。商品のライフサイクルは、商品ごとに異なり本来一概に定められるものではないが、国際的なハーモナイゼーションの観点も考慮して、3年という期間が選択されてい

る[56]。

　保護期間の始期については、明文がないが、「最初に販売された日」は、規定の趣旨からみて、実際に商品として販売された場合のみならず、見本市に出す等の宣伝広告活動を開始した時を含むことは、立法者意思から明らかであるから、商品の販売が可能となった状態が外見的に明らかとなった時をも含むと解されている[57]。

　3年の計算において、商品形態が最初の販売後にマイナーチェンジしたような場合について、保護を求める商品形態を具備した最初の商品の販売時から起算され、マイナーチェンジされた後続商品の最初の販売時から起算されるものではないとされている[58]。

② 商品の形態

　「商品の形態」とは、「需要者が通常の用法に従った使用に際して知覚によって認識することができる商品の外部及び内部の形状並びにその形状に結合した模様、色彩、光沢及び質感」をいうものとされている（不正競争2条4項）。あくまで、需要者が通常の用法に従った使用に際して知覚によって認識することができるかどうかがポイントであり、内部形状であるから直ちに商品の形態としての保護が否定されるというわけではない[59]。

　商品の容器や包装についても、商品と一体となって商品自体と容易に切り離せない態様で結びついている場合は、「商品の形態」に含まれる[60]。

　「当該商品の機能を確保するために不可欠な形態」は、「商品の形態」からは

---

56)　　経産省・逐条解説252-253頁および大阪高判平成15年7月29日裁判所ウェブサイト（平成15年（ネ）68号）〔家具調仏壇事件〕。

57)　　知財高判平成28年11月30日判時2338号96頁〔加湿器事件〕。

58)　　東京高判平成12年2月17日判時1718号120頁〔建物空調ユニットシステム事件〕。

59)　　例えば、大阪地判平成25年5月30日裁判所ウェブサイト（平成24年（ワ）8972号）〔ハンドバッグ事件〕では、バッグの内部構造が商品の形態を構成することを前提に不正競争防止法2条1項3号違反を認めた。

60)　　大阪地判平成14年4月9日判時1826号132頁〔ワイヤーブラシセット事件〕等。

322　　　第4編　デザインの保護

除かれる（不正競争2条1項3号括弧書）[61]。例えば、裁判例[62]で、「車種別専用ハーネスは、各自動車メーカーの純正品としてもともと自動車に設置されているオス、メスの各コネクターに直接接続するものであり、メーカー純正品のコネクターと形状が異なれば端子を接続することができなくなる可能性や使用中に外れてしまう危険性があることから、車種別専用ハーネスのコネクターの形状は、その機能を確保するためには、各自動車メーカーの純正品のオス、メスの各コネクターとほぼ同一の形状にするのが最も合理的」であること等を根拠として、車種別専用ハーネスのオスコネクターの形態は、「自動車のアクセル部に接続して使用するという商品の機能及び効用を確保するために選択された不可欠な形態であり、『商品の形態』にはあたらない」とした事例がある。

　令和5年改正により、商品の形態には、有体物のみならず、無体物を含むこととなった[63]。令和5年改正前は、「譲渡」等、有体物をその対象とする行為のみが規定されていたことから、「商品の形態」は有体物の形態に限られ、無体物は含まれないとされていたが、令和5年改正により、無体物をその対象とする「電気通信回線を通じて提供」する行為が不正競争2条1項3号に規定されたため、「商品の形態」に無体物が含まれることとなったものである[64]。

---

61)　　平成17年改正前は、「当該他人の商品と同種の商品（同種の商品がない場合にあっては、当該他人の商品とその機能及び効用が同一又は類似の商品）が通常有する形態を除く」との文言であり、裁判例上その文言の意義が争われてきた。平成17年改正で裁判例の蓄積を踏まえて明確化の観点から文言が改正された（経産省・逐条解説92〜93頁）。

62)　　東京地判平成24年3月21日裁判所ウェブサイト（平成22年（ワ）145号、16414号）〔ドライビングアシストコントローラー事件〕。

63)　　産業構造審議会　知的財産分科会不正競争防止小委員会「デジタル化に伴うビジネスの多様化を踏まえた不正競争防止法の在り方」（2023年3月）では、無体物である「商品」にも不正競争防止法2条1項3号による保護が及ぶ旨を明確化する必要があるとされるものの、明確化にあたってのアプローチとして、不正競争防止法上の「商品」の定義規定を定める方法については、同法における他の「商品」の規定にも影響を与える可能性があること等の理由からさらに検討が必要であるとされ、まずは、逐条解説等に、「商品」に無体物が含まれると記載することで解釈を明確化することが提案された。その結果、経産省・逐条解説41〜42頁にこの解釈が明記された。

64)　　経産省・逐条解説42頁。

AIとメタバースについてのコラム　メタバース空間に関する商品形態模倣行為

　令和5年改正は、メタバース空間に関する商品形態模倣行為について大きな意義を持つ。

　まず、令和5年改正に伴い、「商品の形態」に無体物も含まれることとなったため、例えばアバターに着せる「洋服」等のメタバース空間上のデジタル商品保護の対象に加わった。無体物における「商品の機能を確保するために不可欠な形態」について、経産省の逐条解説[65]では、デジタル空間上の商品（例えばアバターに着せる「洋服」なるもの）は、本来的には機能（雨風を防ぐ等）を有しないことから、機能上不可欠な形態というものは観念し得ないが、リアルにおいて観念することができる商品であれば（例えば洋服）、そのリアルの商品において機能上不可欠な形態かどうかが判断されるとされている。

　また、令和5年改正により、「電気通信回線を通じて提供」する行為が新たに規律の対象となった結果、リアルの商品の形態をリアル空間で模倣して提供する行為に加えて、新たに①リアルの商品の形態をメタバース空間等のデジタル空間上で模倣して提供する行為や、②メタバース空間等のデジタル空間に存在するデジタルの商品の形態をメタバース空間等のデジタル空間上で模倣して提供する行為、③メタバース空間等に存在するデジタルの商品の形態をリアル空間で模倣して提供する行為も不正競争と位置づけられるようになった[66]。①〜③についての具体的な模倣行為の判断基準については、今後の議論の蓄積が期待される。

❸模　倣

　「模倣する」とは、①「他人の商品の形態に依拠」して、②「これと実質的

---

65)　経産省・逐条解説93頁。
66)　経産省・逐条解説43頁。

に同一の形態の商品を作り出す」ことをいう（不正競争2条5項)[67]。

①依拠性が認められなければ、「模倣」に当たらない点では著作権と同様である（ 第5編 第1章 I 2 参照）。

②の実質的同一性については、意匠と同様に、離隔的観察ではなく、対比観察により判断される[68]。具体的には、原告商品と被告商品の商品形態を特定し、一致点と相違点を認定し、対比的観察をした場合に、両商品の商品形態の相違点が商品全体の形態の類否のうえで「無視できない」か否かが判断されるものとされる[69]。

コイル状ストラップ付タッチペンの商品形態模倣が問題となった裁判例[70]では、実質的同一性について、コイル部の長さ、ペン胴の外周部の文字表示の有無、タッチペンの滑り止め部の形態、ペン尻の張出部の形態およびペン尻の薄板部の突起の位置の各点において相違するが、これらの相違は、商品の全体的形態に与える変化に乏しく、商品全体からみると、ささいな相違にとどまるものと評価すべきものであり、原告商品と被告商品の実質的同一性が認められるとされた（後記 ［図表9］参照）。

---

67)　　　この定義も平成17年改正で明確化の観点から導入された。東京高判平成10年2月26日判時1644号153頁〔ドラゴンキーホルダー事件〕等の従前の裁判例の判断に沿うものである。

68)　　　経産省・逐条解説43頁。

69)　　　小倉秀夫＝高瀬亜富＝金井重彦＝山口三惠子編著『新版　不正競争防止法コンメンタール』〔伊藤＝平井〕365〜382頁（第一法規、2025）。

70)　　　東京地判平成24年12月25日判時2192号122頁〔タッチペン事件〕。

[図表9] コイル状ストラップ付タッチペン事件[71]

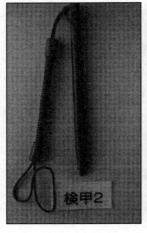
【原告商品】

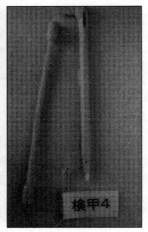
【被告商品】

> **AIとメタバースについてのコラム** 生成AIと商品形態模倣行為
>
> 　生成AIに係る各段階における商品形態模倣行為との関係について、「AI時代の知的財産権検討会中間とりまとめ」[72]では、生成AIと不正競争防止法における商品形態模倣品提供規制について、現行の制度を踏まえると、以下の帰結や検討課題が考えられるとされている。
> 　① 学習段階
> 　他人の商品の形態が含まれるデータをAIに学習させる行為については、AI学習用データとしての利用は、他人の商品の形態を模倣した商品の譲渡等に該当せず、「使用」は規制の対象外であるため、不正競争行為に該当しないと考えられるとされている。
> 　② 生成・利用段階
> 　AI生成物に他人の商品の形態が含まれ、それを利用する行為（生

---

71) 東京地判平成24年12月25日判時2192号122頁〔タッチペン事件〕（画像の出所：同判決「別添写真」）。
72) https://www.kantei.go.jp/jp/singi/titeki2/chitekizaisan2024/0528_ai.pdf（2024年 5 月 AI時代の知的財産権検討会）30頁。

成・利用段階）については、実質的に同一の形態の商品といえるかどうかの判断において、AI特有の考慮要素は想定しがたいが、依拠性については、著作権法の検討[73]を応用できる面も多いとも考えられるとされている。

③　AI生成物の保護

不正競争防止法は、商品形態模倣品提供規制について、「他人の商品の形態」を模倣した商品を譲渡等することを不正競争行為として規定しており、当該商品の形態が自然人により創作されたものか、AIにより生成されたものかを問わないため、AI生成物であっても商品形態として不正競争防止法で保護され得ると考えられるとされている。

II　登録商標（商標法）

デザインの保護に商標法上の登録商標を活用することも考えられる。商標としての保護は更新を繰り返せば永続的に可能であり、発売から3年を経過した商品についても保護対象とできる。

まず前提として、商標登録のための各要件を充足する必要がある。平面的なデザインについてはそれほど問題がないとしても、立体商標については、第2編 第2章 IV 3【7】で前述したとおり、登録のハードルは高い。

また、権利行使にあたっても、各要件を充足する必要があり、特に、第2編 第2章 VIII 2【2】で前述した商標的使用（商標26条1項6号）が問題になる。

III　商品等表示（不正競争防止法）

デザインが 第2編 第3章で前述した、周知商品等表示（不正競争2条1項1号）または著名商品等表示（同条1項2号）で保護されれば、永続的な保護が可能である。

---

73)　第5編 第1章 III 2 AIとメタバースについてのコラム 参照。

第2章　意匠権以外によるデザインの保護　327

まず前提として、「商品等表示」に該当する必要がある。商品形態が「商品等表示」に該当するか問題になった裁判例は多数ある。

　商品の形態は、商標等と異なり、本来は商品の出所を表示する目的を有するものではないが、商品の形態自体が特定の出所を表示する二次的意味を有するに至る場合があることには争いがない[74]。

　その要件としては、過去の裁判例においては、一般に、①商品の形態が客観的に他の同種商品とは異なる顕著な特徴を有しており（特別顕著性）、かつ、②その形態が特定の事業者によって長期間独占的に使用され、または強力な宣伝広告や爆発的な販売実績等により需要者においてその形態を有する商品が特定の事業者の出所を表示するものとしての出所識別機能を有するに至っていることが必要であるとされている[75]。

　商品等表示の場合、発売から3年の縛りはないため、不正競争防止法2条1項3号の商品形態模倣の期間を3年に限定した趣旨を没却しないように要件には縛りがかけられている。

　過去の肯定例として、例えば、美容用の角質除去具[76]、エルメスのバッグのバーキン[77]、アップル社のパソコンiMac[78]等がある。

　ここで、靴の商品形態について、不正競争防止法2条1項1号の適用が問題となった近時の事例を紹介しておく。まず、ルブタン事件では、第一審判決[79]では、女性用ハイヒールの靴底に赤色を付したものの特別顕著性が否定され、商品等表示該当性が否定された。他方、控訴審判決[80]では、仮に、被告商品の靴底に付された赤色が原告表示に類似するとしても、原告表示を付した原告商

---

74)　知財高判平成24年12月26日判時2178号99頁〔眼鏡タイプのルーペ事件〕等。

75)　知財高判平成24年12月26日判時2178号99頁〔眼鏡タイプのルーペ事件〕等。

76)　知財高判平成23年3月24日裁判所ウェブサイト（平成22年（ネ）10077号）〔角質除去具事件〕。

77)　東京地判平成26年5月21日裁判所ウェブサイト（平成25年（ワ）31446号）〔バーキン事件〕。この事例では、著名商品等表示性が認められている。なお、**第2編** **第2章** **Ⅴ** **❶**【6】の立体商標に関する侵害の判断基準で紹介したのと同じ事例である。

78)　東京地決平成11年9月20日判時1696号76頁〔iMac事件〕。

79)　東京地判令和4年3月11日判時2523号103頁〔ルブタン事件（第一審）〕。

80)　知財高判令和4年12月26日令和4年（ネ）第10051号事件、裁判所ウェブサイト〔ルブタン事件（控訴審）〕。

328　　　第4編　デザインの保護

品であると誤認混同するおそれがあるとはいえないので、商品等表示該当性について判断するまでもないとされた。また、ドクターマーチン事件では、「靴の外周に沿って、アッパーとウェルトを縫合している糸がウェルトの表面に一つ一つの縫い目が比較的長い形状で露出し、ウェルトステッチが視認できる。また、ウェルトステッチには、明るい黄色の糸が使用されており、黒色のウェルトとのコントラストによって黄色のウェルトステッチが明瞭に視認できる」という形態について、商品等表示該当性が肯定された[81]。

　同種商品に共通してその特有の機能および効用を発揮するために不可避的に採用せざるを得ない商品形態については、「商品等表示」に該当しないとされている[82]。このようなものについてまで保護を認めると、出所混同防止を趣旨とする不正競争防止法2条1項1号、2号の趣旨に反するためである。

　以上に加えて、周知性・混同の要件（不正競争2条1項1号の場合）や著名性の要件（同条1項2号の場合）を充足することも必要である。また、商品等表示としての使用に該当する必要がある。

コラム　トレードドレス

　英文契約の知的財産に関する定義にしばしば例示されているものとして、「トレードドレス」（Trade Dress）というものがある。直訳すれば、商取引用の装飾といったところであるが、その概念は確立していない。産業構造審議会の報告書[83]では、「明確な定義はないが、需要者に示すための商品・役務の外観等（appearance or image）を指すものとして用いられている。例えば、商品の形状、商品の包装、ラベルな

---

81)　東京地判令和5年3月24日判時2583号34頁〔ドクターマーチン事件（第一審）〕。知財高判令和5年11月9日令和5年（ネ）第10048号裁判所ウェブサイト〔ドクターマーチン事件（控訴審）〕も参照。

82)　東京高判平成13年12月19日判時1781号142頁〔ルービックキューブ事件〕は、この基準に基づき、ルービックキューブの全体形状が正六面体で各面が九つのブロックに区分され、面ごとに他の面と区別可能な外観を呈しているという形態は、「商品等表示」に該当しないとした。

83)　産業構造審議会知的財産政策部会商標制度小委員会「新しいタイプの商標に関する検討ワーキンググループ報告書」（平成21年10月）2頁。

第2章　意匠権以外によるデザインの保護　　329

どのほか、レストランの外装及びインテリアデザインの全体が1つの
まとまりとして保護されるものが含まれる」とされる。日本において
トレードドレスは保護されるか。

　まず、商品の形状や包装については、本編で論じてきた意匠、商標
（立体商標）、不正競争防止法の各制度により保護されるといえる。

　店舗外観についても、第2編 第2章 Ⅳ 3【7】で前述したように、
例えば、ファミリーマートの店舗外観が立体商標として登録が認めら
れている例がある。

　店舗外観等が、不正競争防止法上の商品等表示として保護されるか
が問題となった事例であるコメダ珈琲店事件[84]では、「店舗の外観（店
舗の外装、店内構造及び内装）は、通常それ自体は営業主体を識別させ
ること（営業の出所の表示）を目的として選択されるものではないが、
場合によっては営業主体の店舗イメージを具現することを一つの目的
として選択されることがある上、①店舗の外観が客観的に他の同種店
舗の外観とは異なる顕著な特徴を有しており、②当該外観が特定の事
業者（その包括承継人を含む。）によって継続的・独占的に使用された
期間の長さや、当該外観を含む営業の態様等に関する宣伝の状況など
に照らし、需要者において当該外観を有する店舗における営業が特定
の事業者の出所を表示するものとして広く認識されるに至ったと認め
られる場合には、店舗の外観全体が特定の営業主体を識別する（出所
を表示する）営業表示性を獲得し、（中略）『商品等表示』に該当すると
いうべきである」とされ、実際にも、不正競争防止法2条1項1号に
基づき、飲食店営業上の施設としての店舗用建物の使用の差止めが認
められた[85]。他方で、喫茶店において提供される「商品たる飲食物と

---

84)　　東京地決平成28年12月19日裁判所ウェブサイト（平成27年（ヨ）22042号）〔コメダ
　　珈琲店事件〕。
85)　　ほかに、大阪地判平成19年7月3日判時2003号130頁〔まいどおおきに食堂事件（第
　　一審）〕でも、保護の余地は認められたが、結果的には、保護が否定されている。な
　　お、大阪高判平成19年12月4日裁判所ウェブサイト（平成19年（ネ）2261号）〔まいど
　　おおきに食堂事件（控訴審）〕も控訴棄却で結論維持。

330　　　第4編　デザインの保護

その容器との組合せ（対応関係）が営業主体を識別させる機能を有することはまれで」あり、「出所表示機能が極めて弱く、店舗外観以上に営業表示性を認めることは困難」であるものとして、本件の当てはめとしても、提供商品たる飲食物とその容器との組合せ（対応関係）については、周知商品等表示該当性は否定されている[86]。

Ⅳ　著作権（著作権法）

デザインを著作物として著作権で保護することも考えられる。著作権は意匠権に比して保護期間が圧倒的に長いため、著作権での保護が得られれば権利者としては、有益であるが、その権利の強力さゆえに保護の要件には議論がある。この点は、著作権の項目の 第5編 第1章 Ⅳ 5【2】で、応用美術の問題として論じる。

Ⅴ　デッドコピー（民法上の不法行為）

知的財産権としての保護が否定されたものを使うことは、原則として何人も自由のはずである。

しかし、商品のデザインをそのままコピー（デッドコピー）して、ただ乗りすることをいかなる場合にも許してよいのかは問題である。

一般論として、知的財産権としての法的保護が否定された場合には、当該知的財産権とは異なる法的に保護された利益を侵害するという特段の事情がない限り、不法行為を構成しないものと解されている[87]。

例えば、過去の裁判例では、最初の販売から3年を経過した後の商品の模倣行為について、当該模倣行為が公正な競争秩序を破壊する著しく不公正な方法で行われ、その結果、先行者に営業上、信用上の損害を被らせた場合など、公

---

86)　さらに、商品陳列のデザインが不競法の商品等表示にあたるか問題となった事例として、大阪地判平成22年12月16日判時2118号120頁〔西松屋事件〕があるが、同事例では、保護が否定されている。

87)　最判平成23年12月8日民集65巻9号3275頁〔北朝鮮映画事件〕。

第2章　意匠権以外によるデザインの保護　　331

正かつ自由な競争として許容される範囲を著しく逸脱する行為と認められる特段の事情がある場合に限り不法行為に該当するとした事例がある[88]。

　また、応用美術としての保護が否定された木目化粧紙について、商品のデッドコピーをし、販売地域が競合する地域で廉価販売することにより営業活動を妨害する行為は、公正かつ自由な競争原理によって成り立つ取引社会において、著しく不公正な手段を用いて他人の法的保護に値する営業上の利益を侵害するものであるとして、不法行為を構成するものとされた事例がある[89]。

　著作権法の分野で著作物として保護されないもののデッドコピーの問題が、論じられることが多く、この問題は、著作権の項目の 第5編 第1章 Ⅳ 5【2】（応用美術）、 第5編 第1章 Ⅴ 3（データベース）、 第5編 第1章 Ⅺ で論じる。

---

88)　　大阪高判平成15年7月29日裁判所ウェブサイト（平成15年（ネ）68号）〔家具調仏壇事件〕。
89)　　東京高判平成3年12月17日判時1418号120頁〔木目化粧紙事件〕。

第5編

著作権法による
表現の保護

第5編

第 1 章　著作権法による著作権・著作者人格権・著作隣接権の保護

I　著作権法の概要

1 著作権法で保護される権利の内容

　著作権法で保護される権利には、①著作者の権利として、著作権（著作財産権）および著作者人格権があり、②実演家等の権利として、著作隣接権と実演家人格権がある。このうち、本書では、主に、①について説明し、②については、**後記 VIII** で若干解説するにとどめる。

　狭義の著作権は、著作財産権のみを指すが、広義での著作権には、著作財産権と著作者人格権の両方が含まれ得る。

　著作財産権は、さまざまな支分権の束である。

　支分権には、例えば、複製権（著作権法21条は、「著作者は、その著作物を複製する権利を専有する」と定めている。これが複製権であり、これにより、著作物をコピーする場合には、著作権者の許諾が原則として必要である。最も基本的な支分権である）や上演権・演奏権（著作権法22条は、「著作者は、その著作物を、公衆に直接見せまたは聞かせることを目的として（中略）上演し、又は演奏する権利を専有する」と定めている。これが、上演権・演奏権であり、これにより、著作物を上演・演奏するには、著作権者の許諾が原則として必要である）がある。

　その他の支分権を含めて詳細は**後記 III** で説明するが、こうした複数の支分権が束になったものが著作権であり、個々の支分権で定められた権利の集合体が著作権なのだとイメージしておいていただきたい。

　したがって、著作権の権利行使をする際には、単に著作権侵害であると主張するのは不十分であり、個別に、どの支分権を侵害するのかを特定しなければならないという点が重要なポイントである。

　特許権の場合は、権利としては、特許権一つであって、あとは実施行為の定

第 1 章　著作権法による著作権・著作者人格権・著作隣接権の保護　　335

義で、さまざまな行為類型（生産、使用、譲渡等）が定められていたにすぎなかったが、著作権の場合には、支分権という形で、利用態様ごとに個別に権利が構成されているのである。

次に著作者人格権については、**後記 Ⅶ** で解説するが、①著作物を公表するかを決める権利である公表権（著作18条）、②著作物の公衆への提供等に際して、著作者が自己の氏名を表示することを求める権利である氏名表示権（著作19条）、③許諾なく著作物の改変をさせない権利である同一性保持権（著作20条）の三つである。著作者人格権はその名のとおり、著作者であることにより生じる人格的な利益であって、財産的な側面の保護ではなく、著作者としての人格的利益を保護することを目的としている。著作権法は、元来は、典型的には、芸術作品等の保護を想定したものであり、文化の発展への寄与が究極目的となっており（著作1条）、著作者人格権について強い保護が与えられているのは特許権等の産業財産権にはない著作権法の特徴として理解しておく必要がある。

「著作物を創作する者」が著作者であり（著作2条1項2号）、このように著作物を創作した著作者には、上記の著作権（著作財産権）と著作者人格権の両方が帰属する。実務においては、両方の権利があることを常に意識する必要がある。例えば、著作者であるＡが、第三者であるＢに、著作権（著作財産権）を譲渡（著作61条）したとしても、著作者人格権はＡに残る。人格権は一般的に一身専属的であって、その本人にしか帰属しないという性質の権利であるから、譲渡ができないとされている（著作59条）。そこで、**後記 Ⅶ** で解説するとおり、実務上は、上記の例では、Ａは著作者人格権を行使しないとの特約（不行使特約）を別途結ぶということが行われている。

著作権（著作財産権）と著作者人格権についてもう少し解説しておく。併せて、著作者、著作権者という概念についても説明しておく。

ＡがＢに著作権（著作財産権）を譲渡する前の状態では、著作者も著作権者（著作財産権を持つ者）もＡであり、著作者と著作権者は一致している。これに対して、ＡがＢに著作権（著作財産権）を譲渡した場合、著作者はＡのままであるが、著作権者（著作財産権を持つ者）はＢとなる。このように、著作権が譲渡された場合は、著作者と著作権者は別の者になる。

336　　第５編　著作権法による表現の保護

著作権（著作財産権）、著作者人格権、著作者、著作権者という概念について
まずは上記のような概要を理解しておくことがポイントである。

著作権の本質は、排他権であると解されている[1]。著作権（著作財産権）や著
作者人格権を侵害した場合には、特許権等と同様、差止請求（著作112条）や損
害賠償請求（民709条）が可能である。

2 無方式主義、相対的権利

著作権は、創作行為により当然に発生し、著作者に帰属する。権利の発生の
ために登録等の手続は不要である（無方式主義）。また、著作権は相対的権利で
あって、既存の著作物に依拠しないで、偶然に独自に同じ著作物を創作した場
合には、著作権侵害を構成しない。特許権等の場合、権利の発生に登録が必要
であり、権利の内容が公開されるから、事前に調査も可能であり、絶対的権利
として構成しても支障がないといえる。これに対して、無方式で発生する著作
権については、権利の内容が公開されるわけではなく、自らの与り知らないと
ころで同じ著作物が存在している可能性があるから、絶対的権利として構成す
ることは不都合である。なお、相対的権利と言っても、事実認定の問題とし
て、有名な著作物について、その存在を知らずに独自に創作したと言ってもそ
の主張は認められるかは別問題である（**後記 Ⅲ 2** で解説する）。

以上のとおり、著作権は、無方式で発生し、相対的権利であるという点で特
許権等と異なる。他方、**第4編** **第2章 Ⅰ** で前述した、商品形態模倣（不正競争
2条1項3号）と同様である。

コラム **方式主義と©マーク**

著作権表示として、©マークが活用されているが、日本法上は、
著作権表示をすることは著作権の保護の要件となっていない。

加盟国の国民の著作物を無方式で各国で保護するのが文学的及び美
術的著作物の保護に関するベルヌ条約（以下、ベルヌ条約）の原則であ
る。ベルヌ条約の加盟国は181か国となっており、世界のほとんどの

---

1)　　中山・著作権302頁、高林・著作権9頁等。

国において無方式主義により、表示や登録なしで、著作権の保護が認められている。

　従前は、アメリカ等は、ベルヌ条約に加盟せず、著作権の保護について登録や©マークによる表示を要求していた（方式主義）。もっとも、アメリカも加盟国であった万国著作権条約により、加盟国の国民は、©マークによる表示を行っておけば、登録をせずとも著作権の保護が得られるものとされていた。

　このように、©マークによる表示は、ベルヌ条約に未加盟であり、万国著作権条約のみ加盟している国で著作権の保護を得るために必要なものであった。

　もっとも、アメリカも1989年にベルヌ条約に加盟して無方式主義に移行した[2]。近年では、ベルヌ条約に未加盟であり、万国著作権条約のみ加盟している国は、カンボジアのみであったが[3]、2021年12月にベルヌ条約への加盟を果たしている（2022年3月9日発効）[4]。公益社団法人著作権情報センター（CRIC）が公表している著作権関係条約締結状況一覧[5]によれば、2023年12月31日時点で、ベルヌ条約に未加盟であり、万国著作権条約のみ加盟している国はなく、世界的にみても、著作権表示をしないと著作権として保護されないということはなくなっているように思われる。

　以上のとおり、©マークによる表示の法的な意義は従前に比べると非常に小さくなっているが、著作権者を示すための表示として依然

---

2)　　なお、現行法上も、アメリカにおいては、©マーク・著作権者の名前・発行年（省略可の場合あり）を表示していた場合には、損害賠償額の減額に使われる善意の侵害者の抗弁を受けなくなるというメリットがある（アメリカ著作権法401（d）、402（d）、504（c）（2））。また、発行後5年以内に著作権登録を行うと著作権の有効性についての法律上の推定を受けることができるというメリットがある（アメリカ著作権法410（c））。

3)　　文化庁長官官房著作権課「著作権テキスト〜初めて学ぶ人のために〜平成28年度」48頁。

4)　　WIPO"Cambodia Joins Berne Convention" https://www.wipo.int/about-wipo/en/dg_tang/news/2021/news_0069.html（2024.11.01）。

5)　　公益社団法人著作権情報センター「著作権関係条約締結状況（2023年12月末現在）」https://www.cric.or.jp/db/treaty/doc/marge.pdf（2024.11.01）。

として実務上広く用いられている。

II 著作権法の保護対象

1 著作物

【1】著作物

著作物とは、「思想又は感情を創作的に表現したものであつて、文芸、学術、美術又は音楽の範囲に属するもの」をいう（著作2条1項1号）。

【2】思想または感情を表現したもの

著作物は、まず、「思想又は感情を」「表現したもの」でなければならない。すなわち、思想または感情自体（アイディア自体）については、著作権の保護対象ではなく、あくまで、当該アイディアを表現したものだけが保護対象になる。したがって、抽象的にいえば、同じアイディアを同じ表現を用いて表現すれば、著作権侵害になるが、同じアイディアを異なる表現を用いて表現すれば、著作権侵害にはならないということになる[6]。他方、特許権や不正競争防止法上の営業秘密では、アイディア自体が保護されている。

また、「思想又は感情」ではなく、単なる事実（例えば、ニュースのうち、何月何日に誰が何をしたといった基本的事実関係部分）やデータ（富士山の高さ等）を「表現したもの」についても、著作権の保護の対象外である[7]。明文上も、事実の伝達にすぎない雑報および時事の報道は、著作物に該当しないものとされている（著作10条2項）。

【3】創作性

著作物の要件として、創作性が要求されている。

---

6) 大阪高判平成6年2月25日判時1500号180頁〔脳波数理解析論文事件〕。

7) 知財高判平成20年7月17日判時2011号137頁〔ライブドア裁判傍聴事件〕参照。

第1章 著作権法による著作権・著作者人格権・著作隣接権の保護　　339

もっとも、創作性のレベルは高度なものではなく、何らかの個性が表出していればよいと解するのが判例・通説である[8]。芸術的価値の高いものである必要性はなく、例えば、小さな子どもが描いた落書きのようなものでも、何らかの個性が表出している以上、著作権の保護の対象となる[9]。

　このように、何らかの個性の表出が必要であるから、その者の新たな個性の表出がない単なる既存作品の模倣品・模写については創作性が否定される[10]。

　表現に選択の幅（余地）がないか極めて限られている場合、すなわち、そのアイディアを表現しようとするとその表現をせざるを得ないような場合には、創作性が否定される[11]。前記のとおり、著作権法は、アイディア自体は保護せず、アイディアを表現したもののみを保護するのであり、本来、アイディアと表現は区別できることが前提になっている（アイディア・表現二分論）。

　しかし、上記のように表現に「選択の幅」（余地）がないか極めて限られる場合は、アイディアと表現が区別できず混同しているといえ、表現を保護しようとすると結果的にアイディア自体を保護するのに等しい結果をもたらすことになることから保護が制限される[12]。この「選択の幅」という概念は、著作物性の判断にあたって重要な指標となる[13]。

---

8)　　　小泉104頁、島並ら・著作権27頁等参照。裁判例として、例えば、東京高判昭和62年2月19日判時1225号111頁〔当落予想表事件〕、東京高判平成14年10月29日裁判所ウェブサイト（平成14年（ネ）2887号）〔ホテルジャンキース事件〕等参照。

9)　　　なお、応用美術の問題についての例外的な取扱いについては、後記 **Ⅳ 5【2】** を参照。

10)　　　知財高判平成18年9月26日裁判所ウェブサイト（平成18年（ネ）10037号、10050号）〔浮世絵模写事件〕参照。なお、二次的著作物については、後記 **Ⅴ 1** 以下を参照。

11)　　　小泉104頁。なお、創作性を否定しない処理について、後記 **Ⅲ 2 コラム** を参照。

12)　　　学説上、アメリカ法にならい、マージ理論（merger doctorine）と呼ばれる（高林・著作権22頁、作花217頁等）。

13)　　　上記は、表現の選択の幅を保護範囲（著作物かアイディアか）の調整に考慮するものであり、田村善之「著作権の保護範囲に関し著作物の『本質的な特徴の直接感得性』基準に独自の意義を認めた裁判例（2・完）―釣りゲータウン2事件―」知的財産法政策学研究42号91～92頁注59、上野達弘「創作性」高林龍＝三村量一＝竹中俊子編集代表『現代知的財産法講座Ⅰ知的財産法の理論的探究』（日本評論社、2012）198～208頁、同「著作物性（1）総論」法教319号164～169頁と同様の理解に立つものである。

例えば、「城とは人によって住居、軍事、政治目的をもって選ばれた一区画の土地と、そこに設けられた防御的構造物」を意味するという「城」の定義について、同じ見解に立つ限り、同一または類似の文言を採用して記述するほかはないものとして、創作性が否定された例[14]がある。他にも、例えば、**後記** **Ⅳ** **7**で解説する設計図等についても、決められた作図法に従って正確に表現せざるを得ない場合が多く、表現の選択の幅（余地）があるのかという点が議論されている。また、ありふれた表現については創作性が否定される。例えば、ラストメッセージin 最終号事件[15]では、雑誌の休刊時の挨拶文を集めた書籍に掲載された各挨拶文のうち、短い文で構成され、その内容も休廃刊の告知に加え、読者に対する感謝、再発行予定の表明あるいは、同社の関連雑誌を引き続き愛読してほしい旨の要望にすぎず、日頃よく用いられる表現、ありふれた言い回しにとどまっているものについては創作性を否定する一方で、挨拶文のうち、執筆者の個性がそれなりに反映された表現として大なり小なり創作性を備えているものについては創作性を肯定した事例がある。

　著作物の例については、**後記** **Ⅳ** 以下で詳述する。

AIとメタバースについてのコラム　AI生成物の著作物性

　生成AIが生成した生成物（以下「AI生成物」という）がテキストや画像、動画など、さまざまなジャンルで普及しており、そのようなAI生成物がコンテンツ業界においても一般的に使用されるようになっている。AI生成物には、既存の創作物と似たものについて、いかなる場合に既存の著作物の著作権を侵害したと評価されるかが大きな問題となるが、他方で、生成したAI生成物に著作権法上の保護が認められるか（=AI生成物に著作物性が認められるか）も重大な問題となる。

　　他方で、中山・著作権72頁、横山久芳「編集著作物概念の現代的意義」著作権研究30号158〜161頁は、創作性を、個性の表出ではなく、表現の選択の幅であるとする。上野教授は、これらの見解を「競争法的選択の幅論」と定義する一方、自説を「創作法的選択の幅論」と定義し、両説を区別している。

14)　　東京地判平成6年4月25日判時1509号130頁〔日本の城の基礎知識事件〕。

15)　　東京地判平成7年12月18日判時1567号126頁〔ラストメッセージin 最終号事件〕。

第1章　著作権法による著作権・著作者人格権・著作隣接権の保護　　341

AI生成物については、少なくとも現状は人間が著作者であると考えられており（後記 **Ⅵ** **1** **AIとメタバースについてのコラム** 参照）、AI生成物に関する創作性の考え方は、カメラを使って写真を撮影する場合や、コンピュータを用いて文書を作成した場合と同様に、ユーザが思想感情を創作的に表現するための「道具」として生成AIを用いた結果、AI生成物がユーザの「思想又は感情を創作的に表現したもの」と評価することができるのであれば、当該AI生成物には著作物性が認められることになる[16]。

　文化審議会著作権分科会法制度小委員会が2024年3月に公表した「AIと著作権に関する考え方について」39頁（後記 **Ⅹ** **5** **AIとメタ** **バースについてのコラム** 参照）では、「生成AIに対する指示が表現に至らないアイデアにとどまるような場合」には著作物性は認められないとされており、ユーザの寄与が簡単な指示を行うことにとどまるような場合には著作物性は認められないと考えられる[17]。また、「AI生成物の著作物性は、個々のAI生成物について個別具体的な事例に応じて判断されるものであり、単なる労力にとどまらず、創作的寄与があるといえるものがどの程度積み重なっているか等を総合的に考慮して判断される」とされ、以下の①～③の要素が考慮要素として挙げられている（以下は「考え方」40頁からの引用である）。

①指示・入力（プロンプト等）の分量・内容

　AI生成物を生成するにあたって、創作的表現といえるものを具体的に示す詳細な指示は、創作的寄与があると評価される可能性を高めると考えられる。他方で、長大な指示であったとしても、創作的表現

---

16)　　なお、AI生成物の著作物性については、「思想または感情を表現したもの」に当たるかを問題する論者（例えば、島並ら19～20頁）と、創作性の問題とする論者（例えば、上野達弘「人工知能と機械学習をめぐる著作権法上の課題―日本とヨーロッパにおける近時の動向」法律時報91巻8号34頁）がみられるが、整理の問題であって、著作物性の有無を判断するうえで検討すべき事情に大きな差異はないものと考えられる。

17)　　知的財産戦略本部 検証・評価・企画委員会 新たな情報財検討委員会「新たな情報財検討委員会報告書―データ・人工知能（AI）の利活用促進による産業競争力強化の基盤となる知財システムの構築に向けて―」（平成29年3月）36頁。

342　　第5編　著作権法による表現の保護

に至らないアイディアを示すにとどまる指示は、創作的寄与の判断に影響しないと考えられる。

②生成の試行回数

試行回数が多いこと自体は、創作的寄与の判断に影響しないと考えられる。他方で、①と組み合わせた試行、すなわち生成物を確認し指示・入力を修正しつつ試行を繰り返すといった場合には、著作物性が認められることも考えられる。

③複数の生成物からの選択

単なる選択行為自体は創作的寄与の判断に影響しないと考えられる。他方で、通常創作性があると考えられる行為であっても、その要素として選択行為があるものもあることから、そうした行為との関係についても考慮する必要がある。

AI生成物の著作物性については、まだ明確ではない点が多いものの、一般的に生成AIに対して行われるプロンプトの入力は、「生成AIに対する指示が表現に至らないアイデアにとどまるような場合」に当たると思われ、一般的な生成AIの利用によるAI生成物について、著作物性が認められる場合は限定的であると思われる。なお、海外では裁判所や行政機関がAI生成物の著作物性について一定の見解を示した例も散見されるようになってきており、日本国内においても今後の議論の動向に注視が必要である。

実務的には、AI生成物の著作物性の検討のほかに、使用した生成AIの利用規約上、AI生成物に関する権利の帰属がサービス提供者とユーザのどちらにあるのかといった点や、AI生成物の商用利用が認められているかといった点も重要な確認事項となる。生成AIの利用規約については高頻度で改訂が行われているものも多く、留意されたい。

【4】文芸、学術、美術または音楽の範囲に属するもの

「文芸、学術、美術又は音楽の範囲に属するもの」という要件もあるが、知

的・文化的精神活動の所産全般を指すと広く解されている[18]ので、通常は、逐一どの範囲に入るかについて厳密な検討はされず、問題になることはない要件である。ただし、この要件に関して実務上問題になる重要な論点として、**後記 IV 5【2】**で後述する応用美術の問題がある。

> **コラム** 現代アートと著作権
>
> 　近年、地方自治体や商業施設が催すアートイベント等において、いわゆる現代アート作品と称されるものが展示されることが増えている。
>
> 　いわゆる現代アートは、従来の芸術と異なり、アイディアや作品の意義（コンセプト）、文脈（コンテクスト）が作品の重要な要素であるとされている。例えば、Marcel Duchamp の "Fountain"（1917）は、既製品を美術品として発表するという、当時の美術品概念を覆す発想（アイディア）を提供したことで、物理的には単なる男性用小便器が美術館に置かれただけであるにもかかわらず芸術として評価を確立させている。"Fountain" に代表される「レディ・メイド」（既製品に新たなコンテクストを与えてアートとして提示するもの）と呼ばれる作品群のほかにも、現代アートにはさまざまな類型が存在し、その中には物理的な作品単独で成立せず、観覧者のインタラクティブな参加によって作品が成立するものもある。
>
> 　これらのように、現代アートにおける「表現」の核心は、アイディアやコンセプト等にある一方で、著作権は、外形的な表現を客体とする権利であって、両者の間にはミスマッチが生じている。このミスマッチをどのように考えるかは、著作権法の先端的なテーマの一つとなっている[19]。

---

18)　東京高判昭和62年2月19日判時1225号111頁〔当落予想表事件〕。

19)　考え方として、現代アートに関してはアイディアと表現の境界線をずらすことで適切な保護を図るべきとする説（上野達弘＝前田哲男『〈ケース研修〉著作物の類似性判断—ビジュアルアート編』（勁草書房、2021）160頁〔前田発言〕）、著作権法とは別の立法により、現代アートのアイディア部分を短期間保護すべきとする説（同160頁〔上野発言〕）、現代アートと著作権法に齟齬が存在するからといって、即、齟齬を解消しなければならないということを意味するのではなく、文脈に意味合いがあるタイプの

344　第5編　著作権法による表現の保護

現代アートに関する日本の裁判例では、電話ボックス様の水槽の内部に金魚を泳がせるというアート作品について、複製権侵害等が問題となった金魚電話ボックス事件[20]がある。問題となった作品は、日本で一般的にみられる公衆電話ボックス様の水槽、その内部に設置された電話機様の造作と棚、水槽を満たす水、その中に泳ぐ多数の金魚により構成されており、受話器がハンガー部から外れて水中に浮いた状態で固定され、その受話部から気泡が発生しているものであった（後記［図表1］を参照）。第一審の奈良地裁は、電話ボックス様の造形物を水槽に仕立てて内部に金魚を泳がせていることや、電話機の受話器部分を利用して気泡を出す仕組みであることはアイディアにすぎず創作性が認められないと判断し、複製権侵害等の成立を否定した。これに対して控訴審である大阪高裁では、「人が使用していない公衆電話機の受話器はハンガー部に掛かっているものであり、それが水中に浮いた状態で固定されていること自体、非日常的な情景を表現しているといえるし、受話器の受話部から気泡が発生することも本来あり得ないことである。そして、受話器がハンガー部から外れ、水中に浮いた状態で、受話部から気泡が発生していることから、電話を掛け、電話先との間で、通話をしている状態がイメージされており、鑑賞者に強い印象を与える表現である。したがって、この表現には、控訴人の個性が発揮されている」などとして、原告作品の著作物性を肯定し、結論としても著作権侵害を認めた（上告不受理のため確定）。第一審と控訴審の判断が正反対に分かれていることからも、現代アートの著作権

現代アートは、著作物という複製に馴染みやすい固定的な客体を前提としないため、複製に対して権利を与えるというインセンティブ構造を必要とせず、文脈の創作性を理由に著作権を与える必要はないが、他方で、文脈に意味合いを認める現代美術の創作活動が委縮することを避けるため、文脈が異なることを理由に著作権侵害が否定される余地を残しておくべきであるとする説（田村善之「現代美術と著作権法」現代民事判例研究会編『民事判例III—2011年前期』（日本評論社、2011）110〜112頁）等がある。

20)　奈良地判令和元年7月11日判時2522号132頁〔金魚電話ボックス事件（第一審）〕、大阪高判令和3年1月14日判時2522号119頁〔同事件（控訴審）〕、最決令和3年8月25日令和3（受）第691号〔同事件（上告審）〕。

法上の位置づけの難しさを示す裁判例である。

[図表1] 金魚電話ボックス事件[21]

【原告作品】

【被告作品】

2 保護を受ける著作物

　著作権法は、著作権法による保護を受ける著作物を、①日本国民（日本の法令に基づいて設立された法人および国内に主たる事務所を有する法人を含む）の著作物、②最初に国内において発行された著作物（最初に国外において発行されたが、その発行の日から30日以内に国内において発行されたものを含む）、③条約により我が国が保護の義務を負う著作物と定めている（著作6条各号）。

　③については、ベルヌ条約の加盟国（181か国）の国民の著作物について保護の義務がある[22]ため、その対象範囲は広い。

---

21) 　　奈良地判令和元年7月11日判時2522号132頁〔金魚電話ボックス事件（第一審）〕（画像の出所：いずれも同判決別紙）
22) 　　なお、北朝鮮は、ベルヌ条約加盟国であるが、日本が国家として承認していないため、北朝鮮国民の著作物は保護されない（最判平成23年12月8日民集65巻9号3275頁〔北朝鮮映画事件〕）。

❸ 権利の目的とならない著作物

　著作権法13条は、①憲法その他の法令、②国もしくは地方公共団体の機関、独立行政法人または地方独立行政法人が発する告示、訓令、通達その他これらに類するもの、③裁判所の判決、決定、命令および審判ならびに行政庁の裁決および決定で裁判に準ずる手続により行われるもの、④上記①～③に掲げるものの翻訳物および編集物で、国もしくは地方公共団体の機関、独立行政法人または地方独立行政法人が作成するものについては、著作権の保護が及ばないものとしている。これらについても、本来であれば、著作物性は認められる場合があるはずであるが、性質上、広くその利用を図るべきものであるから、著作権の保護が及ばないとしている。

Ⅲ　著作権（著作財産権）の内容

❶ 総　論

　前記　Ⅰ　❶で述べたとおり、著作権（著作財産権）は支分権の集合体である。そこで、各支分権の内容について説明しておく。
　なお、著作権法上は、支分権が及ぶ対象となる行為を「利用」と呼び（例えば、著作32条）、支分権が及ばずに自由に行える行為を「使用」と呼んで（例えば、著作113条5項）区別しているとされる[23]。

❷ 複製権

　著作者は、その著作物を複製する権利を専有する（複製権。著作21条）。
　「複製」とは、「印刷、写真、複写、録音、録画その他の方法により有形的に再製することをい」うものとされている[24]（著作2条1項15号）。平たくいえば、他人に自分の著作物をコピーされることを禁止する権利である。あくまで、有

---

23)　　　岡村153頁。ただし、同154頁は、区別が厳密なものではないとする。

24)　　　なお、脚本その他これに類する演劇用の著作物および建築の著作物の「複製」概念について、著作権法2条1項15号のイ、ロに規定がある。それぞれ、後記　Ⅳ　❷および❻を参照。

第1章　著作権法による著作権・著作者人格権・著作隣接権の保護　　347

形的再製に限られており、口述や上演等の無形的再製については、別の支分権で定められている。

　古い最高裁判例であるワンレイニー・ナイト・イン・トーキョー事件[25]では、「複製」とは、①既存の著作物に依拠し、かつ、②その内容および形式を覚知されるに足りるものを再製する行為を指すとされている。

　①の依拠性の要件は、**前記　Ⅰ　2**で述べたとおり、著作権は相対的権利であるため、偶然に独自の著作物を生み出した場合には侵害にならないことに基づくものである。依拠性は、単に既存の著作物の存在を知らなかったと言えば免れるわけではなく、争いになった場合には、間接事実から認定されることになる。具体的には、例えば、被告が原告の著作物の制作等に関与したり、原告の著作物を受領していたこと、被告が原告の著作物にアクセスする機会があったこと、誤記やダミーデータ等までそのままである等原告の著作物を利用しないで作成されたとはおよそ考えられない程類似性が高いような場合には、依拠性が推認されるとされる[26]。

　また、②のとおり、その内容および形式を覚知されるに足りるものを（有形的に）再製すればよいので、「複製」は、完全にそのままコピーする場合（デッドコピー）に限られないのが原則である。もっとも、**後記 コラム**で解説するとおり例外がある。また、「複製」の概念についての考え方（「翻案」との関係）については、**後記8 コラム**でも併せて解説する。

コラム デッドコピー等に限って著作権侵害を認める場合（thin copyright）

　例えば、複製権（著作21条）侵害の判断基準は、**後記8 コラム**で後述するように既存の著作物の表現上の特徴が直接感得できるかにより判断されることになり、著作権侵害が成立するのは、完全そのままのコピー（デッドコピー）に限られない。

　もっとも、裁判例上、著作権侵害の成立範囲が、デッドコピーか

---

25)　最判昭和53年9月7日民集32巻6号1145頁〔ワンレイニー・ナイト・イン・トーキョー事件〕。有形性が要求されていなかった旧法下の判断であるため、現行法においては、「有形的に再製」と理解すべきである（中山・著作権313頁）。

26)　牧野＝飯村ら編・理論と実務〔三好豊〕189～190頁参照。

348　第5編　著作権法による表現の保護

デッドコピーと同程度のものに限られている場合がある。「選択の幅」
（余地）が少ない著作物の場合について、創作性を否定して著作権の
保護を完全に否定してしまうのではなく、創作性を認めて著作物とし
ては保護するものの、デッドコピーかデッドコピーと同程度のものに
侵害成立範囲を限定するという場合である。学術上は、このような法
理のことを、アメリカ法の概念にならい、保護の薄い著作権（thin
copyright）と呼ぶことがある[27]。

　また、前記のように創作性を認めて著作物としては保護しつつ、侵
害成立範囲を狭めるという手法ではなく、創作性を否定して著作物と
しての保護は否定したうえで、**第1章** **XI** で紹介するような特段の
事情によるデッドコピーによる一般不法行為（著作権侵害ではない）の
成立を認める場合もあるが、一般不法行為については、一般的に要件
充足のハードルが高いことになる。

AIとメタバースについてのコラム　生成AIによる生成と依拠性

　上記のとおり、依拠性は、単に類似する既存の著作物の存在を知ら
なかったと言えば免れるわけではなく、当該著作物へのアクセスの機
会の有無などの事情を考慮して判断される。

　生成AIによるAI生成物の生成の著作権（複製権等）侵害が問題と
なった場合、ユーザが侵害主体であるとすると（侵害主体については**後
記** **XI** **3**【1】**AIとメタバースについてのコラム** 参照）、依拠性をどのよう
に判断するかが問題となる。

　まず、AI利用者が既存の著作物を認識していたと認められる場合
には依拠性を認めることに問題はない。また、AI利用者が既存の著
作物を認識しておらず、かつ、AI学習用データに当該著作物が含ま
れない場合には依拠性を否定することにも問題がない。

　最大の問題は、AI利用者が既存の著作物を認識していなかったが、
AI学習用データに当該著作物が含まれる場合である。たとえAIの学

---

27)　　作花218頁。

第1章　著作権法による著作権・著作者人格権・著作隣接権の保護　　349

習用データセットに問題となる既存の著作物が含まれていたとしても、ユーザは利用する生成AIの学習段階に関与していないため、学習段階でどのような著作物が学習に用いられているかを通常認識していないことになり、このような場合に依拠性を認めてよいのかが問題となる[28]。

　この点は、AIによる学習の技術的な議論と相まって、いくつかの考え方が提起されているが[29]、「考え方」34頁は、「AI利用者が既存の著作物（その表現内容）を認識していなかったが、当該生成AIの開発・学習段階で当該著作物を学習していた場合については、客観的に当該著作物へのアクセスがあったと認められることから、当該生成AIを利用し、当該著作物に類似した生成物が生成された場合は、通常、依拠性があったと推認され、AI利用者による著作権侵害になりうると考えられる」としており、生成AIの開発・学習段階で既存の著作物を学習していた場合には原則として依拠性を認める考え方がとられている[30]。もっとも、生成AIの生成行為に関する依拠性については、現時点で具体的な裁判例がなく、今後の裁判例の集積を待つ必要がある。

---

28)　ユーザが学習用データセットに問題となる既存の著作物が含まれていることを認識していた場合に依拠性が認められることには争いはない。また、学習用データセットに問題となる既存の著作物が含まれておらず、ユーザも学習用データセットの内容について認識がないような場合に、たまたま既存の著作物に類似するAI生成物が生成されたとしても、依拠性は認められないことも争いはない。

29)　詳細は奥邨弘司「依拠・類似」上野達弘＝奥邨弘司『AIと著作権』（勁草書房、2024）108〜127頁参照。

30)　「考え方」34頁は、生成AIについて、「開発・学習段階において学習に用いられた著作物の創作的表現が、生成・利用段階において生成されることはないといえるような状態が技術的に担保されているといえる場合」等の「当該生成AIにおいて、学習に用いられた著作物の創作的表現が、生成・利用段階において出力される状態となっていないと法的に評価できる場合」には、ユーザにおいて当該評価を基礎づける事情を主張することにより、依拠性がないと判断される場合はあり得るとされている。「開発・学習段階において学習に用いられた著作物の創作的表現が、生成・利用段階において生成されることはないといえるような状態が技術的に担保されているといえる場合」の具体例としては、「学習に用いられた著作物と創作的表現が共通した生成物が出力されないよう出力段階においてフィルタリングを行う措置がとられている場合や、当該生成AIの全体の仕組み等に基づき、学習に用いられた著作物の創作的表現が生成・利用段階において生成されないことが合理的に説明可能な場合」などが想定されるとしている。

❸上演権・演奏権・口述権

著作者は、その著作物を、公衆に直接見せまたは聞かせることを目的として（「公に」）上演し、または演奏する権利を専有する（上演権および演奏権。著作22条）。著作者は、その言語の著作物（**後記 Ⅳ ❷**参照。典型例は小説、脚本、論文等）を公に口述する権利を専有する（口述権。著作24条）。いずれも、無形的利用の一態様である。

「演奏」には、楽器での演奏のみならず、歌唱が含まれ、「上演」は、演奏以外の方法により著作物を演ずることをいう（著作2条1項16号）。「口述」とは、朗読その他の方法により著作物を口頭で伝達すること[31]をいう（同条1項18号）。

「上演」の典型例は、演劇や舞踊等の舞台での上演、「演奏」の典型例は、ライブでの音楽の演奏等、「口述」の典型例は、朗読や講演等があるが、録音・録画されたものを再生すること等も含まれており、目の前でライブで行われることは要件ではない（同条7項）。

いずれも、公衆に直接見せまたは聞かせることを目的としているものに限られており、例えば、自宅で家族だけに見せるための目的である場合には「上演」や「演奏」や「口述」には当たらない。問題はどこから「公衆」に当たるのかであるが、（多数か少数かを問わず）不特定であるかまたは（特定であるか不特定であるかを問わず）多数の場合が含まれる（同条5項）のでその範囲は比較的広い。具体的判断は社会通念に基づきなされる。裁判例[32]では、例えば、入会金を払えば誰でも入れる社交ダンス教室で、ダンスの指導にあたって、音楽CDを再生したことについて、社会通念上、「公衆」に対するものと評価すべきとされた事例がある。

「上演」や「演奏」や「口述」に該当しても、**後記 Ⅹ ❿**で解説する営利を目的としない上演等に該当すれば、非侵害となる。また、演奏権等との関係で

---

31) 　ただし、「実演」に該当するものは除かれる（著作2条1項18号）。「実演」とは、「著作物を、演劇的に演じ、舞い、演奏し、歌い、口演し、朗詠し、又はその他の方法により演ずること（これらに類する行為で、著作物を演じないが芸能的な性質を有するものを含む。）」をいう（同条1項3号）。

32) 　名古屋地判平成15年2月7日判時1840号126頁〔社交ダンス教室事件（第一審）〕。なお、控訴審の名古屋高判平成16年3月4日判時1870号123頁〔社交ダンス事件（控訴審）〕も結論維持。

第1章　著作権法による著作権・著作者人格権・著作隣接権の保護　　351

問題になるいわゆる侵害主体論については、**後記 XI 3 【1】〔b〕**で解説する。

4 上映権

　著作者は、その著作物を公に上映する権利を専有する（上映権。著作22条の2）。上映とは、著作物を映写幕その他の物に映写することをいう（著作2条1項17号）。映画の上映が典型例であるが、これに限られず、例えば、プレゼンテーション時にプロジェクターに著作物を写す行為や建物にCG画像を映し出すプロジェクションマッピング等も該当する。

5 公衆送信権等

　著作者は、その著作物について、公衆送信を行う権利を専有する（公衆送信権。著作23条1項）。

　「公衆送信」とは、公衆によって直接受信されることを目的として無線通信または有線電気通信の送信を行うことをいう（著作2条1項7号の2）。具体的には、①「放送」、②「有線放送」、③「自動公衆送信」が含まれる。

　①「放送」[33]は、テレビやラジオが典型例であり、②「有線放送」[34]は、CATVや店舗等のBGM等で利用される有線音楽放送が典型例であり、③自動公衆送信[35]は、インターネットによる送信が典型例である。

　自動公衆送信には、送信可能化が含まれる（著作23条1項括弧書）。実際に自動公衆送信されていなくても、自動公衆送信し得る状態になっていればよく、インターネットにつながっているサーバに著作物をアップロードすれば、送信可能化に当たる（著作2条1項9号の5イ）[36]。

　公衆送信権の関係で、問題になるいわゆる侵害主体論（カラオケ法理）につ

---

[33]　「公衆送信のうち、公衆によつて同一の内容の送信が同時に受信されることを目的として行う無線通信の送信をいう」（著作2条1項8号）。

[34]　「公衆送信のうち、公衆によつて同一の内容の送信が同時に受信されることを目的として行う有線電気通信の送信をいう」（著作2条1項9号の2）。

[35]　「公衆送信のうち、公衆からの求めに応じ自動的に行うもの（放送又は有線放送に該当するものを除く。）をいう」（著作2条1項9号の4）。

[36]　著作物がアップロードされているスタンドアローンのサーバをインターネットに接続する行為も送信可能化に当たる（著作2条1項9号の5ロ）。

いては、**後記 XI 3**【1】〔b〕以下で解説する。

　著作者は、公衆送信されるその著作物を受信装置を用いて公に伝達する権利を専有する（公衆伝達権。著作23条2項）。典型例は、例えば、放送中のテレビ番組を大型スクリーンで公衆に視聴されるような行為である。この点について重要な著作権法38条3項の例外については、**後記 X 10**で解説する。

6 展示権

　著作者は、その美術の著作物またはまだ発行されていない写真の著作物をこれらの原作品により公に展示する権利を専有する（展示権。著作25条）。

　対象は、絵画や彫刻等が典型例である美術の著作物（**後記 IV 5**参照）または未発行の写真の著作物[37]（**後記 IV 9**参照）に限定されている。また、行為態様は、原作品による展示に限られており、複製物による展示については展示権は及ばない[38]。

　権利制限規定（著作45条）については、**後記 X 14**【1】で解説する。

7 頒布権・譲渡権・貸与権

　著作者は、その映画の著作物をその複製物により頒布する権利を専有する（頒布権。著作26条1項）。

　「頒布」とは、有償であるかまたは無償であるかを問わず、複製物を公衆に譲渡し、または貸与することをいう（著作2条1項19号）。

　頒布権は、映画の著作物（**後記 IV 8**で解説）に限り適用され、それ以外の著作物については、譲渡権と貸与権が与えられている。

　著作者は、その著作物（映画の著作物を除く）をその原作品または複製物の譲渡により公衆に提供する権利を専有し（譲渡権。著作26条の2第1項）、その複製物の貸与により公衆に提供する権利を専有する（貸与権。著作26条の3）。

　このように不思議な規定振りになっているのは、元々著作権法には、映画の

---

37)　　写真の場合、どれが原作品か判別困難なので、未発行という限定が入れられている（加戸202頁）。

38)　　もっとも、複製行為自体に複製権は及ぶし、後述の譲渡権や貸与権等も及ぶ。

第1章　著作権法による著作権・著作者人格権・著作隣接権の保護　　353

著作物についての頒布権だけが存在しており[39)]、その後の改正により、他の著作物について、貸与権および譲渡権が付与されたからである。

譲渡権については、明文で消尽（商標権については **第2編** 第2章 **Ⅷ** **3**、特許権については **第3編** 第2章 **Ⅷ** **2**【1】で前述したとおり、一度適法に譲渡された後は知的財産権が及ばないとの法理）を認める規定が置かれている（著作26条の2第2項）。これに対して、頒布権については、明文規定がないことから、消尽が認められるのかについて、中古ゲームソフトの販売をめぐって争われてきた歴史がある。**後記 コラム** で解説する。

コラム 頒布権の消尽

> 上記のとおり、映画の著作物の頒布権（著作26条1項）については、国内消尽について明文規定がない。映画の著作物の具体例としては、**後記 Ⅳ 8**でも解説するとおり、①「配給制度という取引実態のある」劇場用映画の著作物、②家庭用テレビゲームソフト、③家庭用ビデオソフト、DVDがある。
>
> このうち、①については、最高裁[40)]が、傍論ながら、配給制度という取引実態を重視して、国内消尽しないと解されてきたとした。
>
> ②については、上記最高裁は、国内消尽を肯定しており、中古ゲームソフトの販売には頒布権が及ばないことが明確になった。
>
> ③のうち、(i)元々、劇場用映画としての公開が予定されていなかったコンテンツについての家庭用のビデオソフト・DVD等については、②と同様に考えて頒布権が及ばないと考えるのが自然である[41)]。これに対して、(ii)元々劇場用映画として公開された映画の家庭用のビデオソフト・DVD等についてはどうか。この点、劇場用映画の家庭用ビデオの国際消尽（国際消尽については、**第7編** 第3章参照）について判断

---

39) 　特に、劇場用映画については多額のコストがかかっており、その保護の必要性が高いと考えられていたためである。

40) 　最判平成14年4月25日民集56巻4号808頁〔中古ゲームソフト事件〕。

41) 　作花776頁等参照。裁判例として、東京地判平成14年1月31日判時1791号142頁〔中古ビデオソフト事件〕参照。

354　　第5編　著作権法による表現の保護

した裁判例[42]では、国際消尽が否定され、頒布権は及ぶとされた。もっとも、同判決は、上記最高裁より前の裁判例であり、改めて検討される必要があるとの指摘もある[43]。

8 翻案権等

著作者は、その著作物を①翻訳し、②編曲し、もしくは③変形し、または④脚色し、映画化し、その他翻案する権利を専有する（著作27条）。

それぞれ、①翻訳権、②編曲権、③変形権、④翻案権という四つの支分権がある[44]と理解しておけば良い。共通なのは、既存の著作物をベースにして、新しい著作物（二次的著作物。著作2条1項11号）を創作する行為について定めているという点である。二次的著作物については、二次的著作物の利用に関する原著作者の権利（著作28条）を含めて、後記 **V** **1** で解説する。

①の翻訳は、日本語の小説の英訳等が典型例であり、②の編曲は元楽曲をベースにしてその特徴を残しつつ、別の曲を作ることを指す。これらは分かりやすい。

③の変形は、イメージが湧きづらいかもしれないが、例えば、絵を彫刻にしたり、写真を絵にしたりするなど、表現形式を変える場合のことを指すとされる[45]。

④の翻案については、条文上は、「脚色」と「映画化」が翻案の例として挙げられているが「翻案」の対象範囲はこれに限られるものではなく、さまざまなものをカバーしている。

「翻案」の判断基準について、最高裁は、江差追分事件[46]において、「翻案」とは、①既存の著作物に依拠し、かつ、②その表現上の本質的な特徴の同一性

---

42)　東京地判平成6年7月1日知的裁集26巻2号510頁〔101匹ワンチャン事件〕。

43)　作花776〜777頁は、「未だ劇場上映中の地域との関係では、映画配給制度の観点から頒布権を行使すべき実質的理由があるものと思われる」としつつ、上記最高裁判決を受けて、この101匹ワンチャン事件の「位置づけも変容し得る」と指摘する。

44)　島並ら・著作権171頁。

45)　加戸50頁。

46)　最判平成13年6月28日民集55巻4号837頁〔江差追分事件〕。

第1章　著作権法による著作権・著作者人格権・著作隣接権の保護　355

を維持しつつ、具体的表現に修正、増減、変更等を加えて、新たに思想または感情を創作的に表現することにより、これに接する者が既存の著作物の表現上の本質的な特徴を直接感得することができる別の著作物を創作する行為をいうものとしている。

①については、**前記❷**の複製権のところで説明したとおりである。

②については、特に、ポイントになるのは、最後の「既存の著作物の表現上の本質的な特徴を直接感得することができる」かである。あくまで、「表現上の本質的な特徴」の直接感得性が問題となっているため、アイディアが同じでも別の表現となっていれば、「翻案」には当たらないし、当然「複製」にも当たらず、著作権侵害とならない。他方、既存の著作物の表現上の本質的な特徴を維持し、新しい著作物を生み出すには至っていないときは、複製権侵害となり、新しい著作物を生み出すに至っている場合には、翻案権侵害になる。

江差追分事件では、江差追分を題材にしたテレビ番組のナレーション(「本件ナレーション」)が、江差追分に関する書籍のプロローグ(「本件プロローグ」)の翻案権を侵害するかが問題となったが、以下の理由(下線は筆者らが付した)により、本件ナレーションのうち、本件プロローグと同一性を有する部分は、「表現それ自体ではない部分又は表現上の創作性がない部分であって、本件ナレーションの表現から本件プロローグの表現上の本質的な特徴を直接感得することはできない」として、翻案権侵害の成立が否定された[47]。

〔ⅰ〕「本件プロローグと本件ナレーションとは、江差町がかつてニシン漁で栄え、そのにぎわいが『江戸にもない』といわれた豊かな町であったこと、現在ではニシンが去ってその面影はないこと、江差町では9月に江差追分全国大会が開かれ、年に1度、かつてのにぎわいを取り戻し、町は一気に活気づくことを表現している点及びその表現の順序において共通し、同一性がある」。

〔ⅱ〕「江差町がかつてニシン漁で栄え、そのにぎわいが『江戸にもない』といわれた豊かな町であったこと、現在ではニシンが去ってその面影は

---

47)　翻案権侵害の判断手法のひとつである濾過テストについては、**後記 コラム** を参照。

356　　第5編　著作権法による表現の保護

ないことは、一般的知見に属し、江差町の紹介としてありふれた事実であって、表現それ自体ではない部分において同一性が認められるにすぎない」。

〔ⅲ〕「現在の江差町が最もにぎわうのが江差追分全国大会の時であるとすることが（中略）被上告人に特有の認識ないしアイディアであるとしても、その認識自体は著作権法上保護されるべき表現とはいえ」ない。

〔ⅳ〕「本件ナレーションの運び方は、本件プロローグの骨格を成す事項の記述順序と同一ではあるが、その記述順序自体は独創的なものとはいい難く、表現上の創作性が認められない部分において同一性を有するにすぎない」。

ここで、翻案権侵害の判断についてさらにイメージをつかんでもらうために、釣りゲーム（ゲームについては、**Ⅳ 8**でも説明する）の魚の引き寄せ画面（後記［図表2］を参照）の翻案権侵害の成否等が争点になった釣りゲーム事件を紹介しておく。

同事件は、第一審[48]と控訴審[49]で判断が分かれた事案である。

［図表2］釣りゲーム事件[50]

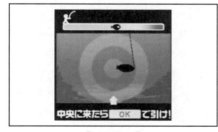

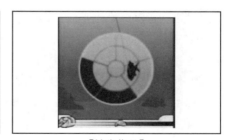

【原告作品】　　　　　　　　　【被告作品】

---

48) 東京地判平成24年2月23日裁判所ウェブサイト（平成21年（ワ）34012号）〔釣りゲーム事件（第一審）〕。
49) 知財高判平成24年8月8日判時2165号42頁〔釣りゲーム事件（控訴審）〕。
50) 東京地判平成24年2月23日裁判所ウェブサイト（平成21年（ワ）34012号）〔釣りゲーム事件（第一審）〕（画像の出所：いずれも同判決7頁）。

第一審判決は、携帯電話機用釣りゲームにおける魚の引き寄せ画面は、釣り針に掛かった魚をユーザが釣り糸を巻くなどの操作をして引き寄せる過程を、影像的に表現した部分であり、この画面の描き方については、①「水面より上や水面、水面下のうちどの部分を、どのような視点から描くか」、②「仮に、水面下のみを描くこととした場合、魚の姿や魚の背景をどのように描くか」、③「魚が釣り針に掛かった時から、魚が釣り上げられるまたは魚に逃げられるまでの間、魚にどのような動きをさせ、どのような場合に魚を引き寄せやすいようにするか（ユーザが釣り糸を巻くタイミングをどのように表現するか）」などの点において、さまざまな選択肢が考えられるとし、選択の幅が広いことを認めた。そのうえで、「被告作品の魚の引き寄せ画面は、原告作品の魚の引き寄せ画面との同一性を維持しながら、同心円の配色や、魚影が同心円上のどの位置にある時に魚を引き寄せやすくするかという点等に変更を加えて、新たに被告作品の製作者の思想または感情を創作的に表現したものであり、これに接する者が原告作品の魚の引き寄せ画面の表現上の本質的な特徴を直接感得することができるものと認められる」として、翻案権侵害を肯定した。

　これに対して、控訴審判決は、釣りゲームにおいて、「水中のみを描くことや、水中の画像に魚影、釣り糸及び岩陰を描くこと、水中の画像の配色が全体的に青色であること」は、「ありふれた表現」であり、「水中を真横から水平方向に描き、魚影が動き回る際にも背景の画像は静止している（中略）手法で水中の様子を描くこと自体は、アイディアというべきもの」であり、「三重の同心円を採用することは、従前の釣りゲームにはみられなかったものであるが、弓道、射撃及びダーツ等における同心円を釣りゲームに応用したものというべきものであって、釣りゲームに同心円を採用すること自体は、アイデアの範疇に属するものである」として、「原告作品および被告作品ともに、『三重の同心円』が表示されるといっても、具体的表現が異なることから、これに接する者の印象は必ずしも同一のものとはいえない」として、翻案権侵害を否定した。

コラム 「複製」と「翻案」の区別

　　前記❷で前述したとおり、「複製」はデッドコピーに限られないので、自ずと「翻案」との境界は、あいまいになる。

358　　第5編　著作権法による表現の保護

「複製」と「翻案」は、少なくとも、著作権侵害の成否という文脈では、両方主張したうえで、いずれかが認定されれば足りるので、厳密に区別する実益はないとされ[51]、同等の基準により判断するのが実務的である。

　翻案においては、「新たに思想又は感情を創作的に表現することにより」「別の著作物を創作する」という要素が入るが、複製も翻案も、既存の著作物に依拠し、かつ、その表現上の本質的な特徴の同一性を維持しつつ、これに接する者が既存の著作物の表現上の本質的な特徴を直接感得することができるものを作成する行為であるという点においては共通する。

　そこで、「複製」該当性の判断にあたっても、上記の既存の著作物の表現上の本質的な特徴の直接感得性を基準としておくほうが有益である[52]。

> **コラム　複製権・翻案権侵害の判断手法（2段階テストと濾過テスト）**
>
> 　複製権・翻案権侵害の判断手法には、2段階テストと濾過テストの二つがあるとされる[53]。
>
> 　2段階テストは、まず、原告作品の著作物性を認定し（第1段階）、その後に、被告作品に原告作品の創作的表現が複製または翻案されているかを認定する（第2段階）という手法である。
>
> 　これに対して、濾過テストとは、原告作品と被告作品の共通点をまずは拾い出し、これが思想または感情の創作的表現という創作性の要件を充足するかを判断するという手法である。
>
> 　江差追分事件では、濾過テストが採用されたとされ、濾過テストのほうが効率的であるので、基本的には濾過テストによれば良いとの指

---

51)　例えば、**後記第2章 Ⅱ** で解説するとおり、翻案権（著作27条）の譲渡には特掲が必要である等著作権侵害の成否以外では区別の実益もある。

52)　知財高判平成23年12月26日判時2139号87頁〔アクションおりがみ事件〕等参照。

53)　髙部・著作権260頁および髙林・著作権82〜83頁。

第1章　著作権法による著作権・著作者人格権・著作隣接権の保護　　359

摘[54] がある。

AIとメタバースについてのコラム　生成AIを利用した翻案？

　上記のとおり、翻案に当たるためには、当該AI生成物が既存の著作物に依拠し、その表現上の本質的な特徴の同一性を維持しつつ、「新たな思想又は感情の創作的表現」がなされているといえる必要があり、この「新たな思想又は感情の創作的表現」は人間によりなされる必要がある。したがって、元の著作物をベースとして、生成AIが自律的に生成を行って改変を行ったものについては、「新たな思想又は感情の創作的表現」を人間が行ったとは言えないため（前記 **II** **1** 【3】 AIとメタバースについてのコラム 参照）、翻案ではなく、複製になると解される。

　他方、例えば、既存の著作物をプロンプトに入力したうえ、修正、増減、変更等を加えることを指示し、それがアイディアの範疇を超えており、その指示によって追加された部分が、人間による「新たな思想又は感情の創作的表現」であると認められれば、翻案に当たることになる[55]。

IV　著作物の例

1 総　論

　著作権法10条1項は、「この法律にいう著作物を例示すると、おおむね次のとおりである」としている。あくまで「例示」であり、前記 **II** **1** の著作物性の要件を充足すれば以下のいずれかに当たらなくても、著作物性は認められる。

---

54)　　髙部・著作権260頁および高林・著作権82〜83頁。

55)　　以上について、齋藤浩貴＝上村哲史編著『生成AIと知財・個人情報Q&A』（商事法務、2024）92頁〔上村哲史＝栗原宏季執筆部分〕参照。

360　　第5編　著作権法による表現の保護

例示されているものは、①小説、脚本、論文、講演その他の言語の著作物、②音楽の著作物、③舞踊または無言劇の著作物、④絵画、版画、彫刻その他の美術の著作物、⑤建築の著作物、⑥地図または学術的な性質を有する図面、図表、模型その他の図形の著作物、⑦映画の著作物、⑧写真の著作物、⑨プログラムの著作物である（著作10条1項各号）。

　以下それぞれについて説明する。

2 言語の著作物（1号）

　小説、脚本、論文、講演その他の言語の著作物は、著作権法上の著作物として保護される。文書形式ではなく、口頭のものでもよいため、スピーチ・講演等も含まれる[56]。

　例えば、短歌、俳句のような短いものも、単に短いという理由で保護が否定されるわけではなく、著作物性の定義を充足する限り著作物として保護される[57]。もっとも、一般に、キャッチフレーズ、スローガン、見出し等については、表現の選択の幅が限られることが多いため、創作性が否定されたり、創作性が認められても侵害の成立範囲がデッドコピーと同等の場合に限られることが多い[58]。例えば、裁判例においては、新聞記事の見出しについて創作性が認められる余地を認めつつ、結論としては否定した事例（ただし、一般不法行為の成立を肯定している）[59]や交通標語について、創作性を認めつつ、侵害成立範囲をデッドコピーと同等の場合に限ったものがある[60]。

---

56)　　加戸127頁、中山・著作権97頁。

57)　　中山・著作権98頁。

58)　　加戸23〜24頁参照。

59)　　知財高判平成17年10月6日裁判所ウェブサイト（平成17年（ネ）10049号）〔読売オンライン事件〕では、例えば、「マナー知らず大学教授、マナー本海賊版作り販売」という見出しの創作性が否定された。もっとも、見出しを無断でデッドコピーして配信するライントピックサービスについて、**第1章 XI** で後述する一般不法行為の成立が認められている。

60)　　東京高判平成13年10月30日判時1773号127頁〔交通標語事件〕。原告スローガンが「ボク安心　ママの膝（ひざ）より　チャイルドシート」という交通標語であり、被告スローガンは、「ママの胸より　チャイルドシート」という交通標語であったという事例で、原告スローガンの著作物性は認めたが、侵害成立を否定した。この点の

前記 **Ⅲ** **3** で解説したとおり、口述権（著作24条）は言語の著作物に限って認められる。

脚本その他これに類する演劇用の著作物については、脚本自体をコピーすれば、当然に複製権侵害になるが、当該著作物の上演、放送または有線放送を録音し、または録画することについても、脚本その他これに類する演劇用の著作物の「複製」の概念に含まれるとされている（著作2条1項15号イ）[61]。

3 音楽の著作物（2号）

音楽の著作物とは、音により表現される著作物であり、楽曲のみならず楽曲と同時に利用される歌詞も含むとされる[62]。

音楽の著作物の編曲権侵害が争われた事件で有名なものとして、どこまでも行こう事件があり、第一審[63]では編曲権侵害が否定されたが、控訴審[64]では、被告楽曲「記念樹」は、新たな創作的な表現を含むものではあるが、旋律の相当部分は原告楽曲「どこまでも行こう」と実質的に同一といい得るものであるうえ、旋律全体の組立てに係る構成においても酷似しており、旋律の相違部分や和声その他の諸要素を総合的に検討しても、原告楽曲の表現上の本質的な特徴の同一性を維持しているものであって、被告楽曲に接する者が原告楽曲の表現上の本質的な特徴を直接感得することのできるものというべきであるとして、編曲権侵害が認められている。前記 **Ⅲ** **8** の翻案と同様の判断基準が使われている。

4 舞踏または無言劇の著作物（3号）

舞踏または無言劇（パントマイム）の著作物とは、身振りや動作により表現

理論的説明について、前記 **Ⅲ** **2** **コラム** を参照。

61) この規定が特殊なルールを定めた創設規定なのか、単なる確認規定なのかは、**後記** **6** の建築の著作物に関する規定と同様、争いがある（島並ら・著作権154〜155頁等参照）。

62) 加戸127頁。

63) 東京地判平成12年2月18日判時1709号92頁〔どこまでも行こう事件（第一審）〕。

64) 東京高判平成14年9月6日判時1794号3頁〔どこまでも行こう事件（控訴審）〕。

362　　第5編　著作権法による表現の保護

される著作物である[65]。社交ダンスの振り付けやモデルのポーズ等について問題となった事例がある[66]。

5 美術の著作物（4号）

【1】総　論

著作権法上は、「絵画、版画、彫刻」が「美術の著作物」の例として挙げられている（著作10条1項4号）。

前記 **III** **6** で前述したとおり、展示権（著作25条）は、美術の著作物と未発行の写真の著作物に限って認められている。

実務上は、応用美術、キャラクター、タイプフェイス等が美術の著作物をめぐる論点として論じられているので以下説明する。

【2】応用美術

美術の概念は、純粋美術（fine art）と応用美術（applied art）に分けられる。純粋美術とは、「絵画、版画、彫刻」等で実用性は有しないものであり、応用美術は実用性を有するものである。このように実用性を有する応用美術についての保護をどう考えるかがここでの問題である。

著作権法上、「美術の著作物」には、「美術工芸品を含む」ということが明文で定められている（著作2条2項）。ここで、美術工芸品とは、「壺・壁掛けなどの一品製作の手工的な美術作品」を指す[67]とされる。美術工芸品も応用美術の一種であるが、著作物として保護されることが明文で定められている。

争いがあるのは、美術工芸品（一品製作）ではない、量産品の応用美術についても「文芸、学術、美術又は音楽の範囲に属するもの」に当たり、著作物性が認められるかである。この点については、見解が対立しており、従来は、応

---

65)　　加戸128頁。
66)　　東京地判平成24年2月28日裁判所ウェブサイト（平成20年（ワ）9300号）〔Shall we ダンス？事件〕、東京地判平成25年7月19日判時2238号99頁〔ファッションショー事件〕。
67)　　加戸72頁。

第1章　著作権法による著作権・著作者人格権・著作隣接権の保護　　363

用美術が著作物として保護されるためには、純粋美術と「同視」し得ることを要するとする見解が主流であった（純粋美術同視説）[68]。このような見解に立つと、応用美術のうち、純粋美術と同視できないものは類型的にその保護が否定される。その背景には、こうした量産品の応用美術については、意匠法での保護が予定されており、意匠権の存続期間は設定登録から25年に限られるのに対して、著作権の保護期間は非常に長い（ IX で解説するとおり、自然人の場合、原則として、死後70年）ことや意匠権による保護が認められるためには、審査・登録を要するのに対して、著作権による保護が認められるためには、審査・登録を要しないことから著作権による保護を重ねて認めることには原則として慎重な姿勢があったといえる[69]。

過去の裁判例で、創作性を否定した事例として、例えば、ファービー人形、ニーチェア、木目化粧紙等があり[70]、肯定した事例に、博多人形や仏壇彫刻、チョコエッグのフィギュア等[71]がある[72]。

これに対して、知財高裁は、TRIPP TRAPP II 事件[73]で、応用美術につき、意匠法によって保護され得ることを根拠として、著作物としての認定を格別厳

---

68)　島並ら・著作権42〜44頁、中山・著作権214〜215頁。

69)　 第4編 第2章 I で前述したとおり、不正競争防止法上の商品形態模倣も3年に限られ、商品等表示としての保護も商品等表示性が認められ、著名性または周知性＋混同要件が認められるものに限られている。また一般不法行為も要件が厳格である。

70)　仙台高判平成14年7月9日判時1813号145頁〔ファービー人形事件〕、最判平成3年3月28日公刊物未登載（平成2年（オ）706号）〔ニーチェア事件〕、東京高判平成3年12月17日判時1418号120頁〔木目化粧紙事件〕。木目化粧紙事件は、 第4編 第2章 V のデッドコピーによる一般不法行為を認めた。

71)　長崎地佐世保支決昭和48年2月7日無体裁集5巻1号18頁〔博多人形事件〕、神戸地姫路支判昭和54年7月9日無体裁集11巻2号371頁〔仏壇彫刻事件〕、大阪高判平成17年7月28日判時1928号116頁〔チョコエッグ事件〕。

72)　当時の裁判例の傾向について、田村善之「応用美術の著作物性」高部ら編・知財法の未来495〜516頁に詳しい。

73)　知財高判平成27年4月14日判時2267号91頁〔TRIPP TRAPP II 事件〕。なお、TRIPP TRAPP の著作物性については複数の事件がある。本文で取り上げていないが、最初に東京地判平成22年11月18日裁判所ウェブサイト平成21年（ワ）第1193号〔TRIPP TRAPP事件〕があるため、本書では、知財高判平成27年4月14日判時2267号91頁をTRIPP TRAPP II事件と呼び、後述する、知財高判令和6年9月25日裁判所ウェブサイト令和5（ネ）10111号をTRIPP TRAPP III事件と呼ぶ。

364　　第5編　著作権法による表現の保護

格にすべき合理的理由は、見い出し難いとの判断を示したことが注目されている。応用美術の表現については、実用品でもあることから一定の機能的な制約が課されており、表現の選択の幅が限定されるため、通常、創作性が認められる余地が狭く、また、著作物性を認められても、その著作権保護の範囲は、比較的狭いものにとどまることが想定されるので、通常の著作物の創作性と同様の基準（何らかの個性の表出）で判断しても特段弊害はないはずであるとした（このような考え方は「美の一体性理論」などと呼ばれる）。

　TRIPP TRAPP II事件では、**後記［図表3］**の控訴人（原告）製品（幼児用の椅子）について、①「左右一対の部材A」の2本脚であり、かつ、「部材Aの内側」に形成された「溝に沿って部材G（座面）及び部材F（足置き台）」の両方を「はめ込んで固定し」ている点ならびに②「部材A」が、「部材B」前方の斜めに切断された端面でのみ結合されて直接床面に接している点および両部材が約66度の鋭い角度を成している点において著作物性が認められるとした。しかし、被控訴人（被告）製品は、いずれも4本脚であるから、上記①の点に関して、控訴人製品と相違することは明らかであるとして、侵害の成立を否定した[74]。

［図表3］ TRIPP TRAPP II事件[75]

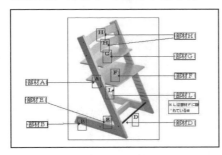

【控訴人製品】　　　　　　　　　　　【被控訴人製品】

---

[74] 　なお、不正競争防止法2条項1号の商品等表示性は認めたが、類似性を否定した。デッドコピーによる一般不法行為（**第4編 第2章 Ⅴ** 参照）についても成立を否定した。販売から3年を経過しているため、商品形態模倣については問題となっていない。

[75] 　知財高判平成27年4月14日判時2267号91頁〔TRIPP TRAPP II事件〕（画像の出所：いずれも同判決別紙）。

その後、上記のTRIPP TRAPP II事件と同一の基準を採用しつつ、加湿器[76]とゴルフクラブシャフト[77]についてそれぞれ著作物性を否定した事例があるが、その後の裁判例では同様の考え方は採用されず、少数派にとどまっている[78]。

　TRIPP TRAPP II事件の後、裁判例の主流派を構成したのは、TRIPP TRAPP II事件より前の判決であるファッションショー事件[79]が示した「実用目的に必要な構成と分離して、美的鑑賞の対象となる美的特性を備えている部分を把握できるものについては」当該部分について著作物性を認めるとの分離可能性に着目した基準（分離可能性説）[80]である。分離可能性説からは、物品や商品の形態の機能に基づく制約の下に創作がなされたものについては、その規律は意匠制度等に委ね、著作権法による保護は行われない一方で、そのような機能の制約とは無関係に創作がなされている場合には、著作権法の規律により必要に応じて保護を及ぼすことになる[81]。

　近時では、タコ型の滑り台（後記［図表4］を参照）について、分離可能性説を一般論として採用しながら、その著作物性を否定した裁判例が登場したものの[82]、当該裁判例の判断の当否については議論があるところである。

---

76)　知財高判平成28年11月30日判時2323号23頁〔加湿器事件〕。

77)　知財高判平成28年12月21日裁判所ウェブサイト（平成28年（ネ）10054号）〔ゴルフクラブシャフト事件〕。

78)　なお、知財高判平成26年8月28日判時2238号91頁〔ファッションショー事件〕は、「実用目的に必要な構成と分離して、美的鑑賞の対象となる美的特性を備えている部分を把握できるものについては」当該部分については著作物性を認めるとの分離可能性に着目した基準を採用した。この基準は、TRIPP TRAPP II事件で否定されたが、TRIPP TRAPP II事件後の大阪地判平成27年9月24日裁判所ウェブサイト（平成25年（ワ）1074号）〔ピクトグラム事件〕では、ファッションショー事件と同様の基準が採用されている。

79)　知財高判平成26年8月28日判時2238号91頁〔ファッションショー事件〕。

80)　大阪地判平成27年9月24日判時2348号62頁〔ピクトグラム事件〕等多数。近時、分離可能性説の立場から判断したと思われるものの、やや異なる判断基準を示したものとして、大阪高判令和5年4月27日判時2602号86頁〔テキスタイルデザイン事件〕。

81)　田村善之「応用美術の著作物性」高部ら編・知財法の未来513頁。

82)　知財高判令和3年12月8日裁判所ウェブサイト〔タコの滑り台事件〕。

[図表4] タコの滑り台事件 原告滑り台[83]

【正面】

【右側面】

【左側面】

【側面】

　さらに、近時、知財高裁のTRIPP TRAPP III事件[84]においても分離可能性説が採用されており、「実用品の形状等の創作的表現について著作物性が認められるのは、それが実用的な機能を離れて独立の美的鑑賞の対象となるような部分を含む場合又は当該実用品が専ら美的鑑賞目的のために制作されたものと認められるような場合に限られる」との一般論の下、TRIPP TRAPPについて、その特徴的な点（2本脚の間に座面板及び足置板がある点、側木と脚木とが略L字型の形状を構成する点及び側木の内側に形成された溝に沿って座面板等をはめ込み固定する点）は、「いずれにおいても高さの調整が可能な子供用椅子としての実用的な機能そのものを実現するために可能な複数の選択肢の中から選択さ

---

83) 知財高判令和3年12月8日裁判所ウェブサイト〔タコの滑り台事件〕（画像の出所：いずれも同判決別紙）。
84) 知財高判令和6年9月25日令和5（ネ）10111号〔TRIP TRAPP III事件〕。

第1章　著作権法による著作権・著作者人格権・著作隣接権の保護　　367

れた特徴」であり、「椅子としての機能から分離することが困難なものである」
として、その著作物性が否定された。

　応用美術の保護は、知的財産法の制度間の調整が絡む問題であり、実務上も
注目度が高い分野であるが、上記のとおり、近時も判断基準に関する議論は錯
綜しており、今後の議論の展開の注視が必要である。

AIとメタバースについてのコラム　メタバースにおける応用美術

　　現実世界に存在しておらず、メタバース上でのみ存在するデジタル
コンテンツについては、現実世界と同様に応用美術の考え方が妥当す
るのか議論がある。すなわち、メタバース上でのみ存在するデジタル
コンテンツのうち、現実世界で実用品として扱われるようなもの（例
えば、椅子や車、上記の公園の滑り台など）について、その著作物性を
判断するにあたっては、①現実世界における応用美術の考え方を貫徹
させる立場と、②メタバース上のデジタルコンテンツについては、現
実空間よりも著作物性が肯定されやすいとする立場が示されている。
メタバース上でのデジタルコンテンツについては、上記した応用美術
における意匠法との調整の観点がストレートに当てはまらないという
指摘や、メタバースが仮想空間であるがゆえに、実用性や機能性と
いった制限を必然的には受けないため、現実世界の実用品と対応した
考え方を適用する必要はないといった指摘がある[85]。

　　内閣府知的財産戦略本部に設置された「メタバース上のコンテンツ
等をめぐる新たな法的課題への対応に関する官民連携会議」が公表し
た報告書では、「例えば、衣服の３Ｄデザインなど、現実世界での実
用品のデザインとして実際に使用できるものについては、現実空間、
仮想空間のいずれで使われることとなるかにかかわらず、実用品（応
用美術）として、その著作物性の判断がなされるのではないか」、「仮
想空間における「実用品」のデザインは、物理的世界の下での機能的

---

85)　　議論の整理について、青木大也「メタバース内でアバターが使用する仮想の物の生
　　成と著作権法」著作権研究49号37頁以下を参照。

制約を受けない中でより自由度が高く、現実空間における実用品としては成立し得ないデザイン等も可能となるところ、このようなものについては、創作的な表現として著作物性を認められることとなりやすいのではないか」との指摘があるほか、「アニメや映画、ゲーム等の仮想世界における実用品としての設定の下に創作されるコンテンツについては、そのデザインについて応用美術に当たらぬものとして、著作物性を肯定される場合があることが想定される（例えば、ドラえもんのタイムマシンなど）」と指摘されているが[86]、明確なコンセンサスがとられているわけではなく、今後の議論が注目される。

【3】キャラクター

　キャラクターについては、抽象的な概念としてのキャラクター（漫画の具体的表現から昇化した登場人物の人格）には著作物性を認めることができず、具体的な表現（漫画の中の絵等）としてのみ保護されると解されている[87]。著作権は、アイディアではなく、表現を保護するものであることに基づく。このように、キャラクターの保護は、具体的な表現としての保護に限られているが、漫画のキャラクターの場合、膨大な漫画の中のどのコマに依拠したのかまでの特定まで厳密には要求するのは酷であり、そこまでは不要であるとされる[88]。

　例えば、博士絵柄事件[89]では、後記［**図表5**］のような原告博士絵柄に創作性を認めた。もっとも、博士を「角帽やガウンをまとい髭などを生やしたふっくらとした年配の男性とするという点はアイデアにすぎず、（中略）その余の具体的表現（ほぼ二頭身で、頭部を含む上半身が強調されて、下半身がガウンの裾か

---

86)　メタバース上のコンテンツ等をめぐる新たな法的課題への対応に関する官民連携会議「メタバース上のコンテンツ等をめぐる新たな法的課題等に関する論点の整理」(2023) 10〜11頁。

87)　最判平成9年7月17日民集51巻6号2714頁〔POPEYEネクタイ事件〕。中山・著作権225〜227頁。

88)　中山・著作権227〜228頁。中山・著作権227〜228頁は、東京地判昭和51年5月26日判時815号27頁［サザエさん事件］も、同旨を述べたものであると理解できるとする。

89)　東京地判平成20年7月4日裁判所ウェブサイト（平成18年（ワ）16899号）〔博士絵柄事件〕。

ら見える大きな靴で描かれていること、顔のつくりが下ぶくれの台形状であって、両頬が丸く、中央部に鼻が位置し、そこからカイゼル髭が伸びていること、目が鼻と横幅がほぼ同じで縦方向に長い楕円であって、その両目の真上に眉があり、首と耳は描かれず、左右の側頭部にふくらんだ髪が生えていること）は、きわめてありふれたもので表現上の創作性があるということはできず、両者は表現でないアイデアあるいは表現上の創作性が認められない部分において同一性を有するにすぎない」とされ、翻案権侵害は否定された。

[図表５] 博士絵柄事件[90]

【原告博士絵柄】　　　　　　　　　　【被告博士絵柄】

また、絵になっている漫画のキャラクターではなく、小説等の登場人物としての絵になっていないキャラクターの保護についても、例えば当該小説の続編を書くこと等に関連して議論がある。上記の漫画のキャラクターと同様に、あくまで、小説等の具体的表現としての保護に限られると解される[91]。

---

90) 東京地判平成20年7月4日裁判所ウェブサイト（平成18年（ワ）16899号）〔博士絵柄事件〕（画像の出所：いずれも同判決別紙）。
91) 牧野利秋＝飯村敏明編『新・裁判実務大系22著作権関係訴訟法』〔君嶋祐子〕（青林書院、2004）384頁を参照。

AIとメタバースについてのコラム　メタバースのアバターと著作権

　メタバース上でユーザが使用するアバターについても、キャラクターの具体的な表現として著作権法上保護され得る。例えば、アニメや漫画調のアバターについては、著作物としてのイメージが容易であると思われるが、ユーザが顔のパーツや髪形、肌の色等さまざまな要素を選択してアバターを作成するようなケースにおいても、その選択に創作性が認められる場合には、著作物としての保護が認められるものと考えられる[92]。

　メタバース上のアバターに著作権が認められれば、他人によるアバターの悪用について、著作権侵害を理由とした差止めや損害賠償等が認められることになり、他人によるアバターの悪用の阻止のために有効であるといえる。他方、上記の博士絵柄事件等の例にもあるように、ありふれたアバターについては、著作物性が認められないことになり、この場合には、著作権を理由としたアバターの悪用行為の阻止は難しいことになり、別の法的根拠（例：他人が自己のアバターを使ってなりすましによる名誉毀損を行っている場合には、名誉権侵害）を用いる必要がある。

【4】タイプフェイス

　例えば、書家が描いたような芸術的な一点物の「書」については、美術の著作物として保護されることに問題がない。これに対して、タイプフェイス（印刷用の字体）については、広い保護を認めると弊害が大きいとして、最高裁[93]は、従来のタイプフェイスに比して顕著な特徴を有するといった独創性を備えていることが必要であり、かつそれ自体が美的鑑賞の対象となり得る美的特性を備えていなければならないとした[94]。

---

92)　　小塚荘一郎ほか「仮想空間ビジネス」ジュリスト1568号65頁〔上野達弘発言〕参照。

93)　　最判平成12年9月7日民集54巻7号2481頁〔ゴナ書体事件〕。

94)　　上記の書とタイプフェイスの中間的な事例で創作性を肯定した事例として、大阪地判平成11年9月21日判時1732号137頁〔デザイン書体事件〕がある。

6 建築の著作物（5号）

建築の著作物に「宮殿・凱旋門などの歴史的建造物に代表されるような」「建築芸術」が含まれることに争いはない[95]。問題なのは、実用的な住宅等が、「文芸、学術、美術又は音楽の範囲に属するもの」に当たり、建築の著作物として保護されるかであるが、従前の裁判例では、建築芸術と同程度の創作性が要求される傾向にあり、応用美術の問題と同様、通常の著作物性の判断とは異なるものとなっている[96]。

建築の著作物については、模倣建築と模倣建築物の公衆への譲渡のみに複製権侵害が成立し、例えば、建築の著作物を写真撮影等する行為については、複製権侵害は成立しない（著作46条2号）[97]。

建物の設計図は、建築の著作物ではなく、次の項目で説明する図形の著作物（著作10条1項6号）である。したがって、建物の設計図をコピーすれば、当然に、建物の設計図の複製権侵害となる。これに加えて、著作権法上、建物の設計図に従って建築物を完成することについて、「建築の著作物」の複製権侵害に当たると定められている（著作2条1項15号ロ）[98]。

7 図形の著作物（6号）

地図または学術的な性質を有する図面、図表、模型その他の図形の著作物は、著作権法上の著作物に当たる。

地図は、一般に正確性を確保する観点から、表現の選択の幅には自ずと限界がある[99]。

---

95)　加戸129頁。

96)　福島地決平成3年4月9日知的裁集23巻1号228頁〔シノブ設計事件〕、大阪地判平成15年10月30日判時1861号110頁〔グルニエ・ダイン事件〕等参照。近時、美術館の著作物性を認めた裁判例として、東京地決令和4年11月25日裁判所ウェブサイト令和3年（ヨ）第22075号〔版画美術館事件〕、知財高決令和5年3月31日令和5年（ラ）第10001号〔版画美術館事件（抗告審）〕がある。

97)　加戸388頁。なお、写真撮影と所有権との関係については、**第6編** **第2章** **コラム** を参照。

98)　この規定が特殊なルールを定めた創設規定なのか、単なる確認規定なのかは争いがある（島並ら・著作権155〜156頁、52〜53頁等参照）。

99)　富山地判昭和53年9月22日判タ375号144頁〔住宅地図事件〕等参照。

372　　第5編　著作権法による表現の保護

図形の著作物として保護されるかでしばしば問題になるものとして、機械や建築物の設計図がある。

機械自体には、基本的には著作物性は認められないと考えられるが、著作物性が認められない機械についても、その設計図については、設計図としての表現にあたり個性の表出が認められれば、著作物としての保護は認められる余地がある。ただし、機械の設計図については、性質上、正確な表現が必要であることや作図法のルールに基づく制約等があることから、その表現の選択の幅は狭いと解される場合も多いとされる[100]。

これに対して、建築物については、機械と異なり、建築物自体に著作物性が認められることもあるが、建築物の設計図についても、創作性が認められる場合が比較的多い傾向にあるものとされている[101]。

8 映画の著作物（7号）

映画の著作物については、**後記 IX** で述べるとおり、保護期間が通常の著作物よりも長く公表後70年となっており（著作54条）、**前記 III 7** で解説したとおり、映画の著作物のみが対象となる頒布権（著作26条）という支分権があり、**後記 VI 4【1】** で解説するとおり、著作者や著作権の帰属について特殊な規定がある（著作16条、29条）等の特徴があるため、映画の著作物に該当するかについて検討する実益がある。

明文上、映画の著作物には、劇場用の映画のみならず、「映画の効果に類似

---

100)　小泉113〜114頁、島並ら・著作権53〜55頁参照。機械の設計図について創作性を否定した事例として、例えば、東京地判平成9年4月25日判時1605号136頁〔スモーキングスタンド設計図事件〕がある。他方、設計図の一部の表現につき、創作性を肯定した例として、大阪地判平成4年4月30日判時1436号104頁〔丸棒矯正機設計図事件〕がある。丸棒矯正機設計図事件は、機械の設計図が著作物として保護されても、あくまで、設計図の複製行為が禁止されるのみであり、機械を組み立てる行為にまでは及ばないことも明らかにしている。

101)　小泉114頁、大渕哲也＝茶園成樹＝平嶋竜太＝蘆立順美＝横山久芳『知的財産法判例集』〔横山久芳〕（有斐閣、第2版、2015）367〜368頁。創作性を肯定した裁判例として、東京地判昭和52年1月28日無体裁集9巻1号29頁〔小林ビル事件〕、名古屋地判平成12年3月8日裁判所ウェブサイト（平成4年（ワ）2130号）〔ショッピングセンター建築設計図事件〕等参照。

する視覚的又は視聴覚的効果を生じさせる方法で表現され、かつ、物に固定されている著作物を含む」ものとされている（著作2条3項）。

判例上、ビデオゲームも映画の著作物に当たるとされている[102]。もっとも、静止画が多いビデオゲームについては、「映画の効果に類似する視覚的又は視聴覚的効果を生じさせる方法で表現され」ているとはいえないため、映画の著作物には当たらないとする裁判例がある[103]。

ゲーム（ビデオゲーム）のプログラムは、**後記⑩**のプログラムの著作物（著作10条1項9号）としても保護される。

ゲームの著作権侵害事件として有名なものに、**前記 Ⅲ ⑧**で紹介した釣りゲーム事件がある。また、ゲームのパラメータと同一性保持権の関係について、**後記 Ⅶ ④**で後述する。

映画・ゲームの構成要素には、脚本、音楽、キャラクター等のさまざまな著作物があり、それぞれについて保護が及ぶという前提で、権利処理をしておく必要がある。

⑨ 写真の著作物（8号）

写真の著作物性の判断にあたって、撮影・現像等（例えば、シャッタースピードや現像の手法等）における創作性が考慮されることについては異論がない。見解が対立しているのは、被写体に関する創作性（被写体の選択・組み合わせ・配列等）を撮影・現像等における創作性と併せて写真の著作物性の考慮要素とするかである。被写体の選択・組み合わせ・配列等は単なるアイディアにすぎないと考えるのか、それとも、表現として認められるのかが問題である。

すいかを切って並べた写真の著作物性が争点となった、スイカ写真事件の控訴審判決[104]は、被写体に関する創作性も写真の著作物性の考慮要素となるこ

---

102) 最判平成14年4月25日民集56巻4号808頁〔中古ゲームソフト事件〕参照。同判決については、**前記 Ⅲ ⑦ コラム**も参照。

103) 東京高判平成11年3月18日判時1684号112頁〔三国志Ⅲ事件〕。知財高判平成21年9月30日裁判所ウェブサイト（平成21年（ネ）10014号）〔猟奇の檻事件〕。

104) 東京高判平成13年6月21日判時1765号96頁〔スイカ写真事件（控訴審）〕。なお、原審の東京地判平成11年12月15日判時1699号145頁〔スイカ写真事件（第一審）〕は被写体に関する創作性を考慮要素とすることを否定し、翻案権侵害を否定した。否定

374　　第5編　著作権法による表現の保護

とを認めて、翻案権侵害を認めた（後記［図表６］参照）。

[図表６] スイカ写真事件[105]

【原告写真】　　　　　　　　　　　【被告写真】

　上記のスイカ写真事件では、被写体が作り出されていたが、被写体が作り出されたものではなく、自然に既に存在する物である場合はどのように考えるべきか。この点に関して、廃墟写真事件[106]では、被写体が既存の廃墟建造物であり、撮影者が意図的に被写体を配置・加工したものでないとして、被写体自体を創作性の考慮要素とすることが否定され、廃墟を撮影した写真の著作物性が否定された[107]。

❿プログラムの著作物（9号）

　「プログラム」とは、電子計算機を機能させて一の結果を得ることができるようにこれに対する指令を組み合わせたものとして表現したものをいう（著作

　　　説につき、中山・著作権133頁以下等参照。
105)　　東京高判平成13年6月21日判時1765号96頁〔スイカ写真事件（控訴審）〕（画像の出所：スイカ写真事件（控訴審）別紙）。
106)　　知財高判平成23年5月10日判タ1372号222頁〔廃墟写真事件〕。
107)　　岡村78～80頁は、被写体の選択と配置・作成は区別すべきであり、被写体の選択は単なるアイディアであり、創作性判断の対象とならないが、配置・作成は、創作性判断の対象となるとし、同事件を被写体の選択と配置・作成を区別した事例であると分析する。

2条1項10号の2)。

　他の著作物とは毛色が異なるものであるが、プログラムも表現である以上、著作物性が認められることは世界的にもコンセンサスが得られている[108]。著作権はあくまで表現を保護するものであり、同じアイディアに基づき、別の表現でプログラミングをし直した場合には、著作権侵害とはならない。プログラムのうちのアイディアの部分は、第3編 第2章 **II** **2**【2】で解説したとおり、特許権により保護されることになる。

　裁判例[109]では、プログラムは、「所定のプログラム言語、規約及び解法に制約されつつ、コンピュータに対する指令をどのように表現するか、その指令の表現をどのように組み合わせ、どのような表現順序とするかなどについて、著作権法により保護されるべき作成者の個性が表れることになる」のであり、「プログラムに著作物性があるというためには、指令の表現自体、その指令の表現の組合せ、その表現順序からなるプログラムの全体に選択の幅があり、かつ、それがありふれた表現ではなく、作成者の個性、すなわち、表現上の創作性が表れていることを要するといわなければならない」とされている。

　プログラムを作成するために用いるプログラム言語、規約および解法自体には、プログラムの保護は及ばない[110]（著作10条3項）。

V 二次的著作物・編集著作物・データベースの著作物

1 二次的著作物

　二次的著作物とは、著作物を翻訳し、編曲し、もしくは変形し、または脚色し、映画化し、その他翻案することにより創作した著作物をいう（著作2条1項

---

108)　TRIPS協定10条1項参照。

109)　知財高判平成24年1月25日判時2163号88頁〔プログラム著作物事件〕。結論としては、主張・立証が不十分であるとして著作物性が認められなかった。

110)　この規定は、確認規定であると解されている（加戸135頁等）。なお、それぞれの定義については著作権法10条3項各号を参照。

376　　第5編　著作権法による表現の保護

11号)。

　翻訳、編曲、変形、翻案については、**前記 Ⅲ 8** で説明したとおりである。二次的著作物の元になった既存の著作物のことを原著作物といい、原著作物の著作者のことを原著作者という。

　例えば、Aが原著作物である小説αの原著作者であり、Bがこのαをベースにして、二次的著作物である漫画βを創作したという事例を想定する。

　この場合、小説αについては、Aの著作権が保護されることは当然である。また、それとは別に、漫画βについてBの著作権が保護される。ただし、漫画βのBの著作権は、あくまで、Bが漫画で新たに創作的に表現した部分に限られ、元々の小説αに存在していた、Aにより創作的に表現された部分についてまで保護が及ぶわけではない。この点については、自ら創作をしていないのであるから当然である（著作11条参照）。

　漫画βについて、Aの著作権が及ぶか。この点について、著作権法28条は、二次的著作物の原著作物の著作者は、「当該二次的著作物の利用に関し」、「当該二次的著作物の著作者が有するものと同一の種類の権利を専有する」と定めている。したがって、二次的著作物βの原著作物αの著作者であるAは、βの利用に関して、Bと同一の種類の権利を専有することになるから、漫画βを利用したい者としては、Bのみならず、Aの許諾も得なければならないことになる。

　この著作権法28条の読み方には争いがある。①漫画βのうち、A自身により創作的に表現された部分のみについてAの著作権が及ぶと規定しているだけなのか、それとも、②Bにより新たに創作的に表現された部分を含めて全体についてAの著作権が及ぶと規定しているのかが問題になる。最高裁[111]は、②の考え方をとっており、上記の例では、例えば、漫画で新たに創作的に表現されたイラストだけを利用する場合にも、Bのみならず、Aの許諾が必要ということになる。②の考え方によれば、原著作者は、自身で創作していない部分についてまで、権利保護が得られることになる。

---

[111]　最判平成13年10月25日判時1767号115頁〔キャンディ・キャンディ事件〕。なお、学説上は、①の説が多数説である（中山・著作権190〜192頁等）。

第1章　著作権法による著作権・著作者人格権・著作隣接権の保護　　377

❷編集著作物

編集物でその「素材の選択又は配列によつて創作性を有するもの」は、著作物として保護される（編集著作物。著作12条1項）。編集著作物の著作権のことを編集著作権と呼ぶ。

例えば、特定の作者の作品だけを集めた詩集や画集等のように「素材」が著作物性を有する場合もあるが[112]、「素材」は、著作物性を有するかどうかを問わない。

あくまで、素材の「選択」または「配列」という具体的な表現に創作性が認められるのであり、抽象的なアイディアとしての編集方針について保護を認めるものではない[113]。また、そうした素材の「選択」または「配列」における創作性と関係ない部分での単なる労力やコストについても編集著作物として保護されるものではない[114]。

編集著作物の例として、辞典類が挙げられる。どのような項目を「選択」し、どのような「配列」で並べるかについて創作性が認められる可能性がある。辞典としての性質上、同じ分野の辞典であれば、同じ項目を取り上げざるを得ない部分があり、編集著作権についてあまりに強い保護を認めると、抽象的なアイディアを保護することにつながり、同種の辞書が出版できなくなってしまうことになる一方で、編集著作権について、保護を認めないと先行者の創作行為が安易に模倣されてしまうことになってしまう。この両者のバランスを図る必要があり、編集著作権の侵害の正否の判断は非常に難しい。

アメリカ語要語集事件[115]では、以下のような判断基準が示されている。①「見出し語に対する文例選択の幅が狭く、当該編集者と同一の立場にある他の編集者を置き換えてみても、おおむね同様の選択に到達するであろうと考えら

---

112)　編集著作権が成立する場合も、個々の素材である詩や絵の著作権の保護には影響はない（著作12条2項）。

113)　中山・著作権160〜161頁等参照。

114)　東京地判平成11年2月25日判時1677号130頁〔松本清張作品映像化リスト事件〕。なお、一般不法行為としての保護の余地については、データベースに関する**後記❸**の裁判例を参照。

115)　東京高判昭和60年11月14日無体裁集17巻3号544頁〔アメリカ語要語集事件〕。

れ」る場合には、編集著作権の侵害に当たらない。②「見出し語に対する文例が多数ありうるものであって、選択の幅が広いというように、当該素材の性質上、編集者の編集基準に基づく独自の選択を受け容れうるものであり、その選択によって編集物に創作性を認めることができる場合」に、「後行の辞典が先行する辞典の選択した素材をそのまま又は一部修正して採用し、その数量、範囲ないし頻度が社会観念上許容することができない程度に達するときは、その素材の選択に払われた先行する辞典の創造的な精神活動を単純に模倣することによってその編集著作権を侵害する」。

治療薬便覧事件[116]では、「控訴人書籍漢方薬便覧部分は、漢方薬の148の処方名を掲載したほか、多数の生薬の中から『ヨクイニンエキス』のみを大分類『漢方薬』に分類するものとして選択した上、漢方3社が製造販売する薬剤がある漢方処方名については、当該漢方処方名に属する漢方3社の薬剤を全て選択し、漢方3社が薬剤を製造販売していない漢方処方名については、臨床現場における重要性や使用頻度等に鑑みて個別に薬剤を選択したというのであるから、薬剤の選択に控訴人らの創作活動の成果が表れ、その個性が表れているということができ、上記のような考慮から薬剤を選択した上、歴史的、経験的な実証に基づきあえて50音順の原則を崩して配列をした控訴人書籍漢方薬便覧部分の薬剤の配列には、控訴人らの創作活動の成果が表れ、その個性が表れているから、一定の創作性があり、これと完全に同一の選択及び配列を行った被控訴人書籍漢方薬便覧部分の薬剤の選択及び配列は、控訴人書籍のそれの複製に当たるといわざるを得ない」ものとして、治療薬便覧の編集著作権の侵害が認められた。

以上の例は、両者の著作物の素材がかなりの部分で共通していた事例であるが、編集著作物について、素材がまったく変わった場合にも、編集著作権の侵害が認められるか（例えばよく挙げられる例として、東京の職業別電話帳が編集著作物として保護されるとして、これを大阪の電話番号に置き変えた場合に編集著作

---

116)　知財高判平成25年4月18日判時2194号105頁〔治療薬便覧事件〕。

権侵害となるか[117]）については考え方が分かれている難しい問題である。画一的な基準があるわけではなく、前記の抽象的な編集方針の保護につながる危険性と先行者の保護の必要性のバランスを考慮して、個別の事例ごとに判断されることになる[118]。

❸ データベースの著作物

データベースでその情報の選択または体系的な構成によって創作性を有するものは、著作物として保護される（著作12条の2）。

データベースとは、「論文、数値、図形その他の情報の集合物であつて、それらの情報を電子計算機を用いて検索することができるように体系的に構成したもの」を指す（著作2条1項10号の3）。

編集著作物は、素材の「選択」または「配列」の創作性を保護していたが、データベースについては、情報の「選択」または「体系的な構成」の創作性を保護するものである。情報の「選択」または「体系的構成」における創作性と関係ない部分での単なる労力やコスト[119]については、データベースの著作物の著作権として保護されるものではない。

素材の「選択」の創作性については、網羅性が高い場合には、認められにくくなる。

裁判例では、例えば、職業別電話帳のタウンページデータベースについて、データベースの著作物としての保護が認められ、著作権侵害が認められた例がある[120]。

---

117)　加戸139頁が挙げる事例である。

118)　編集著作権侵害を否定した裁判例として、東京地判平成12年3月23日判時1717号140頁〔色画用紙見本帳事件〕、肯定した裁判例として、東京地判平成5年8月30日知的裁集25巻2号380頁〔ウォール・ストリート・ジャーナル事件〕を参照。また、この論点についての考え方については、小泉123～124頁を参照。

119)　なお、こうした労力・費用を保護しようとする理論のことを「額に汗（sweat of the brow）理論」と呼ぶ（作花119頁参照）。

120)　東京地判平成12年3月17日判時1714号128頁〔タウンページデータベース事件〕。「タウンページデータベースの職業分類体系は、検索の利便性の観点から、個々の職業を分類し、これらを階層的に積み重ねることによって、全職業を網羅するように構成されたものであり、原告独自の工夫が施されたものであって、これに類するものが

他方で、自動車に関する情報をさまざまな項目で整理した、自動車整備業者向けの車両データベースについての裁判例[121]では、選択される項目が同種のデータベースでも通常選択される項目であり、その体系的構成についても、型式指定—類別区分番号の古い自動車から順に並べるという同種のデータベースでも採用されているものであるとして、データベースの著作物としての保護が否定された。もっとも、同裁判例は、「人が費用や労力をかけて情報を収集、整理することで、データベースを作成し、そのデータベースを製造販売することで営業活動を行っている場合において、そのデータベースのデータを複製して作成したデータベースを、その者の販売地域と競合する地域において販売する行為は、公正かつ自由な競争原理によって成り立つ取引社会において、著しく不公正な手段を用いて他人の法的保護に値する営業活動上の利益を侵害するものとして、不法行為を構成する」として、一般不法行為の成立を認めた。**第4編** **第2章** **V** で解説したデッドコピーによる一般不法行為を認めた事例である。

VI 著作者

1 著作者の認定

　「著作者」は、「著作物を創作する者」をいう（著作2条1項2号）。著作者には、著作財産権と著作者人格権が原始的に帰属する。

　著作物性が認められるような表現行為を行った者が著作者となるため、単なるアイディアの提供者、資金の提供者、著作物性に関わらないところで、手足として働いた者については、著作者とならない。

　著作者の認定にあたっては、既に説明した、各著作物の類型ごとの著作物性（創作性）の判断のポイントを考慮する必要がある。例えば、前記の編集著作物

　　　存するとは認められないから、そのような職業分類体系によって電話番号情報を職業
　　　別に分類したタウンページデータベースは、全体として、体系的な構成によって創作
　　　性を有するデータベースの著作物である」ものとされた。

121)　　東京地中間判平成13年5月25日判時1774号132頁〔自動車データベース事件〕。

の例でいえば、「素材の選択又は配列」における創作性に寄与した者が編集著作者となる。詩集「智惠子抄」の著作者について判断した最高裁判決[122]では、収録された詩の一部を単に集めた者について、編集著作の観点からすると、企画案ないし構想の域にとどまるにすぎないとされ、その者に編集著作権が帰属することが否定された。また、「編者」との立場で編集作業に関与していたものの、実質的にはアイディアの提供や助言を期待されるいわばアドバイザーの地位にとどまっていたとして、編集著作物の著作者性を否定した裁判例がある[123]。

「著作物の原作品に、又は著作物の公衆への提供若しくは提示の際に、その氏名もしくは名称」（「実名」）「又はその雅号、筆名、略称その他実名に代えて用いられるもの」（「変名」）「として周知のものが著作者名として通常の方法により表示されている者は、その著作物の著作者と推定」される（著作14条）。「通常の方法」とは、例えば、本の場合には、表紙や奥付への記載であり、放送であれば、アナウンスやテロップなどがこれに当たるとされる[124]。あくまで「推定」であり、反証により覆る余地がある[125]。

AIとメタバースについてのコラム　AI生成物の著作者

「著作者」は、「著作物を創作する者」であるところ、**前記 Ⅱ 1** で述べたとおり、「著作物」は、「思想又は感情」を表現したものでなければならないところ、ここでいう「思想又は感情」とは、社会通念上人間の思想または感情のことを指すと考えられている[126]。そして、生成AIが自律的に生成したものについては、人間の思想または感情が介在していないため、「思想又は感情を創作的に表現したもの」と

---

122)　最判平成5年3月30日判時1461号3頁〔智惠子抄事件〕。

123)　知財高判平成28年11月11日判時2323号23頁〔著作権判例百選事件〕。

124)　加戸150頁。なお、同書は、©表示は、あくまで、著作権者名の表示であり、著作者名としての表示にはならないと指摘する。

125)　著作14条の推定が及ぶことを前提としつつ、推定の覆滅を認めた事例として、知財高決平成28年11月11日判時2323号23頁〔著作権判例百選事件〕がある。

126)　加戸22頁。

はいえず、著作物には当たらないと考えられる[127]。

「考え方」39頁では、AI生成物の著作者について、「AIは法的な人格を有しない」ことから著作者には該当し得ず、そのため、「AI生成物が著作物に該当すると判断された場合も、AI自身がその著作者となるものではなく、当該AIを利用して「著作物を創作した」人が当該AI生成物（著作物）の著作者となる」とされ、生成AIのユーザを著作者とする見解が示されている。このような「考え方」の記載は、上記した著作者性に関する既存の議論を基本的にそのまま生成AIに適用したものである。

❷ 共同著作物と著作権の共有

一つの著作物に複数の者が関与している場合に、共同著作物となり、著作権が共有になる場合がある。先に著作権の共有について説明したうえで、共同著作物の話に入る。

【1】著作権の共有

共有著作権については、各共有者は、他の共有者の同意を得なければ、その持分を譲渡することができない（著作65条1項）。これは、特許権（ 第3編 第2章 Ⅸ ❷【2】）の共有の場合と同じルールである。

また、共有著作権は、その共有者全員の合意によらなければ、「行使」することができない[128]（著作65条2項）。ここで、「行使」には第三者への利用許諾のみならず、自己利用を含むと解されている[129]。したがって、支分権として挙げられているような利用を自ら行う場合（例えば、自分の共同著作物をコピーしたりする場合）にも、共有者全員の合意が必要ということになる。商標権や特

---

127)　知的財産戦略本部 検証・評価・企画委員会・新たな情報財検討委員会「新たな情報財検討委員会報告書」（2017年3月）36頁。

128)　共同著作物の著作者人格権についても、著作者全員の合意によらなければ、行使することができないとされている（著作64条1項）。

129)　中山・著作権283〜284頁等。裁判例として、大阪地判平成4年8月27日判時1444号134頁〔静かな焔事件〕参照。

許権の場合は、第三者へライセンスをする場合には、共有者の同意が必要であったが、自己利用については共有者の同意は不要であるのとルールが異なっているので注意が必要である。

　このように、著作権が共有となる場合には、自己利用を含めた利用に共有者全員の合意が原則必要となるため、大きな制約が生じる。そこで、実務上、業務委託契約等の種々の契約で、著作権を共有とするような定めを置く場合にはこの点に留意して、必要に応じて、自己利用については自由とするような合意をするなどの措置を講じておく必要がある。

【2】共同著作物の著作者

　共同著作物とは、①２人以上の者が共同して、②創作した著作物であって、③その各人の寄与を分離して個別的に利用することができないものをいう（著作２条１項12号）。

　①「共同して」の要件に関しては、客観的な共同創作の事実に加えて、共同創作の意思が必要であるとされるのが一般的であるが、主観的な意思の連絡が必要であるのか、客観的に共同創作の意思が認定できれば足りるのかについては見解が分かれている[130]。

　②の要件では、著作者の認定で説明したのと同様であり、著作物性が認められるような表現行為を行っているかで判断される。

　③の要件は、分離個別利用可能であれば、単にそれぞれ別個の著作物と考えておけばよいことから、要求されている要件である。例えば、共著の本で、第1章はＡが書き、第2章はＢが書いているといった具合に担当が明確に分かれていれば、第1章はＡの単独著作物、第2章はＢの単独著作物として扱えばよいため、全体をＡとＢの共同著作物としては扱わない[131]。他方で、ＡとＢが協議を重ねて本を執筆し、全体として両氏が正に合作として書いている本であれば、共同著作物として扱われる。

---

130)　　中山・著作権248〜249頁参照。

131)　　このように単に二つの別個の著作物が集合しているものを学術上、集合著作物と呼ぶことがある。また、歌詞と曲のように一体として構成されつつも、分離利用が可能なものは、結合著作物と呼ばれ、共同著作物とはならない（高林・著作権112頁参照）。

384　　　第５編　著作権法による表現の保護

裁判例では、平家物語の英訳についての共同著作物性が争われた事件で、第一審では、共同著作物性が否定されたが、控訴審では肯定されたという事例[132]がある。また、インタビューに基づく雑誌記事について、あらかじめ用意された質問に回答者が回答した内容が、執筆者側の企画・方針等に応じて取捨選択され、執筆者により表現上の加除訂正が加えられて文書が作成され、その過程で回答者が記事を閲読してその表現、内容に手を加えていない場合は、インタビュー自体は単なる素材収拾のための行為であり、回答者は記事の共同著作者にはならないとされた事例[133]がある。

❸ 職務著作

　著作権法15条には職務著作の定めが置かれており、同条の要件を充足すれば、著作者が法人になる。

　法人に著作権が原始的に帰属するという定め方ではなく、法人を著作者としている点に特徴がある。著作権法上は、創作行為を行った者が著作者になるのであり、法人が著作者となるというのは奇異な感じがするが、このような定め方をした理由は、著作財産権のみならず、著作者人格権も法人に帰属させるためであるといわれる。**後記 Ⅶ** で述べるとおり、著作者人格権は強力な権利であり、著作財産権のみを法人に帰属させても法人は自由な利用ができないので、このような定め方になっている[134]。なお、著作権法15条の要件を充足しないものについては、法人は、著作者にならないため、個別の契約で、著作権の移転について合意し、著作者人格権の不行使特約（**後記 Ⅶ ❻【1】**）をする必要があることになる。

　①法人その他使用者（「法人等」）の発意に基づく、②法人等の業務に従事する者が、③職務上作成する著作物で、④その法人等が自己の著作の名義の下に

---

132)　　大阪高判昭和55年6月26日無体裁集12巻1号266頁〔英訳平家物語事件（控訴審）〕。第一審は、京都地判昭和52年9月5日判時871号18頁〔英訳平家物語事件（第一審）〕。

133)　　東京地判平成10年10月29日判時1658号166頁〔SMAPインタビュー事件（第一審）〕。控訴審判決である東京高判平成11年5月26日裁判所ウェブサイト（平成10年（ネ）5223号）〔SMAPインタビュー事件（控訴審）〕も結論維持。

134)　　中山・著作権254〜258頁参照。

公表するものの著作者は、⑤その作成の時における契約、勤務規則その他に別段の定めがない限り、その法人等とされる（著作15条1項）。

職務発明（ 第3編 第2章 **Ⅳ** **5** ）においては、契約、勤務規則その他の定めを置いている場合にはじめて職務発明に関する特許を受ける権利等を使用者等が取得するが、職務著作の場合は、①〜④の要件を充足すれば、法人が著作者となるのであり、むしろ、①〜④の要件を充足するものについては、従業員等を著作者にしておくために、⑤契約、勤務規則その他に別段の定めが必要である。また、職務発明と異なり、職務著作では、相当の利益請求権は存在しない。

①の法人等の発意の要件については、比較的柔軟に判断されている。法人等が著作物の作成を原始的に企画・構想し、その具体的作成を業務従事者に命じる場合のみならず、業務従事者が自らの発案をもとに法人等の承諾を得て著作物を作成する場合にも、法人等の「発意」があると解される。また、法人等と業務従事者との間に雇用関係が存在し、業務従事者が当該業務計画に従って所定の職務を遂行している場合には、その職務遂行の過程で著作物の作成が予定または予期される限り、当該著作物の作成に関する法人等の具体的指示等がない場合にも、法人等の「発意」があるものと解される[135]。

②法人等の業務に従事する者は、雇用関係が典型例であり、請負契約の関係に立つ場合は含まれないとされる[136]。もっとも、その判断は実質的になされるものであり、最高裁[137]は、「法人等の業務に従事する者」に当たるか否かは、「法人等と著作物を作成した者との関係を実質的にみたときに、法人等の指揮監督下において労務を提供するという実態にあり、法人等がその者に対して支払う金銭が労務提供の対価であると評価できるかどうかを、業務態様、指揮監督の有無、対価の額および支払方法等に関する具体的事情を総合的に考慮して、判断すべき」であるとした。この事例は、観光ビザで日本に滞在していた外国人デザイナーに関するものであったが、在留資格の種別、雇用契約書の存

---

135)　知財高判平成22年8月4日判時2101号119頁〔北見工業大学事件〕。

136)　中山・著作権261〜265頁参照。

137)　最判平成15年4月11日判時1822号133頁〔アール・ジー・ビー・アドベンチャー事件〕。

否、雇用保険料、所得税等の控除の有無等といった形式的な事由を主たる根拠として、上記の具体的事情を考慮することなく、「法人等の業務に従事する者」に当たらないとするのは妥当でないとされた。

③職務上作成する著作物の要件については、その職務遂行の過程で著作物の作成が予定または予期される限り充足するのは①の要件と同様である[138]。

④その法人等が自己の著作の名義の下に公表するものについては、未公表のものでも、仮に公表するとすれば、法人等を著作者として公表するはずのものも含まれる[139]。プログラム著作物の場合は、この要件は不要であるとされている（著作15条2項）。

4 映画の著作物の著作者等

【1】映画の著作物の著作者

映画の著作物の著作者は、「制作、監督、演出、撮影、美術等を担当してその映画の著作物の全体的形成に創作的に寄与した者」とされている（著作16条）。

映画を作るにあたっては、多数の者が関与するが、「全体的形成に創作的に寄与した者」に限ることにより、一部にのみ関与した多数の者の共同著作物となって利用が妨げられることを防いでいる。典型的には、総監督がこれに当たるが、条文上も監督はあくまで一例とされているにすぎないとおり、監督に限られるものではなく、複数名になることもある。

例外として、まず、「その映画の著作物において翻案され、又は複製された小説、脚本、音楽その他の著作物の著作者」[140]は、映画の著作物の著作者にはならないものとされている（著作16条）。映画でこれらの著作物を利用する場合には、当然に利用許諾を受ける等の権利処理が必要になるが、これらの著作物の著作者は映画の著作物の著作者になるわけではない。例えば、小説を原作

---

138)　知財高判平成18年12月26日判時2019号92頁〔宇宙開発事業団プログラム事件〕。

139)　加戸154頁。

140)　これらの著作物の著作者は、クラシカルオーサーと呼ばれ、映画の著作物の著作者は、モダンオーサーと呼ばれる。

とした映画の場合は、映画は小説の二次的著作物となり、**前記** **Ⅴ** **❶**で解説したとおり、小説の著作者は、著作権法28条の二次的著作物の利用に関する原著作者の権利を持つことになるが、この場合も、小説の著作者が、映画の著作者になるわけではない。

また、職務著作に当たる場合は、著作権法16条ではなく、著作権法15条により著作者が決まることになる（著作16条但書き）。

【2】映画の著作物の著作権

映画の著作物の著作権については、著作権法29条にも定めがある。

映画の著作物の著作権は、「その著作者が映画製作者に対し当該映画の著作物の製作に参加することを約束しているときは、当該映画製作者に帰属する」（著作29条1項）。これにより、映画の著作物の著作者が複数名となるような場合でも、映画の著作権は、映画製作者に一元的に帰属することになる。

ここで、映画製作者とは、「映画の著作物の製作に発意と責任を有する者」をいう（著作2条1項10号）。より具体的には、映画を製作する意思を有し、当該映画の製作に関する法律上の権利・義務が帰属する主体となり、かつ、当該製作に関する経済的な収入・支出の主体ともなる者を指す[141]。

「製作」という用語は、「制作」という用語と著作権法上も、映画業界においても区別されて使われている。「制作」は、映画の創作行為を行うことを指しており、「製作」は、映画を作るにあたっての法的・経済的な責任主体であることを指している。

なお、映画製作者は、著作者となるわけではないため、著作者人格権については、映画の著作物の著作者に残っていることになる。公表権の例外規定については、**後記** **Ⅶ** **❷**で解説する。

---

141)　知財高判平成24年10月25日裁判所ウェブサイト（平成24年（ネ）10008号）〔テレビ CM原版事件〕参照。

388　　第5編　著作権法による表現の保護

VII 著作者人格権の内容

1 総　論

　著作者には、著作財産権に加えて著作者人格権が原始的に帰属する。著作物の利用にあたっては、著作財産権に加えて著作者人格権の存在についても常に頭に入れておく必要がある。

　著作者人格権には、公表権（著作18条）、氏名表示権（著作19条）、同一性保持権（著作20条）があり、著作権法113条11項にみなし著作権侵害行為が規定されている。

　日本の著作権法は、ベルヌ条約で最低限求められている人格権の保護を超える広範な著作者人格権の保護を認めており、国際的にみても、人格権が強力な著作権法であるといえる。

2 公表権

　著作者は、その著作物でまだ公表されていないもの（その同意を得ないで公表された著作物を含む）を公衆に提供し、または提示する権利を有する（公表権。著作18条）。著作物を公表するかどうかについて著作者自ら決めることができるようにするための権利である。裁判例として、歌手が芸能リポーターに対して、自らが創作した曲を聴いた感想等を聞かせてほしいと頼み、未公表楽曲を提供したところ、当該芸能レポーターが、当該楽曲をテレビ番組において再生した事件[142]がある。ここでの公衆への提示・提供は、著作権法21条から27条までに規定する権利（支分権該当行為）に係る著作物の利用行為に限定されない。したがって、例えば著作権法25条に規定される展示権の対象とならない著作物の公衆への展示行為も、ここでの公衆への提示・提供に該当する。本規定は、著作者と著作物との結び付きに係る人格的利益を保護するものであって、その趣旨は、公衆への提示・提供が著作物の利用行為に該当するか否かに

---

142)　東京地判平成30年12月11日判時2426号57頁〔ASKAミヤネ屋事件〕。

かかわらず妥当するからである[143]。

「公表」については、著作権法上、著作物は、発行され、著作権者または許諾を得た者によって上演、演奏、上映、公衆送信、口述もしくは展示の方法で公衆に提示された場合において、公表されたものとされている（著作4条1項）。また、上記のうち、「発行」については、著作物は、その性質に応じ公衆の要求を満たすことができる相当程度の部数の複製物が、著作権者または許諾を得た者によって作成され、頒布された場合において、発行されたものとされている（著作3条1項）。以下の場合は、著作者の同意が推定される（著作18条2項）。推定であるため、反証により覆る可能性はある。

①その著作物でまだ公表されていないものの著作権を譲渡した場合には、当該著作物をその著作権の行使により公衆に提供し、または提示することに同意したものと推定される。著作権を譲渡している以上、公表についても譲受人の判断に委ねたと解するのが合理的であるためである。

②その美術の著作物または写真の著作物でまだ公表されていないものの原作品を譲渡した場合には、これらの著作物をその原作品による展示の方法で公衆に提示することに同意したものと推定される。後記 X 14【1】で解説するとおり、展示権（著作25条）に対する権利制限規定である著作権法45条1項により、美術の著作物の原作品の所有者は、美術の著作物をその原作品により公に展示することができるものとされており、これとの平仄から、同意推定規定が置かれている。

③著作権法29条の規定によりその映画の著作物の著作権が映画製作者に帰属した場合、当該著作物をその著作権の行使により公衆に提供し、または提示することに同意したものと推定される。前記 VI 4【2】で解説したとおり、著作者人格権は、総監督等の映画の著作物の著作者に残っているため、公表権により、映画公開等が妨げられることを防ぐために、この同意推定規定が入れられている。

---

143)　氏名表示権に関するものであるが、最判令和2年7月21日民集74巻4号1407頁〔リツイート事件（最高裁）〕。

❸ 氏名表示権

　著作者は、その著作物の原作品に、またはその著作物の公衆への提供もしくは提示に際し、その実名もしくは変名を著作者名として表示し、または著作者名を表示しないこととする権利を有する（氏名表示権。著作19条1項）。氏名を表示するかどうかと表示する場合の著作者名の選択について著作者自ら決めることができるようにするための権利である。公衆への提供または提示について、支分権に該当する著作物の利用行為に限定されないことについては公表権と同様である[144]。

　著作物を利用する者は、その著作者の別段の意思表示がない限り、その著作物につき、すでに著作者が表示しているところに従って著作者名を表示することができる（著作19条2項）。例えば、著作者がすでに、変名（ペンネーム）で著作者名を表示している場合は、改めて、ペンネームにするか実名にするかを著作者に確認することは不要ということになる[145]。

　近時、著作権法19条2項に関し最高裁が判断を示した裁判例として、リツイート事件[146]がある。同事件は、Twitter（現X）のリツイート（現リポスト）機能を使用するにあたり、元画像の一部がトリミングされた形でインラインリンクが設定されたため、Twitterのタイムライン上で、元画像に表示されていた著作者名を含む部分が表示されなくなったことについて、氏名表示権侵害が成立するかが争われた。

　最高裁は、リツイートによりリツイートをしたユーザが元写真の氏名表示をしなかったとした[147]。そのうえで、リツイート記事中のトリミングされた画像をクリックすれば、氏名表示部分がある元画像を見ることができるとの主張に

---

144)　前掲143)。
145)　加戸177頁参照。
146)　前掲143)。
147)　なお、問題となったトリミングは、Twitterの仕様上生じるが、最高裁は、括弧書で「このような画像の表示の仕方は、ツイッターのシステムの仕様によるものであるが、他方で、本件各リツイート者は、それを認識しているか否かにかかわらず、そのようなシステムを利用して本件各リツイートを行っており、上記の事態は、客観的には、その本件各リツイート者の行為によって現実に生ずるに至ったことが明らかである」としている。

第1章　著作権法による著作権・著作者人格権・著作隣接権の保護　　391

対して、そうであったとしても、リツイートにより表示された画像が表示されているウェブページとは別個のウェブページに本件氏名表示部分があるというにとどまり、ユーザが表示されている画像をクリックしない限り、著作者名の表示を目にすることはないことや、ユーザが表示されている画像を通常クリックするといえるような事情もうかがわれないことから、当該事情をもってリツイートをしたユーザが著作者名を表示したことになるものではないとして、氏名表示権侵害を肯定した。

同事件の特殊性として、発信者情報開示請求訴訟として行われた点があり（発信者情報開示請求訴訟については後記 **X** **7**【1】**コラム** を参照）、判決が有する影響力（射程）については明らかではない。また、同判決には、林景一判事の反対意見および戸倉三郎判事の補足意見が付されているなど、判決の内容には賛否がある。

著作者名の表示は、著作物の利用の目的および態様に照らし著作者が創作者であることを主張する利益を害するおそれがないと認められるときは、公正な慣行に反しない限り、省略することができる（著作19条3項）。例えば、演奏会で音楽をメドレーで演奏するような場合、演奏中に著作者名を場内でアナウンスするのは無理であるとしても、配布するプログラムに記載するという慣行があるとすれば、そのような慣行に反してプログラムへの記載も行わないということはできないものとされる[148]。

広告、雑誌、新聞等に使われる写真と氏名表示権の関係については議論がある[149]。

4 同一性保持権

著作者は、その著作物およびその題号の同一性を保持する権利を有し、その意に反してこれらの変更、切除その他の改変を受けないものとする（同一性保持権。著作20条）。著作物が意に反して改変されることを防ぐための権利であ

---

148)　　加戸177〜178頁参照。

149)　　加戸178頁、中山・著作権628頁参照。裁判例として、大阪地判平成17年1月17日判時1913号154頁〔セキスイツーユーホーム事件〕等を参照。

392　　第5編　著作権法による表現の保護

る。

　「意に反して」は、著作者の主観的意図に反するかどうかにより決まると解するのが一般的である[150]。例えば、学術論文における送り仮名の変更、読点の削除等についても、意に反する改変であるとして、同一性保持権侵害が認められた裁判例[151]がある。

　また、同一性保持権侵害について、著名な最高裁裁判例として、恋愛シミュレーションゲームの「ときめきメモリアル」で使用される能力値のパラメータを記録したメモリカードを販売したという事例において、当該メモリカードの使用によって、当該ゲームソフトで設定されたパラメータによって表現される主人公の人物像が改変される結果、ゲームのストーリーが本来予定された範囲を超えて展開され、ストーリーの改変をもたらすことになり、当該メモリカードの使用により、当該ゲームの同一性保持権が侵害されたものということができるとされた事件[152]がある。

　他方で、権利濫用[153]や事実たる慣習の存在[154]を根拠に同一性保持権侵害を否定している例もある。

　次の改変については、同一性保持権侵害にならない（著作20条2項各号）。

① 後記 **Ⅹ 8** の著作権法33条1項、33条の2第1項、33条の3第1項、34条1項の規定により著作物を利用する場合における「用字又は用語の変更その他の改変で、学校教育の目的上やむを得ないと認められるもの」については同一性保持権侵害とならない。

② 「建築物の増築、改築、修繕又は模様替えによる改変」についても、同一

---

150)　中山・著作権642～644頁等。
151)　東京高判平成3年12月19日知的裁集23巻3号823頁〔法政大学懸賞論文事件〕。
152)　最判平成13年2月13日民集55巻1号87頁〔ときめきメモリアル事件〕。同事例では、ユーザによるメモリカードの使用を同一性保持権侵害であると構成したうえで、専ら当該ゲームソフトの改変のみを目的とするメモリーカードを販売し、他人の使用を意図して流通に置いた者は、他人の使用による同一性保持権の侵害を惹起したものとして、不法行為に基づく損害賠償責任を負うとした。
153)　東京地判平成8年2月23日知的裁集28巻1号54頁〔やっぱりブスが好き事件〕。
154)　東京高判平成10年8月4日判時1667号131頁〔俳句添削事件〕。

第1章　著作権法による著作権・著作者人格権・著作隣接権の保護　　393

性保持権侵害にならない。もっとも、「経済的・実用的観点から必要な範囲の増改築」のみが許容され、「個人的な嗜好に基づく恣意的な改変や必要な範囲を超えた改変」は許容されないとする裁判例が存在するが[155]、そのような制限について「同号の文言上、そのような要件を課していないことに加え、著作物性のある建築物の所有者が、同一性保持権の侵害とならないよう増改築等ができるのは、経済的、実用的な観点から必要な範囲の増改築であり、かつ、個人的な嗜好に基づく恣意的な改変ではない場合に限られるとすることは、建築物所有者の権利に不合理な制約を加えるものであり、相当ではない」とこれを明示的に否定する裁判例も存在する[156]。

③ 「特定の電子計算機においては利用し得ないプログラムの著作物を当該電子計算機において利用し得るようにするため、又はプログラムの著作物を電子計算機においてより効果的に利用し得るようにするために必要な改変」についても、同一性保持権侵害とならない。

④ その他、「著作物の性質並びにその利用の目的及び態様に照らしやむを得ないと認められる改変」についても同一性保持権侵害とならない。

　④の例として、例えば、カラーの絵画について、印刷技術上の制約上、原作の色彩が再現できない場合や演奏技術が未熟で、音楽を譜面のとおりに演奏できないような場合等が典型例とされている[157]。過去の裁判例[158]では、例えば、醜く描写されており名誉感情を侵害するおそれがあるイラストを引用する際に目隠しをしたうえで引用したのは相当な方法であるとして、「やむを得ない改変」であると認められた例がある。近時の裁判例では、Twitter（現X）によるリツイート（現リポスト）について、仕様上タイムラインの表示が一部トリミ

---

155)　東京地決平成15年6月11日判時1840号106頁〔ノグチ・ルーム事件〕。なお、同裁判例は、申立適格を否定しているため、この点は傍論である。

156)　大阪地決平成25年9月6日判時2222号93頁〔新梅田シティ事件〕。

157)　加戸187頁参照。

158)　東京高判平成12年4月25日判時1724号124頁〔脱ゴーマニズム宣言事件（控訴審）〕。他方、漫画のコマの配置を変更した点については、コマを読む順に変更はないとしても、レイアウトの都合を不当に重視して、原カットにおける控訴人の表現を不当に軽視したものであるとして、「やむを得ない改変」には当たらないとした。

ングされ、画像の一部のみが表示されることについて、「やむを得ない改変」であると認められた例がある[159]。

> **コラム** リンクと著作権侵害
>
> 　あるサイトから別のサイトにリンクをした場合でも、リンク先のサイトのコンテンツは、リンク先からユーザに対して直接送信されることになるため、複製や公衆送信等は行われず、著作権侵害の問題は生じないのが原則である[160]。もっとも、リンクの態様次第では、リンク先サイトの著作者名の表示が見えなくなって氏名表示権侵害の問題が生じたり、コンテンツの一部が表示されない形になり、同一性保持権侵害の問題が生じる可能性がある。
>
> 　また、リンク先のコンテンツが違法に公衆送信された動画であったような場合について、そのような動画にリンクを貼る行為について、幇助による不法行為責任（民719条2項）を負う可能性もある[161]ので留意が必要である。
>
> 　なお、リーチサイト・リーチアプリについては、令和2年改正により、みなし侵害規定が追加された（後記 **XI** **2** を参照）。

5 「名誉又は声望を害する」行為

　「著作者の名誉又は声望を害する方法によりその著作物を利用する行為は、その著作者人格権を侵害する行為とみな」される（著作113条11項）。

　ここで、「名誉又は声望」とは、主観的な名誉感情ではなく、社会的・外部

---

159)　知財高判令和4年10月19日判時2575号39頁〔トレース指摘ツイート事件〕。もっとも、最判令和2年7月21日民集74巻4号1407頁〔リツイート事件（最高裁）〕の原審判決である知財高判平成30年4月25日判時2382号24頁〔リツイート事件（控訴審）〕では、類似の事案で「やむを得ない改変」該当性を否定して、同一性保持権侵害を認めている。

160)　知財高判平成30年4月25日判時2382号24頁〔リツイート事件（控訴審）〕。

161)　大阪地判平成25年6月20日判時2218号112頁〔ロケットニュース24事件〕参照。同事件では、結論としては、違法アップロードされた動画であることを認識した時点で直ちにリンクを削除しているものとして、責任は否定している。

的な評価を指すとされる[162]。例えば、芸術作品である裸体画を風俗店の看板等に使うような場合等が典型例である[163]。

6 著作者人格権の処分、著作者の死亡後の処理

【1】著作者人格権の処分

「著作者人格権は、著作者の一身に専属し、譲渡することができない」（著作59条）。

また、一切の著作者人格権を財産権と同様の意味で放棄することもできないと解されている[164]ため、実務上は、便法として、著作者人格権を「行使しない」とする合意が幅広く活用されている。

実務上、特に問題になるのは、同一性保持権である。あらかじめ改変の態様を明示したうえで、当該態様について、著作者人格権を行使しないとの合意をしておけば、当該態様で使う限り問題はない[165]。

問題なのは、包括的な著作者人格権不行使合意があれば、いかなる改変をしても許されるのかである。例えば、包括的な著作者人格権不行使合意があったとしても、著作者の名誉または声望を害する方法によりその著作物を利用する行為までは許されていると解してよいかは問題がある[166]。

【2】著作者の死亡後の処理

著作者人格権は、人格権であるため、死亡により消滅し、相続はされない。もっとも、著作者の死後も人格権を実質的に保護するため、「著作物を公衆に提供し、又は提示する者は、その著作物の著作者が存しなくなった後においても、著作者が存しているとしたならばその著作者人格権の侵害となるべき行為

---

162)　中山・著作権662頁。

163)　加戸873頁。

164)　中山・著作権600〜608頁参照。

165)　承諾の範囲内であるかが問題になった事例として、東京高判平成11年9月21日判時1702号140頁〔恐竜イラスト事件〕がある。

166)　中山・著作権607〜608頁参照。

をしてはならない」ものとされている[167]（著作60条）。

　著作者の死後においては、その「遺族」[168]死亡した著作者の「配偶者、子、父母、孫、祖父母又は兄弟姉妹」）は、当該著作者について著作権法60条に違反する行為をする者に対し、差止請求権（著作112条）を行使でき、故意または過失がある場合には、名誉回復措置請求（著作115条）もできる（著作116条1項）。

コラム　観音像の頭部のすげ替えと著作者人格権

　裁判例には、東京大空襲により焼失した観音像を復興したところ、観音像の目が見開いた状態で、驚いたような、睨みつけるようなものとなっていたことに違和感を感じた住職の依頼により、当該観音像の作成者の死亡後、頭部がすげ替えられたことが問題となった事件がある（後記［**図表7**］参照）[169]。

　知財高裁は、同事件における頭部のすげ替えが、観音像の作成者が生存しているとしたならばその同一性保持権を侵害する行為であり、「著作者の名誉又は声望を害する方法によりその著作物を利用する行為」に該当すると判断し、原告（観音像の制作者の末弟）に対し、著作権法115条に規定する「著作者若しくは実演家の名誉若しくは声望を回復するために適当な措置」等として、事実経緯を説明するための広告措置を求めることができると判断した。

　本裁判例は、（広義の）美術作品について、著作者の死亡後に名誉回復措置請求が認められた点や、すげ替えられた観音像の頭部の表情に対しては、信者や拝観者の中に、違和感を覚えるなどの感想を述べる者や、慈悲深い表情とするよう善処を求める者がいたことを認定し、住職の依頼の背景を認識しながら、なお請求が認められた点、同事件

167）　「ただし、その行為の性質及び程度、社会的事情の変動その他によりその行為が当該著作者の意を害しないと認められる場合は、この限りでない」（著作60条但書き）。

168）　著作者は、遺言により、遺族に代えて著作権法116条1項の請求をすることができる者を指定することができる（著作116条3項）。

169）　知財高判平成22年3月25日判時2086号114頁〔観音仏頭部すげ替え事件（控訴審）〕。

第1章　著作権法による著作権・著作者人格権・著作隣接権の保護　　397

の一審[170]において東京地裁が認めていたすげ替えた観音像の頭部を元に戻す原状回復措置を「適当な措置」とはいえないとし、事実経緯を説明するための広告措置を認めた点など、特徴的な点が多い。

図表7　観音仏頭部すげ替え事件[171]

【すげ替え後の頭部】　　　【すげ替え前の頭部】

VIII 著作隣接権の内容

　著作隣接権は、著作物を公衆に伝達するのに寄与している、①実演家、②レコード製作者、③放送事業者、有線放送事業者を保護するための権利である。実演とは、「著作物を、演劇的に演じ、舞い、演奏し、歌い、口演し、朗詠し、又はその他の方法により演ずること」[172]をいう（著作2条1項3号）。実演家とは、「俳優、舞踊家、演奏家、歌手その他実演を行う者及び実演を指揮し、又は演出する者」である（著作2条1項4号）。例えば、音楽CDであれば、作

---

170)　東京地判平成21年5月28日裁判所ウェブサイト平成19年（ワ）第23883号〔観音仏頭部すげ替え事件（第一審）〕。
171)　画像の出所：いずれも同判決別紙。
172)　これらに類する行為で、著作物を演じないが芸能的な性質を有するものを含む。

詞・作曲をしている著作者[173]とは別に、歌を歌う歌手や演奏をするバンドメンバー等が実演家に当たる。

レコードとは、「蓄音機用音盤、録音テープその他の物に音を固定したもの」をいい、CD等も含まれる（著作2条1項5号）。レコード製作者とは、「レコードに固定されている音を最初に固定した者」をいう（著作2条1項6号）。レコード会社が自社でレコード原盤を制作する場合には、レコード会社がレコード製作者になる。

放送事業者は、テレビやラジオの放送局等であり、有線放送事業者は、CATV事業者や店舗等のBGM等で利用される有線音楽放送事業者等である（著作2条1項8号～9号の3）。

厳密には、差止請求権（著作112条）が認められるもののみが著作隣接権と呼ばれる（著作89条6項）。これとは別に、差止請求権が認められず、単に報酬および二次的使用料を受けることができる権利[174]がある。

また、実演家には、実演家人格権が認められている[175]。実演家人格権は、氏名表示権（著作90条の2）と同一性保持権（著作90条の3）であるが、同一性保持権については、著作権と異なり、意に反する改変ではなく、「自己の名誉又は声望を害するその実演の変更、切除その他の改変」を受けることのない権利となっている。

報酬・二次的使用料請求権や実演家人格権を除いた、著作隣接権（差止請求権が認められるもの）の概要を整理すると、以下のとおりである。

---

173)　なお、作詞家・作曲家の著作権については、音楽出版社に譲渡されており、音楽出版社は、当該著作権をJASRAC等の著作権管理事業者に信託譲渡している例が多い。

174)　実演家およびレコード製作者について、商業用レコードを用いた放送・有線放送の二次的使用料請求権（著作95条、97条）および発売後2年目以降の商業用レコードの貸与報酬請求権（著作95条の3第3項、97条の3第3項）。実演家について、放送される実演の有線放送に対する報酬請求権（著作94条の2）、リピート放送・ネットワーク放送に対する報酬請求権（著作93条の2）。

175)　著作権法の章立てとしては、報酬・二次的使用料請求権や実演家人格権についても、第4章著作隣接権という項目で規定されている。

[図表8] 差止請求権が認められる著作隣接権の概要

主体	権利の種類	概要
実演家	録音・録画権（91条）	「実演を録音し、又は録画する権利」
	放送・有線放送権（92条）	「実演を放送し、又は有線放送する権利」
	送信可能化権（92条の2）	「実演を送信可能化する権利」
	譲渡権（95条の2）	「実演をその録音物又は録画物の譲渡により公衆に提供する権利」
	貸与権[176] （95条の3）	「実演をそれが録音されている商業用レコードの貸与により公衆に提供する権利」
レコード製作者	複製権（96条）	「レコードを複製する権利」
	送信可能化権（96条の2）	「レコードを送信可能化する権利」
	譲渡権（97条の2）	「レコードをその複製物の譲渡により公衆に提供する権利」
	貸与権[177] 97条の3）	「レコードをそれが複製されている商業用レコードの貸与により公衆に提供する権利」
放送事業者	複製権（98条）	「放送又はこれを受信して行なう有線放送を受信して、その放送に係る音又は影像を録音し、録画し、又は写真その他これに類似する方法により複製する権利」
	再放送・有線放送権（99条）	「放送を受信してこれを再放送し、又は有線放送する権利」
	送信可能化権（99条の2）	「放送又はこれを受信して行う有線放送を受信して、その放送を送信可能化する権利」

---

176) 　発売後1年以内に限られる。2年目以降は報酬請求権となる（著作95条の3第2項、3項）。

177) 　発売後1年以内に限られる。2年目以降は報酬請求権となる（著作97条の3第2項、3項）。

	テレビジョン放送の伝達権（100条）	「テレビジョン放送又はこれを受信して行なう有線放送を受信して、影像を拡大する特別の装置を用いてその放送を公に伝達する権利」
有線放送事業者	複製権（100条の2）	「有線放送を受信して、その有線放送に係る音又は影像を録音し、録画し、又は写真その他これに類似する方法により複製する権利」
	放送権・再有線放送権（100条の3）	「有線放送を受信してこれを放送し、又は再有線放送する権利」
	送信可能化権（100条の4）	「有線放送を受信してこれを送信可能化する権利」
	有線テレビジョン放送の伝達権（100条の5）	「有線テレビジョン放送を受信して、影像を拡大する特別の装置を用いてその有線放送を公に伝達する権利」

コラム　ワンチャンス主義

　実演家の著作隣接権については、いわゆるワンチャンス主義が採用されており、最初に許諾を与えた場合、その後の利用行為には原則として権利が及ばないものとされている。多数の実演家の権利の保護が続いて権利処理が複雑になり、利用が妨げられることを防ぐための制度である。実演家の保護としても、最初の許諾時にまとめて、条件の交渉をすることができるはずであるので不都合はないものと考えられている。

　ワンチャンス主義の例を、録音・録画権の例で説明しておく。

　例えば、劇場で上映される映画に自らの実演の録画を許諾した俳優は、その映画のDVDについては、録音・録画権を行使できない（著作91条2項）。

　他方で、テレビ番組の「放送」自体への許諾は、録音・録画への許

第1章　著作権法による著作権・著作者人格権・著作隣接権の保護　　401

諾とはならない（著作103条、63条4項）ため、テレビ番組の放送の許
諾をしたタレントは、ワンチャンス主義の下でも、当該テレビ番組の
DVDについて、録音・録画権を依然として行使することができる。
　なお、放送の場合、放送への許諾さえあれば、実演を「放送のため
に」録音し、または録画することは著作権法93条1項の規定により
可能であるため、放送自体への許諾のみがあれば放送には支障はない
ことになる。

IX　著作権の保護期間

　著作権の保護期間は、これまで数次の改正を経てきて延長されてきているた
め、古い著作物の保護期間を計算するためには、本来、旧法、昭和45年改正
法、平成8年改正法、平成15年改正法および環太平洋パートナーシップ協定
の締結に伴う関係法律の整備による平成30年改正法の保護期間について理解
しておく必要がある[178]が、本書では、現行法のルールのみを解説しておく。

　現行法上は、原則として、創作時から、著作者の死後70年である（著作51
条）。

　無名または変名の著作物の著作権は、その著作物の公表後70年である（著作
52条1項）。

　法人その他の団体が著作の名義を有する著作物の著作権は、その著作物の公
表後70年（その著作物がその創作後70年以内に公表されなかったときは、その創作
後70年）である（著作53条1項）。

　映画の著作物の著作権の保護期間は、その著作物の公表後70年（その著作物
がその創作後70年以内に公表されなかったときは、その創作後70年）である（著作

---

178)　なお、経過規定により、延長時点ですでに保護期間が満了していれば、著作権の保
　　護が復活することはないが、まだ存続中のものには延長された保護期間が適用される
　　ことになる。この関係で、1953年に公表された映画の著作物が、平成15年改正に伴
　　う延長の対象になるか議論された事件として、最判平成19年12月18日民集61巻9号
　　3460頁〔シェーン事件〕がある。また、旧法下における映画の著作物の保護期間が問
　　題となった事件として、最判平成21年10月8日判時2064号120頁〔チャップリン事
　　件〕参照。

402　　第5編　著作権法による表現の保護

54条1項）。

　継続的刊行物の公表時期については、①「冊、号又は回を追つて公表する著作物については、毎冊、毎号又は毎回の公表の時による」ものとし、②「一部分ずつを逐次公表して完成する著作物については、最終部分の公表の時による」ものとするとされている（著作56条1項）。①の例は、新聞・雑誌等のように全部の公表が終わる時期が予定されていないものであり、②の例は、数巻にわたり逐次刊行して完結する百科事典等のようにいつかは全部の公表が終わることが予定されているものであるとされる[179]。

　期間の具体的な計算方法としては、著作者が死亡した日または著作物が公表もしくは創作された日のそれぞれ属する年の翌年の1月1日から起算することになる（著作57条）。例えば、現行法を前提とすると、2016年5月1日に著作者が死亡した場合、2017年1月1日から起算して50年の2066年12月31日まで著作権の保護期間が存続することになる。

　著作権の保護期間については、相互主義が採用されており、ベルヌ条約等により保護される著作物については、その本国において定められる著作権の存続期間が日本の著作権法上の著作権の存続期間より短いものについては、その本国において定められる著作権の存続期間によることになる（著作58条）。

コラム　戦時加算

　サンフランシスコ平和条約上の義務を果たすために制定された、連合国及び連合国民の著作権の特例に関する法律4条により、連合国民の著作権については、昭和16年12月8日（太平洋戦争開戦日）から日本国と当該連合国との間に日本国との平和条約が効力を生ずる日の前日までの期間が保護期間として加算される。戦時中は、日本は連合国民の著作権を保護していなかったものとみなしてこのような制度が採用されている。

　平和条約締結日は各国ごとに異なるが、例えば、アメリカの例では3,794日が保護期間に加算される。

---

179)　　加戸473〜474頁参照。

第1章　著作権法による著作権・著作者人格権・著作隣接権の保護　　403

コラム 「一部分ずつを逐次公表して完成する著作物」と連載漫画

　著作権法56条1項は、「一部分ずつを逐次公表して完成する著作物については、最終部分の公表の時」を保護期間の始期とするが、上記に記載した例のほか、何が「逐次公表して完成する著作物」（逐次公表著作物）に当たるかが判断しづらい例も多い。連載漫画である「POPEYE」（第1回作品が公表されたのは1929年1月17日）の著作権侵害が問題となったPOPEYEネクタイ事件[180]では、「一話完結形式の連載漫画においては…後続の漫画は…先行する漫画を原著作物とする二次的著作物と解される。そして、二次的著作物の著作権は、二次的著作物において新たに付与された創作的部分のみについて生じ、原著作物と共通しその実質を同じくする部分には生じないと解するのが相当である」「そうすると、著作権の保護期間は、各著作物ごとにそれぞれ独立して進行するものではあるが、後続の漫画に登場する人物が、先行する漫画に登場する人物と同一と認められる限り、当該登場人物については、最初に掲載された漫画の著作権の保護期間によるべき」であるとした。すなわち、「POPEYE」の場合には、逐次公表著作物には当たらず、連載漫画1話1話ごとに保護期間が起算されることになる。「POPEYE」の場合、大まかな設定や登場人物等の共通要素はあったものの、1話ごとに楽しめるタイプの漫画であったため、上記の判断は穏当なものと思われるが[181]、逐次公表型の作品と、一話完結型の作品の境界は必ずしも明確ではない。

---

180)　最判平成9年7月17日民集51巻6号2714頁〔POPEYEネクタイ事件〕。

181)　田村善之『著作権法概説』（有斐閣、第2版、2001）279〜280頁。

X 著作権の権利制限規定

1 権利制限規定総論

著作権法30条以下には、権利制限規定が定められており、これらに該当すれば、著作権侵害とはならない。そこで、許諾を得る必要があるかの判断を行うにあたっては、個別にそれぞれの権利制限規定の要件を充足するかどうかについてあらかじめ検討することになる。また、著作権侵害であるとして紛争になった場合には、権利制限規定に該当することは、侵害を争う者が抗弁として主張することになる。

以下で説明する権利制限規定は、あくまで著作財産権に関するものであり、著作者人格権には及ばない（著作50条）ことには留意が必要である。著作者人格権については、すでに説明した各例外を充足する必要がある。

コラム フェアユース

フェアユースは、アメリカ著作権法で認められている権利制限の一般規定である[182]。アメリカ著作権法においては、個別の権利制限規定も設けられているが、個別の権利制限規定に該当するか否かを問わず、フェアユースに該当すれば、著作物の利用は適法であるとされる。

フェアユースを認めた著名なアメリカの裁判例として、Google Books 事件[183]がある。

---

[182] アメリカ著作権法107条は、個別の事案におけるフェアユースの成否に関する考慮要素には、①利用の目的・性質、②著作物の性質、③著作物全体との関係における利用部分の量および実質、④著作物の利用行為が、著作物の潜在的市場または価値に与える影響が含まれるとしている。アメリカ著作権法上のフェアユースについては、上村哲史＝齋藤浩貴編著『情報・コンテンツの公正利用の実務』〔田中浩之〕（青林書院、2016）108頁以下を参照。

[183] Authors Guild v. Google, Inc., 804 F.3d 202 (2nd Cir. 2015)。なお、2016年4月18日、連邦最高裁は、原告らによる裁量上訴の申立てを受理しない決定を下したため、同控訴審判決が確定した。

第1章　著作権法による著作権・著作者人格権・著作隣接権の保護　　405

日本においては、著作権法上、アメリカ同様のフェアユース規定の
導入が議論されたが、その導入は見送られ、著作権法の改正は、個別
規定の追加という形にとどまった。また、判例上も、フェアユースの
法理は認められておらず、あくまで、個別の条文の文言解釈による解
決を行うことになる。

　したがって、日本においては、フェアユースの法理に依拠するので
はなく、支分権の定義に関する条文や個別の権利制限規定の文言解釈
を通じて、著作権侵害に当たらないことを根拠づける必要がある。そ
の意味では、柔軟性に欠けるところがあるが、権利制限規定が存在す
る特定の場面においては、裁判を経ることなく結論を出しやすい面が
ある。

② 私的複製

　著作物は、「個人的に又は家庭内その他これに準ずる限られた範囲内におい
て使用すること」（「私的使用」）を目的とするときは、その使用する者が複製す
ることができる（著作30条1項）。

　典型例は、借りたCDを個人や家族で楽しむために、自ら、PCや音楽プレ
イヤーに録音すること等である。

　「個人的に又は家庭内その他これに準ずる限られた範囲内において使用する
こと」であるため、一般論としては、企業その他の団体内部での複製について
は、原則として、私的複製に当たらない場合が多いと解される[184]。もっとも、
ケース・バイ・ケースで判断されることになる。

　また、何らかの複製行為が行われるサービスについては、複製の主体は企業
ではなく個人であるとして、企業側が私的複製を抗弁として主張する場合があ
る。

　以下の場合には、私的複製であっても許されない。

---

[184]　中山・著作権364頁参照。裁判例として、東京地判昭和52年7月22日判タ369号
　　　268頁〔舞台装置設計図事件〕。

406　　第5編　著作権法による表現の保護

①「公衆の使用に供することを目的として設置されている自動複製機器（複製の機能を有し、これに関する装置の全部又は主要な部分が自動化されている機器）」を用いて複製する場合は、私的複製であっても、複製権侵害となる（著作30条1項1号）。店舗に設置されたダビング機でビデオをダビングするような行為が典型例として想定されている。コンビニエンスストア等に設置されているコピー機でのコピーについては、附則5条の2により、当分の間は本号は適用されないものとされているため、私的使用として許されている[185]。

②「技術的保護手段の回避」「により可能となり、又はその結果に障害が生じないようになつた複製を、その事実を知りながら行う場合」は、私的複製であっても、複製権侵害となる（著作30条1項2号）。コピープロテクションを外すことでコピー可能になっていることを知りつつ、コピーするような場合である。

③「著作権を侵害する自動公衆送信（国外で行われる自動公衆送信であって、国内で行われたとしたならば著作権の侵害となるべきものを含む。）を受信して行うデジタル方式の録音又は録画（「特定侵害録音録画」という。）を、特定侵害録音録画であることを知りながら行う場合」は、私的複製であっても、複製権侵害となる（著作30条1項3号）。例えば、音楽や動画を著作権者に無断で第三者がダウンロードできる形でアップロードする行為は、複製権および公衆送信権の侵害となるが、これを個人的に楽しむためにダウンロードする行為は、私的複製に当たる。しかし、本号により、違法アップロードされた動画・音楽であると知りつつ、ダウンロードした場合には、私的複製では救済されないことになる。民事上は、保護対象となる著作物である動画・音楽等が有償であるか無償であるかは問われないが、刑事罰については、有償のものに限定されている（著作119条3項）。

④「著作権」「を侵害する自動公衆送信」「を受信して行うデジタル方式の複製（録音及び録画を除く。）」（当該著作権に係る著作物のうち当該複製がされる部分の

---

185) 元々、家庭にコピー機能がある機器が普及しておらず、店のコピー機を使わざるを得なかったことから定められた規定であるが、コピー機能のある家庭用プリンタが普及した現代でも維持されている。

第1章 著作権法による著作権・著作者人格権・著作隣接権の保護　　407

占める割合、当該部分が自動公衆送信される際の表示の精度その他の要素に照らし軽微なものを除く。以下「特定侵害複製」という。）を、」「特定侵害複製であることを知りながら行う場合」は、一定の場合を除いて、私的複製であっても、複製権侵害となる（著作30条1項4号）。インターネット上の海賊版対策の強化を目的に、令和2年改正時に追加された規定であり、侵害コンテンツのダウンロード違法化の範囲を上記③から拡張するものであるが、国民による正当な情報収集等への萎縮を防止するために、さまざまな工夫がなされていることに注意を要する。

　まず、対象となる侵害コンテンツは、③と異なり、録音・録画が問題となるコンテンツ以外となる。したがって、静止画や漫画、プログラム等がこれに含まれることになる。もっとも、「第28条に規定する権利（翻訳以外の方法により創作された二次的著作物に係るものに限る。）」は侵害コンテンツの対象から除かれる。これは、二次創作・パロディのダウンロードを違法化対象から除外するものであり、「翻訳以外の方法により創作された」とは、翻訳された海外版の漫画等対象から除外しないことを意図している。

　また、本規定で複製権侵害となる私的複製は、「特定侵害複製」に限られる。「特定侵害複製」は、録音または録画以外のデジタル方式の複製が含まれる。侵害コンテンツに関する録音および録画については③の対象となる。また、「特定侵害複製」は、「当該著作権に係る著作物のうち当該複製がされる部分の占める割合、当該部分が自動公衆送信される際の表示の精度その他の要素に照らし軽微なもの」が除かれる。軽微な複製の例としては、数十ページで構成される漫画の1コマ〜数コマのダウンロードや、長文で構成される論文や新聞記事などの1行〜数行のダウンロード、サムネイル画像のダウンロードなどが挙げられる。

　さらに、仮に特定侵害複製を、そうと知りながら行う場合であっても、「当該著作物の種類及び用途並びに当該特定侵害複製の態様に照らし著作権者の利益を不当に害しないと認められる特別な事情がある場合」には、私的複製による権利制限が認められる。当該特別な事情の有無を判断するにあたっては、著作物の種類・経済的価値などを踏まえた保護の必要性の程度と、ダウンロードの目的・必要性などを含めた態様という2つの要素の衡量を行う必要がある。

特別な事情の例としては、詐欺集団の作成した詐欺マニュアル（著作物）が、被害者救済団体によって告発サイトに無断掲載（違法アップロード）されている場合に、それを自分や家族を守る目的でダウンロードする行為などが挙げられる。なお、特別の事情の立証責任は、侵害コンテンツをダウンロードした者にある。

　④についても、③同様、民事上は、保護対象となる著作物である動画・音楽等が有償であるか無償であるかは問われないが、刑事罰については、有償のものに限定されている（著作119条3項）。また、③、④については、それぞれ違法な複製行為であることを重過失により知らなかった場合は含まれない（著作30条2項）。

> **コラム** 違法ダウンロードと著作権の「寛容的利用」
>
> 　デジタル技術やインターネットの発達により、海賊版コンテンツがコンテンツ産業に与える損害は年々増加し、現在では莫大な金額であると試算されている[186]。このような状況の中で、2019年から2020年にかけて、海賊版対策の名の下、違法となるダウンロードの対象を複製行為一般に拡大する法改正が企図された。しかしながら、このような案法改正については、学者や政治家のほか、権利者側からも強い反発がなされ頓挫し、最終的には上記の改正内容に落ち着くに至った。
>
> 　この議論の際に問題視されたのが、ダウンロード違法化の対象拡大により、著作物の「寛容的利用」により醸成されている均衡が崩れるとの懸念であった。現在では、スマートフォンやコンピュータなどで、さまざまなコンテンツが絶えず利用されているが、そのような利用行為には、厳密には著作権侵害となり得る行為が多く含まれている。例えば、企業内での著作物の複製は私的複製には当たらず、引用（著作32条）や検討の過程における利用（著作30条の3）などに当たら

---

186)　一般社団法人コンテンツ海外流通促進機構（CODA）が公表している「令和4年度海賊版被害額調査事業最終報告書」によれば、2022年のオンライン上で流通する日本コンテンツの海賊版の被害額は、約1兆9,500億円～2兆2,020億円であるとされている。

なければ著作権侵害行為になってしまうし、いわゆるコミケでは、大量の「二次創作」が公然と販売されており、現在では日本の「文化」とさえいい得る存在感を持つが、「二次創作」の多くは権利者の許諾を受けずに制作・販売されている。

前記 **1 コラム** でも記載したとおり、日本にはフェアユースに相当する権利制限の一般条項は存在せず、厳密には著作権侵害となり得る行為が日常的に頻発しているものと思われるものの、それらのほとんどは、著作権者が問題視をしておらず、いわば黙認されている状況にあり（寛容的利用）、そのために、日本社会は（海賊版の問題は重大な問題ではある者の）コンテンツの利用について根本的な問題に直面することが暫定的に避けられているとする指摘である。

このような「寛容的利用」の存在については、文化庁も明示的に認識をしており[187]、実務上も、著作物の利用について検討する際の重要な視点となる[188]。

コラム 私的録音・録画補償金制度

著作権法30条3項により、私的録音・録画について、著作権者には補償金請求権が発生する。私的録音・録画による著作権者の経済的損失をカバーする趣旨である。

補償金は、例えば、DVD等の記録媒体の代金に上乗せする形で記録媒体のメーカーが徴収し、指定管理団体を通じて、権利者に分配されるという方式が採用されている。

当該記録媒体は著作物の録音・録画に使われるとは限らない（例えば、野鳥の声を録音したり、子どもの成長記録のビデオ撮影に使うような

---

187) 文化庁著作権課「侵害コンテンツのダウンロード違法化に関するQ＆A（基本的な考え方）」（2020年3月10日）問4参照。

188) 改正時の動向や、寛容的利用について、田村善之「ダウンロード違法化拡大になぜ反対しなければならなかったのか？—インターネット時代の著作権法における寛容的利用の意義」田村善之編『知財とパブリック・ドメイン第2巻：著作権法篇』（勁草書房、2023）83〜99頁に詳しい。

410 第5編 著作権法による表現の保護

場合）のであるが、便宜上、一律上乗せする形で徴収されており、別途返還制度を設けて、著作物の録音・録画に使われなかった場合には返還をするという建前になっている。

　対象機器をどこまで広げるべきなのか、そもそも現在において制度自体に合理性があるのか等さまざまな議論がされている[189]制度である。

❸ 付随対象著作物の利用

　写真等に意図せずに写り込んでしまった著作物についてまで、当該複製行為等について個別的に権利処理をすることは現実的でなく、そのような行為であれば著作権者の利益も大きく害されることはないとの趣旨で平成24年改正により設けられた規定である（著作30条の2）。当該改正時点では、写真の撮影、録音または録画の方法によって著作物を創作するにあたって、撮影等の対象から分離が困難であるために付随して対象となった著作物（「付随対象著作物」。ただし、撮影した写真等における軽微な構成部分となるものに限られる）を、当該創作に伴って複製または翻案することができるものと規定されており、対象となる行為の類型（撮影、録音または録画）および内容（創作性の認められる行為）ならびに付随対象著作物の内容（メインの被写体に分離困難に付随するもの）に限定がなされていた。

　しかし、このような規定ぶりでは、デジタル化・ネットワーク化の進展に伴うさまざまなコンテンツの利用形態に十分に対応できないとして、令和2年改正により本規定の対象範囲の拡大が行われた。この改正によって、対象となる行為の類型は、「写真の撮影、録音、録画、放送その他これらと同様に事物の影像又は音を複製し、又は複製を伴うことなく伝達する行為」（複製伝達行為）

---

189)　中山・著作権381頁以下参照。裁判例として、知財高判平成23年12月22日判時2145号75頁〔東芝私的録画補償金事件〕も参照。なお、令和4年の著作権法施行令によって、アナログチューナーを搭載しないブルーレイディスクレコーダーが私的録画補償金制度の対象機器に追加された（著作令1条2項5号）。この際行われたパブリックコメントでは、約1か月の期間内に2,406件のパブリックコメントが提出されている。https://www.bunka.go.jp/koho_hodo_oshirase/hodohappyo/93781701.html。

とされ、スクリーンショットや生配信、CG化等も含まれることとなった。また、行為の内容についても、「複製伝達行為に伴つて、いずれの方法によるかを問わず、利用することができる」と、創作性の認められる行為への限定がなくなったため、仮にスクリーンショット等に創作性が認められなかったとしても、本規定の適用を受けることが可能となった。

　また、対象となる著作物については、メインの被写体に「付随して対象となる事物又は音」「に係る著作物[190]」と定められ、改正前と異なり、メインの被写体との分離困難性は要件とはされていない。

　以上のように、本条の適用対象の拡大がなされた一方で、濫用的な利用や、経済的利益を得るためにあえて著作物を入れ込むなど、権利者の市場を害するような利用を防止する趣旨で、本条の適用による権利制限は、「付随対象著作物の利用により利益を得る目的の有無、当該付随対象事物等の当該複製伝達対象事物等からの分離の困難性の程度、当該作成伝達物において当該付随対象著作物が果たす役割その他の要素に照らし正当な範囲内」に限られることが規定されている。また、たとえ正当な範囲内の付随対象著作物の利用であったとしても、当該付随対象著作物の種類および用途ならびに当該利用の態様に照らし著作権者の利益を不当に害することとなる場合は、本条の適用が否定される。

　なお、本規定はいわゆる「写り込み」についての権利制限規定であるため、一般論としては、意図的に「写し込み」をした場合には対象外であると解される[191]が、その境界はあいまいであり、個別の事例判断となる。

４ 検討の過程における利用

　著作権者の許諾を得て、著作物を利用しようとする者は、「これらの利用についての検討の過程」（当該許諾を得る過程を含む）「における利用に供することを目的とする場合には、その必要と認められる限度において、当該著作物を利

---

190)　複製伝達行為により作成され、または伝達されるもの（「作成伝達物」）のうち、当該著作物の占める割合、当該作成伝達物における当該著作物の再製の精度その他の要素に照らし当該作成伝達物において当該著作物が軽微な構成部分となる場合における当該著作物に限られる。

191)　中山・著作権390頁参照。

用することができる」。ただし、「当該著作物の種類及び用途並びに当該利用の態様に照らし著作権者の利益を不当に害することとなる場合は、この限りでない」（著作30条の3）。

　例えば、あるキャラクターのグッズ販売を行うという企画があり、キャラクターの使用について、ライセンスを受けるかどうか社内で事前に検討する際に、社内資料にキャラクターの画像を入れる場合、営利目的であるから原則として私的複製では救済されない。もっとも、このような場合まで、逐一許諾が必要であるというのは現実的でなく、著作権者への影響も軽微であるため、このような権利制限規定が置かれている。

5 非享受目的利用

　「著作物は」「当該著作物に表現された思想又は感情を自ら享受し又は他人に享受させることを目的としない場合には、その必要と認められる限度において、いずれの方法によるかを問わず、利用することができる」（著作30条の4）。

　「著作物に表現された思想又は感情の享受を目的としない利用」（「非享受目的利用」）は、平成30年改正において追加された権利制限規定である。本規定は、著作物に表現された思想または感情の享受を目的としない行為（非享受目的利用）については、著作物の表現の価値を享受しようとする者からの対価回収の機会を損なうものではなく、著作権法が保護しようとしている著作権者の利益を通常害するものではないとの考えから、原則として権利制限を及ぼすものとしたものである。「著作物の表現の価値を享受する」とは、例えば絵画の鑑賞や映画の視聴など、従前から著作物の利用として行われている行為がこれに当たり、これに対して「非享受目的利用」は、例えば、AIの開発に関し、AIが学習するためのデータの収集行為や、AIの開発を行う第三者への学習用データの提供行為、プログラムの著作物のリバース・エンジニアリング、書籍や資料などの全文をキーワード検索して、キーワードが用いられている書籍や資料のタイトルや著者名・作成者名などの検索結果を表示するために書籍や資料などを複製する行為などがこれに当たる。ある著作物の利用行為が「非享受目的利用」に当たるかは、行為者の主観に関する主張のほか、利用行為の態様や利用に至る経緯等の客観的・外形的な状況も含めて総合的に考慮されて判断され

第1章　著作権法による著作権・著作者人格権・著作隣接権の保護　　413

る[192]。本規定はあくまで非享受目的利用に関する権利制限規定であるため、「享受」目的と「非享受」目的が併存するようなケースについては、本規定は適用されない[193]。ただし、「享受」目的が存在することにより本規定の適用が否定されたとしても、別途著作権法47条の5の適用による権利制限の可能性がある。

「当該著作物に表現された思想又は感情を自ら享受し又は他人に享受させることを目的としない場合」については、以下の①～③が列挙されているが、いずれも例示列挙であって、これらに該当しない場合でも、「当該著作物に表現された思想又は感情を自ら享受し又は他人に享受させることを目的としない場合」であれば、本規定が適用され得る。

① 著作物の録音、録画その他の利用に係る技術の開発または実用化のための試験の用に供する場合。
② 情報解析の用に供する場合。
③ 著作物の表現についての人の知覚による認識を伴うことなく当該著作物を電子計算機による情報処理の過程における利用その他の利用に供する場合。

非享受目的利用であっても、「当該著作物の種類及び用途並びに当該利用の態様に照らし著作権者の利益を不当に害することとなる場合」は、本規定は適用されない（著作30条の4但書き）。「著作権者の利益を不当に害することとなる場合」に該当するか否かは、「著作権者の著作物の利用市場と衝突するか、

---

192)　例えば、人を感動させるような映像技術の開発を目的とすると称して多くの人を招待して映画の試験上映会を行うような場合、多くの人を招待して映画の試験上映会を行っているという客観的・外形的な状況を踏まえると、「著作物に表現された思想又は感情」の「享受」を目的としない行為には当たらないと考えられる。

193)　例えば、家電量販店等においてテレビの画質の差を比較できるよう市販のブルーレイディスクの映像を常時流す行為（上映）については、店舗側としては来店客に機器の性能の差を比較させることを目的としているとしても、来店客が映像の視聴等を行うことも容易に想定され、店舗としても来店客が単に著作物に表現された思想または感情を享受することとなるものと認識しつつ、映像を流しているものと評価されるため、「享受」目的と「非享受」目的が併存する行為となるものと考えられる。

414　　第5編　著作権法による表現の保護

あるいは将来における著作物の潜在的市場を阻害するかという観点から判断されることになる」「例えば、大量の情報を容易に情報解析に活用できる形で整理したデータベースの著作物が販売されている場合に、当該データベースを情報解析目的で複製等する行為は、当該データベースの販売に関する市場と衝突する」ものとして「著作権者の利益を不当に害することとなる場合」に該当するものと考えられる[194]。

なお、本規定は、著作隣接権の目的となっている実演、レコード、放送または有線放送の利用についても準用されている（著作102条1項）。そのため、著作隣接権の権利者（実演家、レコード製作者、放送事業者、有線放送事業者）の権利も本規定により制限される。

> ### AIとメタバースについてのコラム 「機械学習パラダイス」としての日本
>
> 著作権法30条の4が追加された平成30年改正では、IoT・ビッグデータ・AIなどの技術革新や、情報の集積・加工・発信の容易化・低コスト化が進んだことを受け、大量の情報を集積し、組み合わせ、解析することで付加価値を生み出す新しいイノベーションの創出に対応するため、「デジタル化・ネットワーク化の進展に対応した柔軟な権利制限規定」として、著作権法30条の4のほか、著作権法47条の4、著作権法47条の5といった、機械学習に関連した権利制限規定が追加された。
>
> このような規定の追加により、諸外国と比較して、営利目的も許容され、他人の著作権を侵害するコンテンツが含まれていても許容されるなど日本の情報解析のための権利制限規定が非常に広範であるとして、上野達弘教授は、平成30年改正時に日本を「機械学習パラダイス」と評している[195]。

---

194)　文化庁著作権課「デジタル化・ネットワーク化の進展に対応した柔軟な権利制限規定に関する基本的な考え方（著作権法第30条の4、第47条の4及び第47条の5関係）」（令和元年10月24日）問9。

195)　上野達弘「情報解析と著作権「機械学習パラダイス」としての日本」人工知能36巻6号745頁。

第1章　著作権法による著作権・著作者人格権・著作隣接権の保護　　415

実際上も、生成AIを開発する際には、著作物を含むさまざまなコンテンツや情報を学習用データとして学習させる必要があるが、一般に、このような学習に供することは、著作権法30条の4第2号の「情報解析の用に供する場合」に該当するとされ、生成AIを開発する際に、他人の著作物に表現された思想または感情を自ら享受しまたは他人に享受させることを目的としていなければ、同条により、その著作権者の許諾を得ないで、学習用データとして利用することが可能である。このように、同条は、生成AIの開発に著作物を利用するにあたって最も有用な規定となっている。

AIとメタバースについてのコラム　「AIと著作権に関する考え方について」

　2022年11月にOpenAI社がChatGPTのサービスを公開し、その精度の高い回答の内容、流暢な表現、素早い生成速度から世界的に大きな注目を集めて以降、文章生成や画像生成、楽曲生成など、さまざまなコンテンツ領域において、生成AIを利用したサービスが急速に普及することとなった。そのような状況の中で、急速に普及する生成AIの開発や、生成AIが生成した生成物が著作権法上どのように取り扱われるのかを整理することが急務となり、文化審議会著作権分科会法制度小委員会において、権利者の懸念の払拭、生成AI事業者や生成AI利用者による著作権侵害リスクの最小化を目的として議論が進められ、2024年3月には「AIと著作権に関する考え方について」[196]が公表された。「考え方」は、その作成過程において、約3週間にわたってパブリックコメントが実施され、提出された意見の総数は24,938件に達するなど、社会的にも大きな注目を集めるものとなった。

　「考え方」は、文化審議会著作権分科会法制度小委員会での議論をまとめたものにとどまり、法的拘束力のある文書ではないものの、日本における生成AIと著作権に関する議論を集約したものであり、委

---

196)　　文化審議会著作権分科会法制度小委員会「AIと著作権に関する考え方について」（2024年3月15日）。

員会での議論の議事録[197]を含め、実務上重要な文書となっている。

AIとメタバースについてのコラム　作風や画風を類似させる生成AIと著作権

　現在提供されている生成AIのサービスの中には、過去の著名な作家や画家の作品を学習させることで、それらの作家・画家の作風と類似した内容の生成物を生成することのできるサービスが存在する。作風や画風は、一般的にアイディアと考えられており、アイディアが類似したとしても、既存の著作物との類似性が認められない生成物は、これを生成・利用したとしても、既存の著作物との関係で著作権侵害とはならない。もっとも、「考え方」24頁では、「アイデアと創作的表現との区別は、具体的事案に応じてケースバイケースで判断されるものであり」「特定のクリエイターの作品である少量の著作物のみを学習データとして追加的な学習を行う場合、当該作品群が、当該クリエイターの作風を共通して有している場合については、これにとどまらず、創作的表現が共通する作品群となっている場合もあると考えられる」とされ、このような場合には、追加的な学習行為や生成・利用段階の生成物の利用について著作権侵害が成立する可能性があることが指摘されている。

AIとメタバースについてのコラム
RAG（検索拡張生成）による機械分析について

　生成AIにプロンプトを入力すると、生成AIが別のデータベース上の情報を取り込んだうえで、回答を生成することができるようにする仕組みとして、検索拡張生成（RAG：Retrieval- Augmented Generation）と呼ばれる技術があるRAGは、追加学習により、AIの学習モデル自体に変更を加えるものではなく、プロンプトをより充実したものにして生成結果の質を上げるというプロンプトエンジニアリングの手法の

---

197)　https://www.bunka.go.jp/seisaku/bunkashingikai/chosakuken/hoseido/（2024.11.27）にて公開されている。

一つである。

　RAGでは、ユーザの入力した内容（プロンプト）に応じて、生成AIが、データベース上のデータから、プロンプトと関連するデータを検索・収集し、当該プロンプトと合わせて生成AIへの入力として扱って生成を行う。RAGを実装しようとする場合、まず、前提として、既存のデータベースやインターネット上に掲載されたデータに含まれる著作物の内容をベクトルに変換したデータベースを作成する等の行為に伴う著作物の複製等が生じ得る。また、RAGを用いて行なわれる生成の都度著作物の複製等が生じ得る。

　RAGのためのデータベースの構築時の著作物の複製とRAGを用いて行なわれる生成の都度の著作物の複製等も、情報解析に該当し、当該著作物に表現された思想または感情を享受する目的がない（非享受目的）と評価できるのであれば、著作権法30条の4により、著作権侵害にならない。もっとも、「考え方」22頁では、RAGによるデータの検索・収集に伴う著作物の複製等が、生成に際して、当該複製等に用いられた著作物の創作的表現の全部または一部を出力することを目的としたものである場合には、非享受目的の利用行為とはいえず、同法30条の4は適用されないとされている。

AIとメタバースについてのコラム　著作権法とオーバーライド条項

　生成AIと著作権の問題については、しばしば「オーバーライド条項」が議論される。この論点は、著作権法上適法に行うことができる行為（例えば、著作権法30条の4で適法に行うことができるインターネット上で提供されている著作物をAIの学習ために利用する行為）について、当該利用行為を利用規約や契約で制限することができるのか、言い換えればそのような利用行為を制限する利用規約や契約の条項（オーバーライド条項）は有効かという問題である。仮に有効だった場合には、オーバーライド条項に違反した行為により債務不履行責任が生じるかといった問題や、オーバーライド条項に違反したことが、著作権法30条の4但書き「当該著作物の種類及び用途並びに当該利用の態

様に照らし著作権者の利益を不当に害することとなる場合」に当たるかといった問題がある。

この論点に関する日本国内の議論はいまだ途上にあるものの、検討にあたっては、新たな知財制度上の課題に関する研究会が2022年に公表した報告書[198]が参考となる。

報告書では、「権利制限規定の趣旨、利用者に与える不利益の程度、著作権者・提供者側の不利益の程度、その他諸般の事情を総合的に考慮し、オーバーライド条項が公序良俗に反するといえるか」という問題提起の下、著作権法30条の4の趣旨に加えて、AIの社会的意義、利用者に与える不利益の程度、当事者間の信義・公平等に言及して、「AI学習等のための著作物の利用行為を制限するオーバーライド条項は、その範囲において、公序良俗に反し、無効とされる可能性が相当程度あると考えられる」との結論を導いている[199]。特に、事業者が行う研究開発目的でのAI学習等のための著作物の利用行為については、著作権法その他の関連法令上重要な価値と認められている技術や産業の発展に資する行為として考慮することによって、より契約上の制限が及ばない方向で整理することも考えられると整理されている[200]。このほか、オーバーライド条項違反による損害賠償請求については、「少なくとも、コンテンツ提供サイト等において、コンテンツが無償で提供されている場合には、利用者が契約違反を行うことによって、提供者が被る損害は、通常は観念することができないことが多いと考えられるため、契約不履行に基づく損害賠償請求を行うことは困難」とされており[201]、また、オーバーライド条項を含む利用規約は、「定型約款」（民548条の2第1項柱書）に該当することが多いと思われるところ、「非享受目的での著作物の利用行為は著作物の本来的

---

198)　新たな知財制度上の課題に関する研究会「新たな知財制度上の課題に関する研究会報告書」（令和4年2月）。

199)　前掲198) 39〜41頁。

200)　前掲198) 45頁。

201)　前掲198) 46頁。

利用には該当しないところ、AI学習等のための利用行為等非享受目的での利用が制限されていることを、利用者側が認識することは困難である」ことから、相当程度、信義則に反して相手方の利益を一方的に害する条項といえるのではないかとの見解が示されている[202]。

なお、オーバーライド条項に違反したことが、著作権法30条の4但書き「当該著作物の種類及び用途並びに当該利用の態様に照らし著作権者の利益を不当に害することとなる場合」に当たるかについても補足的に検討が行われており、仮に著作権法30条の4本文の範囲内での利用態様で著作物を利用していたのにもかかわらず、オーバーライド条項に違反したことを理由に場合に、著作権法30条の4但書きに違反するとして著作権侵害が認められるとすれば、契約で新たな著作権侵害の類型を創出することになり、特に、著作権法違反が刑事罰の適用対象（著作119条）であることを踏まえると、契約により刑事罰を創出することにもなりかねず、不適当であるとしている点[203]が注目される。

6 図書館等における複製等

著作権法31条は、図書館等における複製等について定めている。本条の規定に基づいて、図書館における複写サービスが提供されており、国立国会図書館によるデジタル化やアーカイブ化などの議論が進められた結果、令和3年改正にて、国立国会図書館による絶版等資料のインターネット送信や、図書館等による図書館資料のメール送信等を追加する改正が行われている。

図書館等[204]は、営利を目的としない事業として、以下の場合に、図書館等の図書、記録その他の資料を用いて著作物を複製することができる。

① 図書館等の利用者の求めに応じ、その調査研究の用に供するために、公表

---

202)　前掲198）50頁。
203)　前掲198）50〜51頁。
204)　国立国会図書館および図書、記録その他の資料を公衆の利用に供することを目的とする図書館その他の施設で政令で定めるものをいう。

された著作物の一部分（一定の場合には全部）の複製物を一人につき一部提供する場合

② 図書館資料の保存のため必要がある場合

③ 他の図書館等の求めに応じ、絶版その他これに準ずる理由により一般に入手することが困難な図書館資料（「絶版等資料」）の複製物を提供する場合

　また、一定の要件（著作31条3項）を満たした「特定図書館等」については、営利を目的としない事業として、利用者の求めに応じ、その調査研究の用に供するために、公表された著作物の一部分（一定の場合には全部）について、公衆送信を行うことができる（著作31条2項）。この場合、特定図書館等の設置者は、相当な額の補償金を当該著作物の著作権者に支払わなければならない（著作31条5項）。また、国立国会図書館は、絶版等資料に係る著作物について、一定の場合に、他の図書館等に自動公衆送信することや、当該他の図書館が受信装置（ディスプレイなど）を用いて公に伝達することも可能であるほか（著作31条7項）、一定の絶版等資料（著作31条10項）について、デジタル方式の複製を防止し、または抑止するための措置を講じて、事前に国立国会図書館に登録等した利用者に対して直接自動公衆送信をすることもできる（著作31条8項）。

7 引用等

【1】引　用

　「公表された著作物は、引用して利用することができる。この場合において、その引用は、公正な慣行に合致するものであり、かつ、報道、批評、研究その他の引用の目的上正当な範囲で行なわれるものでなければならない」（著作32条1項）。

　すなわち、適法な引用の要件として、条文上は、①引用される著作物が公表されていること、②公正な慣行に合致すること、③報道、批評、研究、その他の引用の目的上正当な範囲で行なわれることが必要ということになる。

もっとも、旧法下の判例であるが、最高裁[205]は、パロディ・モンタージュ写真事件において、適法な引用の基準として、「明瞭区別性」（引用側と被引用側が明瞭に区別されていること）と「主従関係」（引用側が主、被引用側が従の関係にあること）が必要であると判示しており、同判決の調査官解説は「現行の著作権法の解釈についてもそのまま参考になる」という見解を示すなど[206]、その後の裁判例の判断にも影響を与えており、現行法の下でも、従来の裁判例は、直接上記の条文上の要件②および③の文言への当てはめを行うのではなく、〔ⅰ〕「明瞭区別性」および〔ⅱ〕「主従関係」の2要件（「パロディ2要件」などと呼ばれる）を中心に適法な引用の有無を判断してきた[207][208]。

　しかしながら、2000年頃から、このような判断枠組みについては、条文上の文言からの乖離があることなどから批判がなされ[209]、パロディ2要件に言及することなく、適法な引用の成否を判断する裁判例がみられるようになった[210]。これらの裁判例では、問題となる事案に関するさまざまな事情を総合的に考慮して、②公正な慣行に合致することおよび③報道、批評、研究その他の引用の目的上正当な範囲で行われることの各要件について判断をしている。

---

205)　最判昭和55年3月28日民集34巻3号244頁〔パロディ・モンタージュ写真事件〕。
206)　小酒禮「判解」最高裁判所判例解説民事篇昭和55年度（法曹会、1985年）154頁(1989)。
207)　東京高判昭和60年10月17日無体裁集17巻3号462頁〔レオナール・フジタ事件〕など多数。
208)　以下、条文上の要件②および③に関する裁判例の判断の変遷について詳述するが、要件①（引用される著作物が公表されていること）も適法な引用の成立に求められることに留意されたい。引用を主張した著作物の利用について、当該著作物が公表されていなかったとして引用の主張を退けた裁判例として、東京地判平成30年12月11日判時2426号57頁〔ASKAミヤネ屋事件〕がある。また、知財高判令和3年12月22日判時2516号91頁〔懲戒請求書事件（控訴審）〕は、弁護士が懲戒請求に対する反論をブログに掲載するにあたり、未公表の懲戒請求書をアップロードしてリンクを張った行為が問題となり、適法な引用に当たるとする主張については、引用した著作物が未公表であることを理由に退けたが、懲戒請求者の権利濫用を理由に、著作権侵害の主張を退けている。
209)　飯村敏明「裁判例における引用の基準について」著作権研究26号91〜96頁（2000）、上野達弘「引用をめぐる要件論の再構成」半田正夫先生古稀記念論集『著作権法と民法の現代的課題』310〜332頁（法学書院、2003）。
210)　東京地判平成13年6月13日判時1757号138頁〔絶対音感事件（第一審）〕、東京地判平成16年5月31日判時1936号140頁〔XO醬男と杏仁女事件（第一審）〕等。

2010年の裁判例である美術鑑定証書事件[211]では、美術鑑定会社が、ある画家の作品である絵画が真作であるとの鑑定証書を作製するにあたり、当該鑑定証書の裏面に、当該絵画を縮小してカラーコピーしたものを貼り合わせることが適法な引用に当たるかが争われたが、裁判所は、「他人の著作物を利用する側の利用の目的のほか、その方法や態様、利用される著作物の種類や性質、当該著作物の著作権者に及ぼす影響の有無・程度など」が総合考慮されるべきとした。そして、具体的な当てはめとしては、①コピーを鑑定証書に添付する目的は鑑賞対象である絵画を特定し、かつ、当該鑑定証書の偽造を防ぐためであり引用の必要性・有用性が認められること、②コピーが鑑定証書に添付されている態様からして、コピー部分のみが分離して利用に供されることは考え難いことや、当該鑑定証書は著作物本体と別に流通することが考え難いこと、③著作権者等が絵画の複製権を利用して経済的利益を得る機会が失われるなどということも考え難いことなどを総合考慮して、当該引用は、「公正な慣行」に合致したものということができ、かつ、その「引用の目的上正当な範囲内」のものであるとした。

　その後、裁判例は、パロディ2要件を要件とはせず、条文上の要件に沿って適法な引用の成否を判断するものが多数を占めるが[212]、その判断にあたっては、以下のような要素が主に考慮されている。

　〔ⅰ〕引用の目的　従来、適法な引用の成立を認めた裁判例は、著作物を批

---

211)　知財高判平成22年10月13日判時2092号135頁〔美術鑑定証書事件〕。

212)　なお、東京地判令和3年5月26日裁判所ウェブサイト〔KuToo事件〕では、Twitter（現X）上でのやり取りを書籍に掲載したことについて著作権侵害等が争われたが、東京地裁は、「著作物が『引用』されたというためには、…引用して利用する側の著作物と引用されて利用される側の著作物とが明瞭に区別されることが必要である。同様に、『引用』は…引用する側の著作物と引用される側の著作物に主従の関係があることを要する…そうすると、①引用して利用する側の著作物と、引用されて利用される側の著作物とを明瞭に区別して認識することができること、及び、②引用する著作物と引用される著作物の間に、引用する側が主、引用される側が従の関係があることは、『引用』の基本的な要件を構成すると解するのが相当である」との一般論を展開し、パロディ2要件が、「引用」に該当するための要件と判示している。

第1章　著作権法による著作権・著作者人格権・著作隣接権の保護　　423

評する目的で利用していた事案が多く[213]、報道目的[214]や研究目的[215]で利用していた事案も存在している。これに対して、美術鑑定証書事件は、鑑定証書の偽造防止の目的という報道、批評、研究以外の目的での利用について適法な引用の成立が認められた点で特徴的であるが、そのような判断には賛否がある[216]。また、引用の目的が、批評よりも当該著作物を認識させることに主眼があるとみられる利用については、引用は認められない[217]。

〔ⅱ〕引用の必要性　仮に引用の目的が報道、批評、研究にあったとしても、当該利用に必要性が認められなかったり、必要性が認められたとしても利用する内容が明らかに過大であれば、引用は認められない[218]。

〔ⅲ〕量的主従関係　従来の裁判例は、著作物を引用した量と、引用する側の量を比較して、引用した量が引用する量と比して多いと評価できる場合には、引用を否定する傾向にあった（量的主従関係）[219]。近時では、Twitter（現X）のツイートに関する事案において、引用した量と、引用する側の量が同等であっても適法な引用を肯定した事例もあるが[220]、

---

213)　水戸地龍ヶ崎支判平成11年5月17日判タ1031号235頁〔飛鳥昭雄の大真実事件〕、東京地判平成11年8月31日判時1702号145頁〔脱ゴーマニズム宣言事件（第一審）〕、東京地判令和3年5月26日裁判所ウェブサイト〔KuToo事件〕等。

214)　東京地判平成27年3月30日平成25（ワ）14702号〔ブログ記事フジテレビ放送事件〕等。

215)　自己の主張のため、当該主張が学界において否定されている歴史的事情を述べることを目的に著作物を利用したものとして、東京地判平成10年10月30日判時1674号132頁〔小さな悪魔の背中の窪み事件〕。

216)　そのほか、利用する著作物の発刊をたたえる目的での引用を認めたものとして、東京地判令和4年12月19日判タ1514号241頁〔「声字即実相の神示」広報誌掲載事件〕。

217)　東京地判平成10年2月20日判時1643号176頁〔バーンズコレクション事件〕、東京地判平成12年2月29日判時1715号76頁〔中田英寿事件〕等。

218)　東京地判平成16年5月31日判時1936号140頁〔XO醤男と杏仁女事件〕、東京地判平成31年4月10日平成30（ワ）38052号〔創価学会名誉会長研修道場等写真事件〕等。

219)　東京地判平成19年4月12日裁判所ウェブサイト平成18（ワ）15024号〔創価学会ウェブ写真掲載事件〕等。

220)　東京地判令和4年9月15日裁判所ウェブサイト令和4（ワ）14375号〔休憩仮眠ツイートツイッター掲載事件〕。

量的主従関係に着目して適法な引用の成立を否定した裁判例も存在する[221]。

〔iv〕利用の態様　適法な引用の成立を否定した裁判例には、著作物引用の態様に「鑑賞性」があることを考慮しているものがある[222]。また、引用された著作物が、当該著作物を含む作品のどの程度の割合を占めるのかも考慮される[223]。これらの要素は、「鑑賞性」をもって著作物を引用することや、引用元の作品のほとんどの部分を引用することから、当該引用の目的が、当該著作物を認識させることに主眼があると判断されたり、そのような引用を行う必要性がないと判断する要素として考慮されていると考えられる。

〔v〕明瞭区別性　裁判例の中には、パロディ2要件を要件としていないにもかかわらず、明瞭区別性に言及する裁判例もみられる[224]。ある著作物を批評するためには、批評する対象と、批評する内容が区別されていなければならず、両者の区別が曖昧であれば、結局、引用の目的は批評以外にあるものと推認されることになる。

〔vi〕出所の明示　裁判例には、出所の明示がないことを理由に、「公正な慣行」への合致を否定する裁判例がある[225]。なお、出所明示義務（著作48条）に違反することは、出所明示義務違反罪（著作122条）を構成する。

コラム　パロディ

　パロディとは、例えば、他人の著作物を何らかの形で模して、新たな作品を生み出す行為を指し、典型的には、その作品の内容を揶揄し

---

221)　東京地判令和4年11月24日裁判所ウェブサイト令和3（ワ）24148号〔「チラシの裏」ブログ事件〕。

222)　東京高判昭和60年10月17日無体裁集17巻3号462頁〔レオナール・フジタ事件〕。

223)　詩のすべてを引用したことを挙げて適法な引用の成立を否定した裁判例として、東京地判平成12年2月29日判時1715号76頁〔中田英寿事件〕等。

224)　東京地判平成23年2月9日平成21年（ワ）第25767号・第36771号〔都議会議員写真ビラ事件〕。

225)　東京高判平成14年4月11日裁判所ウェブサイト〔絶対音感事件（控訴審）〕、知財高判平成30年8月23日平成30年（ネ）第10023号〔沖縄うりずんの雨事件（控訴審）〕。

第1章　著作権法による著作権・著作者人格権・著作隣接権の保護　　425

たり、社会風刺等をするようなものを指す。もっとも、これらに限られるものではなく、統一的な定義があるわけではない。

日本においては、著作権法上、パロディを許容する明文規定やパロディに適用可能なフェアユースのような権利制限の一般規定はない。

そこで、著作権法の規定により個別に処理することが必要であり、①「翻案」の要件を充足せず、翻案権侵害が不成立であるかまたは引用（著作32条）等の権利制限規定により著作権侵害に当たらないことおよび②同一性保持権（著作20条1項）侵害が不成立であるか、または「やむを得ないと認められる」「改変」（著作20条2項1号）に当たるといえること等が原則として必要になる[226]。

コラム　発信者情報開示請求

近時、引用の成否が判断される裁判例には、プロバイダ責任制限法[227] 5条に基づく発信者情報開示請求が多く含まれている。発信者情報開示請求は、インターネット上のウェブページや電子掲示板等を典型とする「特定電気通信」（不特定の者によって受信されることを目的とする電気通信の送信）による情報の流通によって自己の権利を侵害されたとする者が、①侵害情報の流通によって当該開示の請求をする者の権利が侵害されたことが明らかであるとき（プロバイダ責任制限法5条1項1号）、②当該発信者情報が当該開示の請求をする者の損害賠償請求権の行使のために必要である場合その他発信者情報の開示を受けるべき正当な理由があるとき（同項2号）等の一定の要件を充足する場合には、「開示関係役務提供者」（サーバ運営者等）に対して、当該開示関係役務提供者が保有する権利の侵害に係る発信者情報（氏名、住所

---

226)　パロディ商標については、**第2編** **第2章** **IV** **4**【2】⒟を参照。

227)　正式名称は、「特定電気通信役務提供者の損害賠償責任の制限及び発信者情報の開示に関する法律」。2024年の改正で法令名は、「特定電気通信による情報の流通によって発生する権利侵害等への対処に関する法律」（略称：情報流通プラットフォーム対処法）へと変更になっているが本書執筆時点では未施行である。なお、同法5条の内容は改正後にも変更はない。

426　第5編　著作権法による表現の保護

など）の開示を請求することができるというものである。

　このように、発信者情報開示請求は、実際に権利侵害行為を行っているとされる侵害者の発信者情報の開示を受けるために、権利者が開示関係役務提供者に対して訴訟を提起する《権利者 対 開示関係役務提供者》という構造であり、《権利者 対 侵害者》という従来の訴訟の構造とは異なる点に特徴がある。

【2】転　載

　「国若しくは地方公共団体の機関、独立行政法人又は地方独立行政法人が一般に周知させることを目的として作成し、その著作の名義の下に公表する広報資料、調査統計資料、報告書その他これらに類する著作物」（著作31条1項1号）は、「説明の材料として新聞紙、雑誌その他の刊行物に転載することができる。ただし、これを禁止する旨の表示がある場合は、この限りでない」（著作32条2項）。

　引用の要件を充足すれば、引用としても適法化されるものであるが、本条の要件さえ充足すれば、引用の要件を充足しなくても転載可能となる。

8 教育関係の制限規定

　著作権法33条〜36条は教育関係の権利制限規定である。教科用図書等への掲載（著作33条）、教科用図書代替教材への掲載等（著作33条の2）、教科用拡大図書等の作成のための複製等（著作33条の3）、学校教育番組の放送等（著作34条）、学校その他の教育機関における複製等（著作35条）、試験問題としての複製等（著作36条）について規定がある。

9 障害者関係の制限規定

　著作権法37条は、視覚障害者等のための複製等について、著作権法37条の2は、聴覚障害者等のための複製等について権利制限規定を置いている。

10 営利を目的としない上演等

　「公表された著作物は、営利を目的とせず、かつ、聴衆又は観衆から料金（中

第1章　著作権法による著作権・著作者人格権・著作隣接権の保護　　427

略）を受けない場合には、公に上演し、演奏し、上映し、又は口述することができる。ただし、当該上演、演奏、上映又は口述について実演家又は口述を行う者に対し報酬が支払われる場合は、この限りでない」（著作38条1項）。典型例は、学芸会・文化祭等での演劇の上演や音楽の演奏等であり、企業等が営利目的で行う場合は対象外である。

　放送され、有線放送され、特定入力型自動公衆送信が行われ、または放送同時配信等（放送または有線放送が終了した後に開始されるものを除く）が行われる著作物は、営利を目的とせず、かつ、聴衆または観衆から料金を受けない場合には、受信装置を用いて公に伝達することができる。通常の家庭用受信装置を用いてする場合も、同様である（著作38条3項）。

　飲食店等でテレビを置いて客に見せている行為は、営利を目的としているため、前段では救済されないが、家庭用のテレビであれば、後段に当たり適法となる。したがって、家庭用受信装置の範疇を超えるような大型スクリーン等を使った場合には、前段でも後段でも救済されないことになり、著作権者の許諾が必要になる。

AIとメタバースについてのコラム
メタバース上でのアバターによる歌唱やパフォーマンス

　現実世界での歌手やパフォーマーによる歌唱やパフォーマンスは、公に（言い換えれば、「公衆に直接見せ又は聞かせることを目的として」）行われる場合には、著作権法上上演権等（著作22条）の対象となる。これに対して、アバターによる歌唱やパフォーマンス（踊り）は、上演権等に該当する現実世界とは異なり、すべて公衆送信権（著作23条）の対象となる。上演権等は、公に行われない、特定かつ少数への上演・演奏行為を保護の対象外としているが、公衆送信権には、送信可能化に係る権利が含まれているため、メタバースに使用されているサーバーを介してメタバース上でのアバターによる歌唱等を行うと、特定かつ少数を相手としていても、形式的には送信可能化に該当し

428　　第5編　著作権法による表現の保護

て、公衆送信権を侵害することになってしまう[228]。

　また、仮にメタバースにおけるアバターによる歌唱等が公に行われたものであったとしても、著作権法38条1項が適用されるのであれば、著作権侵害にはならないようにも思われるが、同規定は公衆送信権を権利制限の対象とはしておらず、同規定の適用による権利制限は認められない。このように、メタバース上でのアバターによる歌唱やパフォーマンスについては、現実世界における著作権法の適用とは異なる考慮が必要な点があり、留意が必要であるとともに、そのような問題は、著作権法がメタバースを念頭に置いたものではないことに起因することであると思われることから、今後の議論や法改正を注視する必要がある。

⓫ 報道関係の制限規定

　著作権法39条は時事問題に関する論説の転載等、著作権法40条は、公開して行われた政治上の演説等の利用、著作権法41条は時事の事件の報道のための利用について権利制限規定を置いている。

⓬ 国家活動関係の制限規定

　著作権法41条の2は裁判手続等における複製、著作権法42条は立法または行政の目的のための内部資料としての複製等、著作権法42条の2は、審査等の手続における複製等、著作権法42条の3は行政機関情報公開法等による開示のための利用、著作権法42条の4は公文書管理法等による保存等のための利用、著作権法43条は、国立国会図書館法によるインターネット資料およびオンライン資料の収集のための複製について権利制限規定を置いている。

---

228)　このような帰結を不合理とするものとして、桑野雄一郎「メタバースと著作権（下）」特許ニュース15675号2頁、駒田泰土「メタバースにおける活動」法学教室515号28頁がある。

第1章　著作権法による著作権・著作者人格権・著作隣接権の保護　　429

🔟 放送事業者による一時的固定

　放送事業者は、公衆送信権を侵害することなく放送することができる著作物を、自己の放送のために、一時的に録音し、または録画することができる。また、これにより、作成された録音物または録画物は、録音または録画の後6か月まで保存可能である（著作44条1項、4項）。

🔟 所有権との調整のための制限規定

【1】美術の著作物関係

　「美術の著作物若しくは写真の著作物の原作品の所有者又はその同意を得た者は、これらの著作物をその原作品により公に展示することができる」（著作45条1項）。絵画の所有者が絵画を展示することは当然に予定されている行為であるためである。

　もっとも、「美術の著作物の原作品を街路、公園その他一般公衆に開放されている屋外の場所又は建造物の外壁その他一般公衆の見やすい屋外の場所に恒常的に設置する場合」にはこの限りではなく、別途著作権者の許諾が必要である（著作45条2項）。公衆の見やすい屋外の場所に恒常的に設置する場合には、著作権者への経済的な影響も大きいためである。

　美術の著作物でその原作品が上記の「屋外の場所に恒常的に設置されているもの又は建築の著作物」は、「いずれの方法によるかを問わず、利用することができる」（著作46条）。そのような著作物については、一般人の自由な利用を認める必要性が大きく、著作権者の保護は、著作権法45条2項で許諾が要求されていることで図れるためである。

　ただし、①「彫刻を増製し、又はその増製物の譲渡により公衆に提供する場合」、②「建築の著作物を建築により複製し、又はその複製物の譲渡により公衆に提供する場合」、③「屋外の場所に恒常的に設置するために複製する場合」、④「専ら美術の著作物の複製物の販売を目的として複製し、又はその複製物を販売する場合」には、影響が大きいため、例外的に許諾が必要であるとされている（著作46条1号～4号）。

　「美術の著作物又は写真の著作物の原作品により」、展示権を侵害することな

430　　第5編　著作権法による表現の保護

く、「これらの著作物を公に展示する者」は、観覧者のためにこれらの著作物の解説または紹介をすることを目的とする場合には、当該目的のための小冊子にこれらの著作物を掲載し、または当該著作物を上映し、もしくは当該著作物について自動公衆送信を行うことができる（著作47条1項、同条2項）。本規定が追加された当初は、美術展で配られるパンフレットに作品の紹介のために美術品の写真が載せられるような場合を典型例とした規定であったが、普及しつつあったデジタルオーディオガイドやタブレット端末等の電子機器を用いた展示作品の解説・紹介を念頭に、平成30年改正において展示作品の解説・紹介目的に必要と認められる限度でそれらの利用行為についても権利制限規定が追加されている。

　また、美術館等を訪れる際に、施設のウェブサイトやメールマガジン等で展示作品の情報を調べることが一般的になっており、展示作品に関する情報を広く一般公衆に提供する行為に権利制限を適用するため、平成30年改正において、美術の著作物または写真の著作物の原作品を適法に展示する者等について、これらの著作物に係る情報を提供することを目的とする場合には、必要と認められる限度において、当該著作物等を複製し、または公衆送信を行うことができることとした（著作47条3項）。

　「美術の著作物又は写真の著作物の原作品又は複製物の所有者その他のこれらの譲渡又は貸与の権原を有する者」が、譲渡権、貸与権を侵害することなく、「その原作品又は複製物を譲渡し、又は貸与しようとする場合には、当該権原を有する者又はその委託を受けた者は、その申出の用に供するため、これらの著作物について、複製又は公衆送信」を行うことができる（著作47条の2）。これにより、インターネットオークションで美術品を販売する場合に美術品のサムネイル写真を掲載すること等が可能になる[229]。

---

229)　「当該複製により作成される複製物を用いて行うこれらの著作物の複製又は当該公衆送信を受信して行うこれらの著作物の複製を防止し、又は抑止するための措置その他の著作権者の利益を不当に害しないための措置として政令で定める措置を講じて行うものに限る」とされており、著作権法施行令7条の3および著作権法施行規則4条の2が具体的な基準を定めている。

AIとメタバースについてのコラム
メタバースにおける現実世界の再現と権利制限規定

　メタバースの仮想空間には、現実世界を題材としたものと、仮想空間に創造された架空の世界を題材とするものが存在する。このうち、前者のような、仮想空間上に現実世界を再現しようとする類型（デジタルツインと呼ばれることもある）では、現実世界に存在する建物や構造物、看板・ポスターなどが、仮想空間上に再現されることになる[230]。もっとも、当該建物や構造物が著作物として保護される場合には、メタバースでの再現行為は、複製権や公衆送信権といった著作権の侵害行為に当たる可能性がある。

　このようなメタバースにおける現実世界の再現を考えるにあたっては、いくつかの権利制限の適用を考える必要がある。

　まず、現実世界の再現にあたって、原作品が「街路、公園その他一般公衆に開放されている屋外の場所又は建造物の外壁その他一般公衆の見やすい屋外の場所」に恒常的に設置されている著作物又は建築の著作物を再現する場合には、著作権法46条但書きに定める場合に該当しない限り、当該再現行為は著作権侵害とならない（著作46条）。著作権法46条は「いずれの方法によるかを問わず」利用することができるとされているからである。

　また、現実世界におけるある対象（例えば街全体）をメタバース空間に再現しようとした結果、付随的に著作物を再現したような場合には、そのような再現行為は付随対象著作物の利用として著作権侵害とならない可能性がある（著作30条の2（ **X** **3** を参照）。この規定は、著作物の種類による限定がない点で、著作権法46条よりも柔軟な規定であり、付随性や軽微性を判断するうえで比較の対象となる主たる被写体の範囲の限定もなされていない[231]。このような規定の特質か

---

230)　再現のリアルさはメタバースごとに異なるが、具体例として、「バーチャル渋谷」（https://vcity.au5g.jp/shibuya）や、「Metaverse Ehime」（https://www.metaverse-ehime.jp/）などがある（2024.12.08）。

231)　加戸270頁では、著作権法30条の4が適用され得る場面として、「街の雑踏を撮影す

432　第5編　著作権法による表現の保護

ら、著作権法30条の2については、「現実の街を仮想空間に再現する
メタバースにとって極めて好都合な規定になったといえる」と述べら
れることもあるが[232]、規定の適用にあたっては、要件である付随性や
軽微性等を満たす必要があり[233]、慎重な検討が必要となる。

AIとメタバースについてのコラム
メタバースにおける仮想世界の再現と権利制限規定

　上記のとおり、メタバースの仮想空間には、現実世界を題材とした
もののほかに、仮想空間に創造された架空の世界を題材とするものも
存在する。このような仮想空間にのみ存在するものについては、著作
物性に関して議論があるが（前記 **Ⅳ 5【2】AIとメタバースについての
コラム** 参照）、仮想空間において著作物性の認められる対象を、他の
メタバース上に再現するにあたっては、複製権や公衆送信権といった
著作権の侵害の成否を検討する必要があり、現実世界をメタバース上
に再現する場合とは異なる権利制限規定の考え方が求められる。

　例えば、著作権法45条は、「美術の著作物若しくは写真の著作物の
原作品の所有者又はその同意を得た者」は、これらの著作物をその原
作品により公に展示することができると定めている。この規定を理由
に、メタバース上での美術の著作物等については、他のメタバース上
に「展示」することができるかが問題となるが、メタバースでの「展
示」は、著作権法上は公衆（他のユーザ）への送信を捉えて公衆送信
（送信可能化を含む）と判断されるため、展示権の権利制限規定である

る際に看板が入り込む場合」を挙げている。

232)　　上野達弘「メタバースをめぐる知的財産法上の課題」Nextcom52号7頁。

233)　　メタバースで現実世界を再現する場合、アバターが街を動いたり、画面をズームさ
せることで、建物や看板といった現実世界の再現物は画面上の表示の大きさが変化す
ると考えられるが、この場合であっても、それらの再現物は仮想空間に再現された街
全体との関係では「軽微」と評価できるものと考えられる（前掲232）6頁）。加戸270
～271頁も、軽微性の判断について、例えば映像の場合には「面積」の割合のみなら
ず「時間」の割合も考慮の対象となり、画面上に著作物が大きく映るような場合で
あっても、映る時間が短い場合には、軽微であると評価され得るとしている。

第1章　著作権法による著作権・著作者人格権・著作隣接権の保護　　433

著作権法45条は適用されないこととなる[234]。

　また、著作権法46条についても、美術の著作物でその原作品が「屋外の場所に恒常的に設置されているもの又は建築の著作物」が権利制限の対象となる著作物となるが、メタバース上の「屋外の場所」が、同規定の要件である「屋外の場所」に該当するのかは、著作権法46条が現実世界を前提とした規定でないことから明らかではない。また、メタバース上に創られた建築物のデジタルコンテンツについて、居住その他の機能を果たすものではないことから、「建築」の著作物に当たらないのではないかという問題[235]や、デジタルコンテンツについて「原作品」の所有者といったものを観念できるのかといった問題があり、今後の解釈・立法的な対応が期待される。

> **AIとメタバースについてのコラム　メタバース上のデジタルコンテンツとNFT**
>
> 　メタバース上のデジタルコンテンツについては、無形のデータであり、コピーが容易であって、現実世界の有体物とは異なり誰かが「所有」しているという状態は観念し難い[236]。しかし、近時のメタバースでは、メタバース上のデジタルコンテンツをNFT（「Non-Fungible Token」非代替性トークン）が表章することで、デジタルコンテンツの「所有」のようなものを観念して、メタバース上でのユーザ間の取引を行っているものがある。
>
> 　NFTとは、一般的に、ブロックチェーン上で発行されるデジタルトークンのうち、トークン自体に固有の値や属性を持たせた代替性のない（Non-Fungible）トークンのことをいい、トークンがそれぞれ固

---

234)　関真也＝青木大也＝久保田瞬編著『バーチャル空間のビジネスと知財法務の教科書』（日本法令、2024）81頁〔青木大也執筆部分〕参照。

235)　関真也「メタバースと著作権法 第3回 現実環境のメタバースにおける再現とメタバース環境の二次利用」コピライト739号59頁。

236)　民法上、所有権の客体は有体物に限られ、無体物には所有権は認められない（民206条、同法85条）。電子通貨であるビットコインについて所有権の客体とは認められないとした裁判例として、東京地裁平成27年8月5日平成26年（ワ）33320号〔Mt.GOXビットコイン事件〕参照。

有の値を持ち、他のトークンと区別できるという特徴を有することから、デジタルコンテンツをNFTに表章させることで、上記のとおりデジタルコンテンツを「一点もの」の有体物と同様に扱うことを可能にさせている。

　もっとも、あるNFTを保有しているという事実は、当該NFTが表章するデジタルコンテンツに関する権利がNFTの保有者に帰属することを意味しない点に注意が必要である。すなわち、NFTはあくまで、表章するデジタルコンテンツに「所有」のような観念を与え、当該NFTの流通がブロックチェーン上に記録されることで、当該デジタルコンテンツの「所有権」があたかも譲渡されているかのような外観が生じるが、これはあくまで、NFTが当該デジタルコンテンツの「所有」を表すと信じるコミュニティにおけるフィクションにすぎず、NFTと当該デジタルコンテンツに係る著作権等の権利は本来的に別の概念であって、両者の帰属は本来別であることに注意が必要である。すなわち、デジタルコンテンツのNFTを購入したとしても、当然に、その著作権まで購入したことになるわけではない。

　もちろん、NFTによっては、当該NFTの購入者に、当該NFTが表章するデジタルコンテンツに係る著作権等の権利が譲渡されたり、一定の範囲での利用権（ライセンス）が与えられるケースもある。また、近時はこのようなNFTに一定の利用権（ライセンス）等が与えられる性質のもの（ユーティリティNFT）が増えているとのことである。しかし、それはあくまで、NFTとデジタルコンテンツに係る権利が連動するようにNFTが設計された結果にすぎず、NFTの保有とデジタルコンテンツに係る権利の帰属は本来別であることに注意しておく必要がある[237]。

---

237)　　NFTについて、天羽健介＝増田雅史『新NFTの教科書』（朝日新聞出版、2024）250頁以下〔増田雅史＝門田航希執筆部分〕参照。

【2】プログラムの著作物の複製物の所有者による複製等

「プログラムの著作物の複製物の所有者は、自ら当該著作物を電子計算機において利用するために必要と認められる限度において、」当該著作物の複製（著作47条の3第1項）または翻案（著作47条の6第1項6号）をすることができる。これにより、プログラムの著作物の複製物の所有者は、プログラムのインストール、バックアップ、バグの修正等が可能になる。

15 電子計算機における著作物の利用に付随する利用等

著作権法47条の4は、著作物の知覚を伴うが、権利者に対価回収の機会が用意されている「主たる著作物の利用行為」の補助的・補完的な行為にすぎないような行為については、独立した経済的な重要性を有さない利用行為にすぎず、著作権法が保護しようとしている権利者の利益を通常害するものではないと評価できることから、電子計算機（コンピュータ）における利用に供される著作物について、「当該著作物の電子計算機における利用を円滑又は効率的に行うために当該電子計算機における利用に付随する利用に供することを目的とする場合」における利用（著作47条の4第1項）および「当該著作物の電子計算機における利用を行うことができる状態を維持し、又は当該状態に回復することを目的とする場合」（著作47条の4第2項）を権利制限の対象としている。具体的には、以下のような行為が挙げられる。

- インターネット上のウェブページを視聴する際に、ブラウザで効率的に著作物を表示するために、利用者のコンピュータにおいてキャッシュを作成する行為（著作47条の4第1項1号）
- メインサーバーにおいて送信可能化されている著作物の送信を円滑に行うために、ミラーサーバーに著作物を複製する行為（ミラーリング）（著作47条の4第1項2号）
- 動画共有サイトにおける著作物の送信を効率的に行うために、ファイル形式を統一化するための複製や各種ファイルの圧縮をする行為（著作47条の4第1項3号）
- 著作物が記録されたハードディスクを内蔵するコンピュータを修理する際

436　第5編　著作権法による表現の保護

に、著作物の利用を行うことができる状態を維持する目的で、一時的に他のハードディスクに著作物を移すために複製し、修理の完了後、コンピュータ内のハードディスクにデータを戻すために複製する行為（著作47条の4第2項1号）

- 著作物が記録されたメモリを内蔵するスマートフォンを新しいスマートフォンに交換する際に、著作物の利用を行うことができる状態を維持することを目的として、古いスマートフォンのメモリから新しいスマートフォンのメモリにデータを移行させるために、古いスマートフォンのメモリからデータを削除しつつ新しいスマートフォンにデータを複製する行為（著作47条の4第2項2号）

- サーバーに記録された著作物が滅失してしまう事態に備えて、直ちに著作物を利用することができる状態に回復することを目的として、サーバーのハードディスクのデータのバックアップコピーを作成する行為（著作47条の4第2項3号）

仮に上記のような目的に基づく利用であったとしても、「当該著作物の種類及び用途並びに当該利用の態様に照らし著作権者の利益を不当に害することとなる場合」は、本規定の適用は否定される（著作47条の4第1項但書き、同第2項但書き）。

🔢 電子計算機による情報処理およびその結果の提供に付随する軽微利用等

電子計算機を用いた情報処理により新たな知見または情報を創出することによって著作物の利用の促進に資する以下の①〜③に掲げる行為を行う者（当該行為の一部を行う者を含み、当該行為を政令（著作令7条の4、著作則4条の5）で定める基準に従って行う者に限る）は、公衆への提供等（公衆への提供または提示をいい、送信可能化を含む）が行われた著作物（公表された著作物または送信可能化された著作物に限る）について、以下の①〜③に掲げる行為の目的上必要と認められる限度において、当該行為に付随して、いずれの方法によるかを問わず、利用（当該公衆提供等著作物のうちその利用に供される部分の占める割合、そ

の利用に供される部分の量、その利用に供される際の表示の精度その他の要素に照らし軽微なものに限る。以下「軽微利用」という）を行うことができる（著作47条の5第1項本文）。

① 所在検索サービス（所在検索およびその結果の提供。著作47条の5第1項1号）
② 情報解析サービス（情報解析およびその結果の提供。著作47条の5第1項2号）
③ 政令で定めるサービス（政令で定める情報処理およびその結果の提供。著作47条の5第1項3号[238]）

　著作権法47条の5は、コンピュータによる情報処理による新たな知見または情報の提供の社会的意義や、情報処理の対象となるデータの量を増やすほど、個別の著作物の利用に関する権利処理が困難になること、及び、これらのサービスで行われる著作物の利用は、サービスの主目的である新たな知見または情報の提供に付随して行われるものであり、著作物の利用を軽微な範囲にとどめれば、基本的に著作権者が想定する対価の獲得に影響を与えず、ライセンス使用料に係る不利益についても、その度合いは小さなものにとどまるものと考えられることから、一定の条件の下でこれらのサービスを権利制限の対象とすることを意図して規定されたものである。

　特徴的な点として、権利制限の対象となる主体が著作権法施行令が定める一定の基準により限定されている点がある[239]。また、権利制限の対象となる行為は、上記の①～③に限られる。

　本規定は、著作権法30条の4と併せて、情報解析等に関する権利制限規定となっているが、著作権法30条の4とは異なり、「享受」目的に基づく情報解析であっても本規定が適用され得る。しかしながら、本規定が適用されるのは、公衆への提供等が行われた著作物（公衆提供等著作物）の利用のうち、「当該公衆提供等著作物のうちその利用に供される部分の占める割合、その利用に供される部分の量、その利用に供される際の表示の精度その他の要素に照らし

---

238) 2024年12月末時点では、サービスを指定する政令は存在しない。
239) 著作権法施行令7条の4、著作権法施行規則4条の4および4条の5。

軽微なもの」（軽微利用）に限られる。また、本規定が適用されるのは、上記の行為に付随した行為に限られる[240]。

　軽微利用に当たる場合であったとしても、「当該公衆提供等著作物に係る公衆への提供等が著作権を侵害するものであること」「を知りながら当該軽微利用を行う場合その他当該公衆提供等著作物の種類及び用途並びに当該軽微利用の態様に照らし著作権者の利益を不当に害することとなる場合」には、本規定による権利制限は適用されない（著作47条の5第1項但書き）。

　なお、上記各行為の準備を行う者にも権利制限規定の適用がある（著作47条の5第2項）。

コラム　軽微利用における「軽微」

　上記のとおり、著作権法47条の5が適用される行為は、「軽微利用」に限られることになるが、ある行為が「軽微」であると評価されるか否かは、著作物の利用に供される部分の占める割合、その利用に供される部分の量、その利用に供される際の表示の精度などの「外形的な要素」に照らして判断される。具体的には、「公衆提供等著作物のうちその利用に供される部分の占める割合」は、例えば楽曲であれば、全体の演奏時間のうち何パーセントに当たる時間が利用されているか、「その利用に供される部分の量」は、例えば小説であれば、どの程度の文字数が利用されているか、「その利用に供される際の表示の

---

240)　付随性の要件については、著作権法47条の5第1項各号に定められる結果の提供行為が、著作物の利用行為と切り離されても独立して行うことが可能である場合にのみ認められるという説（外側説）と、結果提供行為自体に著作物の利用行為が含まれる場合にも付随性が認められるという説（内側説）の対立がある（加戸守行ほか「【座談会】平成30年改正著作権法施行に伴う柔軟な権利制限規定による著作物の利用拡大とこれからの課題（下）」NBL1145号33〜35頁）。両者の違いとして、鳥山明の漫画をすべて解析した結果、入力された写真を鳥山明風のイラストに変換するというようなサービスについて、変換されたものの中に鳥山明の漫画の創作的表現が出力されてしまう場合、そもそも結果の提供だけを独立して観念することができないため、外側説からは付随性が否定されることになるが、内側説からは付随性を肯定し得ることになる（加戸守行ほか「【座談会】平成30年改正著作権法施行に伴う柔軟な権利制限規定による著作物の利用拡大とこれからの課題（下）」NBL1145号34頁〔上野達弘発言〕を参照）。

精度」は、例えば写真の画像データであれば、どの程度の画素数で利用されているか、「その他の要素」としては、例えば紙媒体での表示の大きさ、写真の紙面への掲載であれば何平方センチメートルの大きさで利用されているか、といったことが考慮要素となる。

　実務上は、さらに進んで、具体的に著作物をどの程度利用した場合に、「軽微」といえなくなるのかが問題となるが、2024年12月現在、具体的な基準は示されておらず、今後の議論を待つことになる。

　参考にとどまるが、本規定の立法担当者は、「軽微」の基準について、「量については、著作物の種類によるところが大きく、一般的な傾向は述べ難い」としつつ、文章の著作物に関しては、「総合考慮であるものの」元の著作物を「50％を超える割合で利用している場合に、著作権者の市場に影響を与える可能性が類型的に低いとは言い難く、軽微性要件を満たす可能性は低い」との見解を述べている[241]。

　また、デジタル画像については、インターネットオークションで美術品を販売する場合の複製等に関する著作権法47条の2が定める画素数[242]が一つの参考になるとの指摘がなされている[243]。

🔢 翻案等による利用

　著作権法47条の6第1項各号は、権利制限規定により著作物を利用できる場合において、翻訳、翻案等による利用ができる場合を定めている。

　これにより、例えば、私的複製ができる場合は、翻訳、編曲、変形または翻案も可能である（著作47条の6第1項1号）。

---

241)　松田政行編『著作権法コンメンタール別冊平成30年・令和2年改正解説』106頁（勁草書房、2022）〔澤田将史〕。

242)　著作権法施行令7条の3、著作権法施行規則4条の2により、技術的保護手段を施している場合には9万画素、施していない場合には3万2,400画素。

243)　前掲241)

⓲ 複製権の制限により作成された複製物の譲渡、複製物の 目的外使用等

　著作権法47条の7は、複製権の制限により作成された複製物の公衆への譲渡を認めているが、複製権の制限について目的の定めがある場合は、当該目的以外の目的のために公衆に譲渡することは認められないとしている。

　著作権法49条は、権利制限規定により作成された複製物等の目的外使用等を行った場合は、複製等を行ったものとみなしている。例えば、当初は私的使用で適法にコピーした著作物を公衆に頒布した場合には、複製権（著作21条）侵害があったものとみなされる（著作49条1項1号）。

XI　著作権侵害

❶ 侵害成立の要件

　著作権侵害が認められるためには、対象となる表現に著作物性があり、自らに当該著作物の著作権が帰属していることが前提として必要である。

　また、各支分権が定める利用行為（複製、翻案等）に該当し、相手方の表現が自己の著作物と同一または類似であることおよび依拠性が必要になる。具体的な判断基準については、複製や翻案のところで詳述したとおりである。

❷ みなし侵害

　「国内において頒布する目的をもって、輸入の時において国内で作成したとしたならば著作者人格権、著作権（中略）の侵害となるべき行為によって作成された物を輸入する」行為は、みなし侵害行為とされている（著作113条1項1号）。例えば、海外における複製行為については、当該海外の著作権の範疇の問題であり、日本の著作権侵害は本来成立しないが、海外で権利行使するのは困難な場合もあるうえ、輸入が認められれば著作権者等への影響は大きいため、みなし侵害行為とされている。

　「著作者人格権、著作権（中略）を侵害する行為によって作成された物（中略）を、情を知って、頒布し、頒布の目的をもって所持し、若しくは頒布する旨の

第1章　著作権法による著作権・著作者人格権・著作隣接権の保護　　441

申出をし、又は業として輸出し、若しくは業としての輸出の目的をもつて所持する行為」は、みなし侵害行為とされている（著作113条1項2号）。所持、頒布の申出、輸出については、頒布権が及んでいないが、みなし侵害行為とされている[244]。

　海賊版対策として、違法にアップロードされた著作物へのリンク情報を集約したリーチサイトやリーチアプリに関するみなし侵害規定も、令和2年改正時にダウンロード違法化（ **X** **2**参照）と併せて追加されている（著作113条2〜4項）。著作権法113条2項は、リンク提供行為それ自体が公衆送信行為に該当しないと考えられている（前記 **Ⅶ** **4** コラム 参照）ことに対応して、侵害コンテンツへのリンク提供のみなし侵害を規定している。同項1号イは、リーチサイトにおいて、サイト運営者が、侵害コンテンツへの誘導のために、デザインや表示内容等を作り込んでいるような場合を想定しており、同項1号ロは、掲示板などの投稿型サイトで、ユーザが違法リンクを多数掲載し、結果として侵害コンテンツの利用を助長しているような場合を想定している。同項2号イおよびロは、リーチアプリに関する規定であるが、内容は同項1号イおよびロと同様である。

　著作権法113条3項は、リーチサイト運営者またはリーチアプリ提供者が、リンク先のコンテンツが侵害コンテンツであることについて故意・過失がある場合であって、かつリンクを削除することができるにもかかわらず、削除せず放置する行為（不作為）を、みなし侵害行為としている。なお、汎用的なプラットフォーム提供者（YouTube全体を管理するGoogleなど）には、原則として本規定のみなし侵害は適用されない。

　「プログラムの著作物の著作権を侵害する行為によつて作成された複製物」を「業務上電子計算機において使用する行為は、これらの複製物を使用する権原を取得した時に情を知つていた場合に限り」、みなし侵害行為とされている（著作113条5項）。複製権は、複製自体を対象としており、使用自体には及んでいないが、この規定では、使用自体がみなし侵害行為とされている。技術的

---

244)　譲渡権および著作権法113条の2との関係での存在意義については、中山・著作権823〜824頁を参照。

442　　第5編　著作権法による表現の保護

利用制限手段（インターネットコンテンツのアクセスコントロール等）について、当該制限手段の回避を行う行為はみなし侵害行為とされている（著作113条6項）。また、近時、アクセスコントロールの手法に、シリアルコードを活用したライセンス認証が広く普及しており、ライセンス認証の回避によるコンテンツの不正利用も発生していることから、令和2年改正で不正なシリアルコードの提供等がみなし侵害行為として追加された（著作113条7項）。

このほか、「権利管理情報[245]」（著作2条1項22号）に虚偽の情報を故意に付加する行為や故意に除去し、または改変する行為、これらの行為が行われた複製物を、情を知って頒布等する行為（著作113条8項）や、音楽レコードの還流防止措置に関するみなし侵害規定（著作113条10項）がある。著作者の名誉または声望を害する利用（著作113条11項）については、**VII 5**を参照。

3 民事的救済

著作権侵害に対する救済措置には、①侵害の差止請求（著作112条）、②損害賠償請求（民709条、著作114条）、③不当利得返還請求（民703条、704条）、および④名誉回復請求（著作115条）等がある。そこで、著作権者が第三者による著作権侵害を発見したときには、まず、警告書を相手方に送付し、当該警告書で、著作権侵害の主張をしたうえで、上記の請求を行うことになる。具体的には、例えば、①当該著作権の利用行為の中止、当該著作権侵害品である製品の在庫等の廃棄および廃棄証明書の送付、②損害賠償（損害賠償の計算に必要な相手方の販売数量・利益・売上等のデータの開示の請求）を求めることが規定される。

【1】差止請求

〔a〕差止請求一般

著作者、著作権者は、その著作者人格権、著作権を侵害する者または侵害するおそれがある者に対し、その侵害の停止または予防を請求することができる（著作112条1項）。損害賠償の場合と異なり、侵害者の側に故意または過失は

---

245) 　著作物自体に埋め込まれた著作物や著作権者、ライセンスの内容などの情報であり、DRM（デジタル著作権管理）の一種である。

不要である。

　また、著作者、著作権者は、上記の請求をするに際し、侵害の行為を組成した物、侵害の行為によって作成された物または専ら侵害の行為に供された機械もしくは器具の廃棄その他の侵害の停止または予防に必要な措置を請求することができる（著作112条2項）。

〔b〕 規範的侵害主体論

　誰が著作権侵害の主体なのかについて、実務上、しばしば問題になる。

　侵害行為の主体とならない場合には、その者に対して差止請求をすることはできない（幇助等に当たれば、損害賠償請求をすることは可能である[246]）ため、侵害主体を論じる実益がある。また、個々のユーザが侵害主体であれば、例えば、私的複製（著作30条1項）等に当たり適法とされる行為でも、業者が侵害主体になれば、要件を充足せず著作権侵害行為を構成するという意味でも議論の実益がある。

　侵害主体論にあたってポイントとなるのは、物理的には利用行為を行っていなくても、規範的に侵害主体と評価されることもあるということである。このような規範的侵害主体論のリーディングケースが、カラオケにおける客の歌唱行為について、管理・支配と利益の帰属の要件により店を規範的侵害主体ととらえた最高裁判例[247]であったため、このような規範的侵害主体論のことをカラオケ法理と呼ぶことがある。

　規範的侵害主体論はその後もさまざまな下級審判例[248]で問題となったが、

---

246)　最判平成13年3月2日民集55巻2号185頁〔カラオケリース事件〕は、「カラオケ装置のリース業者は、カラオケ装置のリース契約を締結した場合において、当該装置が専ら音楽著作物を上映し又は演奏して公衆に直接見せ又は聞かせるために使用されるものであるときは、（中略）上記相手方が当該著作権者との間で著作物使用許諾契約を締結し又は申込みをしたことを確認した上でカラオケ装置を引き渡すべき条理上の注意義務を負う」として、リース業者に上記注意義務違反につき、共同不法行為者としての損害賠償責任を認めた。

247)　最判昭和63年3月15日民集42巻3号199頁〔クラブキャッツアイ事件〕。

248)　東京高判平成17年3月31日裁判所ウェブサイト（平成16年（ネ）405号）〔ファイルローグ事件〕、東京地判平成19年5月25日判時1979号100頁〔MYUTA事件〕、知財高判平成22年9月8日判時2115号102頁〔TVブレイク事件〕等。

444　　第5編　著作権法による表現の保護

ロクラクⅡ事件[249]、まねきTV事件[250]で最高裁が再び規範的主体論について判断を示したことが注目された。

ロクラクⅡ事件において、最高裁は、複製の指示自体は各サービス利用者が行っているというテレビ番組の録画転送サービスについて、「複製の主体の判断に当たっては、複製の対象、方法、複製への関与の内容、程度等の諸要素を考慮」すべきであるとしたうえで、サービス事業者は、「単に複製を容易にするための環境等を整備しているにとどまらず、その『管理、支配』下において、放送を受信して複製機器に対して放送番組等に係る情報を入力するという、複製機器を用いた放送番組等の複製の実現における『枢要な行為』をしており」、当該「行為がなければ」、サービス利用者が録画の指示をしても複製は「およそ不可能」であるから、当該サービス事業者を「複製の主体というに十分である」とした[251]。

ロクラクⅡ事件は、複製に関する判断をしたにすぎないが、その後、上記の最高裁の基準を当てはめて、演奏に関する侵害主体性を認めた裁判例として、ライブハウス事件[252]がある。この事件では、演奏（楽器を用いて行う演奏、歌唱）を自ら行っていないライブハウスの共同経営者がライブハウスで演奏される楽曲の演奏主体となるかが問題となったが、第一審原告であるJASRACの管理楽曲の演奏が想定されるライブハウスであり、ライブを開催することで集客を図り、客から飲食代を徴収していること、スピーカーやドラムセット等の音響設備等が備え付けられていること等が重視され、演奏主体該当性が肯定された。

このほか、公衆送信についてロクラクⅡ事件の基準を用いた裁判例も登場しており[253]、裁判例の傾向は、ロクラクⅡ事件の示した総合考慮型の判断手法が

---

249) 最判平成23年1月20日民集65巻1号399頁〔ロクラクⅡ事件（最高裁）〕。

250) 最判平成23年1月18日民集65巻1号121頁〔まねきTV事件〕。

251) その後、差戻控訴審である知財高判平成24年1月31日判時2141号117頁〔ロクラクⅡ事件（差戻控訴審）〕で侵害主体性が肯定された。

252) 知財高判平成28年10月19日裁判所ウェブサイト（平成28年（ネ）10041号）〔ライブハウス事件〕。

253) 知財高判平成30年4月25日判時2382号24頁〔リツイート事件（控訴審）〕。

主を占めていった。

このような中で、JASRAC が、管理する著作物を演奏等する音楽教室、歌唱教室等に対して使用料を徴収し始めることを企図したことに端を発する音楽教室事件[254] において、最高裁は、音楽教室等における演奏の利用主体について、「演奏の形態による音楽著作物の利用主体の判断に当たっては、演奏の目的及び態様、演奏への関与の内容及び程度等の諸般の事情を考慮するのが相当である」と判示し、言い回しこそ若干異なるものの、ロクラクⅡ事件が示した総合考慮型の判断手法を採用することを明らかにした。このように、最高裁がカラオケ法理を彷彿とさせる文言を全く用いていないことで、文言として従前のカラオケ法理を持ち出す判決は今後姿を消すことになると予想される[255]。

音楽教室事件では、「音楽教室のレッスンにおける生徒の演奏は、教師から演奏技術等の教授を受けてこれを習得し、その向上を図ることを目的として行われるのであって、課題曲を演奏するのは、そのための手段にすぎない」、「教師は、課題曲を選定し、生徒に対してその演奏につき指示・指導をするが、これらは、生徒が上記の目的を達成することができるように助力するものにすぎず、生徒は、飽くまで任意かつ自主的に演奏するのであって、演奏することを強制されるものではない」、音楽教室側は、「生徒から受講料の支払を受けているが、受講料は、演奏技術等の教授を受けることの対価であり、課題曲を演奏すること自体の対価ということはできない」といった事情を総合的に考慮して、レッスンにおける生徒の演奏に関し、音楽教室側が著作物の利用主体であるということはできないとした。クラブキャッツアイ事件との相違として、演奏の目的（教師から演奏技術等の教授を受けてこれを習得し、その向上を図る目的）

---

254)　最判令和4年10月24日民集76巻6号1348頁〔音楽教室事件〕。

255)　田村善之「音楽教室における生徒の演奏の行為主体が音楽教室ではないとした最高裁判決について―最高裁令和4年10月24日判決 音楽教室事件―」知的財産法政策学研究68号273頁、上野達弘「ライブハウスにおける演奏主体」Law&Technology77号23〜36頁も参照。もっとも、重要な点として、本判決は大法廷によって下されたわけではなく、クラブキャッツアイ事件を変更したわけではないのであって、クラブキャッツアイ事件は、カラオケ店舗における客の物理的な歌唱が、当該事案の下で店舗の演奏と評価されたという結論に関しては、事例判決としての判例が生き残っていることになる（田村・同276頁）。

が考慮されている点が注目される。

コラム プラットフォーム事業者の侵害主体性

　サービスの提供そのものは、著作権侵害と認められないプラットフォームサービスを提供する事業者（単なる「場」の提供者にすぎない者）であっても、著作権者等からの通知をされること等により、サービス事業者が自らのサービスにおける具体的な著作権侵害の事実を知り、または知り得べき状態となっていた後に、削除等の手段を講じなければ直接侵害者と同様の責任を負う可能性がある。

　過去の裁判例では、掲示板に、出版社が出版した書籍に掲載されていた対談記事の内容が書き込まれた事案で、書き込みによる公衆送信権侵害行為について、掲示板運営者が責任を負うかが争点となった事案[256]がある。同裁判例では、掲示板運営者としては、出版社の編集長からの通知を受けた際には、「直ちに本件著作権侵害行為に当たる発言が本件掲示板上で書き込まれていることを認識することができ」、発言者に「照会するまでもなく速やかにこれを削除すべきであった」にもかかわらず、「上記通知に対し、発言者に対する照会すらせず、何らの是正措置を取らなかった」のであるから、掲示板運営者が公衆送信権の侵害の主体として責任を負うとされた。

　また、商標権侵害の事件であるが、ウェブページの運営者（ショッピングモールの運営者）が、「単に出店者によるウェブページの開設のための環境等を整備するにとどまらず、運営システムの提供・出店者からの出店申込みの許否・出店者へのサービスの一時停止や出店停止等の管理・支配を行い、出店者からの基本出店料やシステム利用料の受領等の利益を受けている者であって、その者が出店者による商標権侵害があることを知ったとき又は知ることができたと認めるに足りる相当の理由があるに至ったときは、その後の合理的期間内に侵害内容のウェブページからの削除がなされない限り、上記期間経過後から商

---

256)　東京高判平成17年3月3日判時1893号126頁〔2ちゃんねる小学館事件〕。

第1章　著作権法による著作権・著作者人格権・著作隣接権の保護　　447

標権者はウェブページの運営者に対し、商標権侵害を理由に、出店者に対するのと同様の差止請求と損害賠償請求をすることができる」とした裁判例[257]がある。

AIとメタバースについてのコラム 生成AIによる生成行為の主体

　AI生成物の生成行為が著作権侵害となる場合、当該生成行為の主体が誰となるか（ユーザなのか、AI事業者なのか）が問題となる。この点について、「考え方」36〜37頁では、「AI生成物の生成・利用が著作権侵害となる場合の侵害の主体の判断においては、物理的な行為主体である当該AI利用者が著作権侵害行為の主体として、著作権侵害の責任を負うのが原則である。他方で…規範的行為主体論に基づいて、AI利用者のみならず、生成AIの開発や、生成AIを用いたサービス提供を行う事業者が、著作権侵害の行為主体として責任を負う場合があると考えられる」としたうえで、具体的には以下の要素を挙げている。

・ある特定の生成AIを用いた場合、侵害物が高頻度で生成される場合は、事業者が侵害主体と評価される可能性が高まるものと考えられる。

・事業者が、生成AIの開発・提供にあたり、当該生成AIが既存の著作物の類似物を生成する蓋然性の高さを認識しているにもかかわらず、当該類似物の生成を抑止する措置をとっていない場合、事業者が侵害主体と評価される可能性が高まるものと考えられる。

・事業者が、生成AIの開発・提供にあたり、当該生成AIが既存の著作物の類似物を生成することを防止する措置をとっている場合、事業者が侵害主体と評価される可能性は低くなるものと考えられる。

・当該生成AIが、事業者により上記の手段を施されたものであるなど侵害物が高頻度で生成されるようなものでない場合において

---

257)　知財高判平成24年2月14日判時2161号86頁〔チュッパチャプス事件〕。

は、たとえ、AI利用者が既存の著作物の類似物の生成を意図して生成AIにプロンプト入力するなどの指示を行い、侵害物が生成されたとしても、事業者が侵害主体と評価される可能性は低くなるものと考えられる。

【2】損害賠償請求

　著作権侵害があった場合には、民法709条により損害賠償請求が可能である。著作権侵害、故意・過失、損害の発生と額、著作権侵害と損害の相当因果関係が要件となる。

　過失については、著作権は公示されていないため、特許権等と異なり、推定規定はない。従って、著作権者が過失の立証をする必要がある。

　損害については、損害額の算定に関する特則が設けられており、実務上も広く活用されている（著作114条）。著作権法114条1項～3項、5項、6項がそれぞれ、商標法38条1項～3項、4項、5項（第2編　第2章　Ⅶ　❸【2】で前述）、特許法102条1項～3項、4項、5項（第3編　第2章　Ⅶ　❹【2】で前述）に対応しているため、ここでは詳述しない[258]。著作権法114条の5に相当な損害額の認定規定がある。

　また、具体的態様の明示義務が著作権法114条の2に、書類提出命令が著作権法114条の3に、秘密保持命令関係の規定が著作権法114条の6～8に定められている。

【3】名誉回復措置

　著作者は、故意または過失によりその著作者人格権を侵害した者に対し、損害の賠償に代えて、または損害の賠償とともに、著作者であることを確保し、または訂正その他著作者の名誉もしくは声望を回復するために適当な措置を請求することができる（著作115条）。裁判例については、前記　Ⅶ　❻【2】

---

258)　なお、著作権法114条4項は、侵害された著作権等が著作権等管理事業者により管理されている場合は、著作権者等は、当該著作権等管理事業者の使用料規程により算出した額を114条3項所定の損害額とすることができるとしている。

コラム を参照。

【4】刑事罰

故意の著作権侵害には刑事罰があり、罰則は、10年以下の懲役、1,000万円以下の罰金、またはこれらの併科とされている（著作119条1項）。著作者人格権侵害の場合の罰則は、5年以下の懲役、500万円以下の罰金、またはこれらの併科とされている（著作119条2項）。

また、両罰規定があり、法人の代表者や役職員が、その法人の業務に関して、著作権・著作者人格権侵害を行った場合には、行為者に上記の罰則が科されるほか、その法人に対して、著作権侵害の場合は3億円以下の罰金刑が、著作者人格権侵害の場合には、500万円以下の罰金刑が科される（著作124条1項）。

私的使用目的の複製については、一定の違法ダウンロード行為に関する刑事罰が規定されており、令和2年改正によって刑事罰の対象が拡大されている（著作119条3項1号、同項2号）。

リーチサイト規制についても、刑事罰が規定されている（著作113条2項、120条の2第3号）。特徴的な点として、リーチサイトの運営行為およびリーチアプリの提供行為について、著作権法113条3項の要件にかかわらず、刑事罰の対象行為としている点である（著作119条2項4号、同項5号）。なお、ここでのリーチサイトの運営行為等に、いわゆるプラットフォームサービス提供行為は基本的に含まれない。

その他、著作者名の虚偽表示（著作121条）や、出所明示義務違反行為（著作122条）等についても、刑事罰がある。

上記の刑事罰の多くは原則として親告罪であるが（著作123条1項）、TPP11協定の発効を受けた法改正により、以下のすべての要件に該当する著作権等侵害行為に限り、非親告罪とされた（著作123条2項）。以下の要件により、いわゆるコミケにおける同人誌等の二次創作活動については、一般的には、原作のまま著作物等を用いるものではなく、市場において原作と競合せず、権利者の利益を不当に害するものではないことから、非親告罪とはならないものと考えられる一方で、販売中の漫画や小説の海賊版を販売する行為や、映画の海賊版をネット配信する行為等については、非親告罪となることが考えられる。

450　　　第5編　著作権法による表現の保護

- 侵害者が、侵害行為の対価として財産上の利益を得る目的または有償著作物等（権利者が有償で公衆に提供・提示している著作物等）の販売等により権利者の得ることが見込まれる利益を害する目的を有していること
- 有償著作物等を「原作のまま」公衆譲渡もしくは公衆送信する侵害行為またはこれらの行為のために有償著作物等を複製する侵害行為であること
- 有償著作物等の提供または提示により権利者の得ることが見込まれる「利益が不当に害されることとなる場合」であること

4 一般不法行為に基づく損害賠償請求

　著作権侵害が問題とされる事案では、実務上、著作権侵害が否定された場合に備え、著作権侵害を問題にしたのと同一の行為に対して、著作権侵害とは別に一般不法行為に基づく主張がなされることがしばしばみられる。典型的には、ある創作物が模倣された場合に、当該模倣行為は著作権侵害には当たらなかったとしても、不法行為が成立するはずであるとして一般不法行為の主張がなされる場合が挙げられる。

　民法上、不法行為の保護の対象は「他人の権利又は法律上保護される利益」（民709条）であるとされており、一般論としては、著作権侵害が否定された場合であっても、「他人の権利又は法律上保護される利益」の侵害が認められれば、不法行為に基づいた請求が可能である。もっとも、従前から著作権侵害が否定された場合に、なお同一の行為に対して一般不法行為の成立を認めた事例は多くはなく[259]、最高裁も、競走馬にパブリシティ権が認められるのかが争点となったギャロップレーサー事件[260]（**第6編 第2章**参照）において、「競走馬の名称等が顧客吸引力を有するとしても…法令等の根拠もなく競走馬の所有者に対し排他的な使用権等を認めることは相当ではなく、また、競走馬の名称等の無断利用行為に関する不法行為の成否については、違法とされる行為の範囲、態様等が法令等により明確になっているとはいえない現時点において、これを肯

---

259)　裁判例について、上野達弘「『知的財産法と不法行為法』の現在地」日本工業所有権法学会年報45号191頁を参照。
260)　最判平成16年2月13日民集58巻2号311頁〔ギャロップレーサー事件〕。

第1章　著作権法による著作権・著作者人格権・著作隣接権の保護　451

定することはできない」と述べ、不法行為の成立を否定しており、法令等により違法性が明確化されていない権利または利益については、不法行為の成立は認められないとする理解もあり得る状況であった。

このような状況の中で、北朝鮮において製作された映画の利用行為が問題となった北朝鮮映画事件[261]は、ベルヌ条約加盟国であるものの、日本が国家として承認していない北朝鮮について、北朝鮮国民の著作物は著作権法上の保護の対象とならない（著作6条）（第1章 **Ⅱ** 参照）という特殊な事情から、当該映画の利用行為について不法行為が成立するかが問題となった。これについて、最高裁は、著作権法6条各号所定の著作物に該当しない著作物の利用行為は、著作権法が規律の対象とする著作物の利用による利益とは異なる法的に保護された利益を侵害するなどの特段の事情がない限り、不法行為を構成するものではないと判断したうえで、同事案では当該特段の事情は認められないとして、不法行為の主張を認めなかった。

北朝鮮映画事件での最高裁の判断は、著作権法が規律している利益と同じ利益が主張されている限り、その保護の要否に関しては、著作権侵害に係る著作権法上の判断がなされているのであるから、一般不法行為により裁判所がそれと異なる判断をなすことはできない一方で、著作権法が規律する利益とは異なる利益に係る規律を一般不法行為を通じて行うことは妨げられない旨を説くものと考えられ、実務上は著作権法とは異なる法領域における利益の存在を証明することが重要と考えられる。

もっとも、北朝鮮映画事件以降、著作権を含む個別の知的財産権侵害に当たらない行為について、一般不法行為の成立を認めた裁判例は長い間存在していなかったが、バンドミュージックの楽曲の演奏を聴音して制作したバンドスコアの模倣が問題となった〔バンドスコア事件〕[262]が、著作権法の保護対象ではないバンドスコアの模倣行為について、一般不法行為の成立を認めており、今後の裁判例も動向を注視する必要がある[263]。

261）　最判平成23年12月8日民集65巻9号3275頁〔北朝鮮映画事件〕。
262）　東京高判令和6年6月19日令和3年（ネ）4643号〔バンドスコア事件〕。
263）　近時、不正競争防止法所定の不正競争に該当しない行為について、一般不法行為の成立を認めた事例として、札幌地判令和6年2月27日金融・商事判例1692号26頁〔ア

452　　第5編　著作権法による表現の保護

コラム
法的根拠に基づかない著作権侵害告知による不法行為〔編み物 YouTube 事件〕

　著作権侵害に関する事件ではないものの、実務上興味深い事件として、編み物 YouTube 事件がある[264]。同事件は、ともに編み物に関する YouTube チャンネルを開設している当事者のうち、原告の動画が被告の有する著作権を侵害しているとして、YouTube に対し著作権侵害通知を行い、およそ半年間、原告の投稿した動画が削除され（その後当該侵害通知の法的要件が欠けるとして YouTube において復元された）、これに対して原告が一般不法行為に基づく損害賠償を求めたものである。大阪高裁は、「YouTube は、インターネットを介して動画の投稿や投稿動画の視聴などを可能とするサービスであり、投稿者は、動画の投稿を通して簡易な手段で広く世界中に自己の表現活動や情報を伝えることが可能となるから、作成した動画を YouTube に投稿する自由は、投稿者の表現の自由という人格的利益に関わるものということができる。したがって、投稿者は、著作権侵害その他の正当な理由なく当該投稿を削除されないことについて、法律上保護される利益を有すると解するのが相当である。また、収益化されたチャンネルにおいては、YouTube への動画投稿によって、投稿者は収益を得ることができるから、正当な理由なく投稿動画を削除する行為は、投稿者の営業活動を妨害する行為ということになる。したがって、この側面からも、投稿者は、正当な理由なく投稿動画を削除されないことについて、法的上保護される利益を有すると解することができる」と述べた。そのうえで、YouTube が利用者の著作権侵害通知に対して原則として著作権侵害の実体的判断をなさないことから、通知者に対してあらかじめ一定の注意義務を課して濫用的な著作権侵害通知をなさないよう対策を講じていると認定し、「著作権侵害通知をする者が…注意

　イクリーム比較広告等事件〕、大阪高判令和6年5月31日裁判所ウェブサイト令和5年（ネ）2172号〔ペット用健康補助食品事件〕。

[264]　　大阪高判令和4年10月14日判タ1518号131頁。

義務を尽くさずに漫然と著作権侵害通知をし、当該著作権侵害通知が法的根拠に基づかないものであることから、結果的にYouTubeをして著作権侵害に当たらない動画を削除させて投稿者の前記利益を侵害した場合、その態様如何によっては、当該著作権侵害通知をした行為は、投稿者の法律上保護される利益を違法に侵害したものとして、不法行為を構成するというべきである」と述べて、結論として原告側の一般不法行為の主張を認めた。

　YouTube等のプラットフォームにおける権利侵害の疑義は多くのユーザが抱くものと思われるが、権利侵害通知を行うには慎重になる必要があることを認識させられる事件である。

第5編

第2章　著作権の活用

Ⅰ　ライセンス

　著作権のライセンスは、幅広く行われている。ライセンスの基本的な説明は、**第2編** **第6章** **Ⅰ** で前述したブランドライセンスの項目を参照してほしい。著作権については、商標や特許のように専用使用（実施）権はなく（ただし、**後記** **Ⅲ** で解説する出版権がある）、商標や特許の通常使用（実施）権に相当する債権的なライセンスが認められているのみである（著作63条1項）[265]。また、ライセンスの登録制度は存在しておらず、著作権が譲渡された場合には、新著作権者にライセンスを対抗することができないという制度になってしまっていたが、令和2年改正により、特許法（特許の該当箇所（現状 **第3編** **第2章** **Ⅸ** **■【2】**）を参照）等と同様に、当然対抗制度が導入され、著作権が第三者に譲渡されたとしても、著作権に係るライセンスを受けたライセンシーは、新著作権者に対して、登録等の何らの手続をすることなく自らのライセンスを対抗することができる（著作63条の2）。なお、著作権の当然対抗制度は、法律施行日である令和2年10月1日以前に締結した著作権ライセンス契約についても、施行日後に著作権が譲渡された場合であれば適用される（改正附則8条）。

　著作権ライセンス契約においては、まず、ライセンスの範囲として、①対象となる著作物、②対象となる利用行為の内容、③対象となる国・地域、④独占性の有無、⑤著作権者による自己利用の可否、⑥サブライセンス権の有無、⑦ライセンス期間等について定めることになる。また、ライセンス料（ロイヤルティ）の計算の仕方についても定めることになるが、その定め方に関する基本的事項については、商標ライセンスと同様である。

---

265)　なお、放送番組のインターネット同時配信等に係る権利処理の円滑化を目的に、令和3年改正において、放送番組での著作物等の利用を認める契約を行う際、権利者が別段の意思表示をしていなければ、「放送」に加え「同時配信等」での利用も許諾したものと推定する規定が追加された（著作63条5項）。

ライセンスされた著作物から、ライセンシーが二次的著作物を生み出した場合の処理についても規定されることが多い。

上記のとおり、著作権が譲渡された場合には、新著作権者にライセンスを対抗することができないという制度になっているため、著作権の譲渡の禁止や譲渡時には新著作権者にライセンス契約を承継等させる義務について規定する場合がある。

ライセンサーによる保証の範囲、第三者による権利侵害が発生した場合の対応等についての規定も置かれることが一般的である。

ライセンス契約違反の場合の法的理解についても、商標ライセンスと同様である。

コラム CCライセンス／自由利用マーク

著作物について、条件を決めたうえで自由利用を認めたいというニーズに応えるため、簡便なマークの表示により条件を明確化してライセンスを付与しようとする試みがある。

そのさきがけが、クリエイティブ・コモンズ・ライセンス（CCライセンス）[266]である。①作品のクレジットを表示すること、②営利目的での利用をしないこと、③元の作品を改変しないこと、④元の作品と同じ組み合わせのCCライセンスで公開することという四つの条件を組み合わせたライセンスの付与が可能となっている。

また、文化庁は自由利用マークという制度を設けている[267]。①「プリントアウト・コピー・無料配布」OKマーク、②「障害者のための非営利目的利用」OKマーク、③「学校教育のための非営利目的利用」OKマークの3種類がある。

なお、著作権法67条〜70条には裁定による著作物の利用許諾に関する規定が定められている。著作権法67条が著作権者不明等の場合における著作物の

266）　https://creativecommons.jp/licenses/、（2024.12.10）。

267）　http://www.bunka.go.jp/jiyuriyo/、（2024.12.10）。

利用に関する規定[268]、著作権法68条が放送に関する規定、著作権法69条が商業用レコードに関する規定となっている。

なお、令和5年改正により、未管理公表著作物等（集中管理がされておらず、利用の可否に係る著作権者等の意思を円滑に確認できる情報が公表されていない著作物等）について、著作権者等の意思を確認するための措置をとったにもかかわらず、これを確認ができない場合に、裁定により利用をすることができる旨の規定が追加された（著作67条の3）。本規定については、公布日である2023年5月26日から3年以内で政令で定める日に施行される。

Ⅱ　著作権の移転・担保化

著作権については、自由に全部または一部を譲渡することが可能である（著作61条1項）。特定の支分権だけを譲渡したり、支分権の一部を譲渡したりすることも可能である。

著作権の譲渡にあたって、実務上注意が必要な規定として著作権法61条2項がある。著作権を譲渡する契約において、翻案権等（著作27条）および二次的著作物の利用に関する原著作者の権利（著作28条）が譲渡の目的として特掲されていないときは、これらの権利は、譲渡した者に留保されたものと推定される（著作61条2項）。著作権を譲渡するとしても、上記の権利までは譲渡しないというのが著作権者の通常の意思であるとの発想に基づき、このような推定規定が置かれている。推定規定であるため、反証により覆すことができ、契約の趣旨や全体の文脈に基づき、これらの権利も譲渡されていると読み取ることができれば、これらの権利も譲渡されたと認められることになるが、疑義を避けるため、実務上は、著作権の譲渡の合意をする際には、「著作権（著作権法27条および28条の権利を含む。）」などと明記しておくことが一般的である。

また、併せて、著作者人格権についての処理もしておく必要があり、**第1章**

---

268)　著作権者不明等の場合における著作物の利用に係る裁定補償金額については、文化庁がシミュレーションシステムを公開している https://www.bunka.go.jp/saiteisimulation/（2024.11.29）。

第2章　著作権の活用　　457

Ⅶ 6【1】で解説した人格権不行使合意が活用されている。

著作権の移転については、一般承継以外の場合には登録が対抗要件である（著作77条1号）。

また、著作権についても権利質の一種として質権の設定（著作77条2号）や譲渡担保権の設定が可能である。

Ⅲ 出版権設定

著作権法79条〜88条には出版権に関する規定が置かれている。出版権は、出版・電子出版について、物権的利用権を認めるものであり、商標や特許の専用使用（実施）権に類似するものであるといえる[269]。

出版権には、従前からある紙媒体の出版権（1号出版権。著作80条1項1号）と電子出版の出版権（2号出版権。著作80条1項2号）がある。複製権または公衆送信権を有する者（複製権等保有者）が出版権を設定する（著作79条1項）。

出版権を設定した場合には、複製権等保有者は原則として、設定した出版権の範囲で著作物の利用はできず、自ら出版したり、第三者に出版のライセンスをしたりすることはできなくなる（著作80条参照）。

出版権者には、著作権者と同様に差止請求権（著作112条）がある。

出版権の設定は登録しなければ第三者に対抗できない（著作88条1項1号）。

出版権の存続期間は、設定行為で定めるところによるが、その存続期間につき設定行為に定めがないときは、その設定後最初の出版行為等があった日から3年を経過した日において消滅する（著作83条）。

---

269) 島並ら・著作権262頁参照。

第6編

その他の
不正競争行為等
およびパブリシティ権

第6編

第1章 商品等表示、商品形態模倣、営業秘密以外の不正競争行為等

　これまで、商品等表示に関する不正競争行為（不正競争2条1項1号、2号）、商品形態模倣に関する不正競争行為（同条1項3号）、営業秘密に関する不正競争行為（同条1項4号～10号）、限定提供データに関する不正競争行為（不正競争2条1項11号～16号）について論じてきたが、これ以外の不正競争行為等についてもごく簡単に説明しておく。

I　不正競争行為

　以下の不正競争行為に該当した場合の民事上の救済措置は、差止請求（不正競争3条）および損害賠償請求（同4条）等である。

1 技術的制限手段に対する不正競争行為

　不正競争防止法2条1項17号および18号は、コピー制御やアクセス制御といった技術的制限手段の効果を妨げる機能を有する装置の譲渡や技術的制限手段を無効化する役務の提供行為等が「不正競争」行為に当たるものとしている。

　「技術的制限手段」とは、電磁的方法により影像若しくは音の視聴、プログラムの実行若しくは情報の処理又は影像、音、プログラムその他の情報の記録を制限する手段であって、視聴等機器（影像若しくは音の視聴、プログラムの実行若しくは情報の処理又は影像、音、プログラムその他の情報の記録のために用いられる機器をいう。）が特定の反応をする信号を記録媒体に記録し、若しくは送信する方式又は視聴等機器が特定の変換を必要とするよう影像、音、プログラムその他の情報を変換して記録媒体に記録し、若しくは送信する方式によるものをいう（不正競争2条8項）。

　同法1項17号では、例えば、映画のビデオテープやDVDなどの記録媒体の

第1章　商品等表示、商品形態模倣、営業秘密以外の不正競争行為等　　461

中にコンテンツとともに記録されている制御用の信号を用いて当該コンテンツの録画を制限する方式や、所定の手続を踏んで製造、販売されている視聴等機器以外の機器では解読することができない形でコンテンツを暗号化している方式又は正規ゲームソフトに記録された信号を用い、当該ソフトと組になった正規のゲーム機器においてのみ当該ソフトの実行ができる方式に対して、それらの技術の効果を妨げるキャンセラーを販売等する行為や、それらの技術の効果を妨げるプログラムをインターネットオークションで販売等する行為等が規制される[1]。

同法同項18号では、特定の者以外の者に対するサービス提供を制限している場合に限って適用されるものであり、例えば、衛星放送又は有料ケーブルテレビジョン放送におけるペイパービューサービス等契約者以外の者によってはスクランブルを解除できないように暗号が施されているものに対して、この技術の効果を妨げるスクランブル解除装置を販売等する行為等が規制される[2]。

平成23年改正以前は、技術的制限手段の効果を妨げる機能「のみ」を有する装置の提供行為が対象とされていたが、これによると、例えば、解除装置にDVDプレイヤー機能等の別機能を付けてしまえば適用回避できてしまうとされていた。そこで、平成23年改正で「のみ」要件を廃止するとともに、このような別機能がある装置等については、その提供態様や利用実態からして、当該装置の譲渡等が「当該技術的制限手段の効果を妨げることにより可能とする用途に供するために行うもの」と認められれば、不正競争行為に含められるようにした[3]。

また、平成30年改正で、技術的制限手段を無効化する装置やプログラムの提供行為等に加え、技術的制限手段無効化装置等に改造するサービス、技術的制限手段の無効化等を代行するサービス等の提供行為が増加している背景を踏まえ、新たに、技術的制限手段を無効化する役務の提供行為が不正競争に追加された。さらに、技術的制限手段を無効化する機能を有する不正なシリアル

---

1)　　　経産省・逐条解説128頁参照。なお、「プログラム」については、最決令和3年3月1日刑集75巻3号273頁〔電子書籍ビューア事件〕を参照。

2)　　　経産省・逐条解説140頁参照。

3)　　　経産省・逐条解説125頁参照。

コード等がネットオークションで販売されている等の実態を踏まえ、技術的制限手段を無効化する指令符号の提供行為が不正競争行為に追加された。

❷ ドメイン名に関する不正競争行為

不正競争防止法2条1項19号は、「不正の利益を得る目的で、又は他人に損害を加える目的で、他人の特定商品等表示[4]（中略）と同一若しくは類似のドメイン名を使用する権利を取得し、若しくは保有し、又はそのドメイン名を使用する行為」が「不正競争」行為に当たるものとしている。

ドメイン名を取得するだけで商品等表示として使用していないような場合には不正競争防止法2条1項1号および2号では対処ができないため、本号が不正競争行為として規定されている。

ドメイン名紛争については、JPドメインに関し、JPドメイン名紛争処理方針に基づく、日本知的財産仲裁センターによる裁判外紛争解決手段が用意されているが、裁定に不服な者は裁判所への提訴が可能となっている。また、同手続では、損害賠償請求はできず、ドメイン名の取消請求、移転請求のみが救済手段となっている[5]。

❸ 原産地、品質等誤認表示行為

不正競争防止法2条1項20号は、「商品若しくは役務若しくはその広告若しくは取引に用いる書類若しくは通信にその商品の原産地、品質、内容、製造方法、用途若しくは数量若しくはその役務の質、内容、用途若しくは数量について誤認させるような表示をし、又はその表示をした商品を譲渡し、引き渡し、譲渡若しくは引渡しのために展示し、輸出し、輸入し、若しくは電気通信回線を通じて提供し、若しくはその表示をして役務を提供する行為」が「不正競争」行為に当たるものとしている。

例えば、原産地や品質等を誤認させるような虚偽表示、誇大広告等が規制の

---

4)　　　「人の業務に係る氏名、商号、商標、標章その他の商品又は役務を表示するものをいう」。

5)　　　なお、移転請求は不正競争防止法に基づいてはできないとされている（茶園・不競法114頁等）。

第1章　商品等表示、商品形態模倣、営業秘密以外の不正競争行為等　　463

対象となっている。

実務上は、景品表示法による表示規制とあわせて活用されており、表示規制法の一種だと理解できる。

大阪高判令和3年3月11日判時2491号69頁〔八ッ橋事件〕は、品質誤認の対象となるのは、客観的に真偽を検証、確定することが可能な事実であることが想定されているというべきであり、客観的資料に基づかない言い伝え、伝承の類いであって、需要者もそのように認識するような事項は、対象とならないとし、八ッ橋の製造販売業者の創業年に関する表示の品質誤認表示該当性を否定した。

4 信用毀損行為

不正競争防止法2条1項21号は、「競争関係にある他人の営業上の信用を害する虚偽の事実を告知し、又は流布する行為」が「不正競争」行為に当たるものとしている。元来、民法上の不法行為を構成するような行為類型であるが、不正競争防止法により差止請求権が認められる点で意義が大きい。

その適用対象は広いが、実務上しばしば問題になるものとして、知的財産権の権利者が、相手方の取引先等に対して、知的財産権の侵害の警告を行ったものの、相手方への裁判では、結果として、侵害が成立しなかったような場合（特許権の例で言えば、技術的範囲に属しないか、特許法104条の3の無効の抗弁が成立するような場合）がある[6]。

この点について、従来の裁判例は、結果として侵害が成立しなかったような場合には、直ちに、本号違反を構成するとするものも多かった。

これに対して、ビデオテープ事件[7]は、結果として侵害が成立しなかったからといって直ちに本号違反を構成するとすべきではないとの立場を採用しており、以下のとおりの判断基準を示した。

① 業者の取引先に対する警告が、「特許権者の権利行使の一環としての外形

---

6)　なお、相手方に直接警告を行うことは、当事者間の内部の問題であり、本号違反には当たらない。

7)　東京高判平成14年8月29日判時1807号128頁〔ビデオテープ事件〕。

をとりながらも、社会通念上必要と認められる範囲を超えた内容、態様となっている場合（中略）には、当該告知の内容が結果的に虚偽であれば、（中略）不正競争行為」になる。

②「訴え提起と同様に、特許権者が、事実的、法律的根拠を欠くことを知りながら、又は、特許権者として、特許権侵害訴訟を提起するために通常必要とされている事実調査及び法律的検討をすれば、事実的、法律的根拠を欠くことを容易に知り得たといえるのにあえて警告をなした場合には、競業者の営業上の信用を害する虚偽事実の告知又は流布として違法となると解すべきであるものの、そうでない場合には、このような警告行為は、特許権者による特許権等の正当な権利行使の一環としてなされたものというべきであり、正当行為として、違法性を阻却されるものと解すべき」である。

③「競業者の取引先に対する警告が、特許権の権利行使の一環としてされたものか、それとも特許権者の権利行使の一環としての外形をとりながらも、社会通念上必要と認められる範囲を超えた内容、態様となっているかどうかについては、（中略）諸般の事情[8]を総合して判断」すべきである。

そして、その後の裁判例でも、例えば、知財高判平成23年2月24日判時2138号107頁〔ねじ部品事件〕等においても、不正競争防止法2条1項21号による損害賠償責任の有無を検討するにあたっては、特許権者の権利行使を不必要に萎縮させるおそれの有無や、営業上の信用を害される競業者の利益を総合的に考慮した上で、違法性や故意過失の有無を判断すべきものであるとされている。

いずれにしても、競合者の取引先への警告を行った場合には、本号違反を根拠に提訴を受ける可能性があることを頭に入れた上で、通知内容について慎重

---

8) 　「当該警告文書等の形式・文面のみならず、当該警告に至るまでの競業者との交渉の経緯、警告文書等の配布時期・期間、配布先の数・範囲、警告文書等の配布先である取引先の業種・事業内容、事業規模、競業者との関係・取引態様、当該侵害被疑製品への関与の態様、特許侵害争訟への対応能力、警告文書等の配布への当該取引先の対応、その後の特許権者及び当該取引先の行動等」。

に検討を行う必要がある。

　また、他社との比較広告について、例えば、比較にあたり、他社の商品・サービスの内容を事実に反して貶めているような場合には、不正競争防止法2条1項20号のみならず、本号違反も構成する可能性がある。

5 代理人等の商標冒用行為

　不正競争防止法2条1項22号は、パリ条約の同盟国等において商標に関する権利を有する者の代理人等が、正当な理由がないのに、その権利を有する者の承諾を得ないでその権利に係る商標と同一もしくは類似の商標をその権利に係る商品もしくは役務と同一もしくは類似の商品もしくは役務に使用等する行為が「不正競争」行為に当たるものとしている。

　外国の商標権の効力は属地主義により日本には直接及ばないが、本号の不正競争行為として規制することで、一定範囲で外国の商標権者を保護する趣旨の規定であり、パリ条約上の義務を国内法化したものである。

　ここでいう、代理人には、代理権・代表権がない代理店や特約店等も含まれその範囲は比較的広い[9]。同趣旨の規定として、商標法53条の2には、代理人等による未承諾登録に関する取消審判制度が規定されている。

II 国際約束に基づく禁止行為（不正競争防止法16条～18条）

　不正競争防止法16条～18条には、国際約束に基づく禁止行為が規定されている。

　同16条では、外国の国旗等の商業上の使用禁止が、同17条では国際機関の標章の商業上の使用禁止が定められている。

　同18条では、外国公務員等に対する不正の利益の供与等の禁止が定められている。同条は、企業の海外ビジネス展開におけるコンプライアンス上は、重要な規定であるが、本来は知的財産権とは無関係の規定であるため、本書では

---

9)　　　小野（上巻）〔茶園〕809頁参照。

466　　第6編　その他の不正競争行為等およびパブリシティ権

説明をしないものとする。

第6編

第2章 パブリシティ権

　パブリシティ権は、著名人の名称や肖像から生じる顧客吸引力の経済的価値を保護する権利である。このようなパブリシティ権の存在により、例えば、企業としては、著名人の名称や肖像を無断で広告に使うことはできず、許諾を得なければならないことになる。

　人は、一般に人格権として、氏名を他人にみだりに利用されない権利（氏名専用権）[10] や肖像をみだりに他人に利用されない権利（肖像権）[11] を有しているものと解される[12]。

　以上のような氏名専用権や肖像権に加えて、肖像等に顧客吸引力を有する著名人は、自らの名称や肖像から生じる顧客吸引力の経済的価値を保護する権利としてのパブリシティ権も有している。

　もっとも、著名人は、氏名や肖像が拡散して、社会の注目を集めて、人気を得ることにより経済的利益を得られるので、上記のような人格権としての氏名専用権や肖像権の保護は、著名人であることの性格上、後退する。すなわち、著名人は、肖像等を時事報道、論説、創作物等に使用されることを正当な表現行為等として受忍すべき場合がある[13]。

　ピンク・レディー事件最高裁判決は、「肖像等を無断で使用する行為は、①肖像等それ自体を独立して鑑賞の対象となる商品等として使用し、②商品等の差別化を図る目的で肖像等を商品等に付し、③肖像等を商品等の広告として使

---

[10]　自然人について、最判昭和63年2月16日民集42巻2号27頁〔NHK日本語読み事件〕、団体について、最判平成18年1月20日民集60巻1号137頁〔天理教事件〕。

[11]　最判平成17年11月10日民集59巻9号2428頁〔写真週刊誌事件〕参照。同判決は、人格権としての肖像権を正面から認めたものではないが、肖像に関する人格的利益を不法行為による法的保護に値する利益であると認めていた。

[12]　最判平成24年2月2日民集66巻2号89頁〔ピンク・レディー事件〕。同判決はパブリシティ権に関する最高裁判決であるが、前提として、人格権としての肖像権についても正面から認めた点でも意義を有する。

[13]　最判平成24年2月2日民集66巻2号89頁〔ピンク・レディー事件〕。

用するなど、専ら肖像等の有する顧客吸引力の利用を目的とするといえる場合に、パブリシティ権を侵害するものとして、不法行為法上違法となる」としている（下線は筆者らが付した）。

　同事例では、雑誌記事にピンク・レディーの写真が掲載されたことが問題となったが、ピンク・レディーそのものを紹介するものではなく、ピンク・レディーの曲の振り付けを利用したダイエット法について、その効果を見出しに掲げ、イラストと文字によって、これを解説するとともに、子どもの頃にピンク・レディーの曲の振り付けをまねていたタレントの思い出等を紹介するというものであり、当該記事に使用されたピンク・レディーの写真は、約200頁の本件雑誌全体の3頁の中で使用されたにすぎないうえ、いずれも白黒写真であって、その大きさも、小さかったのであり、ピンク・レディーの写真は、「記事の内容を補足する目的」で使用されたものであるとして、パブリシティ権侵害が否定された。

　パブリシティ権の法的性質については争いがある。人格権だと解すれば差止請求権が認められるという利点があるが、人格権は一身専属性を有するので、実務上、譲渡性や相続可能性を認めたい場合に問題が生じる。他方、財産権と解すれば、譲渡性や相続可能性の処理は容易であるが、差止請求権の根拠付けが困難となる。

　この点に関して、ピンク・レディー事件最高裁判決は、パブリシティ権は、肖像等それ自体の商業的価値に基づくものであるから、上記の氏名・肖像等に関する「人格権に由来する権利の一内容を構成するもの」であるとしている。ピンク・レディー事件最高裁判決の調査官解説[14]は、パブリシティ権は、「人格権に由来するものであり[15]、その権利主体は本人に限られ、本人の死亡と同時に消滅すると解されるが、肖像等の有する商業的価値を抽出、純化し、同価値から生ずる財産的利益を保護するものであるから、このような性質自体は、人格権ないし人格的利益とは区別された経済財を保護する財産権であるといえ

---

14)　　　最判解民事篇平成24年度（上）〔中島基至〕28頁。
15)　　　同調査官解説28頁では、「母権たる人格権と『へその緒』でつながっている」という意味であると説明されている。

る」と解説している。このように、パブリシティ権は、財産権的側面を有していることは否定できないであろう。

人ではなく、物にもパブリシティ権が認められるかについては、議論があり、例えば、過去には、競走馬（法的には、「物」となる）の名称をゲームに使用したことが問題となった事例[16]がある。

> **コラム** **物のパブリシティ権／所有権と知的財産権の関係**
>
> 　物にもパブリシティ権を認めようとする場合、その法的根拠が問題になる。
>
> 　差止請求権を認めるためには、人格権に由来する権利だと構成することが考えられるが、物には人格権はないので、人格権に由来する権利として構成することはできない。それでは、物権（差止請求権が認められる）である物の所有権を根拠にできないかという発想が出てくる。
>
> 　物のパブリシティ権で問題になるのは、競走馬の名称使用の例のように、競走馬自体の有体物としての面の利用でなく、競走馬の名称という無体物としての面の利用であるという点であり、このような無体物としての利用の面についても所有権がカバーしているのかということである。
>
> 　この点は、所有権と知的財産権の関係に関わる問題であり、物のパブリシティ権の問題以外にも、著作権の保護が切れた作品の無体物としての面の利用について、作品の所有権を根拠に規制できるのかといった争点でも問題になる。
>
> 　先に後者の著作権関連の問題について論ずる。顔真卿自書建中告身帖事件[17]では、最高裁は、「所有権は有体物をその客体とする権利であるから、美術の著作物の原作品に対する所有権は、その有体物の面に対する排他的支配権能であるにとどまり、無体物である美術の著作

---

16)　　最判平成16年2月13日民集58巻2号311頁〔ギャロップレーサー事件〕。
17)　　最判昭和59年1月20日民集38巻1号1頁〔顔真卿自書建中告身帖事件〕。

物自体を直接排他的に支配する権能ではない」のであり、「著作権の消滅後に第三者が有体物としての美術の著作物の原作品に対する排他的支配権能をおかすことなく原作品の著作物の面を利用したとしても、右行為は、原作品の所有権を侵害するものではない」とした[18]。

　物のパブリシティ権について、ギャロップレーサー事件最高裁は、上記の顔真卿自書建中告身帖事件を援用し、「競走馬等の物の所有権は、その物の有体物としての面に対する排他的支配権能であるにとどまり、その物の名称等の無体物としての面を直接排他的に支配する権能に及ぶものではないから、第三者が、競走馬の有体物としての面に対する所有者の排他的支配権能を侵すことなく、競走馬の名称等が有する顧客吸引力などの競走馬の無体物としての面における経済的価値を利用したとしても、その利用行為は、競走馬の所有権を侵害するものではない」として所有権に基づく保護を否定し、他に法令等の根拠もないとして、結論として、物のパブリシティ権の保護を否定した。

　なお、他人の物について無断で写真撮影して宣伝に使ったり、出版等する行為についても、同様に所有権侵害となるか問題になっている[19]。

---

18)　なお、同判決は、博物館や美術館で著作権が現存しない著作物の原作品の観覧や写真撮影について許可を要するとしているのは、所有権者が無体物である著作物を体現している有体物としての原作品を所有していることから生じる「反射的効果」にすぎないと説明している。

19)　東京地判平成14年7月3日判時1793号128頁〔かえでの木事件〕は、かえでを撮影した写真を複製したり、複製物を掲載した書籍を出版、販売したとしても所有権侵害とならないとしている。上記最高裁にも整合的である。他方、古い下級審判例で、例えば、東京高判昭和53年9月28日東高民時報29巻9号206頁〔広告用ガス気球事件〕、神戸地判平成3年11月28日判時1412号136頁〔クルーザー事件〕が所有権侵害を認めている。前者は、宣伝広告会社所有の広告用ガス気球を無断で写真撮影し、ポスターに使用して宣伝に使ったという事例であり、後者は、ホテル所有のクルーザーを無断で写真撮影し、宣伝に使ったという事例である。いずれも、宣伝・広告目的等で利用されたことが重視されている。

AIとメタバースについてのコラム 「声」の保護とAIによる利用

　近時、声優をはじめとする人の声を学習させ、本人類似の音声を生成できるAIがウェブサイト上で公開、販売され、これを購入した者が生成した音声をウェブサイト上にアップロードするなどの事例が多く見られる。AIによっては、学習の対象となる声優がAIによる学習、出力を許諾している例もあるが、本人に無断で声を学習させたAIが公開されている例も多くあるとされ、2024年10月には、著名な声優の有志による「NOMORE無断生成AI」の立ち上げが公表され話題となった[20]。

　人の「声」については、これまで、知的財産としての保護が議論させることはあまりなかったと思われるが、日本発のアニメやゲームといったコンテンツの世界的な流通や市場拡大の中で、音声ビジネスにも注目が集まるようになり、近時人の声の保護の可能性について議論が活発になっていた。このような背景の中で、上記のとおり、人の声を学習、出力するAIが登場したことで、より注目が集まっているのが現状である。

　「声」の保護に関しては、知的財産戦略本部が設置した「AI時代の知的財産権検討会」が公表した中間とりまとめ[21]において、上記のような状況を踏まえ、法の適用関係について、整理が行われている。

　当該整理では、①肖像権による保護、②パブリシティ権による保護、③知的財産法（著作隣接権、商標権、不正競争防止法）による保護が主として検討されている。当該整理にて示されているように、現在の法律を基準に考えれば、著作権法や商標法、不正競争防止法といった法律に基づく保護は、人の声それ自体を保護するのではなく、実演や音商標として商標登録された人の音声を含む標章、商品等表示を保護する中で、それらに含まれる人の声が付随的に保護されるにすぎな

---

20)　https://nomore-mudan.com（2025.2.4）。

21)　AI時代の知的財産権検討会「AI時代の知的財産権検討会　中間とりまとめ」（2024年5月）55頁以下。

い。また、肖像権についても、裁判例は「人は、みだりに自己の容ぼう等を撮影されないということについて法律上保護されるべき人格的利益を有」すると判示している[22]が、ここでの「容ぼう等」は、「容ぼう」および「姿態」であると定義されているから、人の声が、権利の客体となる「容ぼう等」に含まれると解することは困難であると思われる。これらに対して、パブリシティ権については、ピンク・レディー事件最高裁判決が、「人の氏名、肖像等（以下、併せて「肖像等」という。）は、個人の人格の象徴であるから、当該個人は、人格権に由来するものとして、これをみだりに利用されない権利を有すると解される…」と判示しているところ、同判決の調査官解説は、権利の客体となる「肖像等」は、「本人の人物識別情報をいうものであり、例えば、サイン、署名、声、ペンネーム、芸名等を含む」ものであるとしており[23]、人の声もパブリシティ権の客体たり得ると一般的に考えられている。したがって、ピンク・レディー事件最高裁判決が示した上記3つの場合など、「専ら肖像等の有する顧客吸引力の利用を目的とするといえる場合」には、人の声はパブリシティ権により保護されるものと考えられる[24]。

　このような考え方を前提とすると、例えば、AIを用いて著名な声優の声に酷似する音声を生成し、当該音声を用いた動画や楽曲から経済的利益を得るような場合には、パブリシティ権侵害が成立する可能性があると考えられる。問題は、そのようなAIを開発、販売する行為自体がパブリシティ権侵害を構成するかである。当該AIの販売において声優の氏名を使用しているような場合には、声優の「声」とは別個に「氏名」の仕様についてパブリシティ権侵害が成立する可能性がある。もっとも、AIの開発のために声優の声をAIに学習させる行

---

22)　最判昭和44年12月24日刑集23巻12号1625頁〔京都府学連事件〕および最判平成17年11月10日民集59巻9号2428頁〔写真週刊誌事件〕。

23)　最判解民事篇平成24年度（上）〔中島基至〕41頁。

24)　AI時代の知的財産権検討会「AI時代の知的財産権検討会　中間とりまとめ」（2024年5月）56頁。

為それ自体は、ピンク・レディー事件最高裁判決が示した3類型には該当しないものと思われる。したがって、AIの開発や販売行為自体にはパブリシティ権侵害が成立しないというのが一つの考え方となるが、それでは問題の抜本的な解決には繋がらないとする意見も当然あり得るところであり、今後の議論を注視していく必要がある。[25] [26]

AIとメタバースについてのコラム
AIによるディープフェイク・コンテンツと知的財産権

　近時、AIを用いて、実在の人物、物体、場所その他の存在物や事象に類似させたり、ある人物が本物または真実であるかのように偽って表示するディープフェイク・コンテンツが世界中で急増していると報道されている。ディープフェイク・コンテンツについては、ロシアによるウクライナ侵攻の際、ウクライナのゼレンスキー大統領が同国の兵士や市民にロシア側への投降を呼びかける動画がSNSで拡散されたことで大きな注目を集めたが、報道によれば、近時ではディープフェイク・コンテンツを用いた巨額の詐欺や、金融サービスにおける顔認証の突破を試みるケースも発生しているとのことである。

　ディープフェイク・コンテンツについては、外見や声を無断で使用

---

25)　なお、ピンク・レディー事件最高裁判決は、「肖像等を無断で使用する行為は…<u>など</u>、専ら肖像等の有する顧客吸引力の利用を目的とするといえる場合」にパブリシティ権侵害が成立するとしており（下線は筆者らが付した。）、「など」を付け加えることで、①〜③以外にもパブリシティ権侵害が成立する場合があることを示しているが、具体的にどのような場合にパブリシティ権侵害が成立するかについては議論がある。最判解民事篇平成24年度（上）〔中島基至〕50頁は、本判決が①〜③を具体的に明示して侵害範囲を厳格に制限しようとした趣旨からすれば、「など」は、基本的には予測できない利用形態が将来発生し得ることに配慮してその余地を残したものであり、①〜③の限界事例について「など」に該当すると解するべきではないとする。奥邨弘司「生成AI時代のパブリシティ権　序論（上）」コピライト764号39〜42頁も参照。

26)　米国では、著名人の声や肖像を容易に識別できる高度にリアルな表現を「デジタルレプリカ（Digital Replicas）」と定義し、米国著作権局は、2024年7月に公表した「Report on Copyright and Artificial Intelligence」の第1部「Digital Replicas」において、デジタルレプリカに関する法政策的課題について検討を行い、結論として、デジタルレプリカに対応するための新たな連邦法が緊急に必要であると提言している。

第2章　パブリシティ権　　475

された者について、肖像権やパブリシティ権に基づく法的主張の可否が問題となっている。例えば、ディープフェイク・コンテンツにより、自己の肖像を性的なコンテンツとしてネット上で公開されていたような事案では、人格権としての肖像権を侵害するものとして、不法行為責任を追及することができるものと思われる。また、ディープフェイク・コンテンツが、実在の人間と瓜二つのものとなっており、見た者が本人によるものと受け止めるような場合には、パブリシティ権侵害が成立し得ると整理することができるものと考えられる[27)][28)]。

---

27) 奥邨弘司「生成AI時代のパブリシティ権 序論（上）」コピライト764号36頁。

28) 他方で、ディープフェイク・コンテンツの議論は、現在のところ、政治家や著名人の外見や声を無断で使用して、ポルノや選挙活動等の特定の目的において利用する場面を想定したものが多い。このような議論では、声や肖像から経済的な利益を得ることを問題とするパブリシティ権侵害が問題となる場面とは異なった場面が想定されていることに留意されたい。AI時代の知的財産権検討会「AI時代の知的財産権検討会 中間とりまとめ」（2024年5月）64頁も参照。

第7編

知的財産の
国際的側面

第7編

第1章 総 論

　知的財産権において国際的な問題は避けて通ることができない。本書においても、すでに国際的な問題についてもそれぞれの項目で論じてきている。

　属地主義により、①各国の知的財産権の成立・移転・効力等については、当該国の法律によって定められ、②知的財産権の効果が及ぶ範囲は、各国に限られるのが原則である[1]。そのため、各国で知的財産権の保護を得たい場合には各国それぞれで保護の要件を充足する必要がある。

　このように各国の知的財産権は国ごとに独立であるが、その国際的な調和のための知的財産権に関する国際条約等は多数にのぼる。本書でもすでに例えば、パリ条約、PCT、マドリッド・プロトコル、ハーグ協定のジュネーブ改正協定、ベルヌ条約、万国著作権条約、TRIPS協定等にふれてきた。中でも、TRIPS協定は世界貿易機関（WTO）の加盟国に適用され、同協定に沿った国内法の整備を義務付けている。既存のパリ条約やベルヌ条約等の主要な条項の遵守を義務付けつつ、これらの条約に規定のなかった事項についても定めており、知的財産制度の国際的調和に重要な役割を果たしている。

　知的財産のライセンスについては、複数国を許諾地域とする場合もしばしばあるが、これについても、あくまで各国における個々の知的財産権をライセンスしていることになる。

　各項目で論じたとおり、特許権（**第3編** 第2章 **Ｖ** **3**【1】）、商標権（**第2編** 第2章 **Ⅵ** **3**）、意匠権（**第4編** 第1章 **Ⅱ** **3**）については、国際的な登録出願手続が定められている。また、例えば、外国の商標の保護について、商標の拒絶理由（**第2編** 第2章 **Ⅳ** **4**【2】）や不正競争防止法（**第6編** 第1章 **Ⅰ** **5**）等で手当されていたりもする。

　また、水際措置（**第2編** 第2章 **Ⅶ** **6**）も国際的な保護の枠組みの一つであると理解できる。

---

1)　　最判平成9年7月1日民集51巻6号2299頁〔BBS事件〕。

第1章 総 論　479

以下、本編では、これまで個別の項目では論じてこなかった、国際的ライセンス、並行輸入、国際裁判管轄・準拠法の問題に絞って解説をする。

> **コラム** **ネットワーク関連発明と属地主義の原則**
>
> 　ネットワーク関連発明について、構成要件該当性が問題となる行為が日本の領域内で完結しない場合に日本の特許権侵害となるかは論点である。
>
> 　従前、裁判所は、本論点について、日本の特許権は日本の領域内のみにおいて効力を及ぼすとの属地主義の原則を厳格・形式的に適用する見解に立ってきた[2]。属地主義の原則を厳格に適用すると、特許発明の実施行為のすべてが日本国内で完結することが必要となり、その一部でも海外で行われている場合には、非侵害となる。
>
> 　これに対して、近時の知財高裁は、以下のとおり、属地主義の考え方を柔軟・実質的にとらえる見解を採用しており、今後の学説・判例の動向や立法論による対応の可能性等[3]が注目される。

[2] 　本コラムで紹介する知財高判令和5年5月26日裁判所ウェブサイト令和4年（ネ）第10046号〔ドワンゴ対FC2システム特許事件〕の原審判決（東京地判令和4年3月24日裁判所ウェブサイト令和元年（ワ）第25152号〔ドワンゴ対FC2システム特許事件（第1審）〕）を参照。また、ネットワーク関連発明ではないが、方法の発明については、東京地判平成13年9月20日判時1764号112頁〔電着画像の形成方法事件〕が「特許発明の全構成要件に該当する全工程（中略）の一部を日本国内において、残余を日本国外において実施することとなり、国内においては方法の特許の技術的範囲に属する行為を完結していない」場合には、「方法の特許を国内において実施していると評価することはでき」ないとして、属地主義の原則を厳格に適用して侵害の成立を否定する考え方を採用した。

[3] 　髙部・特許358頁等は、属地主義の形式的な貫徹を一定の場合に緩める見解の可能性を指摘すると同時に、「あるいは、インターネット関連の場合について特別の立法が必要であろうか」として、立法による解決の可能性も示唆している。髙部氏が座長を務める2022年6月30日付特許庁政策推進懇談会「知財活用促進に向けた知的財産制度の在り方～とりまとめ～」の5～7頁の「AI、IoT時代に対応した特許の『実施』定義見直し」の中でこの論点が取り上げられており、立法による手当をすべきではないかとの意見が複数紹介されている。実際に、特許庁の産業構造審議会 知的財産分科会では改正に向けた検討が行われている（特許庁「令和6年11月6日産業構造審議会 知的財産分科会 第50回特許制度小委員会議事録」https://www.jpo.go.jp/resources/shingikai/sangyo-kouzou/shousai/tokkyo_shoi/document/index/newtokkyo_050.pdf参照）。

480　　第7編　知的財産の国際的側面

まず、知財高判令和4年7月20日裁判所ウェブサイト平成30年（ネ）第10077号〔ドワンゴ対FC2　プログラム特許事件（控訴審）〕[4]で知財高裁は、「プログラム」の発明の「提供」について、特許発明の実施行為につき、形式的にはその全ての要素が日本国の領域内で完結するものでないとしても、実質的かつ全体的にみて、それが日本国の領域内で行われたと評価し得るものであれば、これに日本国の特許権の効力を及ぼしても、属地主義には反しないとした。同判決は、実質的かつ全体的にみて、特許発明の実施行為が日本国の領域内で行われたと評価するにあたっては、①問題となる提供行為については、当該提供が日本国の領域外で行われる部分と領域内で行われる部分とに明確かつ容易に区別できるか、②当該提供の制御が日本国の領域内で行われているか、③当該提供が日本国の領域内に所在する顧客等に向けられたものか、④当該提供によって得られる特許発明の効果が日本国の領域内において発現しているか等の事情を総合考慮する考え方を示した。

　次に、知財高判令和5年5月26日裁判所ウェブサイト令和4年（ネ）第10046号〔ドワンゴ対FC2システム特許事件（控訴審）〕[5]で、知財高裁は、システムの発明の「生産」について、以下の(i)から(iv)の事情を総合考慮すると、システムの発明の生産は、日本の領域内で行われたものとみることができるとした。

（i）本件生産の具体的態様は、アメリカに存在するサーバから国内のユーザ端末に各ファイルが送信され、国内のユーザ端末がこれらを受信することによって行われるものであって、当該送受信は一体として行われ、国内のユーザ端末が各ファイルを受信することによって被告システムが完成することからすれば、上記送受信は国内で行われたものと観念することができる。

---

4)　　　なお、本書執筆時点では、最高裁において審理中であり（事件番号：令和5年（受）第15号）、弁論期日が2025年2月3日に開かれることになっている。

5)　　　前掲4）参照。

第1章　総論　　481

(ii) 被告システムは、アメリカに存在する被告のサーバと国内に存在するユーザ端末とから構成されるものであるところ、国内に存在する上記ユーザ端末は、本件発明の主要な機能である動画上に表示されるコメント同士が重ならない位置に表示されるようにするために必要とされる判定部の機能と表示位置制御部の機能を果たしている。

(iii) 被告システムは、上記ユーザ端末を介して国内から利用することができるものであって、コメントを利用したコミュニケーションにおける娯楽性の向上という本件発明の効果は国内で発現している。

(iv) その国内における利用は、原告が本件発明に係るシステムを国内で利用して得る経済的利益に影響を及ぼし得るものである。

第7編

第2章　国際的ライセンス

　知的財産権のライセンスが外国企業との間で締結されたり、複数の国あるいは全世界にまたがるライセンスを許諾するといった国際的なライセンス契約が締結されることはしばしばある。

　国際的なライセンスについても規定すべき内容のポイントは、英文契約独特のスタイルや一般条項等があるものの、基本的には、国内のライセンス（商標権については 第2編 第6章、特許権については 第3編 第2章 Ⅸ ❶、ノウハウについては 第3編 第4章 Ⅲ ❸、著作権については 第5編 第2章 Ⅰ ）と重なるところが多いのでそれぞれの項目を参照していただきたい。

　国際的なライセンス特有の重要な問題として、準拠法と紛争解決がある。

　国際的なライセンス契約では、準拠法の定めが置かれることが一般的である。

　これはあくまでライセンス契約の準拠法であり、ライセンス契約の解釈にあたり、どの国の法律（民法や商事契約に関する契約法等）を適用するのか（例えば、規定の有効性等の解釈をどの国の法律で行うのか）という問題である。ライセンス契約を含めて、このような契約解釈の準拠法（端的に言えば、契約解釈にあたってどの国の民法を適用すべきかの問題）については、当事者の合意で決めることができる（日本法では、法適用7条）。

　ライセンス契約について、契約解釈の準拠法を1つの国の法令と合意したとしても、各国の知的財産権の保護は、各保護国法でなされていることに変わりはなく、知的財産権の内容、効力、得喪等については、引き続き各保護国法が適用される[6]。例えば、アメリカ企業が日本企業に、日本における登録商標のライセンスをした場合に、準拠法をアメリカ合衆国ニューヨーク州法と合意したとしても、日本における登録商標の保護がアメリカ法のルールで規律されることはなく、あくまで日本の商標法によることは理解できるだろう。また、契

---

6)　　著作権譲渡契約に関する事例で、東京高判平成13年5月30日判時1797号111頁〔キューピー事件〕。

第2章　国際的ライセンス　　483

約準拠法を合意しても、その他の強行法規の適用も免れることはできないことも同様である。仮にライセンサーの国の法律を準拠法と定めたとしても、例えば、独占禁止法やフランチャイズ規制の強行法規について、ライセンシーの現地における法律の適用を免れることはできない。

　紛争解決については、裁判所の民事訴訟による場合、通常の契約の国際裁判管轄の考え方に服することになる（日本法では、民事訴訟法3条の2から3及び3条の6から9を参照）。もっとも、国際契約全般に当てはまることであるが、国際仲裁によることが多い。裁判所による判決は、外国において執行できるかが各国ごとに異なるが、仲裁判断については、多くの国が「外国仲裁判断の承認及び執行に関する条約」（通称「ニューヨーク条約」）に加盟している点で利用しやすい。例えば、中国において日本の判決は執行できないが、中国はニューヨーク条約加盟国であるため、国際仲裁を選択することが合理的である。

　国際仲裁を選択する場合には、どの国のどの仲裁機関でどの言語で何名の仲裁人で仲裁を行うかといった点について合意する。ライセンス契約の場合、ライセンサーやライセンシーの住所地の仲裁機関が選択されることもあるが、第三国（実務上よく用いられるのは、シンガポールや香港）の仲裁機関[7]が選択されることも多い。仲裁言語は国際的な共通言語である英語によることが圧倒的に多い。仲裁人の人数は1名か3名かを決めることになり、判断の信頼性とコストとの見合いで決まることになる。

---

7)　　　世界的に最も有名な仲裁機関として、ICC（国際商業会議所）があり、第三国における仲裁機関としてICCを選択することがしばしばある。また、近時利用が増えている仲裁機関として、シンガポールのSIAC（Singapore International Arbitration Centre）がある。

第7編

第3章　並行輸入

Ⅰ　総　論

　複数の国で知的財産権を有する権利者は、その知的財産権をライセンスするにあたって、許諾地域を限定することも多い。

　外国企業の製品等について、日本で独占的な販売権を有する者（総代理店等）は、総代理店契約等により、日本における流通、宣伝、ブランド管理などを任されており、その国において、関連する知的財産権についての必要なライセンスを受けている。他方で、外国の権利者が、外国で自ら直接的または間接的に流通に置いた商品（あくまで、正規品に限られる[8]）を外国で購入して（外国と日本で価格差があり日本よりも安値である場合が想定される）日本に輸入すること（並行輸入）は誰にでも可能であり、このような並行輸入品は、日本において、日本の総代理店等の販売価格よりも安値で販売されることが通常である。

　並行輸入は、形式的には、特許権・商標権等の侵害行為に当たるため（特許2条3項1号、68条、商標2条3項、25条、37条）、特許権者・商標権者としては、国内外の価格差を維持しておくために、並行輸入は特許権・商標権等の侵害に当たると主張することが想定される。

　他方で、並行輸入を認めなければ、権利者による国際的な市場の分割による価格差維持を認めることになり、国内の消費者は高値で商品を購入せざるを得なくなるという不利益を受ける面がある。

　そこで、並行輸入を認めるべきか、認めるとしてどのような要件に基づくべきかが問題になる。

---

[8]　　模倣品の輸入が知的財産権を侵害するのは当然である。

Ⅱ 特許権、実用新案権、意匠権の場合

第3編 第2章 Ⅷ 2【1】で述べたとおり、国内消尽においては、特許権者または特許権者から許諾を受けた実施権者が国内において、自ら製品を譲渡した場合には、当該特許製品については特許権はその目的を達成したものとして「消尽」し、特許権の効力は、当該特許製品の使用、譲渡等には及ばず、特許権者は、当該特許製品について特許権を行使することは許されないと解されている（消尽論）。

そして、並行輸入の場合にも、国外で権利者等が特許製品を譲渡したことに注目して特許権の消尽を認める見解が、国際消尽論である。

しかし、最高裁[9]は、並行輸入の場合には、外国特許権と日本の特許権は別個の利益である以上、日本の特許権を行使したとしても、直ちに二重の利得を得ることにはならないなどとして、国際消尽論を明確に否定した。

そのうえで、最高裁は、以下のとおり、権利の黙示的授与論を採用した。具体的には、日本の特許権者またはこれと同視し得る者が国外において特許製品を譲渡した場合には、特許権者は、①譲受人に対しては、販売先ないし使用地域から日本を除外する旨の合意があった場合を除き、②転得者に対しては、譲受人との間で①のような合意をしたうえで、特許製品に明確に表示した場合を除き、特許権者は譲受人および転得者に対して、日本において特許権の制限を受けないで当該製品を支配する権利を黙示的に授与したものと解すべきであり、並行輸入について、日本において特許権の行使をすることは許されないとした。

「特許権者と同視し得る者」に子会社または関連会社等を含むことは争いがない。特許権者のライセンシーも含むとするのが多数説である[10]。

実務上は、②の表示の内容としてどのようなものが必要か議論されており、例えば、英語で、Not for sale and use in Japan などと書き、日本での販売・使

---

9) 最判平成9年7月1日民集51巻6号2299頁〔BBS事件〕。

10) 清永利亮＝設樂隆一編『現代裁判法体系（26）知的財産権』〔熊倉禎男〕（新日本法規出版、1999）25頁。

486 第7編 知的財産の国際的側面

用が禁止されることを明確にした記載をする必要があるものとされる[11]。

　このほか、特許製品に加工や部材の交換がされた場合の取扱い[12]や、特許製品の生産にのみ用いる物が譲渡された場合の取扱い[13]も問題になる。実用新案権と意匠権についても、特許権と同様だと解される[14]。

III 商標権の場合

　商標権の場合には、第2編 第2章 VIII 3で論じたとおり、国内消尽の場合に消尽論ではなく、商標機能論（形式的には商標権侵害に当たる行為であっても、商標の機能を害する結果を招来しない場合には、商標権侵害としての実質的な違法性を欠くという議論）が用いられているのと同様に、最高裁[15]は、並行輸入について、商標機能論を採用した。

　具体的には、最高裁は、商標権者以外の者が、日本における商標権の指定商品と同一の商品につき、その登録商標と同一の商標を付したものを輸入する行為であっても、①当該商標が外国における商標権者または当該商標権者から使用許諾を受けた者により適法に付されたものであり、②当該外国における商標権者と日本の商標権者とが同一人であるかまたは法律的もしくは経済的に同一人と同視し得るような関係があることにより、当該商標が日本の登録商標と同一の出所を表示するものであって、③日本の商標権者が直接的にまたは間接的に当該商品の品質管理を行い得る立場にあることから、当該商品と日本の商標権者が登録商標を付した商品とが当該登録商標の保証する品質において実質的に差異がないと評価される場合には、商標権侵害としての実質的違法性を欠くとした。

---

11)　　清永利亮＝設樂隆一編『現代裁判法体系（26）知的財産権』〔熊倉禎男〕（新日本法規出版、1999）27頁参照。

12)　　最判平成19年11月8日民集61巻8号2989頁〔インクタンク事件〕。

13)　　知財高大判平成26年5月16日判時2224号146頁〔アップル対サムスン事件（債務不存在確認請求控訴事件）〕。

14)　　最判解民事篇平成15年度（上）〔髙部眞規子〕85頁。

15)　　最判平成15年2月27日民集57巻2号125頁〔フレッドペリー事件〕。

上記のうち、要件①と②は出所表示機能に関する要件であり、要件③が品質保証機能に関する要件であると理解できる[16]。

　要件①で、「適法に付された」ことが要求されているので、ライセンス契約に違反があった場合に要件を充足するのかが問題になるが、いかなるライセンス契約違反があった場合にも「適法に」との要件を充足しないわけではなく、個別条項ごとに具体的に判断される[17]。例えば、ライセンス対象外の商品を製造すれば商標の機能が害されるから、「適法に」の要件を充足しないが、ライセンス料の不払いであれば、商標の機能とは無関係であり、「適法に」の要件を充足するものとされる[18]。

Ⅳ　著作権の場合

　著作権の場合、映画以外の著作物については、国外において適法に譲渡された著作物について譲渡権が国際消尽することが明文上認められている（著作26条の2第2項5号[19]）。

　映画の著作物の頒布権（著作26条）については、 第5編 第1章 Ⅲ 7 コラム で前述したとおり、国内消尽について明文規定がないのと同様、国際消尽についても明文規定がなく、国内消尽で論じた考え方を当てはめることが考えられる。

---

16)　　最判解民事篇平成15年度（上）〔髙部眞規子〕103頁。

17)　　最判解民事篇平成15年度（上）〔髙部眞規子〕103〜104頁。

18)　　最判解民事篇平成15年度（上）〔髙部眞規子〕113頁。

19)　　ただし、国外頒布目的商業用レコードについては、海外で廉価で販売されたCDの日本環流を防止するため、一定の期間、情を知って頒布する目的で輸入し、国内で頒布しまたは頒布目的で所持する行為は、著作権のみなし侵害行為を構成し（著作113条5項）、その限りで並行輸入が制限されている。

488　　第7編　知的財産の国際的側面

第7編

第4章　国際裁判管轄・準拠法

Ⅰ　総論

　知的財産権に関する国際的紛争においては、国際裁判管轄と準拠法が問題になる。国際ライセンス契約に関する準拠法と紛争解決については、第2章で前述したので、ここではそれ以外の問題を論じる。

　国際裁判管轄は、どこの国の裁判所で裁判をするかの問題である。日本の裁判所に管轄があるかは日本の民事訴訟法の国際裁判管轄に関する規定により決まる。そして、裁判所が決まった場合には、当該裁判所が属する国の国際私法により、裁判で用いる準拠法が決まる。日本の裁判所で裁判をする場合の準拠法決定のルールについては、法の適用に関する通則法で定められている。

Ⅱ　国際裁判管轄

■1 知的財産権の登録に関する訴訟についての管轄

　知的財産の「登録に関する訴え」の管轄権は、登録をすべき地が日本国内にあるときは、日本の裁判所に専属する（民訴3条の5第2項）。

■2 存否・有効性に関する訴訟についての管轄

　知的財産権のうち設定の登録により発生するものの「存否又は効力」に関する訴えの管轄権は、その登録が日本においてされたものであるときは、日本の裁判所に専属する（民訴3条の5第3項）。知的財産権の「存否又は効力」に関する訴えとは、知的財産権の存否または効力（有効性）自体が訴訟物として争われる場合を指し、例えば、特許権等の不存在確認の訴えや無効確認の訴え等を

含むが、知的財産権の「帰属」に関する訴えは含まない[20]。

❸ 侵害訴訟についての管轄

　知的財産権の侵害に係る訴えの国際裁判管轄については、民訴法上、特別な規定は設けられていない[21]。したがって、民事訴訟法3条の2以下の国際裁判管轄の規定に従い、国際裁判管轄が決定される。

　知的財産権の侵害については、損害賠償請求訴訟・差止請求訴訟共に、「不法行為に関する訴え」に含まれ、「不法行為があった地が日本国内にあるとき（外国で行われた加害行為の結果が日本国内で発生した場合において、日本国内におけるその結果の発生が通常予見することができないものであったときを除く。）」は、日本の裁判所に管轄が認められる（民訴3条の3第8号）。「不法行為があった地」は、加害行為地と結果発生地の両方を含む[22]。

❹ 知的財産権の譲渡・ライセンスについての管轄

　第2章の国際的ライセンスでも前述したとおり、知的財産権の譲渡・ライセンスに関する国際裁判管轄については、通常の契約の国際裁判管轄の考え方に服することになる（民事訴訟法3条の2から3及び3条の6から9を参照）。

III　準拠法

❶ 特許権侵害についての準拠法

　特許権侵害に基づく差止請求は、特許権の「効力」の問題と性質決定され（前記の国際裁判管轄では、特許権の「効力」とは、有効性のみを指していたのと異なる）、準拠法は、登録国法によることになる。他方、特許権侵害に基づく損害賠償請求は、不法行為と性質決定され、準拠法の決定は、法の適用に関する

---

20)　　　佐藤ら・一問一答111頁。
21)　　　佐藤ら・一問一答113頁。
22)　　　佐藤ら・一問一答69頁。

490　　　第7編　知的財産の国際的側面

通則法17条によることになる[23]。同17条によれば、原則として「加害行為の結果が発生した地の法」によるものとし、例外的に「その地における結果の発生が通常予想できないものであったとき」は、「加害行為が行われた地の法」によるものとされている[24]。

2 著作権侵害に関する準拠法

　著作権侵害に基づく差止請求は、著作権を保全するための救済方法と性質決定され、準拠法は、ベルヌ条約5条2項に基づいて、保護国法によるものとされている[25]。他方、著作権侵害に基づく損害賠償請求については、不法行為と性質決定され、準拠法の決定は、法の適用に関する通則法17条によるものとされている[26]。

3 知的財産権の譲渡・ライセンスに関する準拠法

　第2章の国際的ライセンスでも前述したとおり、知的財産権の譲渡・ライセンスに関する契約解釈の準拠法については、当事者の合意で決めることができる（法適用7条）。知的財産権の譲渡・ライセンスに関する契約について、契約解釈の準拠法を合意したとしても、各国の知的財産権の保護は、各保護国法でなされていることに変わりはなく、知的財産権の内容、効力、得喪等については、引き続き各保護国法が適用される[27]。

---

23)　　最判平成14年9月26日民集56巻7号1551頁〔FMカードリーダー事件〕参照。

24)　　FMカードリーダー事件は、アメリカ特許権の直接侵害行為が行われ、権利侵害という結果が生じたアメリカの法律を準拠法とすべきであるとした。同事件は、法の適用に関する通則法制定前の法例下の事件であるが、同17条の定めと整合的な判断をしている。

25)　　東京地判平成16年5月31日判時1936号140頁〔XO醤男と杏仁女事件（第一審）〕。なお、同事件の控訴審判決である東京高判平成16年12月9日裁判所ウェブサイト（平成16年（ネ）3656号）〔XO醤男と杏仁女事件（控訴審）〕も、原判決を維持している。

26)　　知財高判平成23年11月28日裁判所ウェブサイト（平成23年（ネ）10033号）〔小型USBフラッシュメモリ事件〕。

27)　　著作権譲渡契約に関する事例で、東京高判平成13年5月30日判時1797号111頁〔キューピー事件〕。

4 職務発明・職務著作に関する準拠法

　職務発明については、日立光ピックアップ事件[28]では、まず、職務発明から生じる特許を受ける権利が諸外国においてどのように扱われ、どのような効力を有するのかについては、属地主義の原則から、特許を受ける権利についての特許権が登録される国の法律（登録国法）が準拠法であるとされた。他方、外国の特許を受ける権利の取得等に関する相当の利益に関する問題は、取得等の原因関係である契約その他の債権的法律行為の効力の問題であるから、当事者による準拠法の指定が認められるものとされている（法適用7条）。そのうえで、日立光ピックアップ事件は、準拠法として指定された日本法が適用されるとしたが、日本法は、外国の特許または特許を受ける権利について直接規律するものではないため、文理上、特許法35条を直接適用することはできないとしながらも、35条の類推適用を肯定した。

　他方、職務著作に関しては、雇用契約の準拠法国における著作権法の職務著作に関する定めによるとされている[29]。

---

28)　　最判平成18年10月17日民集60巻8号2853頁〔日立光ピックアップ事件〕。

29)　　東京高判平成13年5月30日判時1797号131頁〔キユーピー事件〕。

事項索引

あ

- アイディア 339
- アイディア・表現二分論 340
- 新しいタイプの商標 54
- アバター 84, 324, 371, 428
- 粗利益 94
- ありふれた表現 341
- アンチ・パテント 16
- 依拠性 348
- 育成者権 10, 287
- 意匠 12, 297
- 意匠権 12, 295
- 意匠権侵害 309
- 一意匠一出願主義 308
- 位置商標 35
- 移転 255
- 医療行為 162
- 引用 421
- 動き商標 35
- 写し込み 412
- 写り込み 412
- 映画の著作物 387
- 営業秘密 10, 259
- ――管理指針 260
- 営利を目的としない上演等 427
- 役務 36
- 演奏権 351
- 応用美術 12, 331, 363
- オーバーライド条項 418
- オープンクローズ戦略 251
- オール・エレメンツ・ルール 208, 214
- 音商標 35
- 音楽の著作物 362

か

- 外観 72
- 回路配置利用権 10, 291
- 拡大先願 175
- 過失 92
- カスケイドの原則 288
- 画像意匠 299
- カラオケ法理 444
- 仮処分 91
- 刊行物 163
- ――記載等 165
- 間接侵害 204, 221
- 環太平洋パートナーシップ協定 .. 97, 402
- 観念 72
- 慣用商標 43
- 関連意匠 316
- 寛容的利用 409
- 機械学習 277, 415
- 記号商標 35
- 記載要件 177
- 希釈化 67, 126
- 技術 10
- 技術的思想 160
- 規範的侵害主体論 444
- 機密保持契約 275
- 逆混同 76
- 逆パッシング・オフ 32
- キャッチボール現象 243
- キャラクター 369
- 教育 427
- 狭義の混同 66, 125
- 共同出願違反 184
- 共同著作物 383
- 共同発明 183
- 業として 148
- 共有 255
- 共有著作権 383
- 拒絶査定 194

- 拒絶査定不服審判 ─────── 87, 194
- 拒絶理由 ──────────── 194
- 拒絶理由通知 ──────────── 87
- 禁止権 ─────── 29, 147, 295
- 均等侵害 ────────── 204, 214
- 均等論 ──────────── 215
- 禁反言 ──────────── 112
- 組物の意匠 ──────────── 314
- クラシカルオーサー ──────── 387
- クリエイティブ・コモンズ ───── 456
- グレース・ピリオド ──────── 168
- クレーム解釈 ───────── 149, 204
- クロスライセンス ──────── 250
- 軽微利用 ──────────── 437
- 結合商標 ───────────── 77
- 結合著作物 ──────────── 384
- 限界利益 ────────── 94, 95, 229
- 言語の著作物 ──────────── 361
- 検索拡張生成 ──────────── 417
- 原産地、品質等誤認表示 ────── 463
- 現代アート ──────────── 344
- 建築の著作物 ──────────── 372
- 建築物の意匠 ──────────── 298
- 原著作者 ──────────── 377
- 原著作物 ──────────── 377
- 顕著な効果 ──────────── 172
- 限定提供性 ──────────── 282
- 限定提供データ ───────── 11, 281
- 限定提供データに関する指針 ──── 283
- 検討の過程 ──────────── 412
- 権利制限規定 ──────────── 405
- 権利濫用 ───────── 112, 117, 119
- 考案 ──────────────── 10
- 公益的不登録事由 ─────────── 57
- 広義の混同 ───────── 66, 125
- 工業上の利用可能性 ──────── 303
- 公衆送信権 ──────────── 352
- 口述権 ──────────── 351
- 公序良俗 ───────────── 59
- 公然実施 ──────────── 163
- 公知 ──────────── 163, 164
- 公知技術 ──────────── 207
  - ──除外説 ──────────── 207
  - ──の抗弁 ───────── 207, 217
- 公知文献 ──────────── 165
- 公表権 ──────────── 389
- 公用 ──────────── 163, 164
- 国際裁判管轄 ──────────── 489
- 国際消尽論 ──────────── 486
- 国際仲裁 ──────────── 484
- 国際的ライセンス ──────── 483
- 国際優先権 ──────────── 195
- 国内優先権 ──────────── 196
- 固有必要的共同訴訟 ──────── 256
- 混同 ──────────────── 66
- コンセント制度 ───────── 65, 129

さ

- 再実施許諾 ──────────── 250
- 差止請求 ──────────── 90
- 査証制度 ──────────── 226
- サブライセンス ──────────── 250
- サポート要件 ──────────── 178
- サムネイル ──────────── 431
- 産業財産権 ───────────── 5
- 産業上の利用可能性 ──────── 161
- 産地 ──────────────── 45
- 私益的不登録事由 ─────── 57, 62
- 自家増殖 ──────────── 288
- 色彩のみからなる商標 ───── 35, 54
- 識別力 ───────── 48, 49, 56
- システムデザイン ──────── 314
- 自然法則 ──────────── 157
- 自他識別機能 ───────────── 40
- 自他識別力 ──────────── 42
- 実演家 ──────────── 399
- 実演家人格権 ──────────── 399
- 実施 ──────────── 296
- 実施可能要件 ──────────── 177
- 実施例限定説 ──────────── 207
- 実用新案権 ───────── 11, 257
- 指定役務 ──────────── 36

494 　　事項索引

- 指定商品 ―――――― 36
- 私的複製 ―――――― 406
- 私的録音・録画補償金制度 ―― 410
- 自動公衆送信 ―――― 352
- シフト補正 ――――― 201
- 支分権 ―――――― 335
- 氏名専用権 ――――― 469
- 氏名表示権 ――――― 391
- 写真 ――――――― 472
- 主引用発明／主引例 ―― 168
- 自由技術の抗弁 ―― 207, 217
- 集合著作物 ――――― 384
- 従属請求項 ――――― 154
- 従属説 ―――――― 223
- 周知商品等表示冒用行為 ― 122
- 周知性 ―――――― 122
- 自由利用マーク ――― 456
- 出願経過 ―――――― 206
- 出願公開 ―――――― 197
- 出版権 ―――――― 458
- 守秘義務 ―――――― 273
- 守秘義務契約 ―――― 275
- 種苗法 ―――――― 287
- 準拠法 ―――――― 483, 489
- 純粋美術 ―――――― 363
- 純利益 ―――――― 94
- 使用 ―――――― 38, 148
- 上映権 ―――――― 352
- 上演権 ―――――― 351
- 障害者 ―――――― 427
- 消極的効力 ―― 29, 147, 295
- 消極的登録要件 ――― 57
- 称呼 ――――――― 72
- 商号 ――――――― 9
- 使用主義 ―――――― 41
- 消尽 ―――― 109, 236, 354, 486
- 肖像権 ―――――― 469
- 譲渡権 ―――――― 353
- 譲渡等 ―――――― 149
  - ――の申出 ―――― 149
- 使用の意思 ――――― 41

- 商標 ――――――― 9
  - ――の識別力 ――― 56
  - ――の類似 ―――― 71
- 商標機能論 ――― 109, 487
- 商標権 ―――――― 9
- 商品 ――――――― 36
- 商品形態模倣 ――――― 321
- 商品等表示 ―― 9, 12, 122, 327
  - ――としての使用 ―― 124
- 情報提供 ―――――― 241
- 植物の品種 ―――― 10, 11
- 職務著作 ―――――― 385
- 職務発明 ―――― 185, 492
- 侵害主体 ―――― 224, 444
- 人格権 ―――――― 470
- 新規事項を追加する補正 ― 200
- 新規性 ―――――― 162, 304
- 審決取消訴訟 ――― 86, 119
- 親告罪 ―――――― 450
- 審査請求 ―――――― 195
- 進歩性 ―――――― 162, 168
- 信用回復請求 ―――― 98
- 信用毀損 ―――――― 464
- 数値限定発明 ―――― 173
- 図形商標 ―――――― 35
- 図形の著作物 ――――― 372
- 制作 ――――――― 388
- 製作 ――――――― 388
- 生産 ――――――― 148
- 生成AI ―――― 18, 318, 417
- 積極的効力 ―― 29, 147, 295
- 積極表示 ―――――― 82
- ゼロ・データ・リテンション ― 277
- 先願 ――――――― 175
- 先願主義 ―――― 41, 175, 287
- 戦時加算 ―――――― 403
- 先使用権 ―――― 110, 239
- 先使用主義 ――――― 41
- 全体観察 ―――――― 77
- 選択の幅 ―――――― 340
- 選択発明 ―――――― 173

- セントラルアタック ―――― 89
- 先発明主義 ―――――― 175
- 専用権 ――― 29, 112, 147, 295
- 専用実施権 ―――――― 246
- 専用品 ――――――― 221
- 創作 ―――――――― 160
- 創作性 ―――――――― 339
- 創作非容易性 ―――――― 305
- 創作保護法 ――――― 7, 10, 33
- 送信可能化 ―――――― 352
- 相対的権利 ―――――― 337
- 相当蓄積性 ―――――― 282
- 阻害要因 ―――――――― 171
- 属地主義 ―――――――― 479
- ソフトウエア関連発明 ―― 158
- 損害賠償 ――――――――― 92
- 存続期間 ―――――――― 150
- ――の延長 ――――――― 150

た

- 第三者意見募集制度 ―――― 226
- 対比観察 ――――― 71, 310, 325
- タイプフェイス ―――――― 371
- 貸与権 ―――――――― 353
- ダイリューション ――― 67, 126
- 単純方法の発明 ―――――― 148
- 地域団体商標 ―――――― 9, 133
- 置換可能性 ――――――― 215
- 置換容易性 ――――――― 215
- 逐次公表著作物 ―――――― 404
- 地図 ―――――――――― 372
- 知的財産 ―――――――――― 3
- 知的財産基本法 ――――――― 3
- 知的財産権 ―――――――――― 3
- 知的財産高等裁判所 ―――――― 22
- 知的財産部 ――――――――― 21
- 中古ゲームソフト ―――――― 354
- 中用権 ―――――――――― 111
- 直接侵害 ――――――――― 204
- 著作権 ―――――― 12, 335, 336
- 著作権者 ―――――――― 336

- 著作財産権 ――――――― 335, 336
- 著作者人格権 ――――― 335, 336, 389
- 著作物 ―――――― 13, 339, 360
- 著作隣接権 ―――――― 335, 398
- 著名商品等表示冒用行為 ―― 126
- 著名性 ―――――――― 127
- 地理的表示 ―――――――――― 9
- 通常実施権 ――――――― 246
- 訂正審判 ――――――― 243, 245
- 訂正請求 ――――――― 243, 245
- 訂正の再抗弁 ―――――― 245, 246
- ディープフェイク ―――――― 475
- データベース ―――――― 380
- デザイン ――――――― 12, 295
- デジタルレプリカ ―――――― 475
- デッドコピー ――― 12, 13, 331, 348
- 転載 ―――――――――― 427
- 展示権 ―――――――― 353
- 電磁的管理性 ――――――― 283
- 同一性保持権 ――――――― 392
- 動機付け ―――――――― 169
- 当業者 ――――――― 160, 168
- 当然対抗制度 ――――――― 248
- 登録異議の申立て ―――――― 114
- 登録主義 ――――――――― 41
- 特許出願非公開制度 ―――――― 199
- 独立請求項 ――――――― 154
- 独立説 ――――――――― 223
- 図書館 ―――――――― 420
- 特許協力条約 ―――――― 14, 196
- 特許権 ―――――――――― 10
- 特許権不行使条項 ―――――― 249
- 特許公報 ――――――――― 152
- 特許情報プラットフォーム ―――― 3
- 特許請求の範囲 ――――――― 149
- ――に関する記載要件 ―――― 179
- 特許庁 ――――――――― 21
- 特許無効の抗弁 ――――――― 208
- 特許要件 ――――――――― 161
- 特許を受ける権利 ―――――― 181
- ドメイン名 ――――――― 463

496　　事項索引

■ トレードドレス ―――――― 329

な

■ ニース協定 ―――――――――― 36
■ 二次的使用料 ―――――――― 399
■ 二次的著作物 ―――――――― 376
■ 2段階テスト ―――――――― 359
■ ネットワーク関連発明 ―――― 480
■ ノウハウ ―――――― 10, 259, 276

は

■ 排他権 ――――――――――― 337
■ ハウスマーク ――――――――― 27
■ 発信者情報開示請求 ―――――― 426
■ パッシング・オフ ――――――― 32
■ 発明 ――――――――――― 10, 157
■ 発明者主義 ――――――――― 181
■ 発明の単一性 ―――――――― 180
■ 発明の要旨認定 ――――――― 163, 205
■ パテント・トロール ―――――― 235
■ パテントプール ――――――― 250
■ パブリシティ権 ――――――――― 14
■ パリ条約 ―――――――――――― 14
■ パロディ ―――――――――― 425
■ 万国著作権条約 ――――――― 338
■ 半導体集積回路 ――――――― 291
■ ――の回路配置 ――――――― 10
■ 販売地 ―――――――――――― 45
■ 頒布権 ――――――――――― 353
■ 美感 ―――――――――――― 297
■ 非享受目的利用 ――――――― 413
■ 非公知性 ―――――――― 259, 264
■ 備考類似 ―――――――――――― 83
■ ビジネスモデル特許 ―――――― 159
■ 美術工芸品 ――――――――― 363
■ 美術の著作物 ―――――― 363, 430
■ 額に汗理論 ――――――――― 380
■ 秘密管理性 ――――――― 259, 260
■ 秘密保持義務 ―――――――― 273
■ 標準化 ――――――――――― 252
■ 標準規格 ―――――――――― 252

■ 標準必須特許 ―――――――― 252
■ 品質 ―――――――――――――― 45
■ ファミリーマーク ―――――――― 27
■ フェアユース ――――――――― 405
■ 副引用発明／副引例 ―――――― 168
■ 不使用取消審判 ――――――― 117
■ 付随対象著作物 ――――――― 411
■ 不正競争行為 ―――――――――― 14
■ 不正使用取消審判 ―――― 117, 118
■ 普通名称 ―――――――― 43, 101
■ 物品の形状 ――――――――― 297
■ 不当利得返還請求 ―――――――― 97
■ 不特許事由 ――――――――― 177
■ 部分意匠 ―――――――― 313, 314
■ ブラックボックス化 ―――― 11, 145
■ プラットフォーム事業者 ―――― 447
■ ブランド保護法 ―――――――――― 8
■ フリーライド ――――――― 66, 126
■ プログラム ――――――― 375, 436
■ プログラムの著作物 ――――― 375
■ プロダクト・バイ・プロセスクレーム
―――――――――――――――― 213
■ プロ・パテント ―――――――― 16
■ プロンプト ――――― 19, 342, 417
■ 分割 ―――――――――――― 202
■ 並行輸入 ―――――――――― 485
■ ペットマーク ―――――――――― 27
■ ベルヌ条約 ――――――― 14, 337
■ 編集著作権 ――――――――― 378
■ 編集著作物 ――――――――― 378
■ 変動経費 ―――――――――――― 94
■ 弁理士 ―――――――――――― 23
■ 包括ライセンス ――――――― 250
■ 防護標章 ―――――――――――― 31
■ 放送事業者 ――――――― 400, 430
■ 包袋 ―――――――――――― 206
■ 包袋禁反言 ――――――――― 206
■ 報道 ―――――――――――― 429
■ 冒認出願 ―――――――――― 184
■ 方法の発明 ――――――――― 148
■ 保護期間 ―――――――――― 402

事項索引　　497

- 補償金請求 197
- 補正 200
- 保存行為 255
- ホログラム商標 36
- 翻案権 355
- 本質的部分 216

ま

- マージ理論 340
- マドリッド・プロトコル 14, 88
- 水際措置 98
- みなし侵害 221, 223, 441
- 無効審判 115
- 無効の抗弁 116, 245
- 無方式主義 337
- 明確性要件 179
- 明細書 155
- 「名誉又は声望を害する」行為 395
- メタタグ 106
- メタバース 19, 84, 301, 428
- ——空間 108, 324, 432
- 目的外補正 202
- 文字商標 34
- モダンオーサー 387
- 物の発明 148
- 物のパブリシティ権 471
- 物を生産する方法の発明 148
- 模倣 324
- 文言侵害 204, 215

や

- 有線放送事業者 401
- 有用性 259, 264
- 輸出 149
- 容易想到性 168
- 用尽 236
- 用途発明 160
- 要部観察 77
- 寄せ集め 171

ら

- ライセンス 246, 455
- リーチサイト 395, 442, 450
- 離隔的観察 71, 310
- リサイクル品 236
- 立体商標 35, 51, 79
- リバースエンジニアリング 264
- リバースコンフュージョン 77
- リパーゼ事件 204
- 利用発明 147, 174
- リンク 395
- 類似群コード 80
- 類似商品・役務審査基準 80
- 類似性 71
- レコード製作者 400
- 濾過テスト 359
- 論理付け 168

わ

- ワンチャンス主義 401

A-Z

- AI生成物 319, 341, 382, 448
- FRAND 252
- have made権 254
- IoT 252
- J-PlatPat 4
- NDA 275
- NFT 434
- Passing Off 32
- PBPクレーム 213
- PCT 195
- RAG 417
- Reverse Passing Off 32
- thin copyright 348
- TPP協定 150
- TRIPS協定 14

判例索引

- ■ 東京高判昭和28年11月14日行集4巻11号2716頁〔電報隠語作成方法事件〕──────── 158
- ■ 東京高判昭和31年12月25日行集7巻12号3157頁〔電柱広告方法事件〕──────────── 158
- ■ 最決昭和34年5月20日刑集13巻5号755頁〔ニューアマモト事件〕───────────── 123
- ■ 最判昭和36年6月27日民集15巻6号1730頁〔橘正宗事件〕──────────────────── 84
- ■ 最判昭和37年12月7日民集16巻12号2321頁〔炭車トロ脱線防止装置事件〕────── 207
- ■ 最判昭和38年12月5日民集17巻12号1621頁〔リラ宝塚事件判決〕──────────────── 77
- ■ 最判昭和39年8月4日民集18巻7号1319頁〔回転式重油燃焼装置事件〕────────── 207
- ■ 東京地判昭和40年8月31日判タ185号209頁〔二重偏心カム装置事件〕─────────── 139
- ■ 最判昭和43年2月27日民集22巻2号399頁〔しょうざん事件〕────────────────── 73
- ■ 最判昭和43年11月15日民集22巻12号2559頁〔三国一事件〕─────────────────── 84
- ■ 最判昭和44年10月17日民集23巻10号1777頁〔地球儀型トランジスタラジオ事件〕──── 254
- ■ 福岡地飯塚支判昭和46年9月17日判タ274号342頁〔巨峰事件〕─────────────── 105
- ■ 長崎地佐世保支決昭和48年2月7日無体裁集5巻1号18頁〔博多人形事件〕────── 364
- ■ 最判昭和48年4月20日民集27巻3号580頁〔押抜工法事件〕─────────────────── 249
- ■ 最判昭和49年3月19日民集28巻2号308頁〔可撓伸縮ホース事件〕────── 304, 305, 310
- ■ Abercrombie & Fitch Co. v. Hunting World 537 F.2d 4 (2nd Cir. 1976) ──────── 56
- ■ 大阪地判昭和51年2月24日判時828号69頁〔ポパイアンダーシャツ事件〕────── 104
- ■ 最大判昭和51年3月10日民集30巻2号79頁〔メリヤス編機事件〕───────────── 119
- ■ 東京地判昭和51年5月26日判時815号27頁〔サザエさん事件〕───────────────── 369
- ■ 東京地判昭和52年1月28日無体裁集9巻1号29頁〔小林ビル事件〕──────────── 373
- ■ 東京地判昭和52年7月22日判タ369号268頁〔舞台装置設計図事件〕───────────── 406
- ■ 京都地判昭和52年9月5日判時871号18頁〔英訳平家物語事件（第一審）〕───── 385
- ■ 最判昭和53年9月7日民集32巻6号1145頁

　　　　　　〔ワンレイニー・ナイト・イン・トーキョー事件〕───────────── 348
- ■ 富山地判昭和53年9月22日判タ375号144頁〔住宅地図事件〕───────────────── 372
- ■ 東京高判昭和53年9月28日東高民時報29巻9号206頁〔広告用ガス気球事件〕──── 472
- ■ 神戸地姫路支判昭和54年7月9日無体裁集11巻2号371頁〔仏壇彫刻事件〕────── 364
- ■ 最判昭和55年3月28日民集34巻3号244頁〔パロディ・モンタージュ写真事件〕──── 422
- ■ 大阪高判昭和55年6月26日無体裁集12巻1号266頁〔英訳平家物語事件（控訴審）〕──── 385
- ■ 最判昭和55年12月18日民集34巻7号917頁〔半サイズ映画フィルム録音装置事件〕──── 203
- ■ 札幌高決昭和56年1月31日無体裁集13巻1号36頁〔バター飴缶事件〕───────── 124
- ■ 最判昭和57年11月12日民集36巻11号2233頁〔月の友の会事件〕──────────────── 70
- ■ 東京地判昭和57年11月29日判時1070号94頁〔食品包装容器事件〕──────────── 254
- ■ 東京高判昭和58年6月16日判時1090号164頁〔DOC コーヒー事件〕───────────── 65
- ■ 最判昭和58年10月7日民集37巻8号1082頁〔日本ウーマン・パワー事件〕────── 125

- 横浜地判昭和58年12月9日無体裁集15巻3号802頁〔勝烈庵事件〕 124
- 最判昭和59年1月20日民集38巻1号1頁〔顔真卿自書建中告身帖事件〕 471
- 大阪地判昭和59年12月20日判時1138号137頁〔ヘアーブラシ意匠事件〕 139
- 東京高判昭和60年9月30日判時1177号114頁〔コレステリンの定量法事件〕 176
- 東京高判昭和60年10月17日無体裁集17巻3号462頁
  〔レオナール・フジタ事件〕 422, 425
- 東京高判昭和60年11月14日無体裁集17巻3号544頁〔アメリカ語要語集事件〕 378
- 最判昭和61年1月23日判時1186号131頁〔ジョージア事件〕 45
- 最判昭和61年10月3日民集40巻6号1068頁〔ウォーキングビーム式加熱炉事件〕 239
- 東京高判昭和62年2月19日判時1225号111頁〔当落予想表事件〕 340, 344
- 大阪地判昭和62年3月18日無体裁集19巻1号66頁〔ルイ・ヴィトン事件〕 104
- 大阪地判昭和62年5月27日無体裁集19巻2号174頁〔かに道楽事件〕 109
- 大阪地判昭和62年8月26日判時1251号129頁〔BOSS事件〕 37
- 最判昭和63年2月16日民集42巻2号27頁〔NHK日本語読み事件〕 469
- 最判昭和63年3月15日民集42巻3号199頁〔クラブキャッツアイ事件〕 444
- 東京高判昭和63年3月29日判時1276号124頁〔天一事件〕 37
- 最判昭和63年7月19日民集42巻6号489頁〔アースベルト事件〕 124
- 最判平成2年7月20日民集44巻5号876頁〔ポパイマフラー事件〕 112
- 最判平成3年3月8日民集45巻3号123頁〔リバーゼ事件〕 155, 163, 204
- 最判平成3年3月28日公刊物未登載（平成2年（オ）706号）〔ニーチェア事件〕 364
- 福島地決平成3年4月9日知的裁集23巻1号228頁〔シノブ設計事件〕 372
- 最判平成3年4月23日民集45巻4号538頁〔シェトア事件〕 120
- 神戸地判平成3年11月28日判時1412号136頁〔クルーザー事件〕 472
- 東京高判平成3年12月17日判時1418号120頁〔木目化粧紙事件〕 332, 364
- 東京高判平成3年12月19日知的裁集23巻3号823頁〔法政大学懸賞論文事件〕 393
- 最判平成4年4月28日民集46巻4号245頁〔高速旋回式バレル研磨法事件〕 88, 120, 194
- 大阪地判平成4年4月30日判時1436号104頁〔丸棒矯正機設計図事件〕 373
- 大阪地判平成4年8月27日判時1444号134頁〔静かな焔事件〕 383
- 最判平成4年9月22日判時1437号139頁〔大森林事件〕 75
- 最判平成5年3月30日判時1461号3頁〔智惠子抄事件〕 382
- 東京高判平成5年7月22日判時1491号131頁〔ゼルダ事件〕 111
- 東京地判平成5年8月30日知的裁集25巻2号380頁
  〔ウォール・ストリート・ジャーナル事件〕 380
- 最判平成5年9月10日民集47巻7号5009頁〔SEIKO EYE事件〕 77
- 東京高決平成5年12月24日判時1505号136頁〔モリサワタイプフェイス事件〕 122
- 大阪高判平成6年2月25日判時1500号180頁〔脳波数理解析論文事件〕 339
- 東京地判平成6年4月25日判時1509号130頁〔日本の城の基礎知識事件〕 341
- 大阪高判平成6年5月27日（平成5年（ネ）第2339号）〔クランプ事件〕 319
- 東京地判平成6年6月29日判時1511号135頁〔KII事件〕 113
- 東京地判平成6年7月1日知的裁集26巻2号510頁〔101匹ワンチャン事件〕 355

- ■東京地判平成7年2月22日判時1526号141頁〔UNDER THE SUN事件〕------106
- ■最判平成7年3月7日民集49巻3号944頁〔磁気治療器事件〕------256
- ■東京高判平成7年4月13日判時1536号103頁〔衣装ケース事件〕------311
- ■東京地判平成7年12月18日判時1567号126頁〔ラストメッセージin最終号事件〕------341
- ■東京地判平成8年2月23日知的裁集28巻1号54頁〔やっぱりブスが好き事件〕------393
- ■最判平成9年3月11日民集51巻3号1055頁〔小僧寿し事件〕------75, 96
- ■東京地判平成9年4月25日判時1605号136頁〔スモーキングスタンド設計図事件〕------373
- ■最判平成9年7月1日民集51巻6号2299頁〔BBS事件〕------479, 486
- ■最判平成9年7月17日民集51巻6号2714頁〔POPEYEネクタイ事件〕------369, 404
- ■最判平成9年10月28日集民185巻421頁〔鋳造金型事件〕------254
- ■東京地判平成10年2月20日判時1643号176頁〔バーンズコレクション事件〕------424
- ■最判平成10年2月24日民集52巻1号113頁〔ボールスプライン軸受事件〕------214, 217, 218
- ■東京高判平成10年2月26日判時1644号153頁〔ドラゴンキーホルダー事件〕------325
- ■東京高判平成10年6月18日判時1665号94頁〔自走式クレーン事件〕------311
- ■東京高判平成10年8月4日判時1667号131頁〔俳句添削事件〕------393
- ■最判平成10年9月10日判時1655号160頁〔スナックシャネル事件〕------125
- ■東京地判平成10年10月7日判時1657号122頁〔負荷装置システム事件〕------233
- ■東京地判平成10年10月29日判時1658号166頁〔SMAPインタビュー事件(第一審)〕------385
- ■東京地判平成10年10月30日判時1674号132頁〔小さな悪魔の背中の窪み事件〕------424
- ■東京地判平成11年2月25日判時1677号130頁〔松本清張作品映像化リスト事件〕------378
- ■大阪地判平成11年3月11日判タ1023号257頁〔セイロガン事件〕------128
- ■東京高判平成11年3月18日判時1684号112頁〔三国志III事件〕------374
- ■大阪地判平成11年3月25日公刊物未登載
  (平成8年(ワ)12855号〔しろくま事件〕)------102
- ■最判平成11年4月16日民集53巻4号627頁〔膵臓疾患治療剤事件〕------238
- ■水戸地龍ヶ崎支判平成11年5月17日判タ1031号235頁〔飛鳥昭雄の大真実事件〕------424
- ■東京高判平成11年5月26日裁判所ウェブサイト
  (平成10年(ネ)5223号)〔SMAPインタビュー事件(控訴審)〕------385
- ■最判平成11年7月16日民集53巻6号957頁〔生理活性物質測定法事件〕------227
- ■東京地判平成11年8月31日判時1702号145頁〔脱ゴーマニズム宣言事件(第一審)〕------424
- ■大阪地判平成11年9月16日判タ1044号246頁〔アリナミン事件〕------127
- ■東京地決平成11年9月20日判時1696号76頁〔iMac事件〕------328
- ■東京高判平成11年9月21日判時1702号140頁〔恐竜イラスト事件〕------396
- ■大阪地判平成11年9月21日判時1732号137頁〔デザイン書体事件〕------371
- ■東京地判平成11年10月21日判時1701号152頁〔ヴィラージュ事件(第一審)〕------37
- ■東京地判平成11年12月15日判時1699号145頁〔スイカ写真事件(第一審)〕------374
- ■東京高判平成12年2月17日判時1718号120頁〔建物空調ユニットシステム事件〕------322
- ■東京地判平成12年2月18日判時1709号92頁〔どこまでも行こう事件(第一審)〕------362
- ■最判平成12年2月29日民集54巻2号709頁〔倉方黄桃事件〕------160
- ■東京地判平成12年2月29日判時1715号76頁〔中田英寿事件〕------424, 425

判例索引 501

- 名古屋地判平成12年3月8日裁判所ウェブサイト
  （平成4年（ワ）2130号）〔ショッピングセンター建築設計図事件〕-------- 373
- 東京地判平成12年3月17日判時1714号128頁〔タウンページデータベース事件〕-- 380
- 東京地判平成12年3月23日判時1717号140頁〔色画用紙見本帳事件〕-------------- 380
- 最判平成12年4月11日民集54巻4号1368頁〔キルビー事件〕------------------------ 116
- 東京高判平成12年4月13日裁判所ウェブサイト
  （平成11年（行ケ）101号）〔いかしゅうまい事件〕------------------------ 44
- 東京高判平成12年4月25日判時1724号124頁〔脱ゴーマニズム宣言事件（控訴審）〕-- 394
- 最判平成12年7月11日民集54巻6号1848頁〔レールデュタン事件〕-------------- 66, 67
- 東京地判平成12年7月18日判時1729号116頁〔リズシャメル事件〕---------------- 126
- 最判平成12年9月7日民集54巻7号2481頁〔ゴナ書体事件〕------------------------ 371
- 東京高判平成12年9月28日判タ1056号275頁〔ヴィラージュ事件（控訴審）〕------- 37
- 大阪地判平成12年10月24日判タ1081号241頁〔製パン器事件〕------------------- 223
- 東京地判平成12年12月21日裁判所ウェブサイト
  （平成11年（ワ）29234号）〔虎屋事件〕------------------------------------- 127
- 最判平成13年2月13日民集55巻1号87頁〔ときめきメモリアル事件〕------------ 393
- 最判平成13年3月2日民集55巻2号185頁〔カラオケリース事件〕---------------- 444
- 東京地中間判平成13年5月25日判時1774号132頁〔自動車データベース事件〕----- 381
- 東京高判平成13年5月30日判時1797号111頁〔キユーピー事件〕------------- 483, 491
- 東京高判平成13年5月30日判時1797号131頁〔キユーピー事件〕----------------- 492
- 東京地判平成13年6月13日判時1757号138頁〔絶対音感事件（第一審）〕--------- 422
- 東京高判平成13年6月21日判時1765号96頁〔スイカ写真事件（控訴審）〕----- 374, 375
- 最判平成13年6月28日民集55巻4号837頁〔江差追分事件〕---------------------- 355
- 東京地判平成13年7月19日判時1815号148頁〔青山学院事件〕------------------- 127
- 東京地判平成13年9月20日判時1764号112頁〔電着画像の形成方法事件〕----- 224, 480
- 最判平成13年10月25日判時1767号115頁〔キャンディ・キャンディ事件〕------- 377
- 東京高判平成13年10月30日判時1773号127頁〔交通標語事件〕----------------- 361
- 東京高判平成13年10月31日裁判所ウェブサイト
  （平成13年（行ケ）258号）〔カンショウ乳酸事件〕----------------------- 43
- 東京高判平成13年12月19日判時1781号142頁〔ルービックキューブ事件〕------- 329
- 東京地判平成14年1月31日判時1791号142頁〔中古ビデオソフト事件〕--------- 354
- 最判平成14年2月22日民集56巻2号348頁〔ETNIES事件〕--------------------- 256
- 最判平成14年2月28日判時1779号81頁〔水沢うどん事件〕-------------------- 256
- 最判平成14年3月25日民集56巻3号574頁〔パチンコ装置事件〕--------------- 256
- 大阪地判平成14年4月9日判時1826号132頁〔ワイヤーブラシセット事件〕----- 322
- 東京高判平成14年4月11日裁判所ウェブサイト〔絶対音感事件（控訴審）〕----- 425
- 最判平成14年4月25日民集56巻4号808頁〔中古ゲームソフト事件〕------- 354, 374
- 東京地判平成14年7月3日判時1793号128頁〔かえでの木事件〕--------------- 472
- 仙台高判平成14年7月9日判時1813号145頁〔ファービー人形事件〕----------- 364
- 東京高判平成14年8月29日判時1807号128頁〔ビデオテープ事件〕------------- 464

- 東京地判平成14年8月30日労判838号32頁〔ダイオーズサービシーズ事件〕————— 275
- 東京高判平成14年9月6日判時1794号3頁〔どこまでも行こう事件（控訴審）〕————— 362
- 最判平成14年9月26日民集56巻7号1551頁〔FMカードリーダー事件〕————— 491
- 東京高判平成14年10月8日裁判所ウェブサイト
  （平成14年（行ケ）97号）〔ETNIES事件〕————— 69
- 東京高判平成14年10月29日裁判所ウェブサイト
  （平成14年（ネ）2887号）〔ホテルジャンキース事件〕————— 340
- 名古屋地判平成15年2月7日判時1840号126頁〔社交ダンス教室事件（第一審）〕————— 351
- 最判平成15年2月27日民集57巻2号125頁〔フレッドペリー事件〕————— 487
- 大阪地判平成15年3月20日裁判所ウェブサイト
  （平成14年（ワ）10309号）〔ヘルストロン事件〕————— 110
- 最判平成15年4月11日判時1822号133頁
  〔アール・ジー・ビー・アドベンチャー事件〕————— 386
- 最判平成15年4月22日判時1822号39頁〔オリンパス事件〕————— 189
- 東京地決平成15年6月11日判時1840号106頁〔ノグチ・ルーム事件〕————— 394
- 東京地判平成15年6月27日判時1840号92頁〔花粉のど飴事件〕————— 43
- 大阪高判平成15年7月29日裁判所ウェブサイト
  （平成15年（ネ）68号）〔家具調仏壇事件〕————— 322, 332
- 大阪地判平成15年10月30日判時1861号110頁〔グルニエ・ダイン事件〕————— 372
- 東京地判平成16年1月30日判タ1150号130頁〔青色発光ダイオード事件〕————— 189
- 最判平成16年2月13日民集58巻2号311頁〔ギャロップレーサー事件〕————— 451, 471
- 名古屋高判平成16年3月4日判時1870号123頁〔社交ダンス事件（控訴審）〕————— 351
- 東京地判平成16年5月31日判時1936号140頁
  〔XO醤男と杏仁女事件（第一審）〕————— 422, 424, 491
- 東京高判平成16年12月9日裁判所ウェブサイト
  （平成16年（ネ）3656号）〔XO醤男と杏仁女事件（控訴審）〕————— 491
- 大阪地判平成17年1月17日判時1913号154頁〔セキスイツーユーホーム事件〕————— 392
- 東京高判平成17年3月3日判時1893号126頁〔2ちゃんねる小学館事件〕————— 447
- 東京高判平成17年3月31日裁判所ウェブサイト
  （平成16年（ネ）405号）〔ファイルローグ事件〕————— 444
- 知財高判平成17年5月23日裁判所ウェブサイト
  （平成17年（行ケ）10253号）〔自動車用タイヤ事件〕————— 312
- 最判平成17年6月17日民集59巻5号1074頁
  〔生体高分子安定複合構造探索方法事件〕————— 138
- 最判平成17年7月22日判時1908号164頁〔自由学園事件〕————— 70
- 大阪高判平成17年7月28日判時1928号116頁〔チョコエッグ事件〕————— 364
- 知財高大判平成17年9月30日判時1904号47頁〔一太郎事件〕————— 223
- 知財高判平成17年10月6日裁判所ウェブサイト
  （平成17年（ネ）10049号）〔読売オンライン事件〕————— 361
- 東京地判平成17年10月11日判時1923号92頁〔ジェロヴィタール事件〕————— 93

判例索引　503

- ■最判平成 17 年 11 月 10 日民集 59 巻 9 号 2428 頁〔写真週刊誌事件〕 469, 474
- ■知財高大判平成 17 年 11 月 11 日判時 1911 号 48 頁〔パラメータ特許事件〕 179
- ■大阪地判平成 17 年 12 月 8 日判時 1934 号 109 頁〔クルマの 110 番事件〕 106
- ■東京地判平成 17 年 12 月 20 日判時 1932 号 135 頁〔after diamond 事件〕 95
- ■最判平成 18 年 1 月 20 日民集 60 巻 1 号 137 頁〔天理教事件〕 122, 469
- ■知財高判平成 18 年 3 月 31 日判時 1929 号 84 頁〔コネクター接続端子事件〕 301
- ■知財高判平成 18 年 9 月 20 日裁判所ウェブサイト
  （平成 17 年（行ケ）10349 号）〔Anne of Green Gables 事件〕 59
- ■知財高判平成 18 年 9 月 26 日裁判所ウェブサイト
  （平成 18 年（ネ）10037 号、10050 号）〔浮世絵模写事件〕 340
- ■最判平成 18 年 10 月 17 日民集 60 巻 8 号 2853 頁〔日立光ピックアップ事件〕 492
- ■知財高判平成 18 年 12 月 26 日判時 2019 号 92 頁〔宇宙開発事業団プログラム事件〕 387
- ■東京地判平成 19 年 4 月 12 日裁判所ウェブサイト平成 18 年（ワ）15024 号
  〔創価学会ウェブ写真掲載事件〕 424
- ■東京地判平成 19 年 5 月 25 日判時 1979 号 100 頁〔MYUTA 事件〕 444
- ■知財高判平成 19 年 6 月 27 日判時 1984 号 3 頁〔マグライト事件〕 52
- ■大阪地判平成 19 年 7 月 3 日判時 2003 号 130 頁〔まいどおおきに食堂事件（第一審）〕 330
- ■最判平成 19 年 11 月 8 日民集 61 巻 8 号 2989 頁〔インクタンク事件〕 236, 487
- ■知財高判平成 19 年 11 月 22 日裁判所ウェブサイト
  （平成 19 年（行ケ）10127 号）〔新しいタイプの居酒屋事件〕 48
- ■大阪高判平成 19 年 12 月 4 日裁判所ウェブサイト
  （平成 19 年（ネ）2261 号）〔まいどおおきに食堂事件（控訴審）〕 330
- ■東京地判平成 19 年 12 月 14 日裁判所ウェブサイト
  （平成 16 年（ワ）25576 号）〔眼鏡レンズの供給システム事件〕 224
- ■最判平成 19 年 12 月 18 日民集 61 巻 9 号 3460 頁〔シェーン事件〕 402
- ■最判平成 20 年 4 月 24 日民集 62 巻 5 号 1262 頁〔ナイフの加工装置事件〕 246
- ■知財高判平成 20 年 5 月 29 日判時 2006 号 36 頁〔コカ・コーラ事件〕 52
- ■知財高大判平成 20 年 5 月 30 日判時 2009 号 47 頁〔ソルダーレジスト事件〕 201
- ■知財高判平成 20 年 6 月 26 日判時 2038 号 97 頁〔コンマー事件〕 60, 63
- ■知財高判平成 20 年 6 月 30 日判時 2056 号 133 頁〔ギリアンチョコレート事件〕 51
- ■東京地判平成 20 年 7 月 4 日裁判所ウェブサイト（平成 18 年（ワ）16899 号）
  〔博士絵柄事件〕 369, 370
- ■知財高判平成 20 年 7 月 17 日判時 2011 号 137 頁〔ライブドア裁判傍聴事件〕 339
- ■最判平成 20 年 9 月 8 日判時 2021 号 92 頁〔つつみのおひなっこや事件〕 77
- ■東京地判平成 20 年 9 月 30 日判時 2028 号 138 頁〔TOKYU 事件〕 128
- ■東京地判平成 20 年 12 月 26 日判時 2032 号 11 頁〔黒烏龍茶事件〕 128
- ■東京地判平成 21 年 2 月 27 日判時 2034 号 95 頁〔AGATHA 事件（第一審）〕 79
- ■東京地判平成 21 年 5 月 28 日裁判所ウェブサイト平成 19 年（ワ）第 23883 号
  〔観音仏頭部すげ替え事件（第一審）〕 398

■知財高判平成21年9月30日裁判所ウェブサイト

　　　　　　（平成21年（ネ）10014号）〔猟奇の檻事件〕 374

■最判平成21年10月8日判時2064号120頁〔チャップリン事件〕 402

■知財高判平成21年10月13日判時2062号139頁〔AGATHA事件（控訴審）〕 79

■知財高判平成21年12月1日裁判所ウェブサイト

　　　　　　（平成21年（行ケ）10210号）〔アンソロポロジー事件〕 70

■知財高判平成22年2月17日判時2088号138頁〔ももいちごの里事件〕 66

■知財高判平成22年2月25日裁判所ウェブサイト

　　　　　　（平成21年（行ケ）10189号）〔JOURNAL STANDARD事件〕 31

■知財高判平成22年3月25日判時2086号114頁〔観音仏頭部すげ替え事件（控訴審）〕 397

■知財高判平成22年3月29日裁判所ウェブサイト

　　　　　　（平成21年（行ケ）10142号）〔粉粒体の混合及び微粉除去方法事件〕 169

■知財高判平成22年8月4日判時2101号119頁〔北見工業大学事件〕 386

■知財高判平成22年9月8日判時2115号102頁〔TVブレイク事件〕 444

■知財高判平成22年10月13日判時2092号135頁〔美術鑑定証書事件〕 423

■知財高判平成22年11月16日判時2113号135頁〔ヤクルト事件〕 52

■東京地判平成22年11月18日裁判所ウェブサイト平成21年（ワ）第1193号

　　　　　　〔TRIPP TRAPP事件〕 364

■東京地判平成22年11月30日裁判所ウェブサイト

　　　　　　（平成21年（ワ）7718号）〔切り餅事件（第一審）〕 152, 211

■大阪地判平成22年12月16日判時2118号120頁〔西松屋事件〕 331

■最判平成23年1月18日民集65巻1号121頁〔まねきTV事件〕 445

■最判平成23年1月20日民集65巻1号399頁〔ロクラクⅡ事件（最高裁）〕 445

■知財高判平成23年2月24日判時2138号107頁〔ねじ部品事件〕 465

■知財高判平成23年3月24日裁判所ウェブサイト

　　　　　　（平成22年（ネ）10077号）〔角質除去具事件〕 328

■知財高判平成23年3月24日判時2121号127頁〔黒糖ドーナツ棒事件〕 46, 50

■知財高判平成23年3月28日裁判所ウェブサイト

　　　　　　（平成22年（ネ）10014号）〔マンホール蓋用受枠事件〕 311

■知財高判平成23年3月28日判時2120号103頁〔ドーナツクッション事件〕 105, 124

■知財高判平成23年5月10日判タ1372号222頁〔廃墟写真事件〕 375

■知財高判平成23年6月29日判時2122号33頁〔Yチェア事件〕 51, 52

■知財高判平成23年9月7日判時2144号121頁〔切り餅事件（控訴審中間判決）〕 209, 211

■知財高判平成23年11月28日裁判所ウェブサイト

　　　　　　（平成23年（ネ）10033号）〔小型USBフラッシュメモリ事件〕 491

■最判平成23年12月8日民集65巻9号3275頁〔北朝鮮映画事件〕 331, 346, 452

■知財高判平成23年12月22日判時2145号75頁〔東芝私的録画補償金事件〕 411

■知財高判平成23年12月26日判時2139号87頁〔アクションおりがみ事件〕 359

■知財高判平成24年1月16日裁判所ウェブサイト

　　　　　　（平成23年（行ケ）10130号）〔気泡シート事件〕 170

■ 知財高判平成24年1月24日裁判所ウェブサイト
（平成22年（ネ）10032号、10041号）〔ソリッドゴルフボール事件〕……… 229
■ 知財高判平成24年1月25日判時2163号88頁〔プログラム著作物事件〕………… 376
■ 知財高判平成24年1月31日判時2141号117頁〔ロクラクⅡ事件（差戻控訴審）〕……… 445
■ 最判平成24年2月2日民集66巻2号89頁〔ピンク・レディー事件〕……………… 469
■ 知財高判平成24年2月14日判時2161号86頁〔チュッパチャプス事件〕………… 448
■ 知財高判平成24年2月22日判時2149号119頁〔スペースチューブ事件〕……… 265
■ 東京地判平成24年2月23日裁判所ウェブサイト
（平成21年（ワ）34012号）〔釣りゲーム事件（第一審）〕……………… 357
■ 東京地判平成24年2月28日裁判所ウェブサイト
（平成20年（ワ）9300号）〔Shall we ダンス？事件〕……………… 363
■ 東京地判平成24年3月21日裁判所ウェブサイト（平成22年（ワ）145号、16414号）
〔ドライビングアシストコントローラー事件〕……………… 323
■ 知財高判平成24年3月22日裁判所ウェブサイト
（平成23年（ネ）10002号）〔切り餅事件（控訴審）〕……………… 209
■ 知財高判平成24年5月31日判時2170号107頁〔アールシータバーン事件〕……… 41
■ 知財高判平成24年7月4日裁判所ウェブサイト
（平成23年（ネ）10084号、平成24年（ネ）10025号）
〔マンション顧客名簿事件〕……………… 263
■ 知財高判平成24年7月26日判タ1385号250頁〔3M事件〕………… 67
■ 知財高判平成24年8月8日判時2165号42頁〔釣りゲーム事件（控訴審）〕……… 357
■ 知財高判平成24年9月13日判時2166号131頁〔Kawasaki事件〕……………… 50
■ 知財高判平成24年10月25日裁判所ウェブサイト（平成24年（ネ）10008号）
〔テレビCM原版事件〕……………… 388
■ 東京地判平成24年12月25日判時2192号122頁〔タッチペン事件〕……… 325, 326
■ 知財高判平成24年12月26日判時2178号99頁〔眼鏡タイプのルーペ事件〕……… 328
■ 知財高判平成25年1月10日判時2189号115頁〔スプレー式の薬剤事件〕……… 48
■ 知財高判平成25年1月24日判時2177号114頁〔あずきバー事件〕……… 46, 50
■ 大阪地判平成25年1月24日裁判所ウェブサイト（平成24年（ワ）6892号）
〔Cache事件〕……………… 96
■ 知財高判平成25年2月1日判時2179号36頁〔紙おむつ処理容器事件〕……… 95, 232
■ 知財高判平成25年3月21日判時2198号127頁〔rhythm事件〕……………… 117
■ 知財高判平成25年3月28日裁判所ウェブサイト（平成24年（ネ）10067号）
〔日本車輌リサイクル事件〕……………… 123
■ 知財高判平成25年4月18日判時2194号105頁〔治療薬便覧事件〕……… 379
■ 大阪地判平成25年5月30日裁判所ウェブサイト（平成24年（ワ）8972号）
〔ハンドバッグ事件〕……………… 322
■ 大阪地判平成25年6月20日判時2218号112頁〔ロケットニュース24事件〕……… 395
■ 東京地判平成25年7月19日判時2238号99頁〔ファッションショー事件〕……… 363

- 知財高判平成25年8月28日裁判所ウェブサイト（平成24年（行ケ）10352号）
  〔ほっとレモン事件〕-------46, 50
- 大阪地決平成25年9月6日判時2222号93頁〔新梅田シティ事件〕-------394
- 大阪地判平成25年10月17日裁判所ウェブサイト（平成25年（ワ）127号）
  〔RAGGAZZA事件〕-------113
- 知財高判平成25年11月27日裁判所ウェブサイト（平成25年（行ケ）10254号）
  〔「お客様第一主義の」事件〕-------48
- 知財高大判平成26年5月16日判時2224号146頁
  〔アップル対サムスン事件（債務不存在確認請求控訴事件）〕----- 227, 253, 487
- 知財高大決平成26年5月16日判時2224号146頁
  〔アップル対サムスン事件
  （特許権仮処分命令申立却下決定に対する抗告申立事件）〕-------253
- 東京地判平成26年5月21日裁判所ウェブサイト（平成25年（ワ）31446号）
  〔バーキン事件〕-------79, 328
- 知財高判平成26年8月28日判時2238号91頁〔ファッションショー事件〕-------366
- 知財高判平成26年9月17日判時2247号103頁〔共焦点分光分析事件〕-------245
- 東京地判平成26年10月30日裁判所ウェブサイト
  （平成26年（ワ）768号）〔PITAVA（沢井製薬）事件（第一審）〕-------119
- 東京地判平成26年10月30日裁判所ウェブサイト
  （平成25年（ワ）6158号）〔伝送レイテンシ縮小方法事件（第一審）〕-------190
- 知財高判平成26年11月19日裁判所ウェブサイト（平成26年（行ケ）10124号）
  〔製品保持手段を有する改善されたバケット事件〕-------171
- 東京地判成26年11月28日判時2260号107頁〔なめこ事件〕-------289
- 東京地判平成26年12月4日裁判所ウェブサイト（平成24年（ワ）25506号）
  〔極真事件〕-------95
- 東京地判平成27年1月29日判時2249号86頁〔IKEA事件〕-------106
- 東京地判平成27年2月20日裁判所ウェブサイト
  （平成25年（ワ）12646号）〔「湯～とぴあ」事件（第一審）〕-------79
- 東京地判平成27年3月30日平成25（ワ）14702号〔ブログ記事フジテレビ放送事件〕----- 424
- 知財高判平成27年4月14日判時2267号91頁〔TRIPP TRAPP II 事件〕-------364
- 最判平成27年6月5日民集69巻4号700頁〔ブラバスタチンナトリウム事件〕-------214
- 知財高判平成27年7月30日裁判所ウェブサイト
  （平成26年（ネ）10126号）〔伝送レイテンシ縮小方法事件（控訴審）〕-------190
- 知財高判平成27年8月3日裁判所ウェブサイト
  （平成27年（行ケ）10022号）〔のらや事件〕-------60
- 東京地裁平成27年8月5日平成26年（ワ）33320号〔Mt.GOXビットコイン事件〕-------434
- 知財高判平成27年8月27日裁判所ウェブサイト
  （平成26年（ネ）10129号）〔PITAVA（沢井製薬）事件（控訴審）〕-------119
- 大阪地判平成27年9月24日裁判所ウェブサイト
  （平成25年（ワ）1074号）〔ピクトグラム事件〕-------366

- 知財高判平成27年10月21日裁判所ウェブサイト
  - （平成27年（ネ）10074号）〔PITAVA（テバ製薬）事件〕 107
- 東京地判平成27年10月29日判時2295号114頁〔ビールテイスト飲料事件〕 165
- 知財高判平成27年11月5日判時2298号81頁〔「湯〜とぴあ」事件（控訴審）〕 79
- 知財高判平成27年11月12日判時2287号91頁〔生海苔の共回り防止装置事件〕 228
- 最判平成27年11月17日民集69巻7号1912頁〔ベバシズマブ事件〕 151
- 知財高判平成27年11月19日判タ1425号179頁〔オフセット輪転機版銅事件〕 229
- 知財高判平成28年1月20日裁判所ウェブサイト
  - （平成27年（行ケ）10158号）〔REEBOK ROYAL FLAG事件〕 78
- 知財高裁平成28年1月27日平成27年（ネ）第10077号裁判所ウェブサイト
  - 〔包装用箱事件〕 314
- 知財高判平成28年2月17日裁判所ウェブサイト
  - （平成27年（行ケ）10134号）〔Dual Scan事件〕 84
- 知財高大判平成28年3月25日判時2306号87頁〔マキサカルシトール製造方法事件〕 220
- 知財高判平成28年4月12日判時2315号100頁〔フランク三浦事件〕 68, 75
- 知財高判平成28年7月13日裁判所ウェブサイト（平成28年（ネ）10001号）
  - 〔道路橋道路幅員拡張用張出し材事件〕 311
- 知財高判平成28年10月19日裁判所ウェブサイト
  - （平成28年（ネ）10041号）〔ライブハウス事件〕 445
- 知財高判平成28年11月11日判時2323号23頁〔著作権判例百選事件〕 382
- 知財高判平成28年11月30日判時2338号96頁〔加湿器事件〕 322
- 東京地決平成28年12月19日裁判所ウェブサイト
  - （平成27年（ヨ）22042号）〔コメダ珈琲店事件〕 330
- 知財高判平成28年12月21日裁判所ウェブサイト
  - （平成28年（ネ）10054号）〔ゴルフクラブシャフト事件〕 366
- 大阪地判平成29年1月19日判時2406号52頁
  - 〔オートバイ運搬用台車事件〕 106
- 知財高判平成29年1月20日判時2361号73頁〔オキサリプラチン事件〕 151
- 最判平成29年2月28日裁判所ウェブサイト（平成27年（受）1876号）
  - 〔エマックス事件〕 117
- 最判平成29年3月24日民集71巻3号359頁
  - 〔マキサカルシトール製造方法事件（最高裁）〕 219
- 大阪高判平成29年4月20日判時2345号93頁〔石けん百貨事件〕 106
- 最判平成29年7月10日民集71巻6号861頁〔シートカッター事件〕 246
- 大阪地判平成29年10月12日（平成27年（ワ）第8271号）〔物干し器事件〕 319
- 知財高判平成30年4月13日判時2427号91頁〔ピリミジン誘導体事件〕 174, 243
- 知財高判平成30年4月25日判時2382号24頁〔リツイート事件（控訴審）〕 395, 445
- 知財高判平成30年8月23日平成30年（ネ）第10023号
  - 〔沖縄うりずんの雨事件（控訴審）〕 425

- 知財高判平成30年10月17日平成29年（行ケ）10232号
  〔いきなりステーキ事件〕 ··········· 159
- 東京地判平成30年12月11日判時2426号57頁〔ASKAミヤネ屋事件〕 ··········· 389, 422
- 東京地判平成31年4月10日平成30（ワ）38052号
  〔創価学会名誉会長研修道場等写真事件〕 ··········· 424
- 知財高判令和元年5月30日〔マリカー事件〕 ··········· 128
- 知財高大判令和元年6月7日判時2430号34頁
  〔二酸化炭素含有粘性組成物事件〕 ··········· 232, 233
- 奈良地判令和元年7月11日判時2522号132頁
  〔金魚電話ボックス事件（第一審）〕 ··········· 345, 346
- 最三小判令和元年8月27日集民262号51頁
  〔ヒト結膜肥満細胞安定化剤事件〕 ··········· 172
- 知財高判令和元年10月23日裁判所ウェブサイト令和元年（行ケ）10073号
  〔仙三七事件〕 ··········· 60
- 知財高判令和元年11月26日裁判所ウェブサイト令和元年（行ケ）10086号
  〔ランプシェード事件〕 ··········· 52
- 知財高判令和2年1月29日裁判所ウェブサイト平成30年（ネ）
  第10081号 ··········· 128
- 知財高判令和2年1月29日裁判所ウェブサイト平成30年（ネ）
  第10091号 ··········· 128
- 知財高大判令和2年2月28日判時2464号61頁〔美容器事件〕 ··········· 229, 230, 231
- 知財高判令和2年3月11日金判1597号44頁〔LIFULL HOME'S事件〕 ··········· 49, 54
- 知財高判令和2年3月19日金判1597号8頁〔ブロマガ事件〕 ··········· 96
- 最判令和2年7月21日民集74巻4号1407頁〔リツイート事件（最高裁）〕 ··········· 390, 395
- 知財高判令和2年12月15日金判1613号24頁〔焼肉のたれ事件〕 ··········· 55
- 大阪高判令和3年1月14日判時2522号119頁〔金魚電話ボックス事件（控訴審）〕 ··········· 345
- 最決令和3年3月1日刑集75巻3号273頁〔電子書籍ビューア事件〕 ··········· 462
- 大阪高判令和3年3月11日判時2491号69頁〔八ッ橋事件〕 ··········· 464
- 東京地判令和3年5月26日裁判所ウェブサイト〔KuToo事件〕 ··········· 423, 424
- 最決令和3年8月25日令和3（受）第691号
  〔金魚電話ボックス事件（上告審）〕 ··········· 345
- 知財高判令和3年12月8日裁判所ウェブサイト〔タコの滑り台事件〕 ··········· 366, 367
- 知財高判令和3年12月22日判時2516号91頁〔懲戒請求書事件（控訴審）〕 ··········· 422
- 知財高判令和4年2月9日（令和3年（ネ）第10077号）
  〔入れ歯入れ容器事件〕 ··········· 319
- 東京地判令和4年3月11日判時2523号103頁〔ルブタン事件（第一審）〕 ··········· 328
- 東京地判令和4年3月24日裁判所ウェブサイト令和元年（ワ）第25152号
  〔ドワンゴ対FC2システム特許事件（第1審）〕 ··········· 480
- 大阪高判令和4年5月13日〔車輪付き杖事件〕 ··········· 33

判例索引　　509

- 知財高判令和4年7月20日裁判所ウェブサイト平成30年（ネ）第10077号
　　　〔ドワンゴ対FC2　プログラム特許事件（控訴審）〕 481
- 東京地判令和4年9月15日裁判所ウェブサイト令和4（ワ）14375号
　　　〔休憩仮眠ツイートツイッター掲載事件〕 424
- 大阪高判令和4年10月14日判タ1518号131頁〔編み物YouTube事件〕 453
- 知財高判令和4年10月19日判時2575号39頁〔トレース指摘ツイート事件〕 395
- 知財高大判令和4年10月20日令和2年（ネ）10024号
　　　〔椅子式マッサージ機事件〕 231, 232
- 最判令和4年10月24日民集76巻6号1348頁〔音楽教室事件〕 446
- 東京地判令和4年11月24日裁判所ウェブサイト令和3（ワ）24148号
　　　〔「チラシの裏」ブログ事件〕 425
- 東京地決令和4年11月25日裁判所ウェブサイト令和3年（ヨ）第22075号
　　　〔版画美術館事件〕 372
- 東京地判令和4年12月19日判タ1514号241頁
　　　〔「声字即実相の神示」広報誌掲載事件〕 424
- 知財高判令和4年12月26日令和4年（ネ）第10051号事件、裁判所ウェブ
　　　サイト〔ルブタン事件（控訴審）〕 328
- 東京地判令和5年3月24日裁判所ウェブサイト令和4年（ワ）5905号
　　　〔皮下脂肪組織増加促進用組成物事件（第一審）〕 227
- 知財高決令和5年3月31日令和5年（ラ）第10001号
　　　〔版画美術館事件（抗告審）〕 372
- 知財高判令和5年5月26日裁判所ウェブサイト令和4年（ネ）第10046号
　　　〔ドワンゴ対FC2システム特許事件（控訴審）〕 227, 480, 481
- 知財高判令和5年11月9日令和5年（ネ）第10048号裁判所ウェブサイト
　　　〔ドクターマーチン事件（控訴審）〕 329
- 令和5年（ネ）10040号事件 227
- 札幌地判令和6年2月27日金融・商事判例1692号26頁
　　　〔アイクリーム比較広告等事件〕 452
- 東京地判令和6年5月16日判例時報2601号90頁〔ダバス事件〕 182
- 大阪高判令和6年5月31日裁判所ウェブサイト令和5年（ネ）2172号
　　　〔ペット用健康補助食品事件〕 453
- 東京高判令和6年6月19日令和3年（ネ）4643号〔バンドスコア事件〕 452
- 知財高判令和6年9月25日裁判所ウェブサイト令和5（ネ）10111号
　　　〔TRIP TRAPP Ⅲ事件〕 364, 367
- 知財高判令和6年10月30日裁判所ウェブサイト令和6年（行ケ）10047号
　　　〔シン・ゴジラ事件〕 50, 51

ビジネス法体系研究会メンバー一覧

（五十音順）

	阿部 博友	一橋大学大学院法学研究科教授
	有吉 尚哉	弁護士（西村あさひ法律事務所）
	飯野 悠介	弁護士（森・濱田松本法律事務所）
	池田 毅	弁護士（森・濱田松本法律事務所）
	岩本 充史	弁護士（安西法律事務所）
	大杉 謙一	中央大学大学院法務研究科教授
	岡村 光男	弁護士（安西法律事務所）
	奥山 健志	弁護士（森・濱田松本法律事務所）
	加藤 純子	弁護士（安西法律事務所）
（代表）	川﨑 政司	慶應義塾大学大学院法務研究科客員教授
	河村 寛治	明治学院大学法学部教授
	桑原 明	実務関係者
	後藤 類	弁護士
	髙木 弘明	弁護士（西村あさひ法律事務所）
	田中 浩之	弁護士（森・濱田松本法律事務所）
	田端 公美	弁護士（西村あさひ法律事務所）
	塚本 英巨	弁護士（アンダーソン・毛利・友常法律事務所）
	中崎 尚	弁護士（アンダーソン・毛利・友常法律事務所）
	山崎 良太	弁護士（森・濱田松本法律事務所）

※肩書・所属は研究会終了（2017年3月）時点のもの

執筆者紹介

田中浩之（たなか　ひろゆき）

弁護士、ニューヨーク州弁護士（森・濱田松本法律事務所外国法共同事業）、
慶應義塾大学大学院法学研究科特任教授（非常勤）

〈略歴〉
2004 年慶應義塾大学法学部法律学科卒業。2006年慶應義塾大学大学院法務研究科卒業。2007年弁護士登録（第60期）。2013年ニューヨーク大学ロースクール卒業（LL.M. in Competition, Innovation, and Information Law, Concentration in Intellectual Property Law）。2013 年〜2014 年クレイトン・ユッツ法律事務所に勤務。 2014 年ニューヨーク州弁護士登録。2023年〜慶應義塾大学大学院法学研究科 特任教授（非常勤）（2024年〜法務研究科グローバル法務専攻非常勤講師を兼担）。

〈主要著作〉
『グローバルデータ保護法対応Q＆A100』（中央経済社、共著、2024）、『生成AIと知財・個人情報Q&A』（商事法務、共著、2024）、『ゼロからわかる生成AI法律入門』（朝日新聞出版、共著、2023）、『ChatGPTの法律』（中央経済社、共著、2023）、「メタバース・生成AIの知的財産法上の課題と企業対応（前・後編）」（会社法務A2Z所収、共著、2024）、『60分でわかる！改正個人情報保護法 超入門』（技術評論社、共著、2022）、『システム開発訴訟［第2版］』（中央経済社、共著、2022）、『ソフトウェア開発委託契約—交渉過程からみえるレビューのポイント』（中央経済社、共著、2021）、『情報コンテンツ利用の法務』（青林書院、共著、2020）、『新・注解 特許法［第2版］』（青林書院、共著、2017）、「著作者人格権と著作権の関係〔モンタージュ写真事件：第2次上告審〕」（別冊ジュリスト『著作権判例百選［第5版］』所収、有斐閣、2016）、「営業秘密の侵害」（ジュリスト増刊『実務に効く 企業犯罪とコンプライアンス判例精選』所収、有斐閣、2016）、「知的財産」（ジュリスト増刊『実務に効く 国際ビジネス判例精選』所収、有斐閣、共著、2015）、その他ジュリスト「知財判例速報」の判例評釈記事を2017年〜多数執筆。

松井佑樹（まつい　ゆうき）

弁護士（森・濱田松本法律事務所外国法共同事業）、慶應義塾大学大学院法学研究科研究員（非常勤）

〈略歴〉
2017年慶應義塾大学法学部法律学科卒業。2020年東京大学大学院法学政治学研究科法曹養成専攻卒業。2022年弁護士登録（第74期）。2023年～慶應義塾大学大学院法学研究科研究員（非常勤）。

〈主要著作〉
『生成AIと知財・個人情報Q&A』（商事法務、共著、2024）、『ケース別 一般条項による主張立証の手法—実体法と手続法でみる法的構成の考え方—』（ぎょうせい、共著、2024）、『ゼロからわかる生成AI法律入門』（朝日新聞出版、共著、2023）、「メタバース・生成AIの知的財産法上の課題と企業対応（前・後編）」（会社法務A2Z所収、共著、2024）、その著作権に関する論文を多数執筆。

サービス・インフォメーション
―――――――――――――― 通話無料 ――――

①商品に関するご照会・お申込みのご依頼
　　　　　　TEL 0120（203）694／FAX 0120（302）640
②ご住所・ご名義等各種変更のご連絡
　　　　　　TEL 0120（203）696／FAX 0120（202）974
③請求・お支払いに関するご照会・ご要望
　　　　　　TEL 0120（203）695／FAX 0120（202）973

●フリーダイヤル（TEL）の受付時間は、土・日・祝日を除く
　9：00～17：30です。
●FAXは24時間受け付けておりますので、あわせてご利用ください。

改訂版　ビジネス法体系　知的財産法

2025年4月10日　初版発行

編　集　ビジネス法体系研究会

著　者　田中　浩之

　　　　松井　佑樹

発行者　田中　英弥

発行所　第一法規株式会社
　　　　〒107-8560　東京都港区南青山2-11-17
　　　　ホームページ　https://www.daiichihoki.co.jp/

法体系知財改　ISBN978-4-474-02202-7　C2034（0）